西方传统 经典与解释
Classici et commentarii
HERMES

HERMES

在古希腊神话中，赫耳墨斯是宙斯和迈亚的儿子，奥林波斯神们的信使，道路与边界之神，睡眠与梦想之神，亡灵的引导者，演说者、商人、小偷、旅者和牧人的保护神……

西方传统 经典与解释
Classici et commentarii
HERMES
马基雅维利集
刘训练●主编

权力与欲望
——马基雅维利与韦托里1513—1515年通信研究

Between Friends:
Discourses of Power and Desire in the Machiavelli-Vettori
Letters of 1513-1515

[美] 约翰·纳杰米（John M. Najemy）● 著

刘学浩 ● 译

华东师范大学出版社

华东师范大学出版社六点分社　策划

古典教育基金·"传德"资助项目

出版说明

在西方思想文化史上，马基雅维利（Niccolò Machiavelli, 1469-1527）居于一种非常奇特的地位：一方面，他被公认为西方现代政治学的奠基人，甚或被称为现代第一人；但另一方面，他在何种意义上是"奠基人"、"第一人"却又聚讼纷纭，见仁见智。

马基雅维利生活的时代是西方现代民族国家建构的关键时期，也是意大利文艺复兴由盛而衰的转捩点，而在这个"需要巨人并且产生了巨人的时代"，作为文艺复兴运动在政治思想领域最杰出的代表，马基雅维利在政治、军事、外交、史学和喜剧等领域都留下了丰富的著述和大量的信件。这些文字表明，他具有强烈的时代意识、浓郁的爱国情怀、深厚的古典学修养、敏锐的政治—心理分析能力和卓越的写作技巧，无愧于"治国术"大师和"最高写作艺术当之无愧的继承人"的称誉。就此而言，他的著作仍然值得我们今天认真对待和不断反思。

在马基雅维利的身前，对于他及其著作的评价就已经产生深刻而严重的分歧，数个世纪以来从未中断。马基雅维利之后几乎所有最重要的社会—政治思想家，都不得不对他的思想及其后果表态，有些甚至还借助对其思想的批判或重构来表达自己的理论观点和政治主张。即使在更为纯粹的学术领域，各种方法流派和诠释进路，也会对马基雅维利的著作做出大相径庭的释读与理解。

值其主要著作问世500周年之际，西方学界各类传记、诠释著作更是层出不穷、蔚为大观；在此背景之下，我们适时推出"马基雅维利集"。"马基雅维利集"分为两大部分：一是"马基雅维利全集"，以中文版《马基雅维利全集》为基础，参照罗马萨勒诺出版社陆续刊行的意大利"国家版"全集（Edizione Nazionale delle Opere di Niccolò Machiavelli）酌情替换、校订，并适当增加注解、疏义，重新推出《马基雅维利全集》的修订增补版，俾使中文读者有可靠的"原典"研读；二是"解读马基雅维利"，迻译西学中诠释马基雅维利的第一流著作，以便中文读者免除从浩如烟海的二手文献中爬罗剔抉之苦。

古典文明研究工作坊
西方经典编译部丙组
2017年5月

纪念
汉斯·巴龙(Hans Baron, 1900—1988)
和
爱德华·莫里斯(Edward P. Morries, 1924—1989)

目　　录

前　言 / 1
缩　写 / 7

导论　书信在马基雅维利研究中的地位 / 9

第一章　文艺复兴时期的书信 / 29
　　佛罗伦萨书信写作的社交世界 / 30
　　彼特拉克与古人 / 38
　　人文主义者与他们的书信集 / 44
　　书信与文学 / 49
　　指南与理论 / 60

第二章　语境：个人的与政治的 / 79
　　国务秘书及其书信 / 79
　　弗朗切斯科·韦托里 / 96
　　共和国危机中的友谊与政治 / 109

第三章 "前国务秘书" / 126
放逐中的"论述与概念" / 126
"一个活跃的开端制造者" / 153

第四章 说起话来像罗马人 / 175
"有些东西我们只能想象" / 175
"自然的情感或激情" / 194
瑞士人和"统治的甜头" / 200
救赎性德能的创造 / 213

第五章 "寄送给"韦托里的《君主论》/ 223
韦托里读到的文本是什么样的？/ 224
"有效的真理"与"想象" / 235
安全与权力 / 249
可理解性、权力和爱 / 255

第六章 盖塔与"古人"（1513年12月10日信）/ 272
"但我们只能听天由命" / 272
盖塔大师和他的新"知识" / 280
"我完全代入了他们" / 291

第七章 "一场荒唐的变形记" / 305
"有哪种作家可能不被批评吗？" / 305
"我认为它值得讲给一个君主听，比之我今年听到的任何事都毫不逊色" / 320
文本中的欲望 / 342

第八章 "长达一千年之久" / 349
 "这些君主都是像您和我一样的人" / 349
 "唯独对我来说,特洛伊好像还没有灭亡" / 361
 "又征召您去玩那陈旧的游戏" / 371

第九章 诗歌与政治 / 392
 圣卡夏诺的科里东 / 392
 文本中的变形记 / 400

结语 《李维史论》的诗人们 / 419

索引1 马基雅维利著作 / 437
索引2 人名、地名、术语 / 438

译后记 / 456

前　言

[ix]本研究是对马基雅维利与韦托里1513—1515年间书信的解读，我尝试将这一解读工作置于马基雅维利成为一名作家和政治理论家，及其发生转变的语境中。某些潜在的读者或许会感到好奇，我为何决意对这些相当知名且已多次出版的书信投入大量精力，况且从档案或者手稿里我也没有什么新的发现。马基雅维利专家们以其专业与耐心，已经苦心孤诣地提高了文本的精确度，测定了书信的年代，并且确定了其中明指和暗指的人物、事件与文本。其中某些信件，最著名的当属1513年12月10日的那封信，已经得到了相当多的深刻分析与解读。然而，尽管已经存在所有此类工作，对具体的篇目、单独的信件、特定的主题做了精彩的处理，但是一直都没有能将这场通信作为一个整体加以阐释的研究出现。

本项研究的主要目的首先是表明为什么以及在何种意义上马基雅维利与韦托里1513—1515年间的书信可以被视作一个有待阐释的整体(甚至马基雅维利与韦托里本人是如何逐渐这样看待它们的)，其次是要表明解读这些书信何以能够对阐释马基雅维利的主要著作这一更大的目标有所助益。

有很多理由可以解释为何缺乏对他们的通信的全面阐释。第一个或许也是最明显的理由是,这些书信本身在一般意义上并不构成一个单一的文本。在1513年之前,马基雅维利和韦托里之间当然偶尔也有书信往来(一如一封1510年发自韦托里的信中所表明的那样),而到了1520年代,他们之间的书信往来又变得相当频繁。在这样一个跨越几乎20年的通信时段里,乍看上去很难发现为何仅仅这两年能够或者应该被视为一个独特的单元。另外一个理由则不仅关涉两位作者,还(合理地)关涉读者们,他们在阅读时带有各种不同的假设与期待。

谁都(以这样或那样的方式)知道马基雅维利,而只有专精于意大利文艺复兴历史和文学的专家们听说过韦托里,甚至其中很多人也只认为他不过是马基雅维利的朋友和有书信往来的人。对很多人而言,这看起来是一种不平衡的合著关系,这种不平衡如此明显,以至于他们也没什么兴趣认真对待韦托里和他的书信,甚或不会考虑马基雅维利会这样做的可能性。本项研究更进一步的目的则是要表明,对韦托里书信的重视不足如何会对[x]理解马基雅维利的书信乃至《君主论》的某些重要方面构成严重限制。

长期以来,人们对书信的解读之所以都是有限的和零散的,还有一个原因,存在于一个人们最常承认却又鲜有研究的主题中:马基雅维利与韦托里在对政治与外交事务的"严肃"讨论和对情爱与性欲怪癖的"轻佻"打趣之间的交替有种难以理解的捉摸不定。马基雅维利和韦托里并没有解释或者论证这些方向的中断或者改变,而由此导致的一系列情绪、主题和语言的变化让很多读者有种不适的感觉:两类论述(discorsi)彼此之间少有关联甚至毫无关联。尽管有过一些值得注意的努力,试图揭示谈论政治和谈论情爱的书信之间可能的关联,但一般的倾向则是偏好其中一个而放弃另一个。完全可以想见,历史学家们将其大部分的注意力投向了谈论政治的书信,而文学批评家们则深挖谈论情爱的书信与马基雅维利的喜剧之间的关系。这每一组书信都被用来阐释不同的主要著作,而这也限制了一种发问的角度:为什么马基雅维利与韦托里中断他们对政治的讨论转而开始一段明显怪诞的关于情爱的交谈,尔后又回到政治上,但随后又折回情爱?这种跳转的驱动力和马基雅维利与韦托里促成这种跳转的方式将是我对这些书信进行分析的关键焦点。

除了一两处著名的例外,甚至连马基雅维利的书信,在或明或暗的与那些"主要"著作对比之下,也面临着某种在文学体裁的等级次序中被贬抑到次一级(有时甚至更低)地位的趋势。① 正如第一章将要表明的,对书信持蔑视态度的一种形式(这在文艺复兴时期就非常有影响)来自一种经典的文学传统看法。根据这一看法,书信不过是且应该不过是[xi]落到纸面的随意的对话,用西塞罗的著名说法就是把"那些说出来的"(quod inbuccam venerit)用笔记录下来。这种惯常的看法在人文主义的书信写作中很流行,马基雅维利肯定知道这一点,而且非常有可能的是,他在1513年12月10日那封著名的信件中暗里提到了这一点:他在信中告诉韦托里,《君主论》是他对在与古人对话(conversatione)中的有益

---

① 不过,近来书信写作史和书信体研究开始逐渐成为出产重要研究成果的领域。有关中世纪和文艺复兴文化中的书信体写作的导引,见 Giles Constable, *Letters and Letter Collections*, fasc. 17 of *Typologie des sources du moyen âge occidental*, Turnhout: Brepols, 1976。关于早期现代和现代文献中的书信体写作,见 Janet Gurkin Altman, *Epistolarity, Approaches to a Form*, Columbus, Ohio: Ohio University Press, 1982;以及 *L'epistolarite a travers les siecles: Geste de communication etlou d'ecriture*,这是1987年博西斯(Mireille Bossis)和波特(Charles A. Porter)在瑟里西拉萨勒国际文化中心组织的学术会议文集(Stuttgart: Franz Steiner Verlag, 1990)。有关意大利文化中的书信体写作,见 *La correspondance* [*édition, fonctions, significations*], vol. I, Actes du colloque francoitalien, Aix-en-Provence, October 1983, Aix-en-Provence: Centre Aixois de Recherches Italiennes, 1984, and vol. 2, Actes du colloque international, Aix-en-Provence, October 1984, Aix-en-Provence: Centre Aixois de Recherches Italiennes, 1985。对文艺复兴时期人文主义书信体写作的关键性理解有重要贡献的是施特吕弗那本相当晚近的书(我完成本书之后才出版): Nancy S. Struever, *Theory as Practice: Ethical Inquiry in the Renaissance*, Chicago: University of Chicago Press, 1992,特别是第一章和第二章。

内容的记录（io ho notato），是为那些不在对话现场的人写下来的。

但是，正如我也要表明的，马基雅维利一定也同样清楚，从彼特拉克到波利齐亚诺和伊拉斯谟，许多出色的人文主义者都批评过这种传统的书信写作观念。因此本书的计划如下：首先对主要的有关马基雅维利与韦托里书信的学术探究与阐释路线做一引介，并且简要、初步地描述（和辩护）我自己的进路与方法，然后在第一章考察文艺复兴时期书信写作极为流行背后文学和理论的难题——写作与演说的关系，有关思想、意图、观点和说服之语言的地位，以及这些问题与人文主义对对话、友谊与政治的强调之间的关联。第二章为马基雅维利与韦托里的通信提供一个更为切近的背景，不仅包括他们的友谊和他们政治生涯上关联的过往，还包括马基雅维利在超过14年的国务秘书任上每天都在做的实实在在的书信写作实践，而韦托里在这方面也有一些经验。实际上，后续有关书信的各章的首要论点之一便是，韦托里有策略地利用了书信这一体裁和书信体无法解决的诸种困境所带来的潜在的东西，促使马基雅维利重新思考有关语言和写作的一些假定，他将这些假定运用于政治论述，在1513年的书信中和在《君主论》中都是如此，这些假定与那14年间的日常书信写作有着重要的关联。通过这种方式，韦托里引导马基雅维利去面对某些关于语言和论述的关键性议题，这些议题内嵌于人文主义书信写作技艺的实践与悖论之中。

~ * * * ~

本项研究缘起于一篇论文，它未曾发表但在一两个地方被引用过（并冠以"因我之歌：马基雅维利论放逐"[Per miei carmi: Machiavelli's Discourses of Exile]的标题，暗指马基雅维利对但丁论放逐的《神曲·天国篇》第十七歌的思考），这是多年前我在康奈尔大学人文学会担任研究员时写的。我要感谢学会为我提供了自由,让我从那一年的正式研究项目中偷闲,能够在一群出色的同仁和朋友们的陪伴下[xii]阅读和思考马基雅维利的书信,他们的陪伴让我文思泉涌,十分愉快。那篇文章是提交给学会内部的一次研讨会的,它部分得自于研讨会前次会议上的热烈讨论的结果。我很感谢与这群长期分散各处的朋友共度美好的一年,感谢他们对拙文慷慨而热烈的回应,他们一定都不记得这篇文章了。

只有在多年后我才想要试图以更严肃和更大的篇幅来处理原来这篇出于兴趣和写给朋友们看的文章。我如此决定,部分是因为那篇文章受到了来自许多卓越读者的鼓励与批评,包括坎波雷亚莱(Salvatore Camporeale)、卡林顿(Laurel Carrington)、冈德斯海默(Werner Gundersheimer)、古恩茨伯格(Lynn Gunzberg)、肯特(Dale Kent)、拉扎罗(Claudia Lazzaro)、莫尔霍(Anthony Molho)、龙多(Jennifer Rondeau)、韦弗(Elissa Weaver),特别是斯金纳(Quentin Skinner)和莫瑞斯(Ted Morris),他们使我确信依靠这些丰富的文本还能够做出更多东西。当然,他们无需为我如何使用他们给我的意见负责。在写作过程中,我接受了来自阿斯科利(Albert Ascoli)、安杰利斯(Laura De Angelis)、格拉齐尼(Filippo Grazzini)、雅考夫(Rachel Jacoff)、卢尼(Dennis Looney)、皮里洛(Paolo Pirillo),以及安东尼奥(Antonio)和雷娜(Marina Reina)一家的慷慨帮助和诸多有益建议。我要特别感谢贝斯特(Myra Best),我们有过很多关于马基雅维利的富有启发性的讨论,她对第三至八章的草稿做了详细的和批判性的审读,并且这个研究项目的很多方面都得到她的帮助。我要感谢布莱克(Robert Black)、布朗(Alison Brown)、康奈尔(William Connell)和卡门(Michael Kammen)的好心,他们仔细地阅读了手稿并给出了丰富的评论。每个人都让我免除了大量错误和不当之处,并在解决文本和历史问题上给予我极大帮助。我也要感激奥斯本(Lauren Osborne),

我的手稿在普林斯顿大学出版社得到她热情而高效的处理。我还要感谢刘易斯(Gavin Lewis),他以其精专高超的编辑功力使文稿在很多方面增色不少。最后要感谢的是佩利(Patricia Pelley),她帮我解开了很多困惑,耐心地倾听许多含糊不清的猜测,并且以其一贯不同寻常的犀利眼光审读了手稿的诸多章节,我要致以我最热烈的感谢。

我用这本书纪念两位令我难忘的、时常思念的友人,我一直都渴望将这项研究献给他们。我在完成本书的过程中收获的乐趣从未因不能与他们二人探讨它而有丝毫减弱。

于伊萨卡岛和佛罗伦萨
1992 年

缩　写

[xiii] *Chief Works*	Niccolò Machiavelli, *The Chief Works and Others*, trans. Allan Gilbert, 3 vols., Durham, N.C.: Duke University Press, 1965; reprinted., 1989
Devonshire Jones, *Francesco Vettori*	Rosemary Devonshire Jones, *Francesco Vettori, Florentine Citizen and Medici Servant*, London: Athlone Press of the University of London, 1972
Guicciardini, *Storia d'Italia*	Francesco Guicciardini, *Storia d'.Italia, libri XI-XX*, ed. Emanuella Scarano; Opere, vol. 3, Turin: UTET, 1981
Legazioni e commissarie	Niccolò Machiavelli, *Legazioni e commissarie*, ed. Sergio Bertelli, 3 vols., Milan: Feltrinelli, 1964
Lettere	Niccolò Machiavelli, *Lettere, Opere di Niccolò Machiavelli*, vol. 3, ed. Franco Gaeta, Turin: UTET, 1984
Lettere a FV	Niccolò Machiavelli, *Lettere a Francesco Vettori e a Francesco Guicciardini*, ed. Giorgio Inglese, Milan: Rizzoli, 1989
Opere	Niccolò Machiavelli, *Tutte le opere*, ed. Mario Martelli, Florence: Sansoni, 1971

Ridolfi, *Vita di NM*	Roberto Ridolfi, *Vita di Niccolò Machiavelli*, 7th ed., Florence: Sansoni, 1978
Sasso, *NM: storia del suo pensiero politico*	Gennaro Sasso, *Niccolò Machiavelli: storia del suo pensiero politico*, 2d rev. ed., Bologna: Il Mulino, 1980
Scritti di governo	Niccolò Machiavelli, *Legazioni, commissarie, scritti di governo*, ed. Fredi Chiappelli and Jean-Jacques Marchand, 4 vols., Scrittori d'Italia, vols. 249, 256, 271, 272, Rome and Bari: G. Laterza, 1971-1985
Tommasini, *La vita e gli scritti di NM*	Oreste Tommasini, *La vita e gli scritti di Niccolò Machiavelli*, 2 vols., Rome, Turin, and Florence: Ermanno Loescher, 1883-1911
Vettori, *Scritti storici e politici*	Francesco Vettori, *Scritti storici e Politici*, ed. Enrico Niccolini, Bari: G. Laterza, 1972

导论 书信在马基雅维利研究中的地位

[3]除了少数例外,马基雅维利与韦托里的书信通常(正如我们将要看到的)被解读为,韦托里预见到意大利将遭到瑞士人的蹂躏:瑞士人会偶尔突袭、劫掠富足的物资,然后,他们会舍弃意大利转向附近更熟悉和更安全的高地。就像他认为瑞士人仅满足于从意大利攫取他们需要的东西而绝不会直接控制意大利一样,人们也匆匆掠视他们的书信而且还多数情况下只读马基雅维利的信,产生了诸多重要的成果。但人们总是倾向于将这些书信当成是其他叙事的附属品,也当作对其他解读的一种支持(极少情况下是修正),以及用作其他目的。①

马基雅维利最重要的传记作家们在复原和出版这些书信上功勋卓著,从19世纪和20世纪早期的维拉里(Villari)和托马西尼(Tommasini)到较晚近的里多尔菲(Ridolfi)。他们也大量地使用

---

① 本段开头提到的例外包括两本专著,一本总体论述马基雅维利的书信,另一本则着眼于他与韦托里的通信,它们分别是 O. Ferrara, *The Private Correspondence of Niccolò Machiavelli*, Baltimore: Johns Hopkins University Press, 1929; Alfredo Moretti, *Corrispondenza di Niccolò Machiavelli con Francesco Vettori dal 1513 al 1515*, Florence: Le Monnier, 1948。但这两本书就当下标准而言,都批判性不足、不像历史著作。

这些书信印证马基雅维利一生中的诸多事实,修订和商榷马基雅维利的年表,指出他内心深处这样那样的部分,他的个人想法和感情。① 但是,这样一条进路并没有使得人们细读这些书信或者对他们的对话产生太多兴趣。[4]政治思想史家们在运用这些书信的时候一定程度上更具选择性,他们更多地关注那些最终出现在主要著作中的政治观念,确定它们的起源和追寻它们的发展。特别是马基雅维利1513年4月和8月的那两封信,它们就写在创作《君主论》之前,已经成为此类分析的丰富源泉。出于此类目的对这些书信最全面的和有价值的研究当属沙博(Federico Chabod)、萨索(Gennaro Sasso)和多蒂(Ugo Dotti)的研究。② 有关对解读和

① 维拉里的《马基雅维利和他的时代》(Niccolò Machiavelli e i suoi tempi)最初于1877至1882年间以三卷本在佛罗伦萨莫尼耶(Le Monnier)出版社出版,之后作者又扩展和修订重印了两次(Pasquale Villari, Milan: Hoepli, 1895–1897 and 1912–1914),特别是1912至1914年间的第三版,第212至第232页讨论了马基雅维利与韦托里的通信(第四版是在作者死后的1927年出版的,由斯凯里洛[Michele Scherillo]编辑,只有两卷,去掉了文献附录)。维拉里将第一版译成一个英文的"大众版"(1058页的两大卷!)书名是《马基雅维利的生平与时代》(Linda Villari, *The Life and Times of Niccolò Machiavelli*, New York: Charles Scribner's Sons, 1898),在第二卷的第43至第58页有一个对马基雅维利与韦托里的通信的概览。托马西尼的《马基雅维利的生平与著作》(Oreste Tommasini, *La vita e gli scritti di NM*)的第二卷第71至第88页讨论了他们的通信。里多尔菲在其关于马基雅维利生平的权威记述《尼科洛·马基雅维利传》(*Vita di NM*)的第十三至第十五章关注了这些书信。在里多尔菲著作的第二版(Roberto Ridolfi, Rome: A. Belardetti, 1954)的格雷森(Cecil Grayson)英译本《马基雅维利传》(*The Life of Niccolò Machiavelli*, Chicago: University of Chicago Press, 1963)中,也是在第十三至第十五章讨论了他们的通信,页码为第139至第162页。

② 关于沙博,特别参见1927年的论文《论马基雅维利〈君主论〉的写作》(Federico Chabod, Sulla composizione de 'Il Principe' di Niccolò Machiavelli),收在他身后出版的关于马基雅维利的论文集《马基雅维利的著作》(Federico Chabod, *Scritti su Machiavelli*, Turin: Einaudi, 1964; reprinted., 1980, pp. 137–193)。萨索则将他的注意力集中在1513年的书信上,见他的《马基雅维利的政治思想史》(Gennaro Sasso, *NM: storia del suo pensiero politico*)第五章《君主论》的起源与结构》(Genesi e struttura del 'Principe', pp. 293–335)。多蒂出于类似的目的,对他们的通信给予了相当重要的关注,参见 Ugo Dotti, *Niccolò Machiavelli: Ia fenomenologia*   (转下页)

确定主要著作年代的更为具体问题的讨论也是对某些书信的重要应用。①

在重现某种人们认为的马基雅维利及其"思想"的核心、本质甚或总体的时候,1513年的一些书信发挥了重要的甚至是决定性的作用。尤其有两封信帮助我们塑造了马基雅维利的当代形象(或者说诸种当代形象中比较有影响的)。第一封是1513年4月9日的信,其中马基雅维利在未来无望继续从事政治的情况下,告诉韦托里"命中注定,我既不懂丝织和毛纺之事,也不懂赢利和亏损之事,我必须谈论国家。我要么发誓保持沉默,要么谈论这个"。第二封则是那封更为著名的1513年12月10日的信,在信中,他为韦托里生动描述了他在佩尔库西纳的圣安德里亚的放逐生活,以及他夜里同古人的谈话,并最终告知他正在创作一本关于君主国的"小书"。这些文本着实已经成为经典文本,在构建[5]解读和理解马基雅维利的一般性框架上的重要性仅次于某些文本(也的确如此)——比如说,《君主论》第十五章的开头几行。在那

(接上页注②) *del potere*, Milan: Feltrinelli, 1980, esp. pp. 17-52, 100-106。

① 想要列出一个哪怕是具有代表性的此类研究的列表都是不可能的。最有趣和最有价值的贡献属于巴龙和惠特菲尔德,围绕《君主论》和《李维史论》写作时间的难题,巴龙的分析,参见 Hans Baron, "Machiavelli the Republican Citizen and Author of The Prince," 首次发表于 *English Historical Review* 76, 1961: 217-253, 修订重版收录于巴龙的 *In Search of Florentine Civic Humanism: Essays on the Transition from Medieval to Modern Thought*, 2 vols., Princeton, N.J.: Princeton University Press, 1988, 2: pp. 101-151, esp. pp. 134-142。还有他身后发表的论文"The *Principe* and the Puzzle of the Date of Chapter 26," *Journal of Medieval and Renaissance Studies* 21, 1991 pp. 83-102。另外参见惠特菲尔德对1513年8月的书信的分析《论〈君主论〉》(Whitfield, An Essay on The Prince), 附在《君主论》查莱克特手稿(Charlecote Manuscript of *Il Principe*, Wakefield, England: S.R. Publishers, Ltd.; Paris and The Hague: Mouton, 1969)摹本之前。费尔也在他具有争议性的重释马基雅维利的政治观念和他与美第奇家族关系的著作(A. London Fell, *Pre-modern 'Machiavellism*,' forthcoming, New York: Praeger, 1993 as book 1 of volume 5 of his series on *Origins of Legislative Sovereignty and the Legislative State*)中广泛使用了马基雅维利与韦托里的书信。

几行中，马基雅维利告诉他的读者们，他不像那些谈论共和国与君主国的人那样只靠想象，他所追求的乃是他所谓的"有效的真理"。1513年4月9日和12月10日的这两封信像此类著名的段落一样，都启发人们思考这样一个问题：马基雅维利是否、如何，以及同谁常常谈论政治和为政治写作。不过，即使是这两封信也都像往常一样被孤立地解读、被从马基雅维利与韦托里连贯的通信对话中摘取出来，它们也能够产生出很多意涵，可以与许多更广泛的对马基雅维利的阐释相容。就这两封信而言，一个特别引人注目的解读是：在这两封信中我们看到，马基雅维利在苦难和被罢黜的岁月里迅速而自信地形成一些新的术语，他的新使命是要做一位政治理论家。

把每封单独的书信和它们作为部分的书信对话打散开来，这种倾向已经在多方面使得深入解读局限而又贫乏。第一个危险就是，那些知道自己在探索什么的聪明读者通常会发现这一点。在很多情况下，由于对通信的粗略探究是为了确定或修正对其他文本的阐释，或者是要找到马基雅维利在主要著作中更完整阐发之观念的起源，这种方法通常将注意力集中在——有时是完全集中在——信件中那些能够达到这一目的的段落，通常会忽略掉其他部分。这也制造或者强化了这样一种假定：马基雅维利的"思想"存在根本性的统一或者一致，或者说他的诸多观念是渐次发展起来的，至少在某种特定视角局限下的马基雅维利就是如此。马基雅维利政治思想的研究者们都读过1513年春天和夏天有关阿拉贡的斐迪南、教宗利奥十世以及瑞士人的信，他们将这些信当作某种试验场，马基雅维利理论中的很多部分从这里出现并可以在《君主论》中找到。在信中可以预见或者确认这些观念，这一发现使得人们相信，马基雅维利在写《君主论》的时候（在某些人看来，写《李维史论》的时候也同样如此），他的思想和方法的基本内容已经成型,有待进一步详细扩展为统一、充分的论述。①

文学史家和评论家们对 1514 年初那些谈论爱情的书信很感兴趣,[6]对他们文学上的试验和创新尤为注意,从而阐明了这部分打趣的通信同马基雅维利的戏剧《曼陀罗》和《克莉齐娅》之间的重要关联。② 人们发现这些书信和戏剧在用词上、风格上和主旨上存在连续性,从而充实了有关马基雅维利的文学才能、人文主义训练以及他受惠于托斯卡纳方言传统等方面的观点。费罗尼和雷蒙迪的作品是这类作品中最棒的。③ 从这种视角出发,至少对

---

① 其中一个例子,见萨索对马基雅维利 1513 年 4 月 29 日书信与《君主论》关系的评论:"如果,这看起来非常有可能,《君主论》是在 1513 年的 7 至 12 月写成的,那么 4 月 29 日的信很清楚地表明在那个时刻,不仅仅[《君主论》的]基本概念,还有它的结构和谋篇已经有了。"(*NM: Storia del suo pensiero politico*, pp. 314-315.)在第三章,我将试图表明对整封信(包括草稿和最终成稿)的解读将如何使得这一结论站不住脚。

[译注]作者在引用中补充有助于理解的必要文字和附上拉丁文或意大利文原文时,都会用到方括号,作者自己的解释说明的补充则用圆括号。在中译文中,引文中的补充性文字仍旧用方括号,所附原文、作者自己的解释说明均用圆括号。中译文中所附的人名和地名等材料也用圆括号。

② 有关近来对包括书信在内的所谓文学作品的学术研究与批评的一个有益评论,见 Daria Perocco, "Rassegna di studi sulle opere letterarie di Machiavelli, 1969-1986," *Lettere italiane* 39, 1987: 544-579。

③ 尤其是 Giulio Ferroni, "Le 'cose vane' nelle lettere del Machiavelli," *La Rassegna della letteratura italiana* 76, 1972: 215-264。费罗尼考察书信与戏剧之间关系的研究是"*Mutazione*" e "*Riscontro*" nel teatro di Machiavelli, Rome: Bulzoni, 1972, pp. 19-137。雷蒙迪做了一个相似的探究,见 Ezio Raimondi, "Il teatro del Machiavelli," *Studi storici* 10, 1969: 749-798; reprinted as "Il segretario a teatro" in Raimondi's *Politica e commedia*, Bologna: Il Mulino, 1972, pp. 173-233。他的一篇已成经典的研究展现了文学分析能够揭示通信中的许多内容,虽然该研究无关那些谈论爱情的书信,而是关于一段"政治的"段落,出自 1513 年 12 月 10 日那封重要的信,见"Il sasso del politico",最初发表于 *Strumenti critici* 5, 1970: 86-91, 重印收录于 *Politica e commedia*, pp. 165-172。利斯对"文学"信件的兴趣在于这些书信所揭示出的马基雅维利某种叙事才能的起源和早期证明,这种才能在《贝尔法哥》中展现无遗,但是按照于利斯的看法,这种才能从未达到某些信件中所展现的有望达到的程度,见 Georges Ulysse, "Machiavel conteur inachevé: Notes sur la correspondance," in *La correspondance [édition, fonctions,* (转下页)

某些批评家而言,韦托里便成了一个更加迷人的角色:他是那个文字游戏世界中自成一家别具一格的参与者,其中还有一个——用安塞尔米的话说——"别样的马基雅维利"。① 韦托里对各式深深根植于佛罗伦萨的方言传统的文学形式都不陌生:荒诞、诡计、倒错、骗局的情色文学、玩笑与嘲弄(burle and beffe)、粗鄙猥亵之语以及狂欢式的戏仿,这些显然也是秘书厅闲暇娱乐的形式之一。韦托里自己的《日耳曼之旅》正是这一传统的一个著名例子,现在我们可以将 1514 年早期谈论情爱的书信看作是一项有意识的合著,马基雅维利与韦托里对其中涉及的艺术传统风格和鲜活的历史全都了然于胸。②

总体上,历史学家和政治理论学者们忽视谈论情爱的书信,而文学理论家们则鲜有触及[7]论政治的书信,甚至这两边都用书信来丰富那个他们感兴趣的马基雅维利形象。有个别批评家曾经尝试弥合这一鸿沟,试图解决谈论情爱的书信能否或者应否与谈论政治的书信乃至后面的政治著作联系起来。斯夸罗蒂(Giorgio Bárberi Squarotti)认为他在书信中发现了马基雅维利一贯区分"严肃的"(sublime)智识沉思与次等的"打趣的"(comic)实际经验和日常现实。在斯夸罗蒂看来,这一区分在情爱和政治领域中

(接上页注③) *signification]*, vol. I, Acres du colloque franco-italien, Aix-en-Provence, Octobre 1983, Aix-en-Provence: Centre Aixois de Recherches ltaliennes, 1984, pp. 49-80。

① Gian Mario Anselmi, "L'altro Machiavelli," in G. M. Anselmi and Paolo Fazion, *Machiavelli, l'Asino e le bestie*, Bologna: CLUEB, 1984, pp. 9-23. 巴西莱曾试图将马基雅维利的一些书信置于喜感怪诞传统中,见 Bruno Basile, "Grotteschi machiavelliani," *Convivium* 34, 1966: 576-583。

② 这方面尤其重要的是雷蒙迪的论文《马基雅维利的剧场》(*Il teatro del Machiavelli*),出处见前页注释 7。

同样适用。① 另有一些学者则尝试对通信中共存的两种论述进行解释，这些尝试通常都想要辨识出政治理论与情爱或者家庭生活中的权力、成功以及征服等概念之间的融合。此类方法中的假定似乎是，马基雅维利一定认为如果某些行为处事方式（modi di procedere）为一个君主、立法者或者共和国增加了成功的可能性，那么类似甚至一样的那些方式或者基于共通的根本性前提的那些方式理应能同样作用于丈夫、妻子和恋人们。②

如此解读马基雅维利并不必然有错，只不过要把这一假定全面地套用在马基雅维利的政治观念和他通常以打趣风格写的有关情爱的东西之间的联系上，需要人们接受一个假设，即到1513年或者1514年，他实际上已经为政治生活和私人生活界定和阐明了这些具有规范性的原则，并有足够自信能够断定或者暗示两者之间的相互关联性。要扩展这种融合，超越与韦托里的通信而延伸至随后几年里的主要作品的话，则需要进一步假定：一旦他确立了如此具有规范性的行为处事方式，这些方式在其思想中基本保持

---

① Giorgio Bárberi Squarotti, "Il Machiavelli fra il 'sublime' della contemplazione intellettuale e il 'comico' della prassi," *Lettere italiane* 21, 1969: 129-154, reprinted as "Narrazione e sublimazione: le lettere del Machiavelli," in his *Machiavelli o la scelta della letteratura*, Rome: Bulzoni, 1987, pp. 63-95. See also Bárberi Squarotti's *La forma tragica del "Principe" e altri saggi sui Machiavelli*, Florence: Leo S. Olschki, 1966, 尤其是第一篇论文"L'aspirazione al tragico nelle 'Lettere' e nella 'Favola,'"文中对书信的考察在第1至第27页。

② 费罗尼在《论马基雅维利信件中的无用之事》（"Le 'cose vane'"）中没有直接处理谈论政治的书信，但是他暗示它们与打趣的书信有关，都基于共通的"人类学"，类似的灵活性和适应性概念都是两个领域中通往成功的关键。胡里翁在他的《公民马基雅维利》（Mark Hulliung, *Citizen Machiavelli*, Princeton, N.J.: Princeton University Press, 1983）一书第四章第99至第129页，特别是第108至第116页将书信同戏剧一起讨论。按照胡里翁的看法，马基雅维利"会赞赏爱情中的小伙子的过度行为，因为到明天同样是这个青年将会在战场上挥洒同样的激情。毕竟，恋爱与搏斗是相当类似的活动，求爱者与士兵也有相当的共通之处……那些不用来征服敌人的时光自然就要用在征服女人上，因为一个精力充沛的公民一定总是要为他生猛的本性寻找发泄口"（pp. 110-111）。

稳定，成为他思想中的持久特征。基于这些或者类似的[8]假设，某些读者可能已经遍历他的书信，寻找哪些段落能够反映、具体化或者阐明马基雅维利的"人类学"或者有关人类本性与行为的一般"理论"。这一进路将书信视作一套受控的观念的范例或预现，这些观念将在其主要作品中得到更全面的阐述。

上面概括出的几种处理书信的进路存在的问题和缺失有如下几点。第一，书信是次要的，服务于尚未成形的文本（《君主论》算是部分的例外，它完成于两人通信第一年的年末）所界定的其他议题。第二，此类解读遗漏了马基雅维利在这两年里的犹疑甚至困惑这一重要因素。他1513年的书信（我将论证，与《君主论》不无相似）充满了反转与不一致、创造与预见、跳跃与矛盾，其累积效应给人传达了一种面对某些困境产生大量疑虑和犹豫的印象。① 注意到并研究其作品中的这一面，在我看来，绝不是在贬低这些文本。同样，在我看来，这是一种在其复杂性与丰富性之间建立联系的方式。常见的书信研究进路的第三个弱点是，韦托里的观点要么被轻视要么被忽视，甚至他们的通信作为一种对话而存在这件事本身都变得次要甚至被遗忘。② 对某些人（主要是历史学家和政治哲学家们）而言，韦托里的存在不过是一个便利的陪衬，以此来彰显马基雅维利思想的全部力量和原创性。而对于另

---

① 在陈述这一观点并且告诉读者接下来很多讨论将聚焦在马基雅维利的疑虑与困境上的时候，我希望表达我对皮特金在《机运是一个女人：马基雅维利思想中的性别与政治》（Hanna Fenichel Pitkin, *Fortune Is a Woman: Gender and Politics in the Thought of Niccolò Machiavelli*, Berkeley: University of California Press, 1984）前半部分（第一至第三部分）对马基雅维利的解读的由衷感谢。尽管我将处理的"张力与含混"不同于皮特金讨论的，但我对书信的解读是与皮特金在第4页讨论她的书与马基雅维利的精神一脉相承："本书聚焦于解读马基雅维利的困难，它试图理解文本中的张力与含混，这些文本导致了或至少容许了如此多样的各式解读……马基雅维利思想中的根本性张力存在于……每一种解读中，当然也存在于他的所有作品中。"

② 著名的例外有上面提到过的费罗里和雷蒙迪。

外一些人而言,韦托里实际上是个消极的角色,因为正是在1513年晚些时候,马基雅维利就《君主论》第一稿的一部分征询他的意见时,他把那些所谓轻浮无聊的东西带入通信之中。某些读者或许会对通信的这一新方向感到一丝不快,责备韦托里不能理解或者不愿承认这一伟大事件,而他却是头一个(或许实际上是第二个,在菲利波·卡萨韦基亚之后)有此殊荣获知此事的人。①

[9]实际上,对书信的仔细阅读将揭示,无论是在私人关系上、政治上,还是在思想活动上,韦托里对马基雅维利来说是一个重要的参照点(punto di riferimento)。他的判断和赞同意义重大,在他们就政治和外交事务交换看法时,他是一位有力的对手;而更重要的是,他对马基雅维利的书信而言是一位敏锐的、同情的同时也是批判性的读者。在1513年的整个春天和夏天,韦托里都在反对马基雅维利关于时下重大政治和军事问题的思想和结论。在此过程中,他提出的关于政治性论述本身的限度与性质的问题是更为根本性的。他的质疑与批判在让马基雅维利感到挫败的同时也为他提出了无法忽视的挑战。这反倒引发了马基雅维利一系列的回应以捍卫自己的观点,有时直接反对韦托里,有时则将韦托里写给他的看法化为己用使它们服务于自己的目的,在新的论点里化解这些观点,而这些新论点与那些他本打算捍卫的观点又不完全一致。即使马基雅维利全然不同意韦托里,他的回应也几乎与韦托里写给他的一切有关。谈论情爱的书信如此,谈论政治的亦如此,抑或更甚,直至通信的最后。马基雅维利常常随韦托里的指引转向特定的难题、主题和风格,这是非常明显的,当然他们的结论并不相同。他与韦托里的不一致是在这种模拟的对抗中发生的,这是一个复杂的吸收、对抗和转化的过程,马基雅维利在此过程中是带着疑惑与紧张得出某些术语的,而这是他不能完全据为己有

---

① 里多尔菲似乎持有类似观点,*Vita di NM*, pp. 241-242, 246。

的。总之,他需要一位对话者来倾听自己。

韦托里和马基雅维利维持这种对话靠的是对彼此足够了解。从一开始他们交换看法的过程就表现出亲昵的随和与未解的紧张的混合,某种程度上这只能产生于朋友之间。他们有许多共通之处:政治经历、朋友圈子、文学兴趣、类似的教育背景(甚或是同门)、1511至1512年间颠覆共和国并使得美第奇家族在佛罗伦萨复辟的重大事件,以及用韦托里的话说,谈论起政治来便喋喋不休的"顽疾"(old habit)。他们的书信表明他们亲昵的友谊由来已久。他们彼此了解对方的生活、性情、阅读习惯,以及私密的欢喜与悲伤,他们只须三言两语便能或明或暗地提到这些的某个方面,有时是间接地或隐晦地,常常是讲一个笑话、插一段话或者是引一段文学作品。如果脱离这一切明指或暗指的脉络,孤立地解读单封信件或者段落,那么他们通信当中的这个面向便很容易被错过或误解。只有在这块有张力的亲昵的领域内,对那些重复、回应、联系有足够的注意,特别是同样注意那些中断、迂回和沉默,才能使我们走进这段对话。

[10]出于这个原因,我决定将这段通信呈现为一份合著的文本,我相信马基雅维利和韦托里自己也是这样想的——作为一个整体,其中事件的顺序,确切地说是事件的累积性顺序对于阐释至关重要。这就意味着,我要在一个由之前的书信所构成的、逐渐复杂起来的语境(如同故事一般)中解读每一封书信。重视书信的顺序将使我们看到这个逐渐浮现的有关两人阅读和撰写他们合著文本的故事。在每一步上,回看更早的信件——他们也是如此——都是必要的,可以看到他们在某个时间点上以某些方式记录和理解一些事件,在其他时间点上又如何以不同的形式回忆和阐释它们。马基雅维利逐渐意识到,他们写给彼此的内容的意义是随时间和后续写作而转变的,在此过程中,每一封信都在改变它作为部分的整个通信,或许正是他对这一过程的自觉才构成了如

此呈现整个通信的最佳理由。

他们的书信一直关注于阐释之难以及"论述"(discorso)之难,我认为这种关注使得这场通信成为一个"整体",并且在根本上联系起谈论情爱和谈论政治的书信。同时,正是因为书信中的"变化"(varietà,马基雅维利会称之为"在政治与情爱中交替")让整个阐释计划成为难题,书信似乎在持续令人们怀疑是否存在由它们构成的整体,从而质疑试图对它们做出整体解释的阐释过程:因此,这段通信绝不止有不顺利的开端、中断和表面上的僵局。而且,它是不断变动的,在韦托里的鞭策下,对马基雅维利而言,这段通信本身就是"论述之难"本身的展开过程,尤其是他自己尝试进行政治性论述(特别是那些蕴含在《君主论》中的政治论述)的潜在张力的展开过程,而这本饱受攻击的书是在与韦托里的通信过程中由双方共同构思而成的。这些书信讲述了在韦托里的帮助下马基雅维利是如何意识到那些张力的,它们本身就是这个故事。

~ * * * ~

现存马基雅维利给韦托里的书信中只有少量是真迹原件。①

---

① 据我所知,1513 至 1515 年的信件中找到了四封真迹原件:第一封,1513 年 4 月 29 日信件的草稿(Biblioteca Nazionale di Firenze, *Carte Machiavelli*, I, 55)和成稿(Library of Congress, John Boyd Thacher Collection),都由里多尔菲发表:"Per un'edizione critica dell'epistolario machiavelliano: la lettera al Vettori del 29 aprile 1513," *La Bibliofilia* 68, 1966: 31-50;第二封,可能是 1514 年早些时候的日期不明的信件(关于确定这份文本日期的不同观点,参见第八章注释 2),内有对洛伦佐·德·美第奇在众佛罗伦萨人当中的品行表现的简要判断(Archivio di Stato di Firenze, *Carte Strozziane*, II, 86, c. 32r);第三封,1514 年 12 月 10 日的信(Biblioteca Apostolica Vaticana, *Codd. Capponiani* 107[2], ff. 207r-212v),由马尔尚编辑(Jean-Jacques Marchand, "Contributi all'Epistolario machiavelliano: la lecera al Vettori del 10 dicembre 1514 nel testo originale inedito," *La Bibliofilia* 72, 1970: 289-302);第四封,1514 年 12 月 20 日马基雅维利给韦托里两封信中的第二封信(the Hyde Collection in Somerville, N.J.)。关于这些及其他马基雅维利的真迹原件,参见 Paolo Ghiglieri, *La grafia del Machiavelli studiata negli autograft*,　　(转下页)

大部分已知的书信,以及很多韦托里写给马基雅维利的书信,能够保存下来[11]得益于马基雅维利的外孙朱利亚诺·德·里奇(Giuliano de' Ricci)的耐心工作。1570年代在禁书审定院(1571年建立,目的是发行原本被禁书目录谴责的作者的著作的删节版本)的资助下,他抄写了包括其他一些马基雅维利的书信和文本在内的原件,成为他外祖父著作的一个审定版,这成为一个未竟事业的一部分。① 里奇将这些抄本集成一卷,该书目前收藏于佛罗伦萨的国家图书馆并被称为《里奇抄本》(*Apografo Ricci*)。② 作为引入与韦托里通信的开端,里奇称他最先遇到的马基雅维利写给韦托里的信是"论1513年法国国王和西班牙国王达成的停战协议"。随后,在他搜寻那封韦托里请马基雅维利就此事发表意见的信的过程中,"我手头上有了很多他[即韦托里]的信,所有这些信在我看来不光有趣而优美,而且全是有关当时发生的重大事件的信息,并非简单描述,而是有深入讨论与卓越的评判。所以我决定,只要我找到它们,就将马基雅维利的回应抄写下来,按照合适的顺序插进去,这些信数量不多,因为

(接上页注①) Florence: Leo S. Olschki, 1969, pp. 6-7, nn. 2-4,所有真迹原件包括秘书厅的真迹原件列表见第337至第356页。贝尔泰利1969年编辑的马基雅维利通信集中,有一份非常有用的手稿(包括真迹原件和复制品)和各种最早版本的清单, Sergio Bertelli, Niccolò Machiavelli, *Epistolario*, Milan: Giovanni Salerno, 1969; reprinted., Verona: Valdonega, 1982, pp. 511-540。

① 关于朱利亚诺·德·里奇失败的出版计划,参见 Sergio Bertelli, "Appunti e osservazioni in margine all'edizione di un nuovo epistolario machiavelliano," *Il pensiero politico* 2, 1969: 536-579, esp. pp. 538-539。关于禁书目录和审定院,参见 Luigi Firpo, "The Flowering and Withering of Speculative Philosophy–Italian Philosophy and the Counter Reformation: The Condemnation of Francesco Patrizi," in *The Late Italian Renaissance*, ed. Eric Cochrane, New York: Harper and Row, 1970, pp. 266-284, esp. pp. 266-268。

② Ms. Palatine, E. B. 15, 10. 有关《里奇抄本》内容的详细分析,参见 Oreste Tommasini in the first volume of *La vitae gli scr.itti di NM*, pp. 617-664。

他没有留下它们的抄本(registro)"①。所谓"抄本",里奇指的是某种按顺序记录抄件的记录簿。当然,并没有证据显示马基雅维利曾经保存过这样一个抄本。但实际上,在已知的1513年3月至1514年1月间马基雅维利写给韦托里的23封信中,《里奇抄本》收录的至少有20封。而且,从现存信件的征引情况来看,[12]似乎那几年里马基雅维利写给韦托里的信中佚失了的,总共不过两封,也可能是三封。除非马基雅维利自己真的留有抄本,否则基于马基雅维利文稿工作的里奇还能有什么别的办法找到并抄写如此多的他外祖父写给韦托里的信件呢? 在通信中,韦托里一度表示他没有保存给马基雅维利信件的抄件的习惯,②而有迹象表明,马基雅维利的确抄写和保存了至少某几封他自己写给韦托里的信。③

里奇断言马基雅维利没有为他的书信保留记录簿,紧接着是一个关于书信特点的有趣判断:"我要提醒的是,这些书信是一个朋友写给另一个朋友的,没有用语上的修饰也不需要挖空心思的雕琢,只不过是想到什么就写什么。"④这的确是两个朋友之间的通信,但是里奇其他关于写作风格的评论就大错特错了。正如贝

---

① Ms. Palatine, E. B. 15, 10. 有关《里奇抄本》内容的详细分析,参见Oreste Tommasini in the first volume of *La vitae gli scr.itti di NM*, p. 633.
② 1513年8月5日韦托里致马基雅维利:"亲爱的同道,如果我保存了我过去那些信的副本,那么我一旦收到您的信,我就会跑去查对[我自己信件的]副本。"(*Opere*, p. 1145b.)
　[译注]如无特殊说明,所有马基雅维利与韦托里的通信、马基雅维利其他著作的中译文均引自《马基雅维利全集》(8卷本),吉林出版集团,2011年—2013年。不注具体页码,个别词句有调整。
③ 1514年12月10日那封真迹原件(出处见原书注释15[即本书19页注释①]),想必就是一份抄件,在马尔尚(Marchand)和因格莱塞(Giorgio Inglese)看来,它可能就是马基雅维利在给韦托里寄出原件后抄写自己留用的,参见 *Lettere a FV*, p. 266, preliminary note.
④ Tommasini, *La vitae gli scritti di NM*, I:633.

尔泰利指出的①,里奇这里采用了很多作家在介绍自己书信时惯用的陈词滥调,说这些信不过是闲暇时光里随便写写的东西。正如我们已经看到的,这种在15世纪还大行其道的文学传统观点的起源可以追溯到西塞罗,他对阿提库斯写"那些想说的"东西的建议,差不多就是里奇所谓的马基雅维利和韦托里的信都是"想到什么就写什么"。人们立刻会想到,关于马基雅维利没有保存记录簿进而暗示他并不在意保存其书信的想法正是这种古老写信传统的一部分。

里奇《抄本》的奇怪一面是,尽管它囊括了几乎所有马基雅维利写给韦托里的信,但在现存的1513年3月至1515年1月间韦托里写给马基雅维利的18封信中,它只收入了9封,其他的9封仍以抄件得以保存,只是里奇要么没有见到过要么决定不予收录。他说他知道他们在这段时间写了很多封信谈论各自的情爱、享乐和玩笑,但他从未见过这些信,因而也就没法抄录它们。但是,他也承认他略过了韦托里书信中涉及此类主题的某些部分,更多保存了那些"关于治国术[13]和重大事项"的部分。② 就已知的情况看,里奇只将这种编辑方式运用到了一封信上(1514年5月16日),但是所有现存的涉及"情爱"(innamoramenti)、"享乐"(piacevolezze)和"玩笑"(burle)的韦托里的信都在《里奇抄本》中被忽略了。由于里奇是基于马基雅维利的文稿工作的,有理由相信他本应发现所有或者大多数韦托里写的信。他只抄录了一半韦托里写的信,并且他抄录的都与政治事务有关,这些都强烈地表明他是故意略去那些主题与他自己的(以及《禁书目录》的)偏好不同的信件。

总之,从《里奇抄本》反映出的情况看,似乎很有可能马基雅

---

① S. Bertelli, "Appunti e osservazioni," p. 538.
② Tommasini, *La vita e gli scritti di NM*, I:638.

维利的确保存了那些年他和韦托里的几乎全部书信往来。这并不表明马基雅维利收集这些信是考虑出版,而是说明他认为那些年的书信足够重要,需要收集它们并确保能够留存下来。现存的马基雅维利的书信相对较少,而这当中很大一部分是写给韦托里的,这就进一步表明他或许是如此看待他与韦托里的通信的。马基雅维利通信的最新、最厚版本(当然没有收入他给政府的快报)收有83封马基雅维利写的信和252封别人写给他的信,由此我们可以看出里奇所说的马基雅维利一般来说不保存他自己书信的副本确实是对的。然而,在马基雅维利这83封信中,有至少29封信(占总数的35%)是写给韦托里的,数量远超其他人,并且其中的22封——占其现存书信总数的四分之一强——是在1513至1515年间写给韦托里的。① 很难设想这些书信在他的"书桌"(scrittoio)上会没有一席之地。

我们应该将这段通信看作是私人通信吗? 许多15世纪和16世纪的人文主义作家们的信无论手写的还是印刷的都是准备公开流传的,在这个意义上,马基雅维利和韦托里的通信并不是公开的。但是,也不光是他们自己在看他们的信。根据韦托里的建议,马基雅维利写了一些——也只有某几封——具有特定意涵的信,[14]韦托里将其带给在罗马的美第奇家族成员和其他居于高位的人看。另一方面,韦托里显然不想让自己的信在佛罗伦萨四处散播,马基雅维利必须向韦托里保证一点:他是韦托里书信的一个"好看护"(buono massaio)。但即便已经给出这样的承诺,他也毫不顾忌地表示曾将韦托里的信拿给自己的朋友菲利波·卡萨韦基

----

① 我的统计基于加埃塔(Gaeta)1984年版的《书信集》(Lettere)。写给弗朗切斯科·圭恰尔迪尼的信件的数量位居第二计17封,马基雅维利写给他外甥韦尔纳奇的信件数量位居第三计12封。除此之外,在现有的信件中,马基雅维利与其他单个通信人的通信量都没超过4封。

亚(Filippo Casavecchia)和韦托里的弟弟保罗(Paolo)看。① 总的来说,他们之间通信的私密性要大于公开性,毕竟只有在双方的许可下,他人才能够看到其中的几封。不过,基于很快将会出现的理由,韦托里更希望通信保持私密仅限于二人之间,而马基雅维利则总是希望他写给韦托里的内容能够通过某些渠道(或者成为其他作品的渠道)为第三方知晓。

~ * * * ~

最后来谈一谈书信集的各种版本。贝尔泰利曾经讲述过马基雅维利通信的"出版命运",18世纪开始印行书信的选集,到19世纪出现了许多种通信集,包括标志性的1883年阿尔维西(Edoardo Alvisi)版,这是对维拉里编纂的马基雅维利文集和托马西尼《里奇抄本》分析的重要补充。② 在最近的三十几年里,很多新的重要著作面世。1961年随着费尔特里内利出版社版马基雅维利《全集》中加埃塔编辑的书信卷出版③,人们再度对马基雅维利的通信产生兴趣。不过,这个版本基本上是阿尔维西版的重印,只添加了几十年中新发现的几封信,使得信件总数由(阿尔维西版的)229封增加到238封。加埃塔或费尔特里内利版第一次使得马基雅维利的书信能够以更适宜的形式面向更多的读者,它一直常常被征引。但这不是一个校勘版④,无论是从文本的精确度考虑还是因为有新的(主要是写给马基雅维利的)书信被发现,它现在已经被取代了。在1960年代,多亏了里多尔菲

---

① NM to FV, 10 December 1513; *Opere*, p. 1159a; *Lettere*, p. 423; *Lettere a FV*, p. 192.
② Bertelli, "Appunti e osservazioni," pp. 541–551.
③ Niccolò Machiavelli, *Lettere*, ed. Franco Gaeta, Milan: Feltrinelli, 1961.
④ R. Ridolfi, "Per un'edizione critica dell'epistolario machiavelliano," and Ghiglieri, *La grafia del Machiavelli*, pp. 5–6, n. 1.

和贝尔泰利的工作,很多书信被发现。① 贝尔泰利随后将新材料整合进他自己的新版书信集,首版于1969年问世,②然而却并未获得[15]权威评论家的肯定,这很大程度上是因为抄录有误且编辑不当。③

1971年马尔泰利在仔细核验真迹原件(以及《里奇抄本》中书信的抄件)并对之前的抄录做出几处实质性修正的基础上,出版了一个书信集的新版,属于桑索尼出版社的马基雅维利《全集》。在他能查对到真迹原件的地方,马尔泰利对原有拼写"绝对尊重",保留了所有(以现代眼光看)异形拼法和不一致之处。④ 就文本精确度而言,马尔泰利版本必定是最棒的,除了个别例外⑤,我在引用书信的时候将依据这一版本(这样一来会公然地在读者面前引用一些似乎是错误的拼写,比如 persequutione[迫害]、conpare[同伴]、voglo[欲望])。但是,马尔泰利(因为版面和此卷所属全集整体编辑方式所限)没能提供哪怕最起码的注解或者注释。他这个版本简直是一片空白,对通信者、涉及人物以及事件和文学作品的引文(或者暗指)全都没有说明。这个版本也没有帮助读者理解和阐释一些习惯用语,没

---

① S. Bertelli, "Carteggi machiavelliani," *Clio* 2, 1966: 201-265; also Bertelli, "Appunti e osservazioni," pp. 554-579. See also R. Ridolfi, "Le carte del Machiavelli," *La Bibliofilia* 71, 1969: 1-23; and Ridolfi, "Contributi all'Epistolario machiavelliano: la lettera del Vettori del 16 aprile 1523 nel testo originale inedito," *La Bibliofilia* 71, 1969: 259-264.

② Machiavelli, *Epistolario*, 具体信息见前注15(即本书19页注释①)。

③ Mario Martelli, "Memento su un'edizione dell'epistolario machiavelliano," *La Bibliofilia* 73, 1971: 61-79. See also Ridolfi, *Vita di NM*, p. 411.

④ *Opere*, pp. 1009-1256. 书信325外加1513年4月29日信件草稿抄件作为附录发表。马尔泰利(Mario Martelli)在第xlviii-xlx页解释了他文本编辑的标准。

⑤ 一处是1514年12月10日的书信,马尔尚的版本更好,见前注15(即本书19页注释①)。另一处是马基雅维利1514年4月16日的信,因格莱塞(在《弗朗切斯科·韦托里书信集》中)提供了终稿和草稿,这在先前的各种版本中被忽略了,参见第八章。

有解释一些在现代意大利语(甚至现代托斯卡纳语)中已不再常用的术语的含义,也没有解释那些在16世纪用起来与当下有不同含义或者不同言外之意的术语——这是所有遗憾中最大的一个,因为没有谁比马尔泰利更适合提供这类语言上的和阐释性的注解了。

令人高兴的是,近年来又出现了两个版本,在满足这些需求上有了长足的进步。1984年加埃塔的书信集第二版(这是1961年费尔特里内利本的全面修订版,甚至可以说是一个新的版本),作为UTET出版社《马基雅维利著作集》①的第三卷出版。除了个别例外(此次仍旧收录了更多新发现的书信,总数达到335封),②加埃塔使用了马尔泰利准备的文本,除了他普遍(但并未彻底)采用了[16]现代拼法,目的是让这些文本更方便非专家阅读。不过这一版的重要贡献在于注释,特别有助于分辨人物、地点和事件、文学作品的引用或者化用,以及在马基雅维利书信里分辨哪些地方值得同他的主要著作加以对比。加埃塔在解决语言上的和习语上的难题上就不是那么有帮助了③,而在这方面做出最重大贡献的是最近出版的马基雅维利通信集因格莱塞的口袋版——收入了马基雅维利与弗朗切斯科·韦托里及弗朗切斯科·圭恰尔迪尼的书信往来——作为通用文库系列(Biblioteca Universale series)全集

---

① 在本书中引用为《书信集》(*Lettere*)。
② 一个尤其值得注意的补充是马基雅维利在1508年早些时候写给皮耶罗·索德里尼的信,该信由赫尔利曼(G. Hurlimann)发现并编辑(Une lettre 'privee' de Machiavelli à Piero Soderini," *La Bibliofilia* 74, 1972: 179-184)。
③ 格拉齐尼在他有益的评论中如是指出,参见 Filippo Grazzini, *Lettere italiane* 36, 1984: 605-609。也可参见因格莱塞重要而详细的评论,*La Bibliofilia* 86, 1984: 271-280。

由里佐利出版社出版。① 因格莱塞(相比于加埃塔)大大丰富了注释中的评注,虽然他"仅仅"评注了八十几封马基雅维利与韦托里和圭恰尔迪尼之间的往来通信,而非全部书信。

马尔泰利、加埃塔和因格莱塞各自做出了其他人没做的贡献,出于这个理由并为方便读者计(他们可能不会接触到这些版本中的某个或者多个),下面的章节中这三个版本都将被引用:文本引用马尔泰利和因格莱塞版,而涉及评注和阐释上的问题则用加埃塔和因格莱塞版。马基雅维利书信的英译文基本上用我自己的,不过某些情况下我会从吉尔伯特(Allan Gilbert)的译本里借鉴一些词或短语。想要查对吉尔伯特译本的读者可以去看他的马基雅维利著作集三卷本的第二卷②,或者单独的书信集③。吉尔伯特翻译了大部分马基雅维利写的信(准确地说是其中的 64 封,包括所有他在 1513 年[17]至 1515 年间写给韦托里的信),而没有其他通信者写的信。因此很不幸,依靠吉尔伯特的译本是无法看到马基雅维利与韦托里之间的对话的。据我所知,弗朗切斯科·韦托里写给马基雅维利的信还没有被翻译成英文,因此那些韦托里书

---

① 因格莱塞将《弗朗切斯科·韦托里书信集》的大部分重印了,只做了最小的改正和变动,用马尔泰利的方法编辑。例外的是 1514 年 4 月 16 日和 1514 年 12 月 10 的信(他采用了马尔尚版)。另外值得注意的是,有个版本在我最终完成书稿修订后引起了我的注意,因此我无法将它的发现整合到我自己的分析中:巴尔达齐带有导言和评注的马基雅维利书信选(Giovanni Bardazzi, *Dieci lettere private*, Rome: Salerno, 1992)。10 封马基雅维利写给韦托里的信中有 7 封是 1513 至 1515 年间的,分别是 1513 年 12 月 10 日、1514 年 1 月 5 日、1514 年 2 月 4 日和 25 日、1514 年 6 月 10 日、1514 年 8 月 3 日和 1515 年 1 月 5 日。
② *Chief Works*, 2:883-1011;1513 至 1515 年间写给韦托里的信在第 898 至第 963 页上。
③ *The Letters of Machiavelli*, tr. Allan Gilbert, Chicago: University of Chicago Press, 1961; reprint ed., 1988. 1998 年的重印本没有修订,因此没有吸纳新近有关马基雅维利书信的研究著作成果。实际上,吉尔伯特的英译文是基于 1883 年的阿尔维西版,早在 20 世纪 50 年代已经完成,而那时加埃塔的第一个版本还没有出版。

信中的英文翻译部分都是我自己翻译的。①

---

① 在我完成本书之后,我了解到韦托里的书信很快就有英译本了,译者是阿特金森(James B. Atkinson)和西塞斯(David Sices),"*Compare mio caro*": *Letters from and to Niccolò Machiavelli*,即将出版。([中译注]该书正式出版的书名为 *Machiavelli and His Friends: Their Personal Correspondence*,中文版《马基雅维利全集·书信集》主要依据这个英译本译出。)它依据的是加埃塔1984年版,并有大量注释。

第一章　文艺复兴时期的书信

[18]马基雅维利的书信中，有三种不同的书信写作技艺传统。三种当中最普通的是私人性的、使用方言的书信写作，这种日常的功能性书信是意大利各城市特别是佛罗伦萨受过教育的中产阶级和上流社会最常见、最大量使用的。现在，这些书信已经成为社会与家庭史研究、意大利文艺复兴时期政治与资助关系的群体传记学研究的命脉。第二种数量相对较少但却广受赞誉，即外交或公务书信写作的专业技艺，这项技艺在13世纪主要通过大臣们和秘书们的工作而声名鹊起。他们为君主和城市共和国政府写信，这项技艺在佛罗伦萨的秘书厅尤其受到重视。主要的书信写作技艺中的第三种是人文主义的书信写作，用拉丁文书写，通常但不必然有实际的接收者，一般是为了流传甚至精心编排出版。

当然，这三种类型并不是泾渭分明的。私人性的方言书信有时也会沾上文学的高雅或者人文主义书信的矫饰，许多人文主义大臣们写的外交信函当然也同样如此。人文主义书信像私人的方言书信一样，常常寄给朋友们用于处理私人事务。比如洛伦佐·德·美第奇的许多书信便很难说属于第一种还是属于第三种。但是在大多数情况下，它们之间的差别还是足够清晰的，在相当大的程度上，正是它们的语境和功能明确了这些区分。第一类书信通常出现在家族文书中,外交信函则是且一直是政府官方档案的一部分,而我们读到的大多数人文主义的书信都是人文主义者们自己集结成册的。

我们不能说马基雅维利和韦托里的书信可以毫不含糊地归入任何一种传统,因为它们三种全都有所涉及。某些1513至1515年间马基雅维利与韦托里的通信似乎属于那种具备一般读写能力的佛罗伦萨人都会写的信,他们会写给朋友、亲戚、恩主,请求帮助、传递消息,以及巩固友情和委托关系。有些[19]讨论和辩论当时复杂国际政治局势的信都会让人联想到快报(avvisi)*中的很多地方,这些书信和快报都是他们在被派出执行外交任务和驻外期间写的。还有一些则是呼应人文主义风格的,由此引发的一些问题需要到人文主义的书信写作技艺当中寻求完满的说明。解读马基雅维利与韦托里的通信,需要一些关于每一种书信写作技艺的入门知识,这是本章和下一章将要给出的。

佛罗伦萨书信写作的社交世界

佛罗伦萨人(以及其他托斯卡纳人)彼此之间写过大量的信。商人们,特别是那些涉足远途贸易的商人们,通过写信给合伙人、分号经理人或者写信给家人处理很多生意上的事情。弗朗切斯科·迪·马可·达蒂尼从商50年,档案中的信件总数多达140000封,其中11000封是私人信函,剩下的都属于商业往来。① 就算他半个世

---

* [译注]在现代早期的欧洲特别是意大利地区,快报(dispatches/avvisi)是一种专门用来快速而高效地传递政治、经济、军事信息的书信。马基雅维利在国内外执行任务时发回佛罗伦萨政府的政府书信均属于"快报"。

① Iris Origo, *The Merchant of Prato*, Jonathan Cape, 1957; rev. ed., Harmondsworth: Penguin Books, 1963, p. 8. 贝克则估计有125,000封,参见Christian Bee, *Les marchands écrivains: aflaires et humanisme à Florence, 1375–1434*, Paris: Mouton, 1967, p. 113。

纪里从不休息一天,这也意味着达蒂尼平均每天要写差不多 8 封信,每周有 4 封私人信件。虽然其他个人或者家族档案里的书信量没有达蒂尼的多,也不应认为他每天和每周的写信频率特别不同寻常。孔帕尼曾提出,商人应该知道如何"书写优美"(scriver bello)[1],这当然首先是指记账,但也没人会认为这不是指写信。15 世纪的商人和银行家们继续大量写信,仅以最著名的美第奇家族为例,其存世书信之丰富足以成为现代学者探究其银行业历史的基石。[2]

贸易和商业只是佛罗伦萨人写下大量私人信件的众多语境之一,政治则是另一个。佛罗伦萨国家档案馆(Florentine State Archives)的美第奇家族文件既为经济史提供了丰富的书信证据,同样也是研究美第奇政权的丰富宝藏。肯特[20]关于他们崛起掌权、通过赞助关系网络创造并维持权力的重要研究便极为倚仗数百封现存的书信,这些信都是在 1426 至 1434 年间由朋友和客户写给美第奇家族的,用于表示忠诚、寻求支持与援助,以及表达美好愿望。[3] 莫尔霍有关科西莫·德·美第奇数十年统治的重要研

---

[1] 转引自 Origo, *The Merchant of Prato*, p. 105, 出自孔帕尼(Dino Compagni)的《值得赞赏的行为之歌》(*Song on Worthy Conduct*)。

[2] 参见 Raymond de Roover, *The Rise and Decline of the Medici Bank, 1397-1494*, first published 1963; reprint ed., New York: W. W. Norton, 1966, passim, 第 391 页是对该书所用书信的性质与重要性的评论。

[3] 参见 Dale Kent, *The Rise of the Medici: Faction in Florence, 1426-1434*, Oxford: Oxford University Press, 1978, pp. 33-37, 83-104, and passim. 肯特在这几年的美第奇档案中找出了"上千份"书信和文档。它们包括"美第奇家族成员在各种政府岗位上担任官员时的政府文书往来"、"家族内部的通信"以及"那些在美第奇家族和他们的朋友们之间的通信"。在肯特看来,最后一类书信"对重建他们一派的组成成分、勾勒出核心架构以及弄清其成员身上日渐增加的利益与义务帮助最大"(pp. 33-34)。总之,书信对于肯特而言是理解美第奇家族权力与领导地位性质的关键。并不是所有佛罗伦萨的政治史学家都赞同书信在这一研究目的上的价值,斯蒂芬斯的保留意见,参见 J. N. Stephens, *The Fall of the Florentine Republic, 1512-1530*, Oxford: Clarendon Press, 1983, p. 12。

究,为了分辨出不同类型的帮助和干涉请求,也同样综合考查了"现有的超过 1230 封写给他的信"。① 还有很多别的关于 15 至 16 世纪佛罗伦萨政治的研究,也善加利用了私人通信。②

佛罗伦萨人也常常在家庭或家族内部通信:报告国外的消息或者向佛罗伦萨以外的家族成员传递这一消息;用来道喜、吊唁、忠告、劝解或者鼓励;商量婚姻、嫁妆、财产和投资;解决纠纷和争执;表示和试探友谊、责任与忠诚;还有其他更多各异的目的。③ 这些日常的家庭信件令人印象深刻之处并不在于它们的目的或者功能——因为现代读者(至少是那些对家族成员间还写信的时代有印象的读者)对这些是相当熟悉的,而在于它们得以保留下来多数情况下是因为写信的人自己或者后代的收集整理。关于达蒂尼与其夫人玛格丽塔之间的通信,奥里戈认为他们写过这些信这一事实本身比信被保存下来更加不同寻常,主要是因为 14 世纪很少有[21]夫妻间的书信留存下来。④ 但是对于达蒂尼整个数量巨大的书信(包括商业信函和私人通信)而言,上面的说法当然要反过来才是对的:达蒂尼档案的故事里真正令人惊讶的一面恰恰是为了保留和收集如此大量的信件(无论是向他的分号经理人要回寄出的原件还是制作信件副本或者两者兼有)所下的工夫。到 15 世纪,悉心收集和妥善保存书信及其他重要的商业或私人文件,成

---

① Anthony Molho, "Cosima de' Medici: *Pater Patriae or Padrino?*," *Stanford Italian Review* 1, 1979: 5–33, and 28–29 for the analysis of the letters to Cosima.

② See, for example, Paula C. Clarke, *The Soderini and the Medici: Power and Patronage in Fifteenth-Century Florence*, Oxford: Clarendon Press, 1991; and H. C. Butters, *Governors and Government in Early Sixteenth-Century Florence, 1502–1519*, Oxford: Clarendon Press, 1985.

③ 亚历山德拉·马钦吉·内利·斯特罗齐(Alessandra Macinghi negli Strozzi)的书信集是最著名的家族内部书信集之一,见 *Lettere di una gentildonna fiorentina del secolo XV ai figliuoli esuli*, ed. C. Guasti, Florence: Sansoni, 1877; reprint ed., Florence: Licosa Reprints, 1972。

④ Origo, *The Merchant of Prato*, p. 10.

第一章　文艺复兴时期的书信　　33

为上层佛罗伦萨家族的常规行为。佛罗伦萨国家档案馆的美第奇家族文件集一开始就是作为家族档案存在的。① 也有一些其他家族档案保留下来，有的仍旧在私人手中，有的现存于国家档案馆。② 正是因为佛罗伦萨人认真地对待他们之间的私人书信，我们才能够得到数量如此可观的书信。

友谊是书信写作的另外一个特别重要的语境，并且尤其和解读马基雅维利与韦托里的通信相关。肯特和特雷克斯勒是两位技艺高超又机智敏锐的文艺复兴时期佛罗伦萨私人信件的解读高手，他们近来强调书信在很大程度上可以揭示一些张力和潜在的规则，这些张力和规则构建起了友谊这一社会性的概念与经验。肯特通过展示一段商人巴尔托洛梅奥·切德尔尼的信评论道：

> 佛罗伦萨人不光是在正式的论著中，甚至在他们的书信和日记里，都会提到友谊（amicizia），把它当作一种情感上的理想（确实很难获得），以及处理盟友之间任何事情的一种手段。他们敏锐地意识到，友谊的'工具性'和理想性这两面之间存在紧张。

按照肯特的观点，仔细研究过像切德尔尼这样的普通佛罗伦萨人的书信之后得出的佛罗伦萨社会图景，"完全不同于定量历史学家或制度历史学家所描绘的。总体上他们对运用佛罗伦萨人写的大量私人通信进行研究持怀疑态度，而愿意用更严格、'更坚

---

① Nicolai Rubinstein, "Introduzione all'edizione delle *Lettere*" in Lorenzo de' Medici, *Lettere*, vol. I, ed. Riccardo Fubini, Florence: Istituto Nazionale di Studi sul Rinascimento, Giunti-Barbera, 1977, pp. vi–vii.
② 关于重要的圭恰尔迪尼档案，参见 Roberto Ridolfi, *L'Archivio della famiglia Guicciardini*, Florence: Olschki, 1931; and the "Note on Gukciardini's Papers" in Ridolfi's *The Life of Francesco Guicciardini*, tr. Cecil Grayson, London: Routledge and Kegan Paul, 1967, p. 279。

实的'证据来说明某些观点"。肯特呼吁人们注意在切德尔尼书信中"大量出现的简短、带有习语的15世纪佛罗伦萨谈话",这一特征将这些私人书信同人文主义的书信写作和正式的介绍信区分开来。[22]肯特认为在私人书信里"我们可以听到人们交谈的声音",切德尔尼的信"让读者明白无误"谁"是且为什么是他的'真朋友'。他们是其忠诚的通信人和伙伴"。①

将书信视作传递和保存不在场的朋友的意见的写下来的谈话,这一观念是15世纪私人书信写作(以及许多相关重要研究)的典型特征。在接下来的章节里,我将尝试表明马基雅维利与韦托里的通信是如何运用、重现这种书信观念并使之成为必须要解决的问题的。

特雷克斯勒从弗朗切斯科·达蒂尼与律师拉波·马泽伊之间的通信中探察出佛罗伦萨人友谊中的张力与潜在的规则,②他采取的角度强调"社会规矩、功利和强迫对于任何公民间关系(civic relationship)的重要性,但这并不是说情感在这种关系的构成中是次要的",特雷克斯勒强调"情感与社会、内在与外在、内容与形式都存在辩证关系,并不存在没有形式的真诚也不存在没有真诚的形式"。达蒂尼与马泽伊的信创造并巩固了一种"半正式的"近乎契约性的友谊关系:"书信中的修辞成分在尝试通过仪式化的感情来弥合"职业、社会地位和财富的差异。特雷克斯勒的结论是:

---

① F. W. Kent, *Bartolommeo Cederni and His Friends: Letters to an Obscure Florentine*, introductory essay by F. W. Kent and texts edited by Gino Corti with F. W. Kent, Florence: Leo S. Olschki and the Istituto Nazionale di Studi sul Rinascimento, Quaderni di "Rinascimento," 1991, pp. 10-12. 莫尔霍在此之前提供过一份切德尔尼书信的一段以展现15世纪佛罗伦萨中朋友庇护关系的性质,参见"Cosimo de' Medici: *Pater Patriae or Padrino?*," pp. 24-25。

② 达蒂尼与马泽伊之间的书信发表在 Lapo Mazzei, *Lettere di un notaro a un mercante del secolo XIV, con altre lettere e documenti*, ed. C. Guasti, 2 vols., Florence: Le Monnier, 1880。

第一章 文艺复兴时期的书信

"通信中到处体现出无法摆脱社会规则","礼物与服务的规矩、用语与强制性的书信敬语的规矩似乎是公民间交流的一个基础"。①

特雷克斯勒对达蒂尼与马泽伊通信的分析提醒我们注意,在一个社会里哪怕是私人书信中,修辞也有复杂性,友谊就是被这种社会中的规则和惯例建构起来的。② 这一点与解读马基雅维利和韦托里的书信有关,并不是因为他们遵循了达蒂尼与马泽伊通信同样的规则和惯例,就马基雅维利与韦托里的情况而言,不同的友谊需要不同的规则。也许是因为他们了解人文主义关于书信写作的观念和论辩,在适用书信写作惯例的时候也多少更为自由。但是,有关用语、友谊和政治的修辞形式对于他们彼此间写什么和怎么写多有制约,就此而言,他们的书信(并不比达蒂尼和马泽伊的信少)又是很"合规的"。如果没有权威性典范就没有修辞形式可言,而且如果拉波·马泽伊甚至要到西塞罗和圣哲罗姆那里寻找他写信需要的那种修辞典范,③那么马基雅维利与韦托里的书信深深浸染了古代和人文主义书信写作的修辞和文学传统,也就不令人意外了。以此观之,私人的家庭书信写作与人文主义的书信写作传统之间的巨大鸿沟,并非不可弥合。实际上,马基雅维利与韦托里的通信本身或许就成为弥合两种书信写作的桥梁之一。

~ * * * ~

对马基雅维利有最直接和最明显影响的书信写作传统,是声

---

① Richard C. Trexler, *Public Life in Renaissance Florence*, New York: Academic Press, 1980, pp. 131-158; quoted passages from pp. 132-136 and 157.
② 肯特即将出版的关于美第奇时期佛罗伦萨权力与庇护之词汇的书(她好心地让我看到了其中的一些章节的草稿),将对"语言和书信形式界定"友谊与庇护关系之"概念"的方式作出重要贡献。
③ Trexler, *Public Life*, p. 136;也参见贝克对书信的解读及其对马泽伊文学修养的判断,参见 *Les marchands écrivains*, pp. 113-130。

望卓著的外交和政务书信的专业写作技艺。在马基雅维利成为佛罗伦萨共和国第二秘书长之前,政府里的秘书和大臣们已经运用这一技艺几个世纪了。有两位最著名的早期大臣通过引入高级修辞风格将写信的技艺(ars dictaminis)提高到了新的文学水平,他们是霍亨斯陶芬王朝腓特烈二世的大臣皮耶尔·德拉·维尼亚和1250—1260年佛罗伦萨第一平民政府(primo popolo)秘书长布鲁内托·拉蒂尼,他后来成为对共和主义思想做出了重大发展的作家和政治理论家。当然,这两位13世纪的官员之所以著名,部分是因为他们政治生涯中的戏剧性失败。皮耶尔·德拉·维尼亚被控叛国在狱中自杀;而布鲁内托·拉蒂尼则在1260年霍亨斯陶芬王朝领导的吉伯林派推翻了第一平民政府后,被放逐多年。但丁从他们的故事中创造了《地狱篇》里最著名的两个角色,从而维护了他们的声誉,而他们之所以可能获得这一名声,乃是因为到13世纪时,公文书信写作已经声望卓著。①

佛罗伦萨秘书厅(Florentine chancery)在制度上继续成为这种公共书信写作传统的主要归宿,到[24]14世纪晚期尤其如此,而当佛罗伦萨及秘书厅成为人文主义运动中心的时候,这一传统又得到了进一步发展。1375—1406年在任的秘书长科卢乔·萨卢塔蒂既继承了彼特拉克提倡的学术和文学研究的新进路,也继承了旧的写信的技艺。萨卢塔蒂通过运用古罗马历史中的对照与教训引起共鸣,并在以这些观念组织起来的新的历史理解中赞颂佛罗伦萨人的独特角色,将自由与德性这样的重大共和主义主题引入佛罗伦萨共和国的公文书信中。古代历史的事例和古罗马作

---

① 关于公共书信写作的早期发展,参见 Jerrold E. Seigel, *Rhetoric and Philosophy in Renaissance Humanism*, Princeton: Princeton University Press, 1968, pp. 200-225; Ronald G. Witt, *Coluccio Salutati and his Public Letters*, Geneva: Librairie Droz, 1976, esp. pp. 23-41。关于拉蒂尼,参见 Charles T. Davis, *Dante's Italy and Other Essays*, Philadelphia: University of Pennsylvania Press, 1984, pp. 166-197。

家的语录越来越多地出现在秘书厅的信件中。大概在萨卢塔蒂任上,佛罗伦萨公文书信中的修辞力量和政治声望达到了巅峰。①15世纪的秘书厅仍旧是一个卓越的机构,吸引了许多人文学研究(studia humanitatis)的一流人物,包括莱奥纳尔多·布鲁尼、波焦·布拉乔利尼、卡洛·马苏匹尼、贝内代托·阿科尔蒂②,以及巴尔托洛梅奥·斯卡拉,我们现在知道他在马基雅维利年轻时与马基雅维利的父亲是朋友。③ 1498年,当马基雅维利自己进入秘书厅成为这个机构(我们现在称之为第二秘书厅)的领导者时,他的职责是管理佛罗伦萨所辖的城市与领土,萨卢塔蒂那套正规的、满是修辞的书信写作并不是第二秘书长的工作。他以第二秘书长和负责外交事务十人委员会秘书的身份写下的大部分信件,都是功能性的通讯,是从他出使的地方发回给佛罗伦萨上级的快报或者报告。但是,马基雅维利当然知道,并且出于他自己的文学兴趣和爱好而尤其懂得,他的岗位在制度上承接的那个秘书厅,曾将书信写作提升到一定高度,使得这门古老的写信的技艺在政治、历史和文学的世界中享有声誉。后面我将回过头来考察马基雅维利在秘书厅的职业生涯以及那些年里他写的各类书信。

---

① See Witt, *Salutati and his Public Letters*, pp. 42-88.
② 关于阿科尔蒂以及15世纪秘书厅的一般情况,参见 Robert Black, *Benedetto Accolti and the Florentine Renaissance*, Cambridge: Cambridge University Press, 1985, esp. pp. 115-183;以及经典论文 Eugenio Garin, "The Humanist Chancellors of the Florentine Republic from Coluccio Salutati to Bartolomeo Scala," in his *Portraits from the Quattrocento*, tr. Victor A. and Elizabeth Velen, New York: Harper & Row, 1972, pp. 1-29.
③ 斯卡拉在他的对话体《论法律与审判》(*De legibus et judiciis*)中有一个叫作贝尔纳多·马基雅维利(Bernardo Machiavelli)的角色,并称他为"我的朋友与亲人"(amicus et familiaris meus),见 Felix Gilbert, *Machiavelli and Guicciardini*, Princeton, N. J.: Princeton University Press, 1965, pp. 318-319. 有关斯卡拉和15世纪晚期的秘书厅,参见 Alison Brown, *Bartolomeo Scala, 1430-1497, Chancellor or of Florence*, Princeton, N.J.: Princeton University Press, 1979.

彼特拉克与古人

[25]人文主义者就个人的、政治的、文学的和哲学的等广泛主题用拉丁文撰写的书信构成了文艺复兴时期书信写作的另一个主要分支。人文主义者有时称它们为致"友人"(familiar)信,因为它们是写给朋友们的,但也是意在出版的文学作品。很多情况下,它们无疑属于功能性的通信(信有明确的收件人),但是人文主义者常常采取书信的形式写虚构故事。在这个意义上,书信是人文主义者最喜爱的体裁,人文主义者将他们的书信收集起来制作副本并流传开来,这成为一种风尚。这些书信和书信集的流行很大程度上归功于塞涅卡和西塞罗的卓越先例,又因为彼特拉克在14世纪中期复兴和模仿了这一体裁,书信和书信集的流行成为人文主义文化的重要方面。① 塞涅卡的《致卢齐利乌斯的信》(*Letters to Lucilius*)在整个中世纪都很有名,而在1345年发现西塞罗的《致阿提库斯的信》(*Letters to Atticus*)和《致弟弟昆图斯的信》(*Letters to his Brother Quintus*)的正是彼特拉克本人。或许正是受到自己发现的鼓舞,他很快就编排和组织了一组自己的书信,集结成巨著《与朋友之间的事二十四卷》(*Rerum familiarium libri XXIV*,通常称作《致友人书》[*Familiari*]),这是他最终要筹备的三部散文体书信集的第一部。

西塞罗和塞涅卡呈现出两种完全不同的书信写作类型的典范,彼特拉克也清楚塞涅卡曾经公开批评过西塞罗的书信写作风格。在彼特拉克看来,《致阿提库斯的信》是西塞罗紧张和充满争议的政治生涯的产物,是政治斗争和阴谋过程中一段真实通信的

---

① Paul F. Grendler, *Schooling in Renaissance Italy: Literacy and Learning, 1300-1600*, Baltimore: Johns Hopkins University Press, 1989, pp. 121-124, 217-234.

文献记录。正如彼特拉克在《致友人书》的开篇献辞中回忆的,他对这些信感到十分气愤和厌恶,以致他立刻写下他那著名的对西塞罗的抱怨信,因为他"通晓"(familiaritate)西塞罗思想"就像他是生活在我的时代的一位友人"。① 他问西塞罗,写哲学论著的哲人怎么能背叛他自己的内心宁静和斯多葛思想的理念,自甘堕落到政治的野心与腐化中去呢?② 相比之下,塞涅卡的《致卢齐利乌斯的信》[26](也被称作《道德书简》[*Epistulae Morales*])更多具有道德哲学论文和沉思的性质。尽管信是写给一个有名有姓的朋友,甚至此人还会时不时给他一些意见,但这些信只不过是采用了书信的形式,使得塞涅卡可以对一个并不在场的他者提出劝诫与教导。由于彼特拉克批评了西塞罗的政治书信,我们本应期待他选择塞涅卡为典范的。然而,彼特拉克声称他在《致友人书》中更多追随的是西塞罗而非塞涅卡,同时声称那些写给阿提库斯的信"挑动"和"惹怒"了他。彼特拉克如此解释他对其书信写作艺术的古代典范的反应和评价,反映出他发觉自己所复兴甚或开创的体裁尚不存在明晰确切的权威性典范。正是由于文艺复兴时期的书信写作有着多种典范和传统的印记,因此相比于其他类型的人文主义写作,它成为创作更自由和试验幅度更大的一片领域。

试验的某些可能性与指向性体现在《致友人书》的结构之中,也体现在第一封导言性的信中。自然,彼特拉克在他的信集中收入了一些他尚未有任何收集成书打算之前的信,不过,正如我们将要看到的,他重新创作和修订了其中的很多封信。他还增添了一

---

① Francesco Petrarca, *Le familiari*, vol. 1, ed. Vittorio Rossi, Florence: Sansoni, 1933, pp. 3-14; the passage referred to is on pp. 12-13. The English translation of this letter is by Aldo S. Bernardo in Francesco Petrarca, *Rerum familiarium libri I-VIII*, Albany, N.Y.: State University of New York Press, 1975, pp. 3-14.

② *Le familiari* 24. 3, in vol. 4, ed. V. Rossi and U. Bosco, Florence: Sansoni, 1942, pp. 225-227.

些写给同时代人的、如今被视作"虚构写作"的未必会送出的信,做成早已写好的样子,然后在书信集中精心安排了它们的位置,从而表达出有关其人生某一阶段的特定想法或者印象。记叙他攀登旺图山的信或许是这些特意创作的信中最有名的,彼特拉克把它安排在1336年,但是根据彼拉诺维奇的研究,它的创作时间不早于1350年代早期或中期。彼特拉克努力掩盖这些信的写作时间实际上晚于其标明时间多年,这就需要一切现代考据学的精湛技艺将"真实的"(或者我们是否可以直接说"日期准确的"?)和"虚构的"分开。① 但是,在《致友人书》开篇的献辞(写给一位被他称为苏格拉底的朋友的信)里,彼特拉克几乎承认了(也总是令人感到疑惑)他整个书信集里的所有书信都介于事实与虚构的模糊状态之中,至少也暗示了书信这一体裁本身就是如此。他在这封信中告诉苏格拉底[27]他是怎么决定要将自己的书信集结成书以及某种能够反映其内容特点的东西,这封信在此意义上成为文艺复兴时期人文主义的书信写作学问的基础文本。因为它的许多主题一直与文艺复兴时期的书信写作有关并将复现在马基雅维利与韦托里的通信中。有必要仔细阅读它,并将其作为某种开场白。

彼特拉克在开头讲了一个关于书信集如何成形的故事。当他在家里考虑搬家时,"被一大堆杂乱无章的书信和一摞摞形状各异的纸稿团团围住",他"开始随意地翻看这些无序地摞起来的纸稿"并且"惊讶地发现总体上它们相当多样和混乱。我几乎没法辨认出其中的某些,并不是因为它们的形状而是因为我自己的理

---

① Giuseppe Billanovich, *Petrarca letterato*, Rome: Edizioni di storia e letteratura, 1947;也可参见贝尔纳多《致友人书》译本的导言,他在其中对彼拉诺维奇的主要发现做了有益的概括,见前注21。另一种观点认为彼特拉克不可能公然欺骗读者和完全创作书信,参见 Hans Baron, *Petrarch's Secretum: Its Making and Its Meaning*, Cambridge, Mass.: The Medieval Academy of America, 1985, esp. pp. 185-214, and, for Baron's reading of *Familiari* I. I, pp. 7-15。

解发生了变化"。修订并完成这些支离破碎的作品所需要的努力,令他对于有限的生命和无限的文学事业感到绝望。于是,他将"至少一千件各种诗歌和友人的书信"付之一炬。个别在犄角旮旯里的"侥幸"逃过一劫,而它们得以幸存只是因为他回想起朋友们——包括苏格拉底——的祝福。于是,就像通常的套路一样,在一堆本来就形状各异且难以辨认的碎片中偶然地保存下来一些残片,这些残片中又诞生了这部书信集。拒斥作者责任这一传统做法构成了这个不可靠的起源故事的动机:只是出于偶然和其他东西——机运与友谊——的驱使,才有了这些书。"它们都是您友谊的见证,"他告诉苏格拉底,"而非我才思的展现。"

毫不奇怪,彼特拉克也不认为他的这些书信包含有某种西塞罗在演说中加以使用而在书信中摒弃掉的"言语的巨大力量"。彼特拉克声称自己"从未尝试此种风格",因为他从未涉足国家事务。因此,他使用一种"平白、家常和朋友间的方式","言语的修辞力量"在其中并无用武之地,而对于这种力量他既非全然无知也不算信手拈来。同时,彼特拉克担心,哪怕是一位朋友,"除非他成了另一个我",也将不能"读得下去所有这些而不厌烦,因为由于风格不一、目的各异,它们当中有太多冲突与矛盾"。他解释道,所有这些不一致的一个理由是,他不像伊壁鸠鲁、西塞罗或塞涅卡那样只给几位朋友写信,他终其一生都是个四处周游的人,必须与许多不同的人通信,[28]"这些人的品性与地位千差万别"。由于写信的人的首要关切必须是"考虑你将要写信给谁,以及当他在读你想写的内容时将处于何种心境(affectus)",因此彼特拉克认为他别无选择而只能"极其地前后不一"——简直是"被迫与自己有所不同"——甚至对他自己"似乎都处于一种持续的矛盾之中"。他这种解释背后的假定是,特定的收信人——而非写信人——是或者应当是决定书信特点、风格和主题的人。因为"有千千万万不同类型的人",有众多通信对象的写信人必须根据通信对象的不同需要、境况和环境调整所写内容。但是,在只面对一位通信人的情况下,也应该保持多样性:"正如某一种食物不仅不能满足不同人的口味,甚至也不总能满足一个人的口味,因此也不能总用一种风格满足一个头脑。"

到目前为止,彼特拉克强调了写信人的自谦的必要性。只有使书信的对象成为首要和最高的关切对象,才能够明白"写什么和如何写",即便此种方式的代价是书信彼此间不可避免地出现矛盾和不一致。彼特拉克似乎在表明,书信是一种独特的写作方式,必须去除其中的作者身份和作者的掌控,这样一来,风格和主题上的矛盾与不一致不仅不应被指责,实际上反倒是一种美德,对收件人的"思维"(animus)、"地位"(conditio)、"心境"(affectus)的恰当关照使得作者不以自己的风格写作,令他"不同于"他自己。

尽管对收信人做到了应有的关照,但彼特拉克仍旧担心当他的朋友见到《致友人书》中的书信时将作何反应。他曾经担心过"除非是另一个我",否则哪怕是一位友人在读到它们时是否会有任何乐趣。现在,他希望苏格拉底会"暗自接受这些书信而不点破作者的名字",而且希望如果他不能不让他们的朋友们发现这些书信集("因为友谊是明察秋毫的,什么也逃不过朋友们的眼睛"),他至少会敦促那些持有他信件(应该是原件)的朋友们销毁它们,"以免他们对于我在内容或风格上有所变化而感到不快"。这里我们发现,彼特拉克在大方地承认原件与书信集中收录的润饰版本之间存在差别,这种差别大到足以让收信人感到不快。这样,他毫不掩饰《致友人书》具有被我们称为是建构的(如果不是虚构的话)性质。他关于这些改动的评论暗示这些书信本身具有的不稳定性或者不长久性,[29]它们本身是易于被修改的。在提出编辑和文体上的考量后,他评论说,他在修订中略去了许多应当包括在原件中的"不免涉及私人事务"(de familiaribus curis)的事情,哪怕它们或许对于一位"急切的读者"(cupido lectori)而言非常重要。彼特拉克似乎是认为,相较于原件,有些朋友对修订的版本不会感到高兴,因为他们和他们所关心的被去掉或边缘化了。当书信被集结起来呈现给更广大的读者时,它们便具有了不同的目的,因此相比于写给某些特定个体,它们必须具有一种不同的特点。

这些信的目的是什么?在给苏格拉底的信的末尾,彼特拉克引用了西塞罗在写给他弟弟昆图斯的第一封信中的看法:"一封书信的真正特征,是要让收信人更多了解那些他所不知的事物"[1]——这种书信写作的观念或许与早先强调的让收件人的精神与品性决定书信的性质并不一致,这当然是指出了一个不同的方向。实际上,彼特拉克现在声称,他在书信集中所做的无非是"说出我自己的心境或者任何其他我认为我的朋友们会感兴趣的趣事"。简而言之,单独来看这些书信是关乎朋友们及其关切的,统合起来看则是关于彼特拉克的。在这几句话里,我们发现他将整个书信集视作他对自己从少年到老年的心理史和文体风格史的一种记录或者反思。在他坦陈为老年时"人生堕入过分软弱"感到羞愧之后,他提出"书信的编排顺序将证明"这一转变。在他少年时他的言语(sermo)是强健和清晰的,这"说明头脑的真正强健"。但是,"随着时间的消逝,言语变得越来越虚弱和谦卑,也似乎没了骨气"。他问道:"这是否说,我在少年时是一个成年男人,而到老年反倒成了一个少年?"

这种猜测基于两个假定:第一,写作方式和言语同时反映了这些性格和心境的变化;第二,书信集反映了他写作方式的变化。他早先称这些书信是不一致和冲突的碎片,除了体现收件人一时一

---

[1] *The Letters to his Brother Quintus* I. I 37, in the Loeb edition, tr. W. Glynn Williams, Cambridge, Mass,: Harvard University Press, 1972, pp. 428-429.

地的需要和性质外并无特定意图和目的,而现在他又声称它们承载着他的历史,并且几乎构成了一部他作为一个男人和一个作家的成长过程的文献记录。但是,作为一贯套路,请注意(caveat lector):他的所有这些看法都是在一封信中[30]给出的,这封信的意图就是向朋友们和其他读者推介一部(用他在结语部分的话说)"用多彩线条编制而成"的书信集。

这样,彼特拉克同时否定又肯定了他与友人通信的"文学创作"性质。一方面,他说它们其实是一些文件和碎片,源自于并呈现出他的过往,但却更多地有关收信人而非他自己。他坚称自己的书信没有使用修辞且充满矛盾。就前者而言,虽然塞涅卡批评了西塞罗所赞赏的书信形式(西塞罗建议阿提库斯想说什么就写什么①),虽然彼特拉克自己为西塞罗在逆境中表现出的虚弱和软弱感到气愤,但他仍然声称西塞罗才是他追随的典范,即便许多书信实际上更接近塞涅卡的书信风格。另一方面,他承认他的这些书信由于经过收集、编辑和按照特定顺序编排,已经与"最初"写成的有所不同了。换言之,当它们被安排进某种彼此间的关系时,它们的地位与意义已经发生了转变。因而,彼特拉克邀请他的读者按照一本有结构和故事的书来阅读他的书信。

人文主义者与他们的书信集

科卢乔·萨卢塔蒂毫不怀疑彼特拉克的书信集应当跻身于其最重要的文学成就,或者作为他修辞能力的光辉典范。在1374年彼特拉克死后不久,萨卢塔蒂在(用书信的形式)写成的颂文中赞

---

① *Letters to Atticus* I. 12, in vol. I of the Loeb edition, tr. E. O. Winstedt, Cambridge, Mass.: Harvard University Press, 1962, pp. 32-33. Seneca's criticism is in *Epistulae Morales*, letter 118, in vol. 3 of the Loeb edition, tr. Richard M. Gummere, Cambridge, Mass.: Harvard University Press, 1962, pp. 360-361.

扬了他某种哲学上的天才:"掌握一切美德、摒弃一切邪恶、通晓一切技艺与知识",并且断言,他的诗歌、书信和书籍处处展现了这种哲学的功力。萨卢塔蒂赞颂彼特拉克的修辞,他区分了两种文学修辞:对抗的(contentio),用于辩论和解决争议;交谈的(sermocinatio),用于"安静的讨论"。他表示,在西塞罗看来,它们如此迥异,甚至在古希腊人中只有德米特里·法勒鲁姆精通这两者。彼特拉克的荣耀在于他掌握了修辞学的方方面面,而萨卢塔蒂首先给读者的证明便是他的书信:彼特拉克在"数千封书信中,根据情况而运用各种风格,展现了他在修辞学各个方面的伟大、光彩和力量"。[31]在赞颂过彼特拉克的书信之后,萨卢塔蒂才又补充说,"他的许多书也是如此"。①

萨卢塔蒂还用其他方式提高了书信在人文主义者当中的流行程度。前文提到,他的公文书信获得了巨大声誉,使得"修辞即力量"的观念广为流传。萨卢塔蒂追随彼特拉克,用书信体来写实际上有关道德哲学、政治学和为新人文学研究辩护的论文。② 和彼特拉克一样,萨卢塔蒂继续搜寻伟大的古代书信技艺名作,并于1392年领导一群手稿搜寻者为此项事业做出了巨大贡献,令西塞

---

① *Epistolario di Coluccio Salutati*, ed. Francesco Novati, vol. I, Rome: Istituto Storico Italiano, 1891, pp. 178-180;英译文采自 *The Three Crowns of Florence: Humanist Assessments of Dante, Petrarca, and Boccaccio*, ed. and tr. David Thompson and Alan F. Nagel, New York: Harper & Row, 1972, pp. 5-7.
② 一个著名的例子是写给赞贝卡里的信,见 Peregrina Zambeccari, Epistolario, ed. Novati, vol. 3, Rome, 1896, pp. 285-308; translated in *The Earthly Republic: Italian Humanists on Government and Society*, ed. B. Kohl and R. G. Witt, Philadelphia: University of Pennsylvania Press, 1978, pp. 93-114。同一卷中还收有彼特拉克的《统治者应该如何治国》("How a Ruler Ought to Govern his State"),写成一封给帕多瓦统治者弗朗切斯科·达·卡拉拉(Francesco da Carrara)的信(ibid., pp. 35-78)。

罗的《致友人书》(Ad familiares)重见天日。① 萨卢塔蒂自己写给朋友们的每一封信都是令人翘首以待的文学事件,借由这些书信,佛罗伦萨成为人文主义运动的中心。到1390年代,他的仰慕者们一直在催促他收集并编辑他的通信,起初他以自己最好的书信可能还没写出来为由推辞,后来便着手准备一种书信集,这也构成了他大部头《书信集》(epistolario)的核心部分。②

到了15世纪,许多人文主义者煞费苦心地挑选、修订、发表他们的书信并在15世纪的最后30多年里印刷出来。莱奥纳尔多·布鲁尼、波焦·布拉乔利尼收集和散布了自己的书信集,受到相当的欢迎,安布罗焦·特拉韦尔萨里、弗朗切斯科·巴尔巴罗、巴尔托洛梅奥·法西奥、皮耶尔·坎迪多·德琴布里奥、潘诺米塔等人紧随其后。从1470年代起,人文主义者的书信集开始付印,有时有多个版本。最早的是加斯帕里诺·巴尔齐扎、布鲁尼、弗朗切斯科·菲莱尔福、埃内亚·西尔维奥·皮科洛米尼以及潘诺米塔的书信集,到世纪末出现的有费奇诺、皮科、波利齐亚诺的书信集,彼特拉克的书信集也出现了印刷版。③

---

① Grendler, *Schooling in Renaissance Italy*, pp. 121-124; Ronald G. Witt, *Hercules at the Crossroads: The Life, Works, and Thought of Coluccio Salutati*, Durham, N.C.: Duke University Press, 1983, pp. 254, 299-300.
② Witt, *Hercules at the Crossroads*, pp. 288-291.
③ 这段的信息摘自塞克拉夫的重要论文,这篇文章包括了文艺复兴时期人文主义书信写作研究的精要引论,Cecil H. Clough, "The Cult of Antiquity: Letters and Letter Collections," in *Cultural Aspects of the Italian Renaissance: Essays in Honour of Paul Oskar Kristeller*, ed. Cecil H. Clough, New York: A. F. Zambelli, 1976, pp. 33-67。在一系列重要的附录(第49-61页)中,克拉夫给出了一些列表:"1501年前印行的人文主义者书信集"、"1520年前人文主义者及其他作者书信选录"、"1501年前印行的古罗马书信集"、"1501年前印行的古希腊书信集",以及"1501年前印行的书信写作技巧指南"。关于人文主义的书信集,也见 Maria Luisa Doglio, "Lettere del Boiardo e epistolari del Quattrocento," *Lettere italiane* 21, 1969: 245-264,它提供了丰富的参考文献;Alessandro Perosa, "Sulla pubblicazione degli epistolari degli umanisti," in *La pubblicazione delle fonti del medioevo europeo negli* (转下页)

[32]波焦·布拉乔利尼是这一现象的生动案例。波焦至少留下了558封书信,其中有92封是写给尼科洛·尼科利的,是写给单一收信人的书信中数量最大的。波焦自己收集尼科利的书信成书在朋友间传阅,然后又准备并发表了另两卷书信集。① 在写给尼科利的那一卷开头是一封献给一位朋友的信,非常类似于彼特拉克给苏格拉底的开篇信。波焦在信中解释道,尼科利"从小与我过从甚密",他给他写的信"全都是各种家长里短和私人事务,只要有空得闲就写"。为了点明这些信的特点,波焦引用西塞罗《致阿提库斯的信》中引发塞涅卡批评的那段话,彼特拉克在给苏格拉底的献辞中也提到过:"我在信中写下的就是我想说出来的。"这种自然流露的、没有准备的书信显然正在成为一种书信体的惯用类型,至少对那些声称他们的书信实际上是写来替代与朋友们谈话的作者而言就是如此。并且,与彼特拉克的做法相同,波焦将两种相当不同的观点并置,书信既是与不在场的朋友的普通谈话,也是一种与自己的对话:"我在信中不光写我在做什么我在说什么,也写我的担忧与反思,好像我是写给另外一个自我。"②

不过,波焦书信集中自觉的文学性[33](literariness,其《书信集》新近的编辑者哈思称之为 letterarietà),③既体现在他对原信的编辑和修订中(有时会去掉一些细节并且不在意具体的日期),也体现在他对西塞罗《致阿提库斯的信》的模仿程度上。他并未明

(接上页注③)*ultimi 70 anni*, 1883–1953, Rome: Istituto Storico Italiano peril Media Evo, 1954, pp. 327-338; and Mario Marti, "L'epistolario come 'genere' e un problema edi toriale," in *Studi e problemi di critica testuale*, Bologna: Commissione, peri Testi di Lingua, 1961, pp. 203-208。

① Phyllis Walter Goodhart Gordan, ed. and tr., *Two Renaissance Book Hunters: The Letters of Poggius Bracciolini to Niccolaus de Niccolis*, New York: Columbia University Press, 1974, pp. 2, 7-8.

② Poggio Bracciolini, *Lettere*, vol. I, *Lettere a Niccolò Niccoli*, ed. Helene Harth, Florence: Leo S. Olschki, 1984, p. 3.

③ 参见哈思(Helene Harth)给前注所引版本写的"导言"(pp. cii-ciii)。

言自己是在实践西塞罗给阿提库斯的建议,即"一时兴起地"想怎么说就怎么写,而这就成了一个无解之谜(an impossible riddle),这在人文主义者那里很典型,那种所谓的自然流露可以说成是一种模仿又抑或是全然相反的东西。同《致阿提库斯的信》一样,给尼科利的信也是写给单一收信人的,并且当波焦强调他偶尔使用方言表达是为了"消遣"(iocandi causa)时,他似乎是在暗示西塞罗经常用到古希腊单词或短语也是为了同样的效果。① 波焦的书信集在 15 世纪名声相当糟糕,部分是因为他与洛伦佐·瓦拉的争论,但主要是因为他和他的追随者们制作了许多书信集的权威副本用以再复制与流传。在波焦死后很长一段时间里,他的儿子小心地把持着这些手稿,这表明这些手稿的内容一直都被视作书信写作技艺的模范。*

实际上,波焦的编辑者发现了一个有趣的细节:在 1498—1500 年间一个叫贝内代托·里佐尼的人曾试图借出手稿而未成功。在努力说服波焦儿子的过程中,里佐尼曾两次让里恰尔多·贝基代表自己出面,②而马基雅维利曾在 1498 年 3 月 9 日给这个贝基写过一封信,信中生动描述了萨沃纳罗拉在受审判和被处决之前几个月的布道,以及他自己被任命为第二国务秘书的事。从贝基以及或许别人那里我们将会发现,马基雅维利较早便有机会了解到有关书信写作的实践与设想,以及 15 世纪的书信集。的确,在 1498 年给贝基的信中,马基雅维利决定缩短他对那位教士

---

① 参见哈思(Helene Harth)给前注所引版本写的"导言",pp. civ and 3.
* [译注]波焦·布拉乔利尼是一名著名的抄写手,曾为科卢乔·萨卢塔蒂抄写手稿。他同时也是一个著名的古代作家手稿搜集人,众多古代作家的手稿经他之手重见天日,他在抄写之后也卖掉他抄写的副本赚钱。另外,他还伪造过手稿并且抄写过程中多有错讹。因此,这里作者似乎是说他和他的追随者在对照他们发现的手稿做出"权威副本"后便将这些手稿秘不示人,只有他们的抄本在流传。
② Ibid., pp. cx-cxi.

某次布道的描述,他说:"因为一封信的简洁容不下较长的叙述"①,这暗示了他意识到甚或是有所研习书信写作的传统风格。

书信与文学

15世纪书信体作品最具创新性的是埃内亚·西尔维奥·皮科洛米尼(Aeneas Sylvius Piccolomini)的书信体故事(novella)[34]《两个恋人的故事》(*Historia de duobus amantibus*)。部分是受到奥维德《女杰书简》(*Heroides*)的影响,也或许是受到爱洛漪丝和阿贝拉之间的书信以及《劫余录》(*Historia Calamitatum*)的影响,埃内亚的故事重新将书信体作为叙事工具引入文学创作。②在1444年创作这部作品时,埃内亚正在腓特烈三世的帝国秘书厅(imperial chancery)里当差(两年前他决定担任圣职并在通往教宗宝座的道路上平步青云),③故事采用书信的形式寄给他以前在锡耶纳大学的老师法理学家马里亚诺·索齐尼(Mariano Sozzini),起初也是埃内亚《书信集》(*Epistolarum liber*)④的一部分。从信上看,索齐尼曾经请埃内亚写信给他来谈论爱情。虽然埃内亚认

---

① *Opere*, p. 1011 a-b; *Lettere*, pp. 68-69.
② 有关《两个恋人的故事》运用书信体的极佳讨论,参见 Marie-Françoise Piejus, "Lettres et projet culturel: la *Historia de duobus amantibus* d'Eneas Silvius Piccolomini," in *La correspondance*, vol. 2, Aix-en-Provence: Centre Aixois de Recherches Italiennes, 1985, pp. 143-164。
③ 加林给出了一份皮科洛米尼职业生涯的概览,参见 Eugenio Garin, "Ritratto di Enea Silvio Piccolomini," in Garin's *Ritratti di umanisti*, Florence: Sansoni, 1967, pp. 9-39; also in English in Garin, *Portraits from the Quattrocento*, pp. 30-54。
④ 拉丁文本和多利奥翻译的《两个恋人的故事》意大利文译本见 *Novelle del Quattrocento*, ed. Giuseppe G. Ferrero and M. L. Doglio, Turin: UTET, 1975, pp. 829-957。另一个版本及多利奥的译本见 *Novelle italiane: Il Quattrocento*, ed. Gioachino Chiarini, Milan: Garzanti, 1982, pp. 129-237。皮科洛米尼的《书信集》,参见 R. Wolkan, *Der Briefwechsel des Eneas Silvius Piccolomini*;《两个恋人的故事》见 vol. I, Vienna: A. Holder, 1909, epistula 152, pp. 353-393。

为在40岁的年纪写这种话题不太合适,50岁的索齐尼阅读此类话题更不合适,不过他受到友谊的牵绊感到应当满足朋友的要求。但是他说,在可以叙述真实事件(dum licet vera referre)的情况下,他不会如索齐尼希望的那样创作一个故事(Non tamen … fictor ero)。实际上,在谈到爱情的时候,"哪个城市、哪个小镇、哪个家庭会缺少例子呢?谁在30岁的年纪不曾因爱情而犯下愚蠢的错误呢?"埃内亚说自己就是这样,但为了不冒让过去的事情死灰复燃的风险,他更愿意讲两个恋人的故事,就来自于他自己的时代和自己的城市锡耶纳,而不是那些久远模糊的特洛伊或者巴比伦的事例(exempla)。① 埃内亚希望年轻人应当从他的故事中学会远离爱情的悲伤而过一种有德性的生活,这我们倒不必太过当真。

埃内亚在这里很清楚地援引并且戏谑地戳穿了书信和故事两种文体中的某些重要路数。正如我们已经看到的,书信写作的传统常常利用真实与虚构的区分,并声称自己处于真实,即便[35]作者在编纂书信集时重写和新写书信,从而蓄意和灵巧地混淆真实与虚构的界限。故事则更擅长这种在真实与虚构之间的蓄意模糊,从而获得更多和更复杂的可能性。某些故事无疑是围绕真实事件构建故事的,在讲述的时候则自由地将其转变为某种完全不同的东西。通常我们不可能分辨出故事到底更多借鉴了文学先例还是(不论在何种意义上)全然新创的,在此类写作中,提出或回答这样的问题本就不是必要的或有用的。这种真实与虚构的区分作为一种传统做法使得埃内亚能够符合传统对作品功用的"要求",这种传统可以追溯到贺拉斯的名言:诗人"要么为了有益要么为了有趣,要么既有趣又对生活有益"。但是贺拉斯说,即便"用来取乐的虚构也应当贴近现实"。② 于是,埃内亚将他的故事

---

① *Novelle italiane*, ed. Chiarini, p. 134.
② Glending Olson, *Literature as Recreation in the Later Middle Ages*, Ithaca, N.Y.: Cornell University Press, 1982, pp. 20-22.

设定在"我们自己的城市"锡耶纳,时间是1432年西吉斯蒙德皇帝到访之时。

但是,在埃内亚声称有相当多真实故事可说从而无需新创的同时,他的文本中有很多痕迹表明这部作品与文学范本和先例之间有着极深的渊源。现代某些带有丰富注释的版本能够揭示这种渊源,现代读者可以注意到作者对各种拉丁文学作品密集繁复的引用(通常在文本中从不公开说明)或者暗指。《两个恋人的故事》的某些段落简直就是从那些后来被人文主义运动树立为经典的古代文学作品抽取出来的碎片的大杂烩。且不说这部作品有许多地方参照了一部或多部古代文学作品中的角色和片段,它还暗指某些故事或者神话却未借用特定的用语,我从最新版的《两个恋人的故事》中就找出了80条来自8位作者的22种不同作品的引文,或者用编辑者的话说就是"词典和习语式的选用"①——这一切发生在短短50页之内。埃内亚·西尔维奥最喜欢的几位分别是:泰伦提乌斯(从4部戏剧中引了24句话,大部分来自《自我惩罚者》[*Heautontimorumenos*]和《宦官》[*Eunuchus*],3条来自《安德罗斯女子》[*Andria*],1条来自《两兄弟》[*Adelphoe*])、奥维德(基本上是从《爱情三论》[*Amores*]、《爱的艺术》[*Ars amatoria*]、《女杰书简》和《变形记》[*Metamorphoses*]中均匀地选取了16条)、维吉尔(从3部作品中引了16条,《农事诗》[*Georgics*]和《牧歌集》[*Bucolics*]各2条,《埃涅阿斯纪》[*Aeneid*]中则不下12条——引用量最大的[36]单部作品,作为一个叫自己埃涅阿斯[埃内亚]、其后作为教宗又选名庇护的作者,这毫不奇怪)、尤维纳利斯(10条全部来自《讽刺集》[*Satires*]),以及普劳图斯(从6部戏剧中引了9条,其中4条来自《卡西娜》[*Casina*])。最后几条引文则来自塞涅卡(2条来自《菲德拉》[*Phaedra*],1条来自《道

---

① *Novelle italiane*, ed. Chiarini, p. xxi.

德书简》)、马提亚尔(从《隽语》[Epigrammata]中引了1条)以及罗马晚期文法学者多纳图斯的《维吉尔传》(Life of Virgil)。当然,在《两个恋人的故事》呈现给15世纪和16世纪的读者时,并没有此类信息清清楚楚地展现在脚注或者评注中。在一个(至少在谋划上)标榜一定要"讲述真实"(vera referre)的文本中,这些文本的魅力和趣味自然是蕴含在它们对读者捋顺古代诗歌和戏剧脉络的学养和能力的挑战之中——读者首先要成为这些文体的优秀创作者(fictor)。

这样一个密实的征引脉络提醒读者,该文本存在着多重作者视角,从某种程度上说,很难说是谁在讲怎样的故事。诉诸受崇敬的古人的权威性过去常常(现在大多数情况下仍旧)被认为是在表现正统性,但在埃内亚的《两个恋人的故事》里却基本上搞乱了故事,也自然让它宣称的真实性大打折扣。书信体本身的易变性也产生了类似的效果。它开始作为一封书信(epistula),因而结尾处是标准的"问候语"(还带有1444年7月3日的日期),很快就变成了一种故事(historia,"一个指引年轻人的故事"),甚至是那种需要受众去听而不是去读的"故事"("一个需要全神贯注的听众的故事"——他敦促索齐尼:请仔细倾听你让我写的那个故事)。

但是,起初引领这一故事(historia/novella)展开的是一个叙述性的视角,它了解整个故事的轮廓与结局,忠实地、直截了当地呈现人物之间的来言去语。在文本的大约五分之一处,文本又变为对两位恋人之间往来书信的照录,那些书信承接了故事的发展而不再有叙述者的介入。埃内亚又一次强调了这一传统:书信作为谈话的替代品(某种程度上仅次于谈话)会给我们呈现出真实、直接、可靠的词句、思想和感受。但是,正如作者写给马里亚诺·索齐尼的信那样,起初表现为对真实事件的记录,很快又在一个文体与文本的网络中展现出诸多深意。因此同样地,两个恋人之间的书信所展现的,不仅仅有它们自身与古代文本的渊源,还展现出一整套程式化、标准化的姿态、表现、怀疑、需求,以及某些拒绝与接受、希望与绝望、狂欢与痛苦、信任与猜忌的时刻,一旦所有这些东西的节奏与模式明晰起来,也就有章可循了。我们可以说,两个恋人之间的书信有它们自己文学上的历史与结构,这些东西的份量和力量削弱了对[37]真实性的渴望,而这种渴望传统上理应会促使人们使用书信体而非叙述。埃内亚对本身即是《两个恋人的故事》的书信以及《两个恋人的故事》中的那些书信的微妙处理,表明写信过程中的意图和期望(特别是想要在书信写作中展现出像是谈话一般的真实性的时候),同这些文本中实际产生的某些效果之间存在着某种结构性的差别,也同样受制于用语和文学传统两者的历史、结构和惯例。

《两个恋人的故事》中角色的名字明确地表现出传统的存在。两位恋人中的卢克雷蒂娅(Lucretia)是一位锡耶纳人的妻子,她不可救药地爱上了一个到访的外邦人。这一名字反讽地唤起人们想到古罗马的那位卢克雷蒂娅的悲剧性美德,她在被塞克斯图斯·塔克文强暴后自杀,激发了罗马人民推翻王制建立共和国(从《曼陀罗》和《李维史论》中我们知道这也是马基雅维利极感兴趣的故事)。她那无爱又多疑的丈夫是墨涅拉俄斯·卡米洛姆(Menelaus Camillorum [de' Camilli]),这个名字自然是来自海伦的丈夫,传说中遭遇背叛的丈夫们的原型。(有趣的是,在《曼陀罗》中,尼洽老爷[Messer Nicia Calfucci]的一个亲戚在巴黎告诉卡利马科[Callimaco],尼洽老爷妻子卢克蕾佳[Lucrezia]美若天仙,从而激起卡利马科欲望,这个亲戚就叫卡米洛[Cammillo]。同样的名字,特别是在《两个恋人的故事》和《曼陀罗》中,开始分别是善良的卢克雷蒂娅和卢克蕾佳,都被说服去追求婚外情,这一事实说明,马基雅维利极有可能了解埃内亚·西尔维奥的故事。)卢克雷蒂娅的婚外情对象是一名侍奉西吉斯蒙德皇帝的骑士,一个叫欧律阿洛斯(Eurialus)的德意志人(母亲是托斯卡纳人),该名字取自《埃涅阿斯纪》第九卷那位忠诚、勇敢和天真但命运不佳的特洛伊武士。在埃内亚·西尔维奥的《书信集》中,在写给马里亚诺·索齐尼的信或说《两个恋人的故事》后面,有一封写给德意志朋友卡什帕·施利克的信。施利克1432年曾陪同皇帝出访锡耶纳,埃内亚在信中揭示了欧律阿洛斯这个人物的原型正是施利克本人。并且,正如埃内亚挪揄地提醒他的,施利克在锡耶纳逗留期间长期致力于谈情说爱。①

如果说名字取自那些书和诗歌,那么同样,当这些人物在写信的时候也是那些书的产物。故事的早期"展开"靠的是欧律阿洛斯与卢克雷蒂娅之间的书信往来,欧律阿洛斯开始了这段通信,并在这一过程中成功地攻破了卢克雷蒂娅起初的拒绝(尽管她已经有了充沛的情感),使她接受了他的爱。就在他写第一封信之前,[38]欧律阿洛斯试图以"这是一种自然激情"的观念克服他自己的疑惑,并且立刻想到了一些支持这一观念的依据,出自奥维德《女杰书简》第十五卷中萨福写给法翁的信。② 他的第一封信包含两段来自泰伦提乌斯《宦官》的文字。③ 卢克雷蒂娅坚称她不是那种会出卖自己的女人,并将继续忠于她唯一合法的爱人,④尖锐地拒绝了他。在这之后,欧律阿洛斯又写了一封信,为自己的激情辩护,并激励她的激情,这一次引用了奥维德《爱的艺术》中的一句话。卢克雷蒂娅仍旧不同意见他(并讥讽说他只有把自己变成一只燕子才可能有机会与她独处),但是现在她至少能接受他的礼物了。⑤

---

① 多利奥发表了这封信的意大利文译本,见 *Novelle del Quattrocento*, pp. 960–965。
② *Novelle italiane*, ed. Chiarini, pp. 156–157.
③ Ibid., pp. 158–159.
④ Ibid., pp. 160–161.
⑤ Ibid., pp. 162–163.

欧律阿洛斯的第三封信导致了一种不一样的回应。卢克雷蒂娅说,她害怕如果放任自己爱上欧律阿洛斯,她会爱得毫无节制,同时害怕他必然会离开锡耶纳,她将被抛弃并在难过中疯掉。为了说明自己的恐惧,她举美狄亚、阿里亚德妮、迪多、菲莉丝和萨福做例子(所有这些人的故事都是奥维德书信体著作《女杰书简》讲述的),她们都被她们的爱人抛弃了。① 欧律阿洛斯"被最新的信点燃了",像是处在一场辩论中一样,拿出丰沛的文学素养和反例给予回应。他告诉卢克雷蒂娅,当自己读到她对所有那些被遗弃女人们的事例做出的"优美和高贵的说明"时,他的激情只会随着阅读而增加。"有谁会因为意识到他的挚爱比他认为的更睿智、更审慎而不再爱呢?如果你想让我爱你更少,你就不该这样展现你的学识(doctrinam tuam ostendere)。"至于卢克雷蒂娅忧虑的实质,欧律阿洛斯回应称,许多人认为女人同样也会抛弃自己的爱人,不光男人如此。他立刻引用了特洛伊罗斯被克瑞西达欺骗(估计埃内亚是从薄伽丘的《菲洛斯特拉托》[*Filostrato*]中知道这个故事的)、海伦背叛得伊福玻斯(出自《埃涅阿斯纪》第六卷),以及一个略微不太一样的喀耳刻的例子,她"用她的符咒将自己的恋人们变成了猪及其他种类的动物"(埃内亚·西尔维奥对奥维德在《变形记》第十四章中的叙述的解读——这个故事同样令马基雅维利着迷,他在《金驴记》中也重述过)。但是他自己注意到,这样交换事例只能让他仇恨一切女人而让卢克雷蒂娅仇视一切男人。于是他要求她多想一些积极的例子,像是安东尼与克莱奥帕特拉(!),或者"如果你曾读过奥维德",就会知道亚该亚人的故事,他们中的许多人因为对外邦女子的爱而在特洛伊毁灭后都没有回到家乡。像亚该亚人一样,欧律阿洛斯许诺将永远留在锡耶纳,或者若他必须离开也一定回来。[39]他的再次求爱援引了泰

---

① *Novelle italiane*, ed. Chiarini, pp. 166-167.

伦提乌斯《安德罗斯女子》中的一句话。①

这是一封决定性的书信。现在,虽然不无疑虑与恐惧,卢克雷蒂娅还是让步了,她哀叹道是这些书信让她改变了主意:"我真是个可怜的人儿啊,收到了你的信。"②那封最终让卢克雷蒂娅的拒绝(与审慎)瓦解的信是一封文学修养最为深厚的信,也是一封几乎变成类似于学者间论战的信。欧律阿洛斯"被点燃了",而且也受到了卢克雷蒂娅诉诸文学传统的挑战,于是他的爱情似乎更多成了一种与她的学养对抗、反驳其事例并陷入与之比拼之中。激励他许下永不离锡耶纳、永不抛弃卢克雷蒂娅的承诺的,似乎更多地是他在使用亚该亚人的文学事例时模拟出的情感,而非他何以能够真的不为皇帝服务的实际可能性。简而言之,书信往来让欧律阿洛斯和卢克雷蒂娅激起了强烈的欲望,只能走向悲剧的结局,也创造了维持其欲望的幻想;尤其是欧律阿洛斯,运用文学典范的全部修辞力量使得这些情节栩栩如生。③

埃内亚的《两个恋人的故事》绝佳地展现了书信体在文学上的潜质和复杂性。他将书信写作的技艺与故事写作的技艺结合起来,与丰厚的爱情文学传统结合起来,与奥维德《女杰书简》的伟大典范结合起来——我们将会在马基雅维利的书信中再次找到这种结合(或许他更重视《变形记》而非《女杰书简》)。这里对埃内亚这本小书的关注的必要性,并不需要以表明马基雅维利对它

---

① *Novelle italiane*, ed. Chiarini, pp. 168-173.
② Ibid., pp. 172-173.
③ 皮尤斯在她对他们往来书信的敏锐分析中,强调了在多大程度上欧律阿洛斯和卢克雷蒂娅是在按照现成的修辞套路行事。她将他们的书信往来称为"书信对抗"(duel à coup de missives),她认为每个人都在"欺骗对方当中掩饰自己的欲望与情感"。在埃内亚的故事中,"书信更多在掩饰而非揭示",由于他们之间发展成了"一段爱情俗套的展开、标准化的爱情技艺的分阶段进行,或更准确地说是在不断地论述爱情",皮尤斯将两个恋人之间的往来书信称为"虚假的对话"。但她总结道:"不管[这些信]多么套路化,甚至就因为它们是俗套的,它们构成了使得爱情得以运转和生发的机制",Piejus, "Lettres et projet culturel," pp. 151-153.

有直接的了解与使用来证明。这部《两个恋人的故事》以及埃内亚《书信集》中的其他部分,在 15 世纪和 16 世纪相当流行。它在 1460 年代和 1470 年代(在科隆、罗马和威尼斯)开始出现印刷版,到 1500 年至少有 30 个印刷版本,而到下个世纪则又出现 40 种。欧律阿洛斯和卢克雷蒂娅的书信流行到有时会被抽取出来单独出版,有的版本[40]会冠以《两个恋人的书信》(*Epistole di due amanti*)的标题。① 马基雅维利最初的知识背景便是 15 世纪文学,他同埃内亚·西尔维奥一样痴迷泰伦提乌斯和奥维德,正如我们将会看到的,他也曾尝试将书信体与爱情文学传统相结合,很难设想这样一个人会对这样一份如此流行的文本毫不知晓。

另外,有证据表明,这部作品在 15 世纪后半期不仅流行于佛罗伦萨,更流行于秘书厅。《两个恋人的故事》两次被翻译为托斯卡纳语,一次或许也是第一次由阿拉曼诺·多纳蒂译出,献给了洛伦佐·德·美第奇,第二次则由人文主义者、诗人、秘书厅官员亚历山德罗·布拉奇译出。布拉奇对皮科洛米尼文本的兴趣始于 1470 年代并翻译了第一稿,显然在随后的数年内他一直在修订、润色并反复多次发表。② 布拉奇在秘书厅的生涯是出色的,政治

---

① 皮尤斯讨论了出版史,见 ibid., pp. 158-160;以及 Doglio, in *Novelle del Quattrocento*, pp. 845-846.《两个恋人的故事》在德意志的值得注意的命运见 Aeneas Silvius Piccolomini, Pius II and Niklas von Wyle, *The Tale of Two Lovers, Eurialus and Lucretia*, ed. Eric John Morrall, Amsterdam: Rodopi, 1988. 莫罗尔出版了一个拉丁文本略有不同的版本并附有怀尔(Niklas von Wyle)的德文译本,他还针对该故事的古典和中世纪前例这一背景,给出了一个生动的解读(pp. 15-28)。

② See A. Perosa, "Braccesi, Alessandro," in the *Dizionario biografico degli italiani*, 13:605-607. 布拉奇的译本或许是最易被 19 世纪的版本参考的(题为 *Storia di due amanti composta dalla felice memoria di papa Pio secondo tradutta in vulgare per messer Alessandro Braccio*) in the volume *Storia di due amanti di Enea Silvio Piccolomini ... col testo Iatino e Ia traduzione Iibera di Alessandro Braccio*, Capolago: Tipografia Elvetica, 1832, pp. 135-245。

上多姿多彩,他从巴尔托洛梅奥·斯卡拉的助手起步并一路高升历任多个职位。在 1497 年他被派往罗马做"密使"(mandatario segreto),协助佛罗伦萨大使里恰尔多·贝基就萨沃纳罗拉的命运进行细致谨慎的谈判。此时,布拉奇尚是萨沃纳罗拉的坚定支持者,并且非常有意思的是,他将他的《两个恋人的故事》译本献给了洛伦佐·迪·皮耶尔弗朗切斯科·德·美第奇,此人是其执政的堂亲们的政治反对者,与布拉奇一样是一个热诚的萨沃纳罗拉派。①

1498 年年初的一场秘书厅总体性改革,使得布拉奇被选为第二秘书厅秘书长任期 2 年,虽然他仍在罗马全力代表萨沃纳罗拉的利益。当年春天,萨沃纳罗拉在政治上突然失势并被处决,这导致布拉奇被解除了一切职务,包括第二秘书厅秘书长,[41] 而就在一个月后马基雅维利接任了这一职务。直到 1502 年年末,当皮耶罗·索德里尼当选终身正义旗手,布拉奇才再次也是最后一次被委任外交任务,这次是协助新的佛罗伦萨驻罗马大使焦万·维托里奥·索德里尼。② 即使不考虑布拉奇是马基雅维利在第二秘

---

① 关于洛伦佐·迪·皮耶尔弗朗切斯科、起源于他父亲的政治生涯的这种对立关系,以及与(美第奇)家族中在政治上占据支配地位的那一支([译注]指"国父"科西莫及其子孙,皮耶尔弗朗切斯科的父亲洛伦佐是科西莫的弟弟)的关系,参见 Alison Brown, "Pierfrancesco De' Medici, 1430–1476: A Radical Alternative to Elder Medicean Supremacy?" *Journal of the Warburg and Courtauld Institutes* 42, 1979: 81–103。

② 关于布拉奇,参见 Perosa, *Dizionario biogra.fico degli italiani*, 13: 602–608; Robert Black, "Machiavelli, Servant of the Florentine Republic," in *Machiavelli and Republicanism*, ed. Gisela Bock, Quentin Skinner, and Maurizio Viroli, Cambridge: Cambridge University Press, 1990, pp. 75–76, 79–80, 84–87; and Alison Brown, *Bartolomeo Scala*, pp. 121, 124, 130, 204。关于布拉奇早期与众多人文主义者之间的通信,参见 P. O. Kristeller, "An Unknown Correspondence of Alessandro Braccesi with Niccolò Michelozzi, Naldo Naldi, Bartolommeo Scala, and Other Humanists, 1470–1472 in Ms. Bodl. Auct. F. 2. 17," in P. O. Kristeller, *Studies in Renaissance Thought and Letters*, vol. 2, Rome: Edizioni di storia e letteratura, 1985, pp. 341–383, first published in *Classical, Medieval and Renaissance Studies in Honor of Berthold Louis Ullman*, ed. Ch. Henderson, Rome: Edizioni di storia e letteratura, 1964, 2: 311–364。

书厅的直接前任(因为在那个被管控的政治环境和交接工作的那点时间里,可能不会有多少机会进行友情联络和就文学交换看法),此二人的职业生涯与个人兴趣也在很多地方极为类似,包括他们都与斯卡拉和里恰尔多·贝基有联系,以及最要紧的是与索德里尼家族有关系。

布拉奇作为15世纪晚期重要的一群人文主义秘书厅官员之一,使秘书厅成为文学活动与趣味的中心。[1] 正如他在"序言"(proemio)和献辞中所承认的,他并不想"做一个忠实的译者"。《两个恋人的故事》的某些部分被他去掉,代之以"相反的情节"(contraria materia)从而令故事有了一个美满的结局,而这一定是埃内亚·西尔维奥所反对的。[2] 在埃内亚的故事中,欧律阿洛斯没能信守自己的诺言,决定继续侍奉皇帝从而离开了锡耶纳,卢克雷蒂娅因此相思成疾并在悲伤中死去。布拉奇以非常不同的方式大幅改编了埃内亚的文本,包括将一些他自创的十四行诗和其他诗作安到两个恋人头上,作为他们书信[42]对话的一部分。很明显,布拉奇对这个文本的兴趣很大程度上在于它以书信体写作,包括了十四行诗和故事在内的其他更加成熟的文学体裁,因为在他的"改编"(rifacimento)中,他扩充和修饰正是这些方面。埃内亚·西尔维奥·皮科洛米尼本身的名声足以让马基雅维利和他的同代人注意到《两个恋人的故事》,而布拉奇则提供了一种可靠的联系。没有这种联系的话,我们只能猜测或许马基雅维利了解一些15世纪的文本,从而使他对与书信写作、书信体以及在"真实"

---

[1] 根据布莱克的研究("Machiavelli, Servant of the Florentine Republic", p. 76):"布拉奇的古典修养体现在他的拉丁文书信中,为此他在20岁就得到米凯洛齐(Michelozzi)的赞扬,米凯洛齐称他'深谙书信写作之道'并且'风格多样'"。

[2] *Storia di due amanti*, p. 138:"我的确不是一个忠实的译者,但我竭尽所能地去掉了许多在我看来难以提供欢乐的部分,并替代以非常不同的材料,从而让整个故事的走向充满了欢快和幸福的内容"。

与"虚构"的书信往来中复杂的对话元素产生兴趣,并对其批判和理论本质提出众多质疑。

指南与理论

在15世纪中期和后期的几十年里,书信写作在人文主义教育中已经变得非常重要,出现了一些写作指南和论著,既提供实践指导,也试图为实践提供某种理论,或者至少给出一套假设与原则。我们将会看到,虽然书信写作技艺(ars epistolica)乍看起来似乎是直白的和自明的,但对理论的求索表明其中充满矛盾与悖论。当伊拉斯谟撰写他有关这一主题的主要论著《论书信写作》(*Opus de conscribendis epistolis*,1500年已经基本写成,发表于1522年)时,15世纪中期的一些人文主义者在界定书信体并对其运用设立规则时的从容自信已经在大量的不确定性甚至是困惑中消散殆尽,在我看来这些在伊拉斯谟本人身上也很明显。

如同相对谦逊的论著一样,有关书信写作的指南在开头会提供一些定义、简述书信的主要类型或者类别,或是给出可供模仿的范例或是就运用、措辞和风格给出建议。洛伦佐·瓦拉的《起草书信手册》(*De conficiendis epistolis libellus*)便是最早的此类指南之一(尽管不是最早印刷出来的)。① 他通过引用在《修辞学》(*Rhetorica ad Herennium*,后来被认为是西塞罗的作品)中对宏大、中度与简单三种风格的区分和宣称简单最适宜书信来切入主题。在界定何为书信之后,瓦拉论述了传统上的书信五部分论

---

① 瓦拉的《手册》没有出现在克拉夫的"1501年前刊印指南"的列表("The Cult of Antiquity," pp. 58-61)中。它是1503年在威尼斯印刷的,收入《近期发表的小册子》(*Opuscula quaedam nuper in lucem edita*),这仍旧是瓦拉参考的版本,见 Laurentius Valla, *Opera omnia*, vol. 2, Turin: Bottega d'Erasmo, 1962, pp. 97 - 114。

(寒暄[salutatio]、开篇[exordium]、[43]叙说[narratio]、吁请[petitio]和结语[conclusio]),分别界定之并对各部分的恰当建构提出建议。阿戈斯蒂诺·达蒂的《文雅》(*Elegantiolae*,1470年左右首次印刷)则是另一类书,实际上比瓦拉的书更为流行。① 尽管达蒂在扉页上说这是一本"起草书信与演说的入门指南"(Isagogicus libellus pro conficiendis epistolis et orationibus),但这本书实际上是一本有关遣词造句的写作指南,其中的建议适合一切形式的拉丁文写作,并不特定与书信相关而无涉其他体裁。在16世纪,达蒂的论著曾一度与洛伦佐·瓦拉的《手册》同在一卷书中出版,这说明有人认为它们是互补的,在某种程度上瓦拉提供了理论而达蒂则就表达、措辞和风格进行实用讲授。②

威尼斯人文主义者弗朗切斯科·涅格里颇具影响力的著作《写信之道》(*Modus epistolandi*)更多将书信体视作一种文学体裁,并且认为模仿古典典范是学习书信写作技艺的主要方式。③ 1488年的初版称《写信之道》为一部"论述给朋友写信及写信技艺的书",其切入主题的方式是界定了20种不同的书信种类或者说属(genera)。涅格里界定、解释了每一种属并将其细分为两个乃至更多的种(species),针对每一个种,他都给出了如何撰写有用的和恰当的书信的指导和此种书信的一个范例(exemplum)。大多数范例取自西塞罗的《致友人书》,涅格里也会用到一些当代人的

---

① 到1500年至少有56种印刷版本,Clough, "The Cult of Antiquity," pp. 47, 58-59。
② 第一卷叫做 *Augustini Dati scribae senensis elegantiole in pristinum statum redacte*, Venice, 1538,达蒂的著作在 ff. 3-32v,瓦拉的著作("Sequitur libellus Laurentii Vallensis Patricii Romani de componendis epistolis")在 ff. 52-63。
③ 有关涅格里的生平及参考文献,见 Margaret L. King, *Venetian Humanism in an Age of Patrician Dominance*, Princeton, N. J.: Princeton University Press, 1986, pp. 413-415。根据克拉夫的列表,在《写信之道》首次出版的1488年到1500年之间至少有26个版本,"The Cult of Antiquity," pp. 60-61。

书信(例如在如何给君王写信一节)。① 涅格里的书在 16 世纪中期仍在出版(虽然伊拉斯谟颇看不上它),至少在 1533 年印行的那一版,它收入一篇被认为是古希腊晚期修辞学家里巴尼乌斯所写的论书信写作论著的拉丁文译文,里巴尼乌斯区分了 40 多种书信类型。②

达蒂和涅格里的著作都是这些书信写作指南中的佼佼者,至少在意大利是如此,而在北部欧洲印刷量最大的指南则是查尔斯·门尼肯的《书信方要》(*Epistolares formulae*),根据 [44] 克拉夫的研究,此书"包括 337 封各类场合的书信范例"。③ 还有一些书:加斯帕里诺·巴尔齐扎的《适于研习的信》(*Epistulae ad exercitationem accommodatae*);④尼科洛·佩罗蒂在他的拉丁文语法书中收入的《论写信》(*De componendis epistolis*);⑤乔瓦尼·苏尔皮齐奥的《论书写与修饰信件》(*De componendis et ornandis epistolis*);乔瓦尼·马里奥·菲莱尔福的《写信新论》(*Novum epistolarium*),此书区分了不少于 80 种不同的书信类型并为每一类型创作了三种不同风格("友好"[familiaris]、"亲近"[familiaris-

---

① *Opusculum scribendi epistolas Francischi Nigri*, Venice, 1488.
② Franciscus Niger, *De modo epistolandi*, Venice, 1553. 里巴尼乌斯的论著是这样被引入的:"蓬蒂科·韦鲁尼奥翻译了智者里巴尼乌斯的论书信类型。"
③ "The Cult of Antiquity," p. 47, 1476—1500 年间的 27 个印刷版本列表见 pp. 59-60。
④ 关于这点,见 Charles Fantazzi, "The *Epistulae ad Exercitationem Accommodatae* of Gasparino Barzizza," in *Acta Conventus Neo-Latini Torontonensis: Proceedings of the Seventh International Congress of Neo-Latin Studies*, ed. Alexander Dalzell, Charles Fantazzi, and Richard J. Schoeck, Binghamton, N.Y.: Medieval and Renaissance Texts and Studies, 1991, pp. 139-146.
⑤ Clough, "The Cult of Antiquity," p. 48. On Perotti, see John Monfasani, "The First Call for Press Censorship: Niccolò Perotti, Giovanni Andrea Bussi, Antonio Moreto, and the Editing of Pliny's *Natural History*," *Renaissance Quarterly* 41, 1988: 1-31.

sima]、"严肃"[gravis])的虚构书信范例,总计240封示范书信。①在佛罗伦萨,人文主义者克里斯托法罗·兰迪诺著有一部《书信种类》(Formulario di epistole),于1485年在博洛尼亚印刷,或许是第一部以托斯卡纳方言撰写的此类指南。② 波利齐亚诺也开始了对斯塔提乌斯的《希尔瓦》的评注,反思书信写作的本质和目的(我们将会看到,他在很大程度上借用了一位1世纪希腊修辞学家论风格的一部论著)。③

有一部有趣的小书也叫《写信之道》,起初被认为是波焦所著,[45]1470年代和1480年代在罗马被当作波焦的作品印刷过两次。这部书似乎是在模仿人文主义者给出分类、规则和范例的习惯,将不断发展的书信写作理论嘲讽了一番。④ 它宣称书信的类型有四种:ginnasticum、docmasticum、stomaicum和sinthematicum,这4个术语不见于里巴尼乌斯、涅格里、菲莱尔福等人的阐述

---

① 菲莱尔福的《写信新论》在他去世后分别于1484年、1486年和1487年三次印刷。1486年版的"序言"(praefatio)声称这80种书信类型是在包括里巴尼乌斯在内的古代典籍中发现的,涵盖了每一种已知的书信体变式。但是在菲莱尔福论述书信体本身之前,他插入了60来页"修辞技艺的一些规律",他说:"我并没有阅读亚里士多德和西塞罗的全部著作,而只是那些在我看来对你们必要的著作。"后面才是著作的主体,以及那相当可观的大量书信范例(虽然在1486年版中,第77类书信商业信函[epistula mercatoria]显然是因为疏忽漏掉了),Giovanni Mario Filelfo, *Novum epistolarium*, 1486; Hain 12970, no pagination. 有关菲莱尔福方法的示例及其对给客户的信(*epistula clientalis*)的建议的总结,见King, Venetian Humanism, p. 54. 有关菲莱尔福和涅格里对放逐慰问类信的贡献见Randolph Starn, *Contrary Commonwealth: The Theme of Exile in Medieval and Renaissance Italy*, Berkeley: University of California Press, 1982, p. 140。
② Clough, "The Cult of Antiquity," p. 66, n. 66. 卡尔迪尼简述了这部作品并出版了它的序言,见Roberto Cardini, *Cristofaro Landino, Scritti critici e teorici*, 2 vols., Rome: Bulzoni, 1974, 1:177—182。
③ 波利齐亚诺的评注由马蒂内利(Lucia Cesarini Martinelli)编辑和出版,见Angelo Poliziano, *Commento inedito aile Selve di Stazio*, Florence: Sansoni, 1978。他对书信体的探究在pp. 15—23。
④ 尽管承认将它归到波焦名下有些疑问,但富比尼(Riccardo Fubini)还是将它收在他那一版的波焦全集中(*Opera omnia*, Turin: Bottega d'Erasmo, 1966, 2:27—37)。

更加详尽的分类体系,甚至不见于任何一部词典或者我已经提及的风格指南。根据这部书,所谓的 ginnasticum 类型用于道歉和声辩,其范例据说是人文主义者加斯帕雷·达·维罗纳写给某位赛姆普罗尼乌斯(Sempronius,多半是个假名)的信。docmasticum 类型则被描述为严肃谈话中(in sermone serio)表现"大方与坦诚"(liberalitas and ingenuitas),此类型的范例为西塞罗给库里奥(Scribonius Curio)的信(《致友人书》第二卷第四封信),在这封信里,西塞罗解释了书信的不同种类。stomaicum 类型主要用于娱乐(iocunditas),范本为奥维德《爱情三论》第一卷第五章,这甚至都不是一封信。第四种 sinthematicum 类型"用于处理严肃事件",用了一封据说是人文主义者加斯帕里诺·巴尔齐扎(这里用的名字是 Gasperinus pergamensis)的信为例。但是,接下来还有第五封信,被称为"重复信"(epistula replicatoria),搞不清它与四种分类是什么关系,而它不过是埃内亚·西尔维奥·皮科洛米尼的《两个恋人的故事》中卢克雷蒂娅写给欧律阿洛斯的第三封信。

这要么是在用一种荒腔走板的方式为正在蓬勃发展的书信风格类型指南添砖加瓦,要么更可能的是对这类现象的戏仿,它使用滑稽的大概也是生造的拉丁化古希腊术语,嘲弄了 15 世纪晚期痴迷于古希腊学问的风气。① 它似乎也嘲笑了为实践提供模仿范例的观念,因为它的范例中,奥维德(怎么会模仿奥维德?)的那篇根本就不是一封信。收入埃内亚·西尔维奥《两个恋人的故事》中

---

① 子类(即"种")就更有意思了:例如 docmasticum 类型中有"dilatoria、excusatoria、purgatoria 以及 digestiva",stomaicum 类型中有"figurativa、obscura、enigmatica sive similitudinaria、propleumatica sive parabolica",ibid., p. 32。不过这当中的某些术语实际上是被别人用过的。例如,根据施特吕弗的研究,在马尔西利奥·费奇诺(Marsilio Ficino)1495 年版"[书信集中]信的标题就包括……祝贺(congratulatio)、澄清(purgatio)、推荐(commendatio)、讨好(insinuatio)、致歉(excusatio),等等"。Struever, *Theory as Practice: Ethical Inquiry in the Renaissance*, Chicago: University of Chicago Press, 1992, p. 40, n. 7.

的一封虚构的信,则是在点明书信介于事实与虚构之间的模糊地位,这个故事进一步将其戏剧化了,并且更一般性地点明了这一观点:书信与其他文学体裁共享着相同的修辞上的、文学上的和文本上的传统。但是,这份怪异的文本的作者是在同时讽刺所有这些观点吗?[46]大多数15世纪书信写作理论家都带有一个可以追溯到西塞罗的假设:书信是朋友间直接交流的替代品,因而应当以尽量贴近日常讲话和交流的风格写作。① 在被时常引用的、写给他的朋友斯克里博尼乌斯·库里奥的信中,西塞罗写道:"你很清楚有很多种书信类型,不过,有一类是一定不会错的——书信被发明出来,就是为了让我们可以告知那些远在他方的人们一些事情,他们应当知道这些对他们或者对我们自己重要的事情。"②在第一封写给弟弟昆图斯的长信末尾,他明确将写信与对谈话的模仿联系起来:"但是,每当我读你的信,就好像在听你讲话,而当我写给你就像是在说给你听,正因为如此,我更乐于见到你每封信都更长些,而我自己写给你的多少要冗长乏味一些。"③里巴尼乌斯的蓬蒂科·韦鲁尼奥译本将书信界定为"不在场的一方写给另一方的谈话",带有某些实用的目的。④ 尽管里巴尼乌斯强调书信写作的谈话性甚至是功利性维度,但他也指出,写信的人写起来"不应该

---

① 有关文艺复兴时期定义书信的不同尝试,从而区别于书信写作技艺和受人文主义者推崇的古典范本,见论文 Judith Rice Henderson, "Defining the Genre of the Letter: Juan Luis Vives' *De conscribendis epistolis*," *Renaissance and Reformation*, n.s. 7, 1983: 89–105; and "Erasmus on the Art of LetterWriting," in *Renaissance Eloquence: Studies in the Theory and Practice of Renaissance Rhetoric*, ed. James J. Murphy, Berkeley: University of California Press, 1983, pp. 331–355。

② Cicero, *The Letters to his Friends*, tr. W. Glynn Williams, vol. I, New York: G. P. Putnam's Sons, 1927, pp. 100–101: "Epistularum genera multa esse non ignoras, sed unum illud certissimum, cuius causa inventa res ipsa est, ut certiores faceremus absences, si quid esset, quod eos scire aut nostra aut ipsorum interesset."

③ *Letters to his Brother Quintus* I. I. 45, pp. 436–437.

④ 见原书注释63,其中所引的1553年版的弗朗切斯科·涅格里《写信之道》也包含一个里巴尼乌斯的译本。

简简单单……要非常用心且考究"。

瓦拉仍旧遵循西塞罗的《修辞学》,他这样定义他推荐给写信人的所谓"简单风格"(attenuata figura):"就是要用最纯粹的常用谈话中的措词,也就是说用普通的日常谈话中的措词。"有意思的是(特别是如果我们现在就想到马基雅维利),瓦拉认为有两种体裁属于这种"日常谈话"(sermo quotidianus):喜剧与"写给朋友的信"。如他所言,虽然他在这篇论著中并不想讨论诗歌,而是要提供[47]文章写作的某些指导,但他还是推荐那些希望精进自己写信技巧的人去阅读并仔细研究"喜剧"(comici),并学会"在谈论卑微的日常琐事时用到其中的方言"。这样,瓦拉的书信定义就与西塞罗的定义"书信是写下来的与朋友的交谈,用于我们与不在场的人的交流"相去不远。而且不管出于什么理由,如果一定要用到某种更为华丽的语言的话,我们也应当再加入一个不太优雅的词语,"由此那些华丽词语的光辉就会有所减少,就像我们拿水稀释酒一样"。①

弗朗切斯科·涅格里本质上赞成源自西塞罗并在15世纪反复出现的书信写作方式:

> 尽管很多人为书信的起源找到各种解释,但是我相信较为接近事实的一个是我们已经知道的、在记忆中流传下来的,源自图皮里乌斯的古代故事,也就是说,发明书信的目的就是要让不在场的朋友在场,通过用心地给他们写信,我们或许能够暂时恢复因为时空间隔而阻断的友谊。因为友谊的根基往往建立在日常的交往中,缺失了这一点,友谊就会损失很多。

---

① Valla, *Opera omnia*, 2:97-98.

这样,涅格里便把书信定义为"平淡的谈话(oratio pedestris),它将不在场的朋友带到我们面前,既是为了愉悦,也可用于公共或者私人用途"。①

这是被普遍接受的人文主义的(可以说是传统上被信奉的,但也是一种"推崇虚构的")书信写作观念:一种朋友间谈话的书面替代品,其目的在于在彼此分开时维持友谊。显然这一传统依赖于许多假设,它们关乎谈话的本质以及它同写作的关系,也关乎友谊。它暗含着,存在某种写作可以再现(或者模拟)并传送谈话,也存在一种乐观的[48]看法,认为谈话(及其书面的替代品)能够传达意图和实现我们的目的。它进一步假定,往来谈话(包括口头交谈和书面通信)能够在一个相互性框架内实现这些相同的功能,并在最终,友谊本身能够且应当起到一种容纳这些平等而自由往来的场域的作用。我们将会看到,对于马基雅维利和韦托里而言,当涉及他们有关政治论述本质的谈话的复杂性时,这些观念全都成为有问题的了。

到 15 世纪末,有些人对这些关于书信体的既定惯例和假设提出了质疑。一个重要的质疑来自佛罗伦萨人文主义者和学者波利齐亚诺,前文提过此人,1480—1481 年,在佛罗伦萨大学期间,他第一次开始评注斯塔提乌斯的《希尔瓦》,并探讨书信的本质。一开始,波利齐亚诺引用西塞罗的一段话,这段话称写信的目的是要让不在场的朋友获知信息,并且书信类型主要有两种,幽默的和严肃的。波利齐亚诺随后提出了一种书信的理论,这一理论极大地受惠于(甚至有些地方基本上是翻译自)一篇论书信的古希腊文著作《论风格》的部分段落,这部论著一度被认为出自德米特里·法勒鲁姆之手(现在有人则说是公元 1 世纪的另一个

---

① *Opusculum scribendi epistolas Francischi Nigri*, Venice, 1488, ff. 2v-3. 上面一段话也见于 Poggio Bracciolini, *Lettere*, ed. H. Harth, I:cv, n. 40。

德米特里写的)。① 依据德米特里的观点,波利齐亚诺称,并非所有的主题都适宜用书信:"如果谁用书信体写细致琐碎的古希腊人称为'诡辩术'的逻辑学文章,或者争论自然史的一些问题,他是在写信,可他并不是真的在写一封信。"一封信必须有某些趣味性(festivitas),它必须用简单的词语简明扼要地说明一件事情,它应当多多用到方言箴言。还是追随德米特里的观点,波利齐亚诺反对书信中出现"文绉绉的格言和劝勉",认为这不适合书信而更适于一场精心准备的演说。②

之后波利齐亚诺开始讨论是否以及在多大程度上书信应当被视作书面的谈话,我们将会看到在这件事上他被现代评论家们所误解。他说:"书信应当包括我们很多情感和品性……像是谈话,在古希腊语中叫'对话体'(dialogue)。如果一个人在写信,基本上就是在写出他的灵魂的样貌,尽管作者的情感和品性会在所有种类的写作中都得到展现,不过最清晰的当属[49]书信了。"③但是,波利齐亚诺也赞成德米特里,书信应当兼具平实与雅致两种风格。他随即引用西塞罗表示书信需要采用日常(quottidiana)用语,在写信的时候我们应当像古希腊谚语说的那样"有一说一"(call a fig a fig)。如昆体良所言:"写信的风格不应当是细致严密的,而应当松散(soluta)一些……类似于谈话(sermoni proxima),除非它要处理的题目超过了它的性质,比如哲学、政治或者其他类似的东西。"

波利齐亚诺知晓整个自西塞罗起便强调书信写作应当运用自

---

① 罗伯茨(W. Rhys Roberts)编辑和翻译的德米特里文本见勒布文库版(Aristotle, *The Poetics*, "Longinus," *On the Sublime*, Demetrius, *On Style*, London and New York: G. P. Putnam's Sons, 1927, pp. 257-487)。

② Poliziano, *Commento inedito aile selve di Stazio*, pp. 15-16; Demetrius, *On Style* 4. 230-233, pp. 442-445.

③ Poliziano, *Commento inedito*, pp. 16-17: Cf. Demetrius, *On Style* 4. 227, pp. 440-441.

然、普通、日常和谈话用语的传统,他写这些的目的是要指出这种观点的不足。尽管昆体良似乎也认为"谈话"和"书信"在本质上类似,但波利齐亚诺强调的是《演讲术》(Institutio oratoria)中后面的一长段话,其中昆体良提醒说,即便是自由或松散风格,"也自有其节奏韵律,甚至难度更高一些"。尽管相比于其他风格,自由风格中的这些节奏韵律不太明显也不太固定,但并不比其他风格少。这种松散风格明显的简约性,实际上"遮蔽"了这些结构性的元素和"甚至更秘密地强化了这些元素"。① 在插入一段(德米特里的)评论说书信不应当篇幅过长以致变成一本假冒书信的著作之后,波利齐亚诺谈到了他反对将书信写作等同谈话用语这一传统的核心部分。尽管写信的人应当仔细地考虑收件人的心境(呼应了彼特拉克),但是,

> 人们不应不经思考地用书信体去模拟对话体自身[亦即真正的谈话]。实际上,狄奥尼修斯[波利齐亚诺在这里,要么是想写成德米特里,要么是在当时《论风格》被认为是狄奥尼修斯写的]反对阿达蒙是正确的,阿达蒙曾搜集过亚里士多德的书信,他认为写书信和写对话一定要以同样的方式,因为书信可以说就是一场对话的一部分。②

[50] 讽刺的是,这句话的最后部分——"书信可以说就是一场对话的一部分"——自身的命运和波利齐亚诺的书信"定义"相差无几,实际上很清楚的是,就像德米特里或者狄奥尼修斯一样,

---

① Poliziano, *Commento inedito*, p. 17; Quintilian, Institutio oratoria 9. 4. 19–21, ed. and tr. H. E. Butler, in the Loeb edition, vol. 3, 1921: reprinted., Cambridge, Mass.: Harvard University Press, 1966, pp. 516–517. 在波利齐亚诺的引用中,他丢掉了"遮蔽"(dissimulatque eos),不过"秘密地"(occultius)包含了这个意思。

② Poliziano, *Commento inedito*, p. 18; cf. Demetrius, *On Style* 4. 223, pp. 438–439.

他这样讲是要与书信乃对话之部分这种观念保持距离。可是,这句话在脱离语境和重复过多次之后,被许多学者用来概括人文主义的书信理论和概括存在于书信写作与对话之间的紧密联系。①在波利齐亚诺对塔提乌斯的评注尚未发表时,这种混淆就已经产生,也许只是来自手稿中一些未完成的注脚。考虑到文艺复兴文学中对话体的重要地位以及许多对话的作者也搜集和出版他们的书信,人们也就很难抗拒"书信乃对话之部分"的看法了。很明显,人文主义者当中,有人拥护波利齐亚诺的书信观点,这种观点在古典的修辞理论中也有坚实基础,但看起来同样清晰的是,他又在有意反对这一观点。他让德米特里或者狄奥尼修斯代他立论:阿特蒙的观点不充分,"因为相对于模拟即时谈话的对话体,书信体需要更精心的雕琢……;书信是写出来、寄出去的,某种程度上像一份礼物,这样书信在立论的时候也没有人指责"。②

波利齐亚诺观点的根本在于,书信怎么说也是一种书面形式,没有哪种书面形式能够作为谈话的替代物或者模拟物被归到谈话中。甚至他的技术性观点(还是来自德米特里)是以这种区分作为前提的,例如,他认为谈话中通常存在不太被注意的停顿("solutiones … tenuiores",这一段好像指的是省略连词,即连词省略法[asyndeton],在古典修辞学中称作 dissolutum、solutum 或者 dissolutio)③相对于对话体而言更不合适书信体,只能在[51]写信中造成困惑。波利齐亚诺继续说,"模仿本身",显然和德米特里一样

---

① See Eugenio Garin, *Prosatori latini del Quattrocento*, Milan and Naples: R. Ricciardi, 1952; partially reprinted, Turin: Einaudi, 1976, pp. ix-xi; Luigi Pulci, *Morgante e lettere*, ed. Domenico DeRobertis, Florence: Sansoni, 1984, p. 926; and M. L. Doglio, "Lettere del Boiardo e epistolari del Quattrocento," p. 257.
② Poliziano, *Commento inedito*, p. 18; Demetrius, *On Style* 4. 224, pp. 438-439.
③ See the Loeb edition of the *Rhetorica ad Herennium*, tr. Harry Caplan, Cambridge, Mass.: Harvard University Press, 1968, 4. 30, pp. 330-331, and note a, p. 330; also Demetrius, *On Style* 4. 193-194, pp. 420-421.

指的是对谈话的模仿,"并不适合写作而适合[在法庭或者舞台上]展现,而且更适宜于行动者而非写成的书信"。基于此,他总结道,西塞罗写给阿提库斯的许多信的确非常难理解。①

波利齐亚诺对人文主义的传统书信观的不满同伊拉斯谟更详细的批评构成一种有趣的对照,伊拉斯谟尤其赞赏波利齐亚诺的信,并且像波利齐亚诺一样,他也对书信在多大程度上应当模拟日常谈话的问题表现出明显的犹疑。② 我将简要地探讨伊拉斯谟的观点,作为这个文艺复兴书信写作导论的结语。应当承认,1513—1515年间的马基雅维利或者韦托里不太可能了解这些观点,那时《论书信写作》尚未发表。不过,伊拉斯谟概括和阐释了人文主义的书信写作观念中存在的紧张和不确定性,这样一来就引发了一些问题和议题,而在马基雅维利成年早期和受教育时期,应该说人文主义者圈子中流传和讨论过这些。

伊拉斯谟显然很熟悉意大利的人文主义书信写作理论。早在1499年他给芒乔伊大人(Lord Mountjoy)的信中(随信附上了一个修订过的《论书信写作》版本),他就表现出对其意大利前辈尤其是弗朗切斯科·涅格里关于这一体裁的看法的不满,他认为涅格里的"方向……是陈腐的",他的书信则"远谈不上时尚和优雅,甚至拼不对拉丁文"。他认为乔瓦尼·马里奥·菲莱尔福的作品"令人困惑……不够科学,达不到它希望做到的"。伊拉斯谟对乔瓦尼·苏尔皮齐奥和尼科洛·佩罗蒂的看法要大度得多,但总的来说,他认为更值得直接去读古代书信名篇而不是现代的这些指

---

① Poliziano, *Commento inedito*, pp. 18-19; cf. Demetrius, *On Style* 4. 226, pp. 440-441.
② 关于伊拉斯谟有关书信写作观点的发展,见 Henderson, "Erasmus on the Art of Letter-Writing," cited above in note 72, and now also "The Composition of Erasmus' *Opus de conscribendis epistolis*: Evidence for the Growth of a Mind," in the *Acta Conventus Neo-Latini Torontonensis*, pp. 147-154。

南(虽然他自己正写着一个)。① 正如他[52]在最后发表的《论书信写作》中说的:

> 我希望[学生们]去读普林尼而不是去读弗朗切斯科·涅格里、贾马里奥·菲莱尔福(即便他父亲[弗朗切斯科·菲莱尔福]的书信尚有几封可读)、埃内亚·西尔维奥、加斯帕里诺[·巴尔齐扎]、坎帕诺,更不用说勒芬的查尔斯·维吕利了。②

查尔斯·维吕利,也就是查尔斯·门尼肯,是前文提到的《书信方要》的作者,这本书在北部欧洲大获成功,在共同生活兄弟会(Brethren of the Common Life)的学校里作为教材。根据杰洛的看法,门尼肯"读过布鲁尼和彼特拉克,试图模仿西塞罗《致友人书》中的风格……和埃内亚·西尔维奥的《致友人书》[也就是]《书信集》的风格"。③ 因此,虽然门尼肯是上述人物中唯一一个非意大利人,但伊拉斯谟对他的反感主要是因为伊拉斯谟反对15世纪大部分时间在意大利占统治地位的那种书信传统。

但是,伊拉斯谟着实欣赏波利齐亚诺,反复征引他作为最佳书

---

① 有关伊拉斯谟对于意大利书信写作指南的看法,见 A. Gerlo, "The *Opus de conscribendis epistolis* of Erasmus and the Tradition of the *Ars Epistolica*," in *Classical Influences on European Culture, A.D. 500-1500*, ed. R. R. Bolgar, Cambridge: Cambridge University Press, 1971, pp. 103-112。给芒乔伊的信是第117封,见 *Opus Epistolarum Des. Erasmi Roterodami*, ed. P. S. Allen, H. M. Allen, and H. W. Garrod, Oxford: Oxford University Press, 1906-58, I:271-272。也见查·凡塔齐(Charles Fantazzi)为自己翻译的《论如何写信》(*De conscribendis epistolis*: "On the Writing of letters")所做的导论性注释,见 *Collected Works of Erasmus*, vol. 25: *Literary and Educational Writings*, vol. 3, ed. J. K. Sowards, Toronto: University of Toronto Press, 1985, pp. 2-9, and esp. 6-7。
② Erasmus, "On the Writing of Letters", p. 44.
③ Gerlo, "The Opus de Conscribendis Epistolis of Erasmus," pp. 109-110.

信写作的典范,这似乎是对波利齐亚诺明确与主流人文主义的书信写作决裂的一种隐含的认可。伊拉斯谟称其为"此种技艺的大师"(mirus est artifex),并将他连同其他一些同时代的人列入自己的伟大书信作家名录中,教师们应当以他们的作品作为范例供学生们学习。他列举出几个人,"西塞罗、普林尼、西姆马库斯、阿波罗尼奥斯和安杰洛·波利齐亚诺",并问道:"在这一领域,为什么我们不把最后一位与那些古人相提并论呢?"①在另一部被称为《写信方要》(Conficiendarum epistolarum formula)的缩略版《论书信写作》中,伊拉斯谟强调选择最佳范本来模仿的重要性:"那些许多世纪以来都得到一致认可的大师毫无疑问值得模仿。"在提到西塞罗和普林尼后,他又说:"然而,不仅只有这两位值得读,也应当研习其他以古人为典范的人。其中我觉得应该包括波利齐亚诺,因为他在某些书信中表现出了绝佳的风格和一丝不苟的专注。"②

"绝佳的风格"和"一丝不苟的专注"所代表的评价标准[53]与传统上书信应当模仿日常谈话的观念相去甚远。不过,伊拉斯谟并没有跳出老旧且仍然有吸引力的观念的窠臼,即书信在所有着力于重现或者模仿"自然"与"日常"谈话的形式中有着特殊的地位。在讨论"一封信的特点"并且评论说很多批评者都会把那些实际上是著作或演说的所谓书信排除在外,伊拉斯谟认为:

> 即使"书信"这个名字被限定在朋友们之间就私人事务

---

① Erasmus, "On the Writing of Letters," pp. 2 I, 44; for the Latin text, see *Opera Omnia Desiderii Erasmi Roterodami*, I-2, Amsterdam: North-Holland Publishing Company, 1971, in which the *De Conscribendis Epistolis*, edited by Jean-Claude Margolin with extensive introduction and notes, is on pp. 153-579. The passages quoted in the text above are found on pp. 226 and 265.

② 查理·凡塔齐也有一个译本见《伊拉斯谟作品集》(*Collected Works of Erasmus*)同一卷的注释88,引用的段落在第260页。

进行的交流,也还是不能给这种交流确定某一固定的形式。不过,如果这种体裁有什么特点的话,我认为我必须明确地说一封信的遣词造句应当像朋友们之间的谈话一样。喜剧诗人图皮里乌斯说得很妙,所谓一封信,就是不在场的朋友们之间的交谈,既不应当粗鲁、野蛮或者做作,也不应当局限于一个主题和长篇大论。因此,书信体崇尚的是简约、直白、幽默和机智。

伊拉斯谟建议书信应当采取"一种很低层次的风格,更接近喜剧而不是悲剧,甚至比喜剧的用语还要低",但他又带着一贯且沉郁的犹疑补充说:"只要这种简约也是考究过的。"①

类似的犹疑还存在于伊拉斯谟对用词考究的讨论。他对那些"不能容忍写信精雕细琢"的人和"从来不让书信的用语超越俗常,而认为它应当贴近日常谈话"的人都感到不满。他反对这些看法,坚持认为:"古人最好的那些书信是花了极大心思和技巧写出来的。"但是,后来伊拉斯谟又建议是否这样写还应当取决于具体情况,

> 依据收信人的品性和内容而定,所以规则是,如果某种简约的表达是优美的,那就是合适的。我不要求装饰品,但我也不能容忍破烂货。如果足够优美,我便不需要烫发钳(curling-irons)。你可以拒绝修饰,但要确保没有粗鄙之语。我并不要求一丝不苟的用心,但我也不要杂乱无章的一团乱麻。

这一连串几乎是自我消解的建议,在引用和无意义地解释西塞罗有关想说什么就写什么的看法时达到极致,他试图以幽默掩

---

① Erasmus, "On the Writing of Letters," pp. 20–21; *Opera Omnia*, I-2:25.

饰自己的犹疑,总结道:"最后,你可以写一时兴起的东西,想说什么就写什么[54],只要像西塞罗写给阿提库斯那样就行。"①——一个将来写出《西塞罗派》(Ciceronianus)的人的奇怪建议。

真正让伊拉斯谟与传统产生分歧的是清晰性问题。依照传统,写信的人绝不应使用"任何会让读者停下哪怕片刻"去考虑其含义的词。他用一个故事切入这一主题。他在 14 岁时曾给他的一位老师写信,信中包含"一些他在读书时产生的疑问"。在回信中,这位老师斥责了他,还说如果年轻的伊拉斯谟"以后打算寄出这样的书信",他"应当附上一份注解"。现代读者或许会更同情遭受打击的老师,而不是那位早熟的学生,但是伊拉斯谟将这位早期的批评者斥责为一个"无礼的恶棍,傲慢而无知"。不过接着这个故事,他断言:"这并不是要否认在一切语言形式中,清晰是最重要的。不能被理解还要语言何用?"这在某种程度上是所有文艺复兴时期的人文主义者共有的不可解决的两难:又要坚决追随古代作家博学精深的话语,又要保持清晰有效的交流。

就我们所关心的问题而言,伊拉斯谟在这一议题上的矛盾的有趣之处在于,他恰好将这一困境置于写信的实践之中。虽然"清晰和简约的风格"是值得推崇甚至在某些书信中是必要的,"但同样真实的是,没有哪种别的体裁能坦然地容纳晦涩不明,一个学者可以用不想让别人明白的俏皮话打击(velitatur)另一个学者"。伊拉斯谟用另外一个故事来说明这一点,这次是有关他如何与博学的学者托马斯·利纳克尔"玩一个游戏(lusimus)",他给利纳克尔寄了"一封用扬抑格四音步写成的信,因为它编排得非常精巧,不仔细读的话可能不会怀疑这是一首诗。我在信的开头提醒过他要提高警惕,我要在这封信中戏耍他。在末尾,我说除非我骗了自己,不然我应该已经成功地骗了他。这位老实人直到我

---

① Erasmus, "On the Writing of Letters," pp. 14-15; *Opera Omnia*, I-2:214-215.

给他点破才发现这一骗局"。①

伊拉斯谟在这里给出了一个全然不同的书信写作概念,它与古人或者人文主义者甚至伊拉斯谟自己在别的地方所认同的都不同。在这个故事里,书信不再是写下来的朋友间以日常谈话方式进行的直接交流,用以传递信息、[55]意图或者心态。这里的书信写作变成了某种竞赛或者说学养对抗,伊拉斯谟用到了打击(velitor)这个词,表示小规模、轻量级的对抗。他还将这比喻成一场才智与欺骗的"游戏",其中不乏嘲讽和戏弄。人们会感到这个14岁的小伙子远比他的老师所斥责的聪明,在这封与托马斯·利纳克尔对抗的信中也是展露无遗,这可能就是伊拉斯谟想要表达的。伊拉斯谟似乎是说,如果书信真的是朋友间的对话,那么我们需要理解复杂层次的对抗、竞争乃至攻击,这些构造了所有的对话和所有的友谊。只有到这时,我们才能成为我们自己的书信和我们朋友的书信的娴熟的、敏锐的读者。

伊拉斯谟在这几页中并没有为文本如何符合清晰性要求给出解决方案:"一个人觉得晦涩不明的,另一个可能觉得相当明了。"但他在某种程度上想为"晦涩不明"保留一些正当的空间。伊拉斯谟在另一个关于语言的谜题中指出,"虽然对一个演说者或者作者而言,晦涩不明总是有害的和必须避免的,但我愿意相信,书信写作乃是一种容忍度最大的体裁,只要其中的晦涩不明并非不考究。就像西塞罗这样的前人也偶尔会混用古希腊文和拉丁文,会运用晦涩的暗指、模棱两可、言外之意、俗谚、费解之谜以及无来由的结尾"。②

当伊拉斯谟谈到在书信中应选用哪种谈话风格时,他认为选择不是一劳永逸的,并建议每一封信都"应当尽量适应主题、地

---

① Erasmus, "On the Writing of Letters," pp. 15-16; *Opera Omnia*, I-2:217-218.
② Erasmus, "On the Writing of Letters," p. 18; *Opera Omnia*, I-2:221.

点、场合和人物"。一封信的风格"应当是灵活的,就像珊瑚虫让自己适应周遭的各种环境那样,书信也应当适应各种主题和情况"。伊拉斯谟在几行的篇幅内用了两处比喻来谈论在选择书信体风格时灵活性与适应性的必要,这是第一处。由于他刚刚力劝有追求的写信者通过运用模棱两可和言外之意来制造某种晦涩不明,那么将书信比成珊瑚虫,除了是在请人们仔细琢磨他所建议的这个文字游戏实例还能是什么?珊瑚虫是一种看起来更像植物的水生动物,总是将自己附着在一个表面上。它们多聚居在一起,不同种类的珊瑚虫有不同特点来发挥各自的作用,有的提供食物,有的负责防卫,有的则专事繁殖。这种功能化的多态性很明显或[56]表面上的含义是可以把书信比成珊瑚虫,令书信适应不同功能并依此选择适当的风格和特点。而伊拉斯谟没有明言的则是,珊瑚虫也用它的刺和有毒的触角捕食猎物。[①] 他一定记得(这要求读者们也记得)奥维德将珊瑚虫捕食猎物与仙女萨尔马客斯(Salmacis)捉住赫耳玛佛洛狄忒(Hermaphroditus)相提并论,《变形记》第四卷第 366 至 367 行:"珊瑚虫在海底下擒住它的敌人,它的触角牢牢裹住他"[②]。

第二个关于书信适应性的比喻是墨丘利,这相对更容易想明白。"一封信的风格",伊拉斯谟继续写道:

> 不仅要适合主题,更要像一个好的中介(egregio quopiam Mercurio,因为一封信担负着信使的作用),它应当考虑时代和人:它不会在所有情形下或者对所有人谈论同样的主题……同时,书信的风格也同样要考虑写信的人,而不仅仅是收信的人或者它被寄出的目的。因此它将扮演墨丘利的角

[①] See *The New Encyclopaedia Britannica*, 15th ed., 1987, 9:583, 16:575-580.
[②] Ovid, *Metamorphoses*, in the Loeb edition, tr. F. J. Miller and revised by G. P. Goold, 2 vols., Cambridge, Mass.: Harvard University Press, 1984, I:202-205.

色,仿佛就像它那样,根据当下的主题变换成各种样子。①

甚至墨丘利这一比喻在这几行内都经历了变换,从作为神的信使的功能身份,一个单纯的中介(英译文在第一次提到名字的时候用词精准),变为一个演员的状态,他要变换自己的外形为不同的戏剧带来新的东西。伊拉斯谟喜爱剧场的比喻,这使他将老旧的写信技艺转变为某种舞台,同样一位演员可以在不同的面具下来来去去,给他的观众展示机智的、戏谑的,也永远都是考究的晦涩不明。②

到16世纪初,文学性的、朋友间的书信在文艺复兴的人文主义文化中已经取得或者至少有望取得一席之地,即便要与各种古老的书信体传统和规则[57]共存,在理论上也保持了相当的距离。克里斯特勒评价说:"或许人文主义文献最丰富的一个分支就是关于写信技巧和原则的那些。"③我要补充的是,它也是文艺复兴文学体裁中的普洛透斯。它溜进故事、论著和论文,也溜进诗歌和戏剧;它是公共性的也是私人性的,是政治性的也是个人性的;它处在一个重要地带,一边是(深为修辞学家们所珍视的)古老观念,即书信用语应如谈话般自然和纯粹,另一边则是(通常为诗人们所主张的)未定认知,即文本的变化神秘而晦涩。

---

① Erasmus, "On the Writing of Letters," p. 19; *Opera omnia*, 1-2:223.
② 有关伊拉斯谟的用语、比喻、谈话和写作,我受惠于卡林顿的作品良多,尤其参见她对伊拉斯谟与比代的通信的解读,J. Laurel Carrington, "The Writer and his Style: Erasmus' Clash with Guillaume Budé," *Erasmus of Rotterdam Society: Yearbook Ten*, 1990, pp. 61-84; "Erasmus' Lingua: The Double-Edged Tongue," *Erasmus of Rotterdam Society: Yearbook Nine*, 1989, pp. 106-118; and "Erasmus on the Use and Abuse of Metaphor," in the *Acta Conventus Neo-Latini Torontonensis*, pp. 111-120。
③ Paul Oskar Kristeller, *Medieval Aspects of Renaissance Learning*, ed. and tr. Edward P. Mahoney, Durham, N.C.: Duke University Press, 1974, p. 109.

第二章 语境：个人的与政治的

国务秘书及其书信

[58]1498年,尼科洛·马基雅维利从目前仍有待解释的默默无闻中异军突起得到了重要职位,被任命为共和国的第二国务秘书(第二秘书厅秘书长)和被称为十人委员会(Dieci di balia)*的外交政策委员会秘书。(从马上派给他的任务来看)29岁的他显然完全胜任这两个职位,这让他身处佛罗伦萨共和国的核心,共和国正小心地打理着国内的以及与其他势力有关的事务。① 在此之前的10年甚至更长的时间里,他做了什么使他得以被委任如此声望卓著的职位仍旧是个迷。几年前有一个假说认为,1490年代的一部分时间里,他在罗马做银行家;这个假说已经被否定了。② 最佳的证据(虽然很弱)表明,马基雅维利在那些年所做的事情至少

---

* [译注]有时又被称为"自由与和平十人委员会"(Dieci di Libertà e Pace)。
① 关于马基雅维利被选入秘书处及当时的政治氛围,参见 Nicolai Rubinstein, "The Beginnings of Niccolò Machiavelli's Career in the Florentine Chancery," *Italian Studies* II, 1956: 72 - 91; and Robert Black, "Florentine Political Traditions and Machiavelli's Election to the Chancery," *Italian Studies* 40, 1985: 1-16.
② 赞同这一观点的是 Domenico Maffei, *Il giovane Machiavelli banchiere con Berto Berti a Roma*, Florence: Giunti-Barbera, 1973;反对的是 Mario Martelli, *L'altro Niccolò di Bernardo Machiavelli*, Quaderni *di Rinascimento*, Florence: Sansoni, 1975。

与文学人文主义领域有某种重要的联系。他写过一首小诗,也抄写过卢克莱修《物性论》的人文主义抄本,从他的早期作品和在秘书处的书信来看,很明显他非常熟悉许多经典的古代作品,也熟悉秘书厅必备的风格与用语传统。①

在那时他是一个人文主义者吗?这个问题已经有很多讨论,而这个问题的答案取决于对概念的定义,也取决于[59]有关人文主义者一般都做什么的假定。马基雅维利的拉丁文很好,阅读过大量拉丁文诗歌,但他很少用拉丁文写作。他基本上不懂古希腊文,必须通过翻译才能阅读古希腊作家。就他与15世纪晚期人文主义的关系这一问题而言,他不懂古希腊文或许不如他明显对用拉丁文写作缺乏兴趣更为重要。很多被视作从事人文学研究的杰出作家,甚至在希腊化人文主义的鼎盛时期对古希腊文的掌握也很粗浅。但是,一个不用拉丁文写作的"人文主义者"基本上在概念上是自相矛盾的。当然,不可否认的是,马基雅维利对那些年里人文主义者们在写什么说什么非常了解,虽然他并不全然与他们一致,也没有依照他们的趣味来形成自己的趣味。②

---

① 布莱克很好地呈现了该问题的证据与目前的状况,参见 Robert Black, "Machiavelli, Servant of the Florentine Republic," in *Machiavelli and Republicanism*, ed. G. Bock, Q. Skinner, and M. Viroli, Cambridge: Cambridge University Press, 1990, pp. 72-78。关于马基雅维利的早期诗作,参见 Mario Martelli, "Preistoria, medicea di Machiavelli," *Studi di filologia italiana* 29, 1971: 377-405。关于卢克莱修手稿,参见 Sergio Bertelli and Franco Gaeta, "Noterelle machiavelliane: un codice di Lucrezio e di Terenzio," *Rivista storica italiana* 73, 1961: 544-557, esp. 544-553; and, also by Bertelli, "Noterelle machiavelliane-Ancora su Lucrezio e Machiavelli," *Rivista storica italiana* 76, 1964: 774-790。

② Black, "Machiavelli, Servant of the Florentine Republic," pp. 75-78. 在坚持认为马基雅维利有人文主义背景和养成的人当中,马尔泰利可能一直是首要的主张者,尤见其 *L'altro Niccolò di Bernardo Machiavelli*, pp. 56-58 结论部分; and his "Schede sulla cultura di Machiavelli," *Interpres* 6, 1985-1986: 283-330。马基雅维利对于古典文本的知识和运用的复杂问题,是一个涉及他的智识发展及其全部作品的方方面面的问题,现在可以参见 Gennaro Sasso, *Machiavelli e gli antichi e altri saggi*, 3 vols., Milan and Naples, 1987-1988,特别是第一卷。

第二章 语境：个人的与政治的

从1498年6月到1512年共和国垮台的14年里,马基雅维利在多种角色下忙得头晕目眩。在这段时期,由于他成为终生正义旗手皮耶罗·索德里尼的亲密顾问和信赖的特使,本已身负重任的他职责大幅增加。① 索德里尼也赞成并支持马基雅维利的特别计划:创建国民军及管理它的新的政府机构国民军九人军事委员会(Nove dell'Ordinanza),马基雅维利自然成为该委员会的秘书和作战时的代理人。这一切都意味着,[60]马基雅维利随时都会深度介入复杂且纷争不断的政府与政策的方方面面。在组建国民军之前,马基雅维利的日常工作就是管理佛罗伦萨属地和领土事务,经常前往各个城市和城镇调查各种问题和地方上的不满。他也活跃于共和国的外交活动中,不是以大使(ambassador 或 oratore,这种职位通常为社会上有权势的家族——他们自称为权贵[ottimati]——成员保留),而是以特使(envoy)的身份受其政府指派出国传达消息、征询意见和收集情报,有时也会被授权签署

---

① 他们的政治联合在本质上存在分歧,主要取决于对索德里尼的政治抱负或者马基雅维利代表他所持的政治抱负的阐释。有两篇文章在 *Rivista storica italiana* 79, 1967: 960-975, and 82, 1970: 308-334, 后来有所改动合为一篇重新发表("Machiavelli, Cesare Borgia e don Micheletto," in *Machiavellerie*, Turin: Einaudi, 1980, pp. 3-59),迪奥尼索蒂(Carlo Dionisotti)认为马基雅维利的目的是要让索德里尼成为佛罗伦萨的君主。贝尔泰利认为索德里尼自己就有这样的抱负,马基雅维利是索德里尼圈子里的一员,他们在帮助旗手实现其目标;他关于马基雅维利与索德里尼关系的总结依据的是他对索德里尼的阐释,见 "Machiavelli and Soderini," *Renaissance Quarterly* 28, 1975: 1-16。库珀反对这些观点,提出许多重要反驳,并就此问题给出了一个普遍性的更平衡的观点,强调了索德里尼对马基雅维利的信任,马基雅维利对于旗手的个人影响力的限度,以及虽然后来有所批评但马基雅维利在他们合作那些年里对索德里尼的正面看法(至少从《十年纪·第一》的相关词句来看),见她的 Roslyn Pesman Cooper, "Machiavelli, Pier Soderini, and *Il Principe*," in *Altro Polo: A Volume of Italian Renaissance Studies*, ed. Conal Condren and Roslyn Pesman Cooper, Sydney: University of Sydney and the Frederick May Foundation for Italian Studies, 1982, pp. 119-144。

一些协议。① 这些任务有时将他带到意大利各君主的宫廷,偶尔也会走出意大利前往法国国王和神圣罗马帝国皇帝的驾前。这一切又增加了军事职责,马基雅维利便又投身于军事管理(组织、招募和训练部队,管理一大群地方专员[commissioners]),以及随后的战场指挥,最终在 1509 年围攻并再次夺取了比萨。②

在所有这些行政管理、顾问、外交和军事任务中,马基雅维利既不是单纯的官僚,也不是政治决策者和政策制定者。根据政治情境和当时紧迫性的不同,他对以索德里尼为首的决策者有重大影响力,但对于这种影响力也存在明确的限制。③[61] 他能够做到的最有效的塑造和影响政府政策的方法就是不断地定期通信,从领土内、从意大利各城市与宫廷、从欧洲的各个都城向他的政治上

---

① 对这一点的澄清与详述,参见 J. N. Stephens, "Machiavelli's Mandate for his Legation to Mantua, 1505," *Italian Studies* 31, 1976: 17-21。关于马基雅维利外交活动的标准作品见 E. Dupré-Theseider, *Niccolò Machiavelli diplomatico*, Como: C. Marzorati, 1945。关于马基雅维利在佛罗伦萨外交政策中的角色以及特别强调的一个假说:据说索德里尼与其他权贵有计划在切萨雷·博尔贾帮助下推翻人民共和国,马基雅维利支持这一计划,参见 Sergio Bertelli, "Machiavelli e la politica estera fiorentina," in *Studies on Machiavelli*, ed. Myron P. Gilmore, Florence: Sansoni, 1972, pp. 31-72。

② 马基雅维利这些年从事的多面向活动已经有众多专门的分析。这里只提几种。经典著作 Federico Chabod, *Il segretario fiorentino*, Rome, University lectures, 1953, included in his *Scritti su Machiavelli*, Turin: Einaudi, 1964; reprint ed. 1980, pp. 241-368。有关军事计划及相关争议,见 Carlo Dionisotti, "Machiavelli, Cesare Borgia e don Micheletto"; R. Pesman Cooper, "Machiavelli, Francesco Soderini and Don Michelotto," *Nuova rivista storica* 66, 1982: 342-357; and Gennaro Sasso, "Machiavelli, Cesare Borgia, Don Micheletto e la questione della milizia," in *Machiavelli e gli antichi*, 2:57-117。安格洛对马基雅维利的"政治经验"做了概述,见其著作第一章, Sydney Anglo, *Machiavelli: A Dissection*, New York: Harcourt, Brace & World, Inc., 1969, pp. 13-57。里多尔菲叙述了马基雅维利这一段的人生,见 *Vita di NM*, chapters 1-12, pp. 25-211。黑尔论述更为简明,但有许多有价值的评论,见 J. R. Hale, *Machiavelli and Renaissance Italy*, London: English Universities Press, 1961, chapters 2-6, pp. 28-140。

③ 正如鲁宾斯坦指出的,见"Machiavelli and the World of Florentine Politics," in *Studies on Machiavelli*, ed. M. P. Gilmore, Florence: Sansoni, 1972, pp. 5-28。

级不断汇报信息是他的职责所在。① 当他远离佛罗伦萨——这在他忙碌的 14 年里常常如此——时,他被要求在条件允许的情况下尽可能频繁地给政府撰写报告、书信和备忘录,按在旧宫(Palazzo Vecchio)的上级们的意见,应该每天都写。实际上,马基雅维利快报的频率和时机让两方都不高兴。在佛罗伦萨的十人委员会或九人委员会常常抱怨(抱怨都通过秘书厅的同僚转达)马基雅维利写得不够勤快,或者抱怨他们一连几天都收不到他的信。偶尔甚至某些官员个人都会发牢骚说马基雅维利不愿回应他们的询问和对情报的要求。② 不管在这个问题上产生了什么负担和关系紧张,对于佛罗伦萨的外交工作而言马基雅维利的信件显然是不可或缺的,这不仅是因为在很多情况下他是政府唯一(或者唯一可

---

① 贝尔泰利出版的三卷本《出使与派遣》(*Legazioni e commissarie*)囊括了各种指示与快报,涵盖了马基雅维利的全部外交生涯,但它是基于 19 世纪的抄本和出版物,质量很不均衡。马尔泰利出版了三次出使任务(1502 年出使切萨雷·博尔贾、1503 年底一次出使罗马教廷、1506 年第二次出使罗马教廷)in *Opere*, pp. 401-612。

更晚近一些,基亚佩利(Fredi Chiappelli)做了一项庞大计划,旨在制作这些秘书厅文档的精确校订版。到目前为止,他已经出版了涵盖 1498 至 1505 年间书信的四卷本《政府文书》(*Scritti di governo*),包括执行任务期间发给马基雅维利的指示与通讯,以及由秘书厅发出的,马基雅维利手写或口授的或以他的名义签发的,给在领土各地代表佛罗伦萨的专员们的通讯。基亚佩利也阐述了马基雅维利用语的结构,以及马基雅维利在每天起草和修订快报时所做的修改背后的行为、习惯和他所谓的内心活动。对于最早的秘书厅文书的语言学分析,见他的 *Nuovi studi sul linguaggio del Machiavelli*, Florence: Felice Le Monnier, 1969。关于他的一般性结论及其方法的范本,见"I primi sviluppi del pensiero e del linguaggio del Machiavelli," *L'Approdo letterario* 14, no. 44, 1968: 65-86; "Machiavelli as Secretary," *Italian Quarterly* 14, no. 53, 1970: 27-44; and "Primi avvisi su come lavorava Machiavelli," in *The Languages of Literature in Renaissance Italy*, ed. Peter Hainsworth et al., Oxford: Clarendon Press, 1988, pp. 123-132。

关于在研究秘书厅文书中遇到的复杂性的开创性例子,见 Gian Roberto Sarolli, "Un dichirografo inedlito del Machiavelli 'dictante' e 'scribente,'" *Modern Language Notes* 80, 1965: 41-62。

② 参见拙文:"The Controversy Surrounding Machiavelli's Service to the Republic," in *Machiavelli and Republicanism*, ed. G. Bock et al., pp. 101-117, esp. pp. 105-108。

信)的[62]情报来源,也是因为他在察言观色和准确详尽报告方面有卓越的才能。

在执行任务中形成判断、提出意见和解读所见所闻,是他的另一项才能,这点多少就不受政客们欢迎了,他被认为是在傲慢地篡夺他们设计和实施政策的权利。一个秘书的官方职位要求只是收集和汇报信息,仅此而已。有些人很讨厌马基雅维利常常将他给政府的信件当成表达自己意见的载体,有时意见还颇强硬。例如,在1502年他关于切萨雷·博尔贾实力的若干看法就让佛罗伦萨的某些人很不舒服,他的秘书厅同僚和朋友比亚焦·博纳科尔西——大概是按照从旧宫收到的要求——提醒马基雅维利,他的结论太莽撞,他应该让自己仅限于讨论他所观察到的一切的方方面面,而"把做判断留给别人"。①

马基雅维利从不愿意抑制自己的看法,但偶尔也会提到传统的职责要求并对他们作出某种直白的尊敬姿态。例如,在1502年10月13日第二次出使切萨雷·博尔贾时,他在一封快报的末尾处写道:"诸位杰出的大人,我不能也不该进一步评判这些事情,只是随着事情的进展,继续不时地为你们提供这些事情的信息。"几天后,在另一封快报的结尾处,他就一项政策给出了明确的意见后迅速补充说:"我请求诸位大人不要误认为我是在给出建议或者假设,而是将其归结为任何人对他的祖国应当怀有的一种自然情感。"在他的快报里,马基雅维利偶尔会引用一位"无名氏"朋友的意见和观点,声称他只是将它们转达给佛罗伦萨政府。1502年11月8日的快报也许是这一状况的最佳例子,其中他一连几页逐字逐句地引用了这位"朋友"对于博尔贾的总体情况的分析,其中还包括一些给佛罗伦萨的政策制定者们的相当具体的意见。很难

---

① 参见拙文:"The Controversy Surrounding Machiavelli's Service to the Republic," in *Machiavelli and Republicanism*, ed. G. Bock et al., pp. 106-107; *Opere*, pp. 1040b-1141a; *Lettere*, pp. 137-138.

不让人想到,马基雅维利的这位"朋友"只是个修辞工具(或许是他自己的看法和他从别人那听来的看法的结合),这让他能够表达自己的看法而不用担心国内的诋毁者们"误认为我是在给出建议或者假设"。但是,在其他一些情况下,他会直面这种风险,例如 1502 年 11 月 26 日的快报,结尾处他写道:

> 诸位大人,我相信我所写的不应该被认为是妄自尊大地就此事向你们发表意见……[63]基于我对这位公爵的本性的了解,如果我没有说出我对此事的理解,我会觉得没有履行自己的职责。①

那些年里马基雅维利一直在写信,有时一天一封,偶尔会一天两或三封,在信中他必须异常小心,注意每个他所表达的细节、暗示和意见。他不得不焦虑于在给各种大会*的书信中说什么和说多少,因为这些将被公开;又有多少需要留给索德里尼或者各种更小的执行委员会的信中。他知道,不管他写什么,不管多么客观,其中的某些方面都可能会引来这个或那个权势人物或者政治派系的抱怨乃至敌意。在这些考虑之外,他的主要关切则是:他要给他的政府提供对各类事件、各种情境和各色人之个性的理解,他相信这些对于制定出成功的政策是必不可少的。

虽然有人会佯称,只收集事实并将判断留待他人处理是很简单的事情,但是马基雅维利知道,实际上他的工作总是要去做阐释——仔细审查他所观察到和听到的,并且估量个中深意。因此,

---

① 引用和提及的段落出自《政府文书》的第二卷中出使博尔贾的部分,pp. 213, 221-222, 274-277, 314。前面三段的英译文来自 *Chief Works*, 1: 125-126, 127, 130-133。

* [译注]在佛罗伦萨有人民大会(Consiglio di Popolo/ Council of People)和公社大会(Consiglio di Comuni/ Council of Commune)等制度。

他不能按照传统规则或者模仿传统的典范写快报。他的书信也不是用来华丽地阐释政府想要辩护的立场和政策的,伟大的公民人文主义秘书长们那种古老的高度修辞化风格在马基雅维利的任务中没有位置。马基雅维利在外交任务中发回的书信传递着每一天的政治动向、流言和要他去识破的阴谋,传达提出的要求和获得的答案,提供对意图、心态和情绪的蛛丝马迹的阐释,这些都是外交猜谜游戏的原材料。显然,他希望书信能够精确地反映对各种事件的阐释,他为此倾注了大量心血。在1502年秋天,当十人委员会一位焦急的委员批评他一连几天未发快报时,他在回复中论述了自己工作的本质:

> [诸位大人]应当明白这里的事情是不能靠猜测的……如果一个人不想写异想天开和痴人说梦之事的话,他就要好好地证实一些事情,而证实需要时间,我正竭尽全力善用我的时间而不浪费它。①

他的任务是写出已证实的和[64]可证实的报告,要完全避免满是"异想天开和痴人说梦"的东西。这种观念伴随马基雅维利很久,当他在政府公职结束后第一次试图就政治开始写作的时候,它深刻地塑造了他对于政治性论述诸种可能性的理解。

这里要强调马基雅维利在编写快报上的一个特别方面,这与我们已经看到的15世纪书信写作的典型假设有关。关于朋友间书信的标准看法认为,书信应当尽可能重现或者模仿对话式的、日常化的谈话。马基雅维利的快报当然不是给朋友的信,但他的任务也是要尽可能精确地重现他与别人说了什么以及他们是如何回应他的。快报所要重现的不只是言谈(speech),而是言谈的交流

---

① *Scritti di governo*, 2:284; cf. *Chief Works*, 1:133.

(exchanges of speech),马基雅维利的职责就是解读和传递这些谈话的内涵。可以说,他要从不完整的词句和想法、刻意的沉默和歪曲、费解的暗示以及意外的言论(所有这些都发生在谈话者之间)交织起来的混沌中提炼出某些全面的含义和意义,这些内容才可能写入快报并成为其他人得出结论和制定政策的基础。

在马基雅维利的研究中,麦坎利斯的著作远未得到应有的重视,他提醒我们注意马基雅维利在快报(以及《君主论》)中对自由间接话语(free indirect discourse)*的使用正是为了上述目的。关于担任驻外公使(the legations),他评论说,"这类任务的主要功能就是精确报告所有能够搜集到的消息",并且"马基雅维利被要求尽可能精确地汇报他与各类人物之间发生的实际谈话。概括总结(也就是间接话语)只能传递一种可抽象的、概念化的含义。但能够和另一个人'说得上话'是特别必要的,因为政府需要基于另一个人说了什么去了解他将要做些什么"。不像概括总结或者直接引用,自由间接话语容纳了一种"双重视角"。麦坎利斯称其为"一种松散的方式,它提供了一个宽广的范围,一方面可以精确表述他人的谈话,另一方面又可以容纳叙述者的个人判断"①。在马基雅维利的手里,这种方式也被用来展现叙述者对其遣词造句能力的高度自信,能够在准确理解谈话的基础上捕捉到背后的精确意图。随后,麦坎利斯在同一本书中评论道:

> 马基雅维利自己的多次驻外任务表明,他的外交职能在于做一个倾听者、他人举手投足的观察者和信息收集者,这让他与战争十人委员会构成一个符号回路,[65]后者负责解读

---

* [译注]所谓自由间接话语是指省略了"某人说"、"某人想"、"某人认为"等成分的间接话语。

① Michael McCanles, *The Discourse of Il Principe*, Malibu, Calif.: Undena, 1983, pp. 38-39.

发送给他们的许多一点一滴的信息。解读的原则是与所有人的思考模式本质上一致,一个人可以重建思考过程,进而在此基础上重建此人的盟友与敌人的诸种意图。①

暂且不论马基雅维利认为在解读阶段自己与十人委员会基本一致的可能性有多大,这看起来很好地概括了一些假定,这些假定贯穿于他对自己职责的理解之中,即他要不断给政府写信和写快报。准确的、精心选择的语言是他的主要本领和工具,而书信——他的根本目的是要同时展现自己的意见和各类与他交谈的人的意见——是他操练这种本领的特定介质。

马基雅维利的快报始终都表现出他关注的是坚实稳妥判断的基础。他一次又一次地评论一种意见或结论的可靠程度,无论这些是他自己的还是他人的。有时候,他很自信自己做出了一套准确且可验证的论述。1503 年 11 月 21 日他在罗马写道:

> 诸位大人希望知道事情发展的进一步消息,以及人们对这些事情的判断(iuditio)和猜测(coniectura)。我想迄今为止我都在以这种方式写信,如果诸位大人手中拿到了我的信,就可以在这些信中发现在此所发生的一切的来龙去脉(storia)。②

在另外一些时候,他没有这么肯定,在这些时候他会让我们了解他所认为的理由充足的判断的标准是什么。1502 年底法国突然且出人意料地从罗马涅撤回了它的军队,马基雅维利立刻将消息报告给十人委员会,但由于他尚未理解法国人决策的理由

---

① Michael McCanles, *The Discourse of Il Principe*, Malibu, Calif.: Undena, 1983, p. 99.

② *Scritti di governo*, 3: 176.

(cagione)和根据(fondamento),他提醒道:"我无法判断此事。"①三天后他评论说,法国人这一仍旧令人费解的行动"让人们议论纷纷,每个人都在给出自己的臆测"。

10年后的1513年4月9日,马基雅维利在那封著名的给韦托里的信中就用了"臆测"(castellucci)这个词,在信中他说虽然现在谈论政治似乎不那么吸引人,因为正在发生的事件"超出了人们(为之)所组织起来的论述和概念",不过就算他能够与韦托里谈些什么,他能填满韦托里头脑的也还是"臆测"。人们在无根据地猜想时就会产生"臆测",在1502年12月他告诉[66]十人委员会,其他人就在这样做,而他所做的则是要取得某些可靠的证据:"尽管总是努力地接近事实真相,孜孜以求,但从诸多可信消息来源中也无法提取任何合理的信息。"②这里的意思是,尽管他竭尽全力、一贯勤勉地在最可靠的和"可信的"消息源中搜寻情报,但到目前为止他得出的看法还是不能使消息源之外的人感到合理。他能够很坦然地这样讲,似乎只是因为,他坚信只要找对了人并勤勉地围绕他们展开调查,终究会得到"真相"。他或许会陷入暂时的困境,但他很清楚地认为所谓"可信的"来源是存在的,将它们恰当地结合起来最终会得出一些可以相互印证的看法,基于此人们可以推导出"真相"(verità)。

还有其他一些需要留意的片段会揭示出不同的问题。君主们的神秘性对于解读信息构成了巨大的障碍。1502年末,当切萨雷·博尔贾计划除掉密谋反对他的雇佣军头目时(尽管博尔贾丝毫没有对马基雅维利透露一点心思,但马基雅维利基本上察觉到将会发生此事),马基雅维利对十人委员会解释道:"这位公爵阁下行事异常诡秘,我从不相信他会让自己的行动计划被除他自己

---

① *Scritti di governo*, 2:357, 20 December 1502; *Chief works*, 1:140.
② *Scritti di governo*, 2:361, 23 December 1502; cf. *Chief Works*, 1:141.

以外的任何人知道。他的机要秘书们多次向我证实,他从不透露他的计划,直到他下达命令的那一刻……因此,我请求诸位大人原谅,如果我在情报方面不能满足诸位大人的话,不要归结为我疏于职守,因为很多时候我都不能让自己满意。"[1]博尔贾对马基雅维利而言是一本难啃的书,对于这项挑战他自然也乐在其中。这位秘书同博尔贾在言谈中的较量是所有出使任务中最精彩的篇章。马基雅维利旁敲侧击,想让对方曝露自己的想法,在花言巧语背后找到某些行动策略的提示。有很多次马基雅维利都只能承认这位公爵是不会让自己落入圈套的,例如1502年10月7日,在马基雅维利叙述过长篇面谈的末尾,他承认博尔贾"始终与我保持距离,虽然我与他周旋良久,想要得到他的一些具体情况,但除了我已经写过的,我从他那里再也套不出什么来了"。[2] 马基雅维利试图"摸底"(enter under)博尔贾以便[67]从他那里"套取"情报,博尔贾不断"兜圈子"从而摆脱这位秘书的攻势,这两种形象展现出某种介于求偶仪式和剑术比试之间的状态。

不过,如果说博尔贾在1502年最后几个月的戏剧性胜利中多次胜过马基雅维利的话,那么一年以后,当马基雅维利出使罗马两人再次相逢时,情形就大不相同了。此时由于其父教宗亚历山大六世去世、自己又没能掌控新教宗的选举,博尔贾的政治地位岌岌可危。现在轮到马基雅维利制约公爵了。马基雅维利在1503年11月6日给十人委员会写信说,在收到他们的快报知悉威尼斯人要在罗马涅打击公爵并扩张势力之后,他决定把这些快报给博尔贾看,"因为我觉得这样做很合适,能更好地看清他的地位,以及我们应该对他心存顾忌还是心怀希望"。博尔贾勃然大怒,激动地谴责佛罗伦萨人要为他在罗马涅的背运负责。他说既然伊莫拉

---

[1] *Scritti di governo*, 2:365; *Chief Works*, 1:142.
[2] *Scritti di governo*, 2:198; *Chief Works*, 1:122.

已经丢了,试图收复已无意义,自己再也不想被佛罗伦萨人欺骗(uccellato)了,他表示法国人将无暇顾及佛罗伦萨人,他期待着笑看共和国的垮掉,"接着,他继续说了许多恶毒至极和情绪激动的话"。马基雅维利淡然地对十人委员会评论说,他既没有"事项"(materia)也没有"言论"(parole)回应他:"不过我试着让他冷静下来,然后机巧地离开了他——像是过了一千年之久。"① 马基雅维利仍旧不能预测博尔贾究竟会做什么。他在同一封信中写道:"现在,伊莫拉城堡失陷了,公爵又因此勃然大怒,我不知道他是否改变了他[起兵杀回罗马涅]的意图。"但是,马基雅维利认为博尔贾在政治上再也不是一个严重的威胁了,甚至不再是一个主要因素了。他至多觉得佛罗伦萨可以怂恿公爵去对付新教宗尤利乌斯二世。② 也就是几周的工夫,博尔贾便失掉了一切支持,马基雅维利告诉十人委员会"这里的每个人都在讥笑他的处境"③。到了12月2日,他评论道,尽管"人们不知道该如何预言(interpetrare)④他的结局如何……很多人猜测(coniecturano)其结局难免有些悲惨"⑤。

在与博尔贾的第二次交锋中马基雅维利终于占了上风,这显然让他[68]相当满足,他想让十人委员会知道,(不只是尤利乌斯和威尼斯人)他也取得了胜利。但是,要弄清博尔贾身上发生了什么——他如何在一年之内就从看似所向披靡坠入彻底的羞辱——是另一项阐释的难题,他并非要为十人委员会和索德里尼解答这个难题,而是他自己忍不住去思考。11月30日他在想究竟是何种命运在等待着如今已无助的博尔贾,并且就其为何倒台

---

① *Scritti di governo*, 3:114-115; *Chief Works*, 1:145.
② *Scritti di governo*, 3:131, 11 November 1503; *Chief Works*, 1:149.
③ *Scritti di governo*, 3:169, 20 November 1503; *Chief Works*, 1:154.
④ 这是《政府文书》中的拼写。马尔泰利的拼法是"interpretare", *Opere*, p. 558b。
⑤ *Scritti di governo*, 3:218; *Chief Works*, 1:159(只翻译了部分)。

而陷入沉思:"我不知道将会发生什么,也不能得出一个很好的判断,因为自从我来到这里,公爵的处境总是千变万化。"①当马基雅维利自己在政治上失败的时候,他被迫更为仔细地审视担任公职期间在阐释政治论述时采取的诸多假设,此时,变化(mutationi)的问题将会显得格外突出。

~ * * * ~

在这 14 年里,马基雅维利以惊人的专注与活力工作和写作,没有或看起来没有丝毫做其他事情的可能性。他沉浸在工作之中,以致无法容忍闲暇,任何中断其严密工作安排的行为都让他大为光火。他在延宕和无所事事中的心情很好地表现在他 1509 年 11 月发自维罗纳的一封信中,他正在那里等待神圣罗马帝国皇帝的到来。他写给在曼托瓦的路易吉·圭恰尔迪尼说:"我和您一样,也正处于孤立无援之境,因为我们对任何事均一无所知;为了表明我还活着,我一直在幻想自己写长信谩骂十人委员会。"②甚至在空虚之中,他还在幻想着写信,而书信的类型则是向在佛罗伦萨的上级们表达愤怒和谴责的长篇大论。哪怕只有几天时间远离了他所习惯的行动和对事态信息的探求,显然也会让他感到不太像"活着",而他第一位的冲动是在想象中与世界维持某种连续性,从而能够在头脑里继续写信。

但是,空虚也使得被压抑的情绪浮出水面,就这一次而言是马基雅维利对他所服务的政治阶级的憎恨。在他给圭恰尔迪尼写信的这一刻,他的情绪来自哪里难以猜度。但是,在一般意义上,这种憎恨的产生大概是因为他知道自己屡屡遭到批评(因为太过自大、[69]太急于施加自己的判断、蔑视政府一贯奉行的拖延和含

---

① *Scritti di governo*, 3:209; Chief Works, 1:158.
② Opere, p. 1111a. 我简要地讨论过这封信,见 "The Controversy Surrounding Machiavelli's Service to the Republic," p. 116。

混策略、被认为是索德里尼的走狗等等),也知道自己作为一个服务于上级满意的官僚的危险处境。他认为在绝大多数情况下,上级们并不能理解和赏识他那重要而极其精妙的工作。给路易吉·圭恰尔迪尼的信中声称要谩骂十人委员会当然只是玩笑话(如果他真的这样做会被立刻开除),但或许只有在玩笑话里马基雅维利才会承认自己本身的意义对这个并不稳固的工作有多么依赖。这个玩笑还揭示出,马基雅维利很清楚,他的书信既让他一直以来能够保住这份差事,也可以让他万劫不复。这一刻的自觉颇有预见性。

在同一封给路易吉·圭恰尔迪尼的信的最后一行,马基雅维利又提到了写作:"至于想写的东西,我还在构思。"圭恰尔迪尼或许曾经鼓励他写点什么作为在维罗纳的消遣,据猜测马基雅维利所构思的可能是《论野心》。① 不过,在超过一周之后的12月8日,马基雅维利给圭恰尔迪尼的另一封信里包含一段他拜访一位维罗纳妓女的"故事"。他告诉圭恰尔迪尼,一连几天"因缺少婚姻生活而变得盲目"的他遇到一个给他洗衣服的老女人。她将他引诱到一个昏暗的房间,让另一个他看不太清楚的女人为他提供性服务。虽然他声称自己"完全吓傻了",一旦房间里只有他和那个女人的时候他便"上了她"。虽然手感和味道都不怎么样,但因为"极度的饥渴",他还是上了。等他完事想要一窥"这件商品"(questa mercatantia)*时,他看到的景象——这在信中有异常详细的描绘——让他如此反胃以致吐了那个女人一身,"这权当付了

---

① See Carlo Dionisotti, "I capitoli di Machiavelli," in his *Machiavellerie*, pp. 61-99, esp. pp. 78-81;以及因格莱塞的评论,见 *Capitoli*: *Introduzione*, *testo crit.ico*, *e commentario*, Rome: Bulzoni, 1981, p. 61, n. 2; and Gaeta in *Lettere*, p. 323, n. 16。

* [译注]给马基雅维利洗衣服的老女人带他进入房间的理由是要给他看几件精美的衬衫,故而此处说是"商品"。

她的报酬"。他写道,这次经历如此可怕,以致他敢肯定,只要还待在伦巴第他就不会再有什么欲望了。①

要解读这段文本并不是一件容易或顺畅之事。[70]据我们所知,马基雅维利供职于秘书厅期间从未写过其他任何一篇与之丝毫相像的东西。这是怎么回事呢?或者说它是实验性的文学游戏吗?② 如果我们结合之前给路易吉·圭恰尔迪尼的信中的语境,即马基雅维利在维罗纳期间愤怒而不安,这个关于妓女的故事揭示出一种有趣的对照。在这两封信中,马基雅维利都在抱怨感到孤立,一方面远离政治活动、交谈和情报,另一方面远离日常婚姻生活不能满足性需求。在这两种匮乏状态之中,或是出于幻想(vo ghiribizando)或是出于盲目(accecando 和"黑暗"[al buio]),他渴望做些出格的事情,却又立刻畏缩了:先是想写信大骂那些远在佛罗伦萨的拖沓的总是畏首畏尾的上司们,而后又去找一个女人发泄,但搞得他很恶心,这导致他自我厌弃,并因为自己感到羞辱和落魄而惩罚了那个女人。在这两件事中,他都憎恨自己要靠依赖别人(政治上级和女人)来获得他认为是基本需求的满足("表明我还活着"[per parere vivo]和"绝望的饥渴"[disperata foia])。当这种依赖变得岌岌可危,令他可能处于"孤立无援之

---

① Opere, pp. 1112a-1113a. 这封信的两个很好的英译本见 The Portable Machiavelli, eds. P. Bondanella and M. Musa, New York: Viking Press, 1979, pp. 58-60; and Linda L. Carroll, "Machiavelli's Veronese Prostitute: Venetia figurata?" forthcoming in the proceedings of the twenty-fourth annual conference of the Center for Medieval and Early Renaissance Studies, State University of New York at Binghamton, Gendering Rhetoric: Postures of Dominance and Submission in History, ed. Richard Trexler。
② 巴西莱指出,这封信与《十日谈》第 8 天第 4 个故事中的某些元素有可对照之处。在《十日谈》的故事里,渴望爱的"菲耶索莱的本堂神父"被哄骗到"黑暗之中"睡了一个女人,文中细致描绘了她的丑陋,参见 Bruno Basile, "Grotteschi machiavelliani," Convivium 34, 1966: 576-583. 贝斯特即将发表的论文对这封信做出了极佳的解读,她将这场偶遇置于"美女变巫婆"的传统主题中,并探讨了这封信和其他马基雅维利著作中表现出的女性的威胁,Myra Best, "Fortune is a Laundress: Sexual and Political Power in Machiavelli's Letters"。

境"(我们也可以这样来翻译第一封给圭恰尔迪尼的信中的"in isola secha"),他会以损害自己和其他人尊严的方式(或者在幻想中)做出剧烈反应,从而毁掉他与那些(无论喜欢与否)自己的确有所依赖之人的关系。① 马基雅维利没有对这两封书信中可对照的[71]元素发表过看法,但是它们时间上的接近本身表明,欲望与依赖的复杂力量以他或许没有察觉的方式影响着他从事政治工作和思考政治的路径。

---

① 瑞布霍恩最近对 1509 年 12 月 8 日的书信做了精彩的解读,参见 Wayne A. Rebhorn, *Foxes and Lions: Machiavelli's Confidence Men*, Ithaca, N.Y.: Cornell University Press, 1988, pp. 242-244。瑞布霍恩在这样的语境下讨论这封信;他认为马基雅维利可能用到 4 种策略(英勇的斯多葛主义、攻击、分离和反讽)来"应对无力与落魄的自我感觉"。瑞布霍恩认为,对于一个"参与最终必输的高风险赌博"的"骗子"(confidence man)而言,这种感觉是重复发作的(p. 240)。关于妓女的故事就是进攻策略的例子。马基雅维利对自己感到恶心,他必须靠细细打量那个奇丑无比的女人来加深他自己和她的落魄感。吐了她一身既是"一种个人净化的行为"(p. 243),也是"一种攻击行为和有意识的支配行为,这类似于性行为但他通过排除谋求快感的动机,将那个老女人非人化,以及最重要的是去除对她的一切依赖而超越了性行为……这应当解读为双重的象征行为:它是马基雅维利对自己的厌恶和对自己的软弱并依赖那个老女人(她成了替罪羊)的厌恶的一种投射;也是通过向她呕吐来消除落魄感的一种尝试"(p. 244)。尽管我对将"骗子"的概念用在马基雅维利和他构思的君主身上持保留意见,但我认为瑞布霍恩在这里让我们注意到了马基雅维利身上的一些重要的东西。不过我不太愿意将这一切看成这位"骗子"的必然困境,马基雅维利的专业工作在本质上必然要依赖他常常看不上眼的上级,他也需要讨好各路君主和大臣们,从而引诱他们透露自己的意图,因此,我更愿意将这一切看作是某种因其工作的性质和讨好的需要而产生并被强化的状况。对于在 1512—1513 年之前、在那些真正让他感到我们认为的落魄感的事件发生之前的岁月,我更愿意称其为一种不稳定感,因为他诸多强烈欲望的满足依赖于他人。

在前注 29(即本书 94 页注释①)所引用的那篇论文里,卡罗尔对这封信给出了一种不同且有趣的解读,她将这封信解读为在阿尼亚戴洛战役之后马基雅维利看清并厌恶威尼斯的一种讽喻:他起初被威尼斯的名望"引诱",后来,在那场战役之后几个月当他有机会出使威尼斯时,他立刻就认识到威尼斯的"卑鄙本性"和"懦弱"。正如卡罗尔指出的,后来马基雅维利的政治写作存在大量反对威尼斯的论述,但是很难在 1509 年之前找到某个时刻,马基雅维利真地迷恋过威尼斯的名望,来对应卡罗尔寓言式解读中最初的"引诱"。

弗朗切斯科·韦托里

马基雅维利服务的是一个共和国,它最重要的内部问题包括猜忌、政治上的对立和时有发生的城市中许多重要家族即权贵(ottimati)或俊杰(uomini da bene)之间完全的敌对。1494年之前,当他们普遍合作经营着美第奇家族的统治时,其中的某些家族对自己屈服于美第奇家族也有怨言。更多的家族则蔑视这个重建的共和国,蔑视它的大议会(Great Council)、许多中产阶级出身的官员和秘书厅的官僚,以及它对法国的死忠,不过也有一些权贵支持并与共和国合作。弗朗切斯科·韦托里就诞生于这个阶级。他们这一代的权贵终究在1530年代葬送了共和国并辅佐新生的美第奇僭主统治走向成熟,他本人在这场历史性的转变中发挥了主要作用。但是,那距离韦托里初涉政治并与马基雅维利成为朋友还有很长一段时间。从1494年驱逐美第奇家族恢复共和国,到1530年代佛罗伦萨共和国最终垮台并建立僭主统治,在这漫长而动荡的岁月里,权贵们一直在盼望、等待和计划着一个时刻的到来,到那时他们或许能够创建某种贵族共和体制,作为一个阶级,他们的利益和形象可以得到最好的维护。这一时刻从未到来,而愈发[72]明晰的是,佛罗伦萨政治生活中的最佳可选方案分别是萨沃纳罗拉派主张的平民共和主义与美第奇家族代表的君主制道路。虽然权贵们在实现自己的政治愿景上是弱小的,但他们的力量足以决定这两个可行方案的哪一个可能且终将胜出。没有他们在政治上的支持或至少友好的默许,无论是共和派还是美第奇派都不能战胜各自的对手。或许是一种必然,在很长一段时间里权贵也是一个分裂的阶级,一些人甚至在共和国重新恢复的时候仍站在美第奇家族那边,而有的人支持共和国,还有一些人则与两边都保持距离,希望什么都不要发生。这种分化也出现在家族内部,

第二章 语境：个人的与政治的

我们将会发现韦托里家族即是如此；甚至会出现在个体混乱的意识中，这些人感到有彼此冲突的观点在撕扯他们的忠诚。①

直到最近——对很多人而言甚至是直到现在——对弗朗切斯科·韦托里形象的最佳概括仍旧是帕西1914年的一部传记《马基雅维利的一位朋友》②。在有些人眼里，韦托里的形象甚至更差。马基雅维利的现代传记作者里多尔菲赞赏地提醒他的读者们注意克罗齐对韦托里的看法，克罗齐认为韦托里局限于"完全功利、经济和物质主义的人生观"，里多尔菲又补充了自己的看法，他认为韦托里的"自私自利"（egoismo）使得这段友谊（里多尔菲描述为

---

① 关于权贵、他们作为一个阶级的社会构成、他们同美第奇家族的关系，以及在共和国恢复时期他们采取的不同的政治立场，参见 H. C. Butters, *Governors and Government in Early Sixteenth-Century Florence, 1502–1519*, Oxford: Clarendon Press, 1985; R. Pesman Cooper, "The Florentine Ruling Group under the 'governo popolare,' 1494–1512," *Studies in Medieval and Renaissance History* 7, 1985: 69–181; and Rudolf von Albertini, *Firenze dalla repubblica al principato*, tr. Cesare Cristofolini, Turin: Einaudi, 1970; originally published as *Das florentinische Staatsbewusstein im Übergang von der Republik zum Prinzipat*, Bern: A. Francke AG Verlag, 1955。关于权贵的家庭生活和它的政治性方面，参见 F. W. Kent, *Household and Lineage in Renaissance Florence: The Family Life of the Capponi, Ginori, and Rucellai*, Princeton, N. J.: Princeton University Press, 1977；有关联姻、政治和国际财政与外交，见 Melissa Meriam Bullard, *Filippo Strozzi and the Medici: Favor and Finance in Sixteenth-Century Florence and Rome*, Cambridge: Cambridge University Press, 1980。许多关于弗朗切斯科·圭恰尔迪尼的生平、政治理念和作品的研究有助于将权贵作为一个阶级来理解，见 Nicolai Rubinstein, "The 'Storie fiorentine' and the 'Memorie di famiglia' by Francesco Guicciardini," *Rinascimento* 4, 1953: 171–225; Roberto Ridolfi, *Vita di Francesco Guicciardini*, Rome: Angelo Belardetti, 1960; rev. ed. Milan: Rusconi, 1982, also in English translation as *The Life of Francesco Guicciardini*, tr. Cecil Grayson, London: Routledge and Kegan Paul, 1967; Felix Gilbert, *Machiavelli and Guicciardini: Politics and History in Sixteenth-Century Florence*, Princeton, N. J.: Princeton University Press, 1965; and Giovanni Silvano, "Gli 'uomini da bene' di Francesco Guicciardini: coscienza aristocratica e repubblica a Firenze nel primo '500," *Archivio storico italiano* 148, 1990: 845–892。

② Louis Passy, *Un ami de Machiavel, François Vettori, sa vie et ses oeuvres*, 2 vols., Paris: Plon, 1913–1914.

一段"南辕北辙的结合"[dissimilium societas])对马基雅维利而言"古怪而无意义"。① [73]有待研究的是,这些如此贬低韦托里的人应该如何理解此人曾在两年内同马基雅维利有过密集的通信。事实上,马基雅维利和任何人一样清楚甚至更加清楚,在佛罗伦萨的统治者圈子里,韦托里是一个有影响且受尊重的成员,是一位成功且老练的外交官。在他们通信后的许多年里,在从1512年美第奇家族复辟到僭主统治得以巩固的1530年代期间的很多关键阶段中,韦托里都是美第奇家族重要且值得信赖的顾问。我们将会看到,韦托里具备扎实的人文主义素养,他阅读广泛,涉及古典历史和文学作品、方言文学(vernacular literary)传统和现代的人文学研究。他写过一些历史作品,包括一段对1512至1527年间历史的描述,被称为《意大利简史》(*Sommario della istoria d'Italia*)。② 他对历史学家和其他从事政治写作的人而言也是一个相当挑剔的批评家。他自己最好的作品、被他称为《日耳曼之旅》(*Viaggio in Alamagna*)的故事集,就反映了这些批评。这本书也让他在文学传统中更偏向于通俗流行而非高深高雅。在接下来的几章里,我将论述在韦托里与马基雅维利这两年的通信中,韦托里文学素养的这些方面在马基雅维利试图界定政治论述本质的努力中发挥了重要作用。

现在,要理解韦托里已经更加容易了,这要归功于琼斯那部论

---

① Ridolfi, *Vita di NM*, p. 485, n. 13. 萨索也用类似的词句描绘韦托里:"热爱他舒适快乐的生活,局限于浮华和短视的自私自利。" Sasso, *NM: storia del suo pensiero politico*, p. 224.
② 对韦托里历史作品的正面评价参见 Felix Gilbert, *Machiavelli and Guicciardini*, pp. 248-254。在吉尔伯特看来,"通过强调这段时间的内在连续性、通过讨论意大利发展所属的整个欧洲格局、通过强调政治生活的变化发展、通过心理描写展现了领导者的人格特质和他们纯粹世俗和自利的利益关切,韦托里写出了第一部欧洲外交史"(p. 248)。

述详实的传记①和尼科利尼对韦托里作品的精心编辑②。韦托里的父亲皮耶罗(韦托里为他写过一个小传)在"宽宏者"洛伦佐时期是一位成功的军事统帅和外交官,同时根据他儿子的说法,也是位饱学之士。《皮耶罗·韦托里传》说他一直专心于学问,直到34岁结婚并开启政治和军事生涯,并赢得了洛伦佐的尊重与信任。他尤其专精于"拉丁文字",甚至在晚年还写过一些[74]拉丁文诗歌。传记说他在时代风潮之下钻研过"古希腊文字",并且如果他能投入更多的时间,将会成就斐然。弗朗切斯科·韦托里赞扬其父的方言诗歌,并提到他在写一部他所处时代的历史,但未能完成(年轻的韦托里倒是继续写了下去)。但是,他把最高的赞赏留给了他父亲写的书信,那些"写给君主们、共和国和洛伦佐·德·美第奇[的书信],能够同我们时代的任何其他书信相媲美"。③ 显然,韦托里成长的家庭,将研习古典历史与诗歌研究以及研习雄辩书信写作视作学问与教养的标志。

关于弗朗切斯科本人的教育经历,琼斯揭示了一些有趣的方面。他可能跟尼科洛·卡波尼和洛伦佐·塞尼一起都是保罗·萨索·达·龙奇廖内先生的学生,而贝尔纳多·马基雅维利也雇了这同一位先生教他的两个儿子尼科洛和托托。未来的人文主义者彼得罗·克里尼托也是保罗先生的学生之一,琼斯提醒我们注意里卡迪图书馆(Biblioteca Riccardiana)的一份手稿,似乎是一本

---

① Cited as Devonshire Jones, *Francesco Vettori*.
② Cited as Vettori, *Scritti storici e politici*. 这一版本包括了主要作品:《日耳曼之旅》、《意大利简史》、《罗马的陷落》、他父亲的传记和乌尔比诺公爵洛伦佐的传记,以及其他作品的节选。阿尔贝蒂尼论述了韦托里在建立僭主统治上的实践和理论上的贡献,并且发表了韦托里的一篇短文《佛罗伦萨的改革》("Riforma di Firenze")以及 1527 至 1533 年间写给巴尔托洛梅奥·兰弗雷迪尼(Bartolomeo Lanfredini)的信,见 Von Albertini, *Firenze dalla repubblica al principato*, pp. 246-265, 425-427, 436-469。
③ Vettori, *Scritti storici e politici*, pp. 249, 252, and 255.

"1486年关于书信范本的书,属于[克里尼托]并收录[她在注释中补充说'署名为保卢斯·龙奇廖内西斯(Paulus Roncilionensis)'的]一封书信范本,应该是弗朗切斯科·韦托里写给尼科洛·卡波尼的"①。鉴于15世纪晚期书信写作指南大行其道,并且书信写作在当时的教育中占据重要地位,因此弗朗切斯科的父亲和老师希望他能够精于写信之道并不奇怪。

韦托里的家庭和婚姻关系很大程度上预先设定和决定了他的政治生涯。他的母亲是洛伦佐·德·美第奇的姐夫贝尔纳多·鲁切拉伊的姐妹。他的一个姑妈也嫁给了某个鲁切拉伊,一个叔叔则与圭恰尔迪尼家族联姻。他自己娶了尼科洛·卡波尼的姐妹马达莱娜,尼科洛·卡波尼是他儿时的同学,后来在1509年的比萨战役中担任一名军事专员,与马基雅维利一起工作。他的弟弟保罗(在1512年的很多事情上扮演了重要角色)娶了菲利波·斯特罗齐兄弟的女儿(也是贝尔纳多·鲁切拉伊的外孙女,韦托里的父亲皮耶罗就娶了他的一个姐妹)。② 鲁切拉伊家族是明确拒绝同共和政府合作的家族之一,而富有的斯特罗齐家族经历了很长一段过程才从15世纪遭驱逐的影响中恢复过来。1508年菲利波·斯特罗齐与克拉丽丝·德·美第奇突然的政治婚姻令这一过程达到顶峰,克拉丽丝是被放逐的[75]皮耶罗的女儿、"宽宏者"洛伦佐的孙女,这场婚姻使得菲利波在1515年之后得势,成为他的大舅子乌尔比诺公爵洛伦佐·德·美第奇的两个最有影响力的顾问之一。③ 另一个则是弗朗切斯科·韦托里。

---

① Devonshire Jones, *Francesco Vettori*, p. 7. The Riccardiana manuscript is 2621.
② Devonshire Jones, *Francesco Vettori*, genealogical table, p. xi, and p. 2.
③ 关于美第奇家族与斯特罗齐家族的联姻,参见 Melissa M. Bullard, "Marriage Politics and the Family in Florence: The Strozzi-Medici Alliance of 1508," *American Historical Review* 84, 1979: 668-687; and her *Filippo Strozzi and the Medici*, pp. 45-60。关于贝尔纳多·鲁切拉伊以及他对共和政府的敌意,参见吉尔伯特的经典论文"Bernardo Rucellai and the Orti Oricellari," *Journal of the Warburg*　(转下页)

于是,这些关系自动地打开了通往政治要职的道路,但也设定了界限。在关系紧密、彼此通婚的权贵大家族之间,不容许存在出格的行动和意见,这会使一个人的地位不保。为了实现各种各样的政治目的,这个阶级里的成员从来都不是自由的个体。他们总是不得不为采取某种立场或对支持某一政策的后果而算计和忧虑,考虑的范围不仅限于自己的家族成员,还要算上自己姻亲的家族,或者自己兄弟姻亲的家族。鲁切拉伊家族、斯特罗齐家族与卡波尼家族都在评判他的一举一动,评判标准则深嵌于这个互惠互利、交织交错的姻亲网络当中。简单地说,弗朗切斯科·韦托里绝不可能逃出他的阶级。他和马基雅维利深知这一现实,虽然通常没有明言,但在第一年的通信中,一种持续的紧张和一种特别尴尬的突发性指控和自辩都来自这种自觉。

马基雅维利家族不属于此类富有的权势家族,虽然他们在过去的两个世纪里有着显赫的任职记录。① 他们在大议会中人数较多,但自然不能与议会中的那些主要家族相提并论。② 马基雅维

(接上页注③) and Courtauld Institutes 12, 1949: 101-131; also Kent, Household and Lineage, p. 220。

① 马基雅维利家族早在 1283 年就进入了执政团(priorate, Signoria),从那时起至 1532 年,一共在执政团中执掌了 66 个职位。相比之下,韦托里家族于 1320 年首次进入执政团,到 1532 年累计任职 47 个。但是,直到 15 世纪中期,韦托里家族和卡波尼家族一直都处于家族联盟(consorteria)之中,这种结盟或许限制了两个家族当选执政团成员的机会,因为佛罗伦萨禁止两个联盟家族同时履职,在职位继任上也有限制,除非经历特定间隔,否则同一家庭成员不能相继出任同一职位,参见 Kent, *Household and Lineage*, pp. 167, 188-191, 203-204, 256-257。卡波尼家族首次进入执政团是在 1287 年,到 1532 年共担任过 67 次职务。关于各家族担任公职的数据,参见拙著附录中的统计表(*Corporatism and Consensus in Florentine Electoral Politics, 1280-1400*, Chapel Hill: University of North Carolina Press, 1982, pp. 319-331)。

② 根据库珀在《佛罗伦萨的统治集团》(见前注 32[即本书 97 页注释①])中的研究,1508 年的时候大议会中有 11 位马基雅维利族人(附录一,第 138 页)。那一年的议会中一共有 516 个家族,我(从附录一,第 130 至 145 页)数出 75 个别的家族也在议会中有同样或者更多家族成员。有人或许基于此会认为马基雅维利　　(转下页)

利的父亲贝尔纳多是一个一文不名的[76]失败律师,可能除了尼科洛·迪·亚历山德罗·马基雅维利,这个家族在1500年之前的政治舞台上都没产生过什么重要人物。① 马基雅维利家族或许从未能够跻身于精英家族行列,或者即使家族里有些人做到了,作为整体的家族早就已经沦落为非精英的中产阶级或平民阶级(popolo)了。值得注意的是,皮耶罗·韦托里的某个姐妹嫁给了某个洛伦佐·马基雅维利,他来自马基雅维利家族的另一支。尽管尼科洛·马基雅维利和弗朗切斯科·韦托里形式上有了这一远房姻亲关系,但这并没有什么政治影响力,也没有带来其他与皮耶罗·韦托里及其兄弟姐妹和儿子们的婚姻关系的潜在可能性。在马基雅维利的通信中,有个洛伦佐·迪·尼科洛·马基雅维利相当频繁地出现过,多数情况下是在同比亚焦·博纳科尔西或者马基雅维利的外甥乔瓦尼·韦尔纳奇讨论商业和财务问题的时候。至少有一次弗朗切斯科·韦托里曾请马基雅维利向这个洛伦佐转达他的问候,这人有可能就是韦托里的姑父。② 但是,这层关系从没在马基雅维利与韦托里漫长的交往当中起过什么作用,他们甚至在书

(接上页注②)家族在人数上是议会中前15%的家族。但实际上有10个或更少议会成员的家族有上百个,议会成员总数为11的马基雅维利家族更接近他们而非那些拥有最大总数的家族:阿尔比齐家族(41人)、阿尔托维蒂家族(43人)、卡波尼家族(30人)、美第奇家族(34人)、皮蒂家族(41人)、里多尔菲·迪·皮亚扎家族(32人)、鲁切拉伊家族(49人)、斯特罗齐家族(44人)。韦托里家族那一年也只有11位议会成员(第145页),但是,弗朗切斯科·韦托里至少与这8个最重要家族中的4个有姻亲关系。除了已经提到的婚姻之外,弗朗切斯科将他的一个女儿嫁给了一个阿尔比齐族人,参见 Devonshire Jones, *Francesco Vettori*, p. 62。

① 尼科洛·迪·亚历山德罗在1496-1512年间被12次选入八人委员会,有4个别的家族的成员最多有3次被选,Cooper,"The Florentine Ruling Group," p. 160。库珀将尼科洛·迪·亚历山德罗算在她所谓的1499—1509年间82位"领导精英"之中,而皮耶罗·迪·弗朗切斯科·马基雅维利先生则属于她所界定的另外40位"外围精英人物"(pp. 180-181)。同样值得一提的是,1512年夏天在共和国垮台的风云变幻的日子里,尼科洛·迪·亚历山德罗正在十人委员会中负责外交事务,参见 Butters, *Governors and Government*, p. 161。

② Letter of 16 January 1515; *Opere*, p. 1190b; *Lettere*, p. 488; *Lettere a FV*, p. 282.

信里都没提到过。

弗朗切斯科·韦托里是那些决定与共和国合作的权贵之一。他在1504年29或30岁的时候开始担任重要职务,先是在十二人顾问团当差,然后被任命进入公安八人委员会(Otto di guardia e balia)。1506年他被任命为卡斯蒂廖内·阿雷蒂诺镇的行政长官(podestà)。① 1507年,由于[77]皮耶罗·索德里尼同他的权贵批评者们之间在外交政策上存在分歧,韦托里成为共和国派往神圣罗马帝国皇帝马克西米利安的特使。索德里尼原本想把这个任务委派给马基雅维利,但是旗手的反对者们深知这位国务秘书忠于共和国的亲法政策,而他们非常想淡化乃至用与皇帝结盟来取代这一政策,他们便成功地抵制了这一任命。权贵们想要任命一个来自他们阵营的全权大使(full ambassador),但索德里尼又不接受他们的人选,于是最终双方在选择韦托里上达成妥协。但他只是个代表(mandatario)而非全权大使,其任务是收集情报,看看皇帝是否真地会入侵意大利、与马克西米利安达成一个预防性的协议(如果不能联盟的话)是否明智。② 马基雅维利显然对自己终究没能得到这个差事大为光火,认为这是羞辱与背叛,他为此谴责包括索德里尼本人在内的很多人。③ 但是,在这一年年末,政府决定增加韦托里此次任务的职责,赋予他更大的自由可以与皇帝订下一个正式协议,这一次索德里尼设法将马基雅维利派去给予补充性指导。在韦托里的要求下,马基雅维利和他在一起的时间比预计的要长。实际上从1508年1月一直到6月,他们都在一起从事这

---

① 韦托里在他的《履职录》("Ricordo delli magistrati")中列出了他1504—1523年间的任职情况,收在Vettori, *Scritti storici e politici*, pp. 7-9。
② 关于此次任命争论背后的政治,参见Ridolfi, *Vita di NM*, pp. 157-168; Devonshire Jones, *Francesco Vettori*, pp. 13-17。
③ 参见拙文"The Controversy Surrounding Machiavelli's Service to the Republic," pp. 109-112。

个比预期远为复杂和微妙的任务。

关于那几个月里他们的外交和情报收集活动的方方面面,学者们已经做了详尽研究。① 对我们来说,这是第一次有记录的马基雅维利与韦托里密切合作的事例,它有两个特点值得注意。首先,所有人都认为,韦托里在德意志的工作为他在佛罗伦萨赢得了赞誉和尊重。他跟随移动的皇帝宫廷跑了许多路,老道而小心地展开谈判,慎之又慎地确保在每一个动作上都没有逾越自己的权限,他拖延了关于帝国要求佛罗伦萨支持的讨论,直到明确马克西米利安并不是某些人所担心的威胁。小马基雅维利5岁的韦托里首次执行此类任务便有如此表现,马基雅维利第一次对他的近距离观察得到的印象唯有赞赏。

这次联合执行任务的第二个有趣的方面在于他们合作的性质。琼斯仔细研究了此次任务的快报,[78]过去人们通常认为这些都是马基雅维利写的,韦托里只是署名而已。② 但她发现其中很多都是合写的,有些段落出自韦托里,剩下的则属于马基雅维利。③ 她的分析也揭示了他们之间的分工:韦托里作为此次任务正式指定的代表和负责人,负责实际的谈判并向十人委员会就这些谈判作汇报,而马基雅维利则是秘书、"快报合编者",同时也是

---

① 对佛罗伦萨政策和韦托里外交任务的分析,参见 Nicolai Rubinstein, "Firenze e il problema della politica imperiale in Italia al te.mpo di Massimiliano I," *Archivio storico italiano* 116, 1958: 5-35, 147-177。琼斯也研究过这次任务,参见 *Francesco Vettori*, pp. 10-33。

② Ridolfi, *Vita di NM*, p. 163. 这位传记作者对此事的评论(错误地)认为整个事态再次反映了他对韦托里的负面看法:"很难说清楚他[韦托里]让同僚执笔是出于懒惰,还是出于使唤秘书的乐趣,还是出于相信[马基雅维利]比他更能担此重任。"

③ R. Devonshire Jones, "Some Observations on the Relations between Francesco Vettori and Niccolò Machiavelli During the Embassy to Maximilian I," *Italian Studies* 23, 1968: 93-113. 1507年12月—1508年6月马基雅维利返回佛罗伦萨期间韦托里收到的指示以及随后的快报都出版在 *Legazioni e commissarie*, 2: 1049-1153。

第二章 语境：个人的与政治的

"情报收集者"，并独自汇报这些情报。虽然琼斯的结论是"若将这种合作看成是一种平等的合作关系可能就过头了"①，但她所证明的这种长达 5 个月的"抄写式合作"（scribal collaboration）以及联合编写快报，很好地预示了五六年之后韦托里和马基雅维利进行的另一种不同的"抄写式合作"。实际上我们在其中一封快报里会读到——韦托里的语气和马基雅维利的笔迹，但这些话是谁说的呢？——"尼科洛和我讨论过"（ne avàmo ragionato Niccolò ed io）未来几场谈判的两种可选方案。② 这些信里的某些段落基本可以断定是马基雅维利的创作，笔迹也是他的③，另外一些则是韦托里所写。有很多处，虽然有古文书学证据，但仍然难以分辨我们读到的是谁在说话、是谁的思想。也有可能，某些信或者信的某些部分是一个人口授给另一个人的，不过考虑到马基雅维利的从属地位，很容易设想是韦托里向马基雅维利口授某些段落而不是反过来。不管怎么说，很多内容看上去是马基雅维利和韦托里之间讨论甚至协商的产物，[79]因此，署名权不能只给一个而不给另一个。

此次任务的主要目的是评估皇帝的军事实力和实际入侵意大利的可能性。就此中心议题而言，如果说任务的目标就是为十人委员会提供充足且可靠的情报，从而让共和国能够决定是否与马克西米利安联盟，那么在快报里统一意见便很重要。总体上看，早期的快报认为远征成行的可能性较大，而后期的快报则侧重于马克西米利安在组织和动员那些理论上可用的军事实力上存在困

---

① Devonshire Jones, *Francesco Vettori*, p. 28.
② *Legazioni e commissarie*, 2:1095.
③ 例如，1508 年 2 月 8 日的快报（当月后期又有所补充）描写马克西米利安性格的一段，根据琼斯的看法，"预示了马基雅维利《[德意志事务]报告》（*Rapporto [delle cose della Magna]*）里著名的马克西米利安形象"（Devonshire Jones, "Some Observations on the Relations," p. 105）。这一段在 *Legazioni e commissarie*, 2:1098 - 1099。

难。琼斯的分析指出,强调帝国能力和潜力的段落出自马基雅维利之手,而1508年5月末和6月初更持怀疑意见的快报则是韦托里写的。① 在6月8日的快报(这是马基雅维利启程返回佛罗伦萨前的最后一封信)里,韦托里较为详细地阐述了要做出十人委员会希望他汇报的判断存在诸多困难。乍看起来,这段内容表达了韦托里在一般意义上对做出政治阐释与判断过程的怀疑,这种态度在一些重要方面,正如我们所看到的,与马基雅维利关于同一目标通常做出的假设形成鲜明对比。

"就判断这件事[马克西米利安的实力]而言",韦托里在给十人委员会的信中写道:"在一连几封信中我都解释了这样做的困难……我还是要说用零敲碎打的、漫不经心的方式是没法估量这些事情的(non si possono misurare a braccia piccole)。" "a braccia"地做事情表示做事情缺乏周详准备,韦托里这里的意思似乎是说,针对一个较大整体中的许多小部分(braccia piccolo)做临时性的、准备不足的评估,永远都得不到一个精确可靠的总体图景。

> 假使我能得到许可[即帝国政府的许可,它常常限制他的行动],我会前往宫廷,或者派马基雅维利去那里。但是,即便我到了宫廷,我在那里能够观察到的情况可能还不如在这里(特伦特)。况且,如果我去了宫廷而把马基雅维利留在这里……我几乎都做不到一个月里写出一封快报,其结果是在两封快报之间,情况可能发生上千种变化(mille variazioni)。所以,如前所述,我认为被迫留在这里不算太不幸。因为一个人要做出此类判断,只能根据他自己亲眼看到的事情。根据理性的规则,我当然也必须如此。

---

① Devonshire Jones, "Some Observations on the Relations," pp. 107–108.

第二章 语境：个人的与政治的

[80]韦托里坚持认为接受别人的说法并以此作为此类判断的基础是有风险的,并且坚持亲自实地观察事实的必要性:"即使有一些可靠的人告诉我,乌尔姆的帝国议会的确已经决定带着100000士兵前往意大利。除非我亲眼看到事情的发生,否则也不会相信。"韦托里提醒十人委员会一年前人们是如何被康斯坦茨议会的决定给骗了(ingannato),在那之后从没人在任何地方见过超过4000的兵力。"因此,我才一再地跟诸位大人说,我必须根据亲眼所见的情况,来对这里的事情做出判断,而且我也只是基于我所看到的给出我的看法。如果有必要做出总体性的判断,诸位大人则比我更为擅长。""总体性的判断"蕴含着猜测的意味,甚至粗略或者胡乱一猜,希望有机会能撞到真相,一如弓箭手射向高处希望能射中远处的目标。(韦托里对此类猜测的灰暗看法,或许恰好部分地构成《君主论》第六章开头著名段落的引发论辩背景,马基雅维利在那里同样用到了弓箭手射向高处打击远处目标的比喻,而他想表达的意思是,相信模仿伟人的榜样是可能的。)不管怎么说,韦托里建议该做出最终的决定了,"不必考虑更多了"。①

这封信透露出韦托里与马基雅维利之间的某种紧张,给人的印象是韦托里辩解的口气更多在针对国务秘书而非远方的十人委员会。在马基雅维利返回佛罗伦萨的几天后,他便根据在德意志的见闻写出了报告,某些段落印证了这一印象。《德意志事务报告》开头概括了马克西米利安远征意大利的计划、起初的乐观以及后来被威尼斯人打败,着重论述帝国的失败在于它只拿出了一年前康斯坦茨议会所承诺的19000兵力的一小部分。马基雅维利随后说,他知道"听说和目睹这一切的人都会感到奇怪,并继续往各个方向转变[他们的想法](si confondono e vanno variando in di

---

① *Legazioni e commissarie*, 2: 1150-1151.

molte parti）。他们会想，为什么帝国所承诺的 19000 人马不见踪影？为什么德意志不曾为自己在名誉上的损失而愤恨？皇帝何以能够如此彻底地欺骗他自己？因此，对于将来有什么需要害怕的或者可以期望的，以及事态将如何发展，每个人都有不同的看法"。——这一评论似乎是在回应韦托里对于能否解答这些问题的怀疑。

在下一句中，马基雅维利解释了为什么他能够提供[81]有益的答案，而别人却对这些事情毫无头绪："不过，既然我到过那里，曾很多次听许多不同的人讨论这些事情，而且我心无旁骛专事此事，我将汇报所有我利用过的材料。即便这些材料不能分别地解释上述各个问题，那么把它们汇总到一起，就可以做到了。"这句话的力量不仅仅在于隐含地把曾经去过那里的马基雅维利和不曾去过的人加以比较，更是隐含地对比了同许多人交谈且专注于此的马基雅维利与那些的确去过但把时间花在别处的没有被点破名姓的人。马基雅维利捍卫自己的方法：尽可能多地与他人交谈、检验且反复核对情报。对这一方法功用——它能够为很多大问题提供答案——的强调，隐含地回应和对抗了韦托里所坚持的：人应当立足于自己的所见所闻，立足于"实际情况"（effetti），而非一切谈话和猜测。马基雅维利的看法是，"即使他收集的分散情报片段不能够给出答案，当它们合到一起的时候真的就可以了"，这似乎是针对韦托里拒绝对零碎的事情（a braccia piccolo）做判断，也针对韦托里的警告：当你来到一个新的地方和新的人交谈、写新的快报，可能会发生"上千种变化"（mille variazioni）使你以为你了解的信息变得无效。马基雅维利已经大胆地宣称，当所有的分散片段结合在一起就能给出答案，但他又有所退却，表示他在报告里呈现的材料并不是"真实且合理的，而只是我所听到的，在我看来，仆人的职责就在于呈现给主人他所知晓的东西，或许其中会有好的东西可资主人善加利用"。① 就在这样一句谨慎的话里,马基雅维利呼应了韦托里并且为此做出解释,一旦阅读《报告》的人相信韦托里的怀疑主义,他便能为自己开脱。

这篇文章的另一个特点也值得注意。马基雅维利在短短几行的篇幅内,用到了两次"善加利用"(far capitale),第一处指善用他所听到的,第二处则指十人委员会善用他的报告。在1513年12月10日那封著名的信中,他将用到同样的词,指的是他用到了自己[82]同"古人"的谈话——"我意识到他们的谈话对我大有裨益"——他以这种方式告诉韦托里他如何写成那本论君主国的小册子。

共和国危机中的友谊与政治

接下来的几年里,职业的和政治的环境总是让马基雅维利和韦托里有机会见面,在这些正式的接触中,他们的友谊不断加深。韦托里于1509年3月结束他漫长的出使德意志的任务回到佛罗伦萨。几周内他便当选进入共和国的最高行政机构执政团,任期为5月和6月,在此期间由马基雅维利组建和作为主要指挥的佛罗伦萨国民军恰好于6月4日迫使比萨投降。他们两个人的名字同时出现在将这座叛城重新纳入佛罗伦萨统治的官方文书中。② 这无疑是马基雅维利职业生涯的巅峰,多年来围绕国民军有诸多争议,在这一刻他取得了最辉煌的胜利、得到了有力的辩护。在庆

---

① 《德意志事务报告》的草稿与终稿的校勘版收录在 Jean-Jacques Marchand, *Niccolò Machiavelli: I primi scritti politici, 1499-1512*, Padua: Antenore, 1975, pp. 462-481,评注与分析见 pp. 157-189;所引用的段落见 pp. 474-475;也参见 *Opere*, p. 64。

② Devonshire Jones, *Francesco Vettori*, pp. 31-36;《比萨城的归降书》("Submissio civitatis Pisarum")见 Tommasini, *La vitae gli scritti di NM*, 1:685-701。

功的这几天里,韦托里在职级上是他的上级之一。

一年后,他们的友谊显然就包括偶尔的私人通信和频繁的政治讨论了。现存唯一的一封在1513年前双方之间的书信是韦托里1510年8月3日发给身在法国的马基雅维利的。它寄给"我亲爱的同道"(Compare mio charo)①,并在开头希望马基雅维利尽快回来,"因为菲利波[·卡萨韦基亚]和我每天都念叨您(vi chiamiamo tuttodì)"。[83]韦托里解释说,因为他从6月末离开佛罗伦萨就一直病重,现在他只能恶补一些夏天的消息,"我一时间听说了许多事情,真令我心烦意乱"。最让他困惑的事情是7月份马尔坎托尼奥·科隆纳的失利,他奉教宗尤利乌斯之命带着一支兵力相当微弱的军队去攻打热那亚,并煽动一场针对法国人的叛乱。至于是什么可能让科隆纳做出如此愚蠢的行为,"我想请您思考一下这件事情,等您回来后我们再谈"。在韦托里看来,真正的谜是教宗本人,"由于他已然当选,他的行为倒不能说是疯子所为,从他已经做了的事情上看,他表现得貌似十分谨慎"。但是,他继续说道,这位正与法国开战的教宗没有任何盟友,"除了元气大

---

① 在他们众多的通信中,这是第一次韦托里称呼马基雅维利为"compare",佛罗伦萨人通常用这个词来指代教父母,也可分别用于指自己孩子的教父或教母,或者自己教子的父亲。关于佛罗伦萨的教父母及教父教母(comparaggio)制度,参见 Christiane Klapisch-Zuber, "Parenti, amici, vicini," *Quaderni storici* 33, 1976: 953-982, now in English translation in Klapisch-Zuber, *Women, Family, and Ritual in Renaissance Italy*, tr. Lydia G. Cochrane, Chicago: University of Chicago Press, 1985, pp. 68-93, esp. 89-93。里多尔菲根据韦托里使用"compare"一词认为在这写封信的时候,韦托里的确做了马基雅维利一个孩子的教父,不过他不知道具体是哪个(*Vita di NM*, pp. 187-188)。这当然是有可能的,如果能确定这一点,那将为理解这段友谊增添一个重要的维度。但是,我不知道任何能够佐证里多尔菲看法的东西,同样可能的是,韦托里称马基雅维利为"compare"是用其朋友(compagno)的意思,这个用法常常带有同谋的戏谑意味,或者一起去找乐子或者干些别的什么。马基雅维利称韦托里"compare"就少得多,有两例分别是1514年6月10日和8月3日的信(*Opere*, pp. 1177b, 1178b; *Lettere*, pp. 462, 465; *Lettere a FV*, pp. 247, 250)。

伤、陷入穷途末路的威尼斯人"(威尼斯人在1509年阿尼亚戴洛战役中丢掉了他们在大陆上的领土)。韦托里先是叙述了尤利乌斯一系列针对法国的明显不可理喻的挑衅,然后他总结说他实在不能理解这位教宗以及他是怎么想的,只和威尼斯一道就敢与法国开战。韦托里说他从他们的一个朋友那里听来一个比方,他把尤利乌斯比成一位扑克玩家,正在冒着极高风险虚张声势,韦托里希望法国国王仍旧留在战局之中,从教宗手里夺下博洛尼亚并把他赶出罗马,"于是我们就可以脱离种种相当微妙的状况(uscissimo di lezii);然后就听天由命吧"。我们会看到1513年韦托里会再次用到 uscire di lezii 这个词组,但它究竟是什么意思并不清楚。lezio 的现代含义是矫揉造作或者装腔作势,我猜测这是韦托里对于微妙的外交游戏发泄不耐乃至不屑的方式之一,外交活动总是充满猜测和虚张声势,每走一步都要细细算计,而且永远没完没了(马基雅维利最为擅长这类游戏)。韦托里会对马基雅维利一再说起这些事,不过眼下,收起关于一个无畏的法国国王扫除嚣张的尤利乌斯的幻想,他明白必须要看教宗是否已经与皇帝和西班牙国王斐迪南秘密结盟来进行教宗渴望的反法战争,有些人声称如此,而他表示怀疑。在最后几行,韦托里说他期待着同马基雅维利谈话。他用的落款是"弗朗切斯科"。①

从这封信来看,韦托里和马基雅维利之间的友谊[84]很明显包括坦诚地交换有关政治事务的看法,有各种意见,也有一些隐秘的愿望,至少就这封信而言,韦托里肯定不想让权贵圈子知道自己的愿望,因为他们更倾向于同教宗搞好关系从而与法国决裂。除非他相当信任马基雅维利,不然的话他也不会在给马基雅维利的信中袒露这些想法。虽然他们的性情不同,在究竟如何理解君主们和政治活动的问题上倾向也不同,但是,无论他们都在佛罗伦萨

---

① *Opere*, pp. 1116a–1117a; *Lettere*, pp. 330–332.

还是其中一个不在这座城市需要书信交流时,他们一定总是能够在讨论政治中找到乐趣——在1513年那些更为难解的书信中我们也会印证这一点。似乎从1510年这封信开始,韦托里就完全赞成政府的亲法立场了①,而他那"亲爱的同道"的职业生涯也依系于此立场。

在下一年里,尤利乌斯组织了一个庞大的联盟号称"神圣同盟",这在1510年时被韦托里认为是不可能的。于是,夹在法国和教廷之间的佛罗伦萨人进退两难,这种境地给一直坚定支持索德里尼亲法政策的韦托里带来了一些压力。由于教宗公然威胁要发动对法战争,法王路易十二宣布计划召开一次大公会议,地点竟然选在比萨,很明显这是为了给教宗难堪。索德里尼政府试图避免陷入一场教宗和法王之间不断升级的冲突中,千方百计想说服法国不要在佛罗伦萨境内举行会议,无论如何都不要在托斯卡纳用兵。② 韦托里和马基雅维利都参与到这些谈判之中。

1511年9月中旬,眼看教宗就要发出禁教令(真正发出在23日),十人委员会命马基雅维利去拦截一群正在前往比萨的亲法枢机主教,力劝他们不要进入托斯卡纳,然后再赶赴法王宫廷,表明佛罗伦萨的态度:大公会议应当取消或者移往别处。③ 当这些努力全部落空时(马基雅维利尚在法国),十人委员会又派出韦托里去见那些枢机主教,还是在他们前往比萨的路上,目的是为了表明态度:共和国绝不同意法国军队进入托斯卡纳。他成功地达成了一个协议,使得法国的军事力量仅限于象征性的防卫,十人委员会对这个结果很满意。11月初,马基雅维利刚从法国回来,十人委员会旋即派他带领一些人马前往比萨。大概[85]当十人委员

---

① 见琼斯对这封信的这个方面的分析,*Francesco Vettori*, pp. 38-39。
② 关于这次复杂的外交状况的细节,见 Butters, *Governors and Government*, chapter 6, esp. pp. 145-153。
③ *Legazioni e commissarie*, 3:1379-1385; Butters, *Governors and Government*, p. 149.

会又把韦托里派往比萨的时候,马基雅维利还在那里,与内里·卡波尼一起安抚法国的枢机主教们,11月9日的一场斗殴导致多人被杀,法国防卫兵中一位重要贵族受了伤。在他们汇报给十人委员会的报告中,卡波尼和韦托里描述了法国人的愤怒,特别是布里索内枢机主教。布里索内主教对事件很不满,更一般性的不满在于,在就大公会议进行紧张磋商的时候,他们从佛罗伦萨人那里得到的待遇太差。

特别有意思的一个细节是,布里索内枢机主教对韦托里大发脾气,而卡波尼似乎才是这次任务的负责人。① 韦托里在9月底10月初传达佛罗伦萨对法国政策的不满,一定导致了法国人的憎恨。由于马基雅维利正在比萨(也许当韦托里和卡波尼与枢机主教们谈话的时候他也在场),他不可能没有察觉到法国人对韦托里的不满。我们将会看到,在1513年的黑暗日子里,马基雅维利指责韦托里对法国人有一种根深蒂固的"天然偏见",作为回应,韦托里则解释了比萨大公会议以来他的观点的变化。马基雅维利两年后表现出的疑虑,很可能是因为1511年11月那令人不安的一天,他在比萨看到或者听说布里索内枢机主教曾对韦托里暴跳如雷。

~ * * * ~

在1512年悲惨的夏天,马基雅维利和韦托里有一次机会并肩合作。在4月的拉韦纳战役中,法国人虽然赢了神圣同盟,但损失

---

① Devonshire Jones, *Francesco Vettori*, pp. 41-46. 关于他们的报告,见 Augustin Renaudet, *Le concile gallican de Pise-Milan*, Paris: E. Champion, 1922, pp. 525-527。他们发现布里索内"比他人更苛刻"(più duro),称他的话"尖刻而粗鲁"(parole aspre e villane)。韦托里自己称布里索内"对你们非常不满,我对他的话基本上一字未改"(partissi molto mal contento di voi, et con qualche parola alterata con me Francesco),ibid., p. 526。

了他们卓越的军事统帅加斯东·德·富瓦。由于后来瑞士人加入神圣同盟作战,并且英国人也在进攻法国,路易十二决定放弃意大利。一夜之间,多年来忠诚于法国这一盟友和恩主的佛罗伦萨共和国(除了1511年某些微妙的关头)只能任由尤利乌斯的同盟宰割。1512—1513年间的重大事件,从拉韦纳战役到普拉托陷落、放逐索德里尼、平民共和国垮台、美第奇家族复辟以及乔瓦尼·德·美第奇登上教宗宝座,这些都从各个方面被分析过了。① 就我目的而言,做到这一点就足够了:[86]从这个被更有影响力的人物支配着的故事里尽可能地关注马基雅维利和韦托里,哪怕仅限于局部层面。

到1512年夏天,在法国人撤离、神圣同盟要求佛罗伦萨人接受意大利新的政治现实的情况下,许多权贵、包括弗朗切斯科·韦托里②提出,唯一合理的路线是与同盟以及西班牙总督雷蒙·德·卡尔多纳*达成某种协议,他的军队正挺进托斯卡纳,他也要向佛罗伦萨索要金钱。但是,索德里尼及其在大议会中的支持者拒绝违背他们长期执行的联法政策。政府不愿或者不能给予总督自称所需的全额财政资助,导致他为了金钱转而支持美第奇家族,也使得其军队成为尤利乌斯实现复辟美第奇家族统治并消灭索德里尼及其顽固共和国的工具。在8月的最后一周,卡尔多纳的军队进攻普拉托,再也没有回头路了。根据韦托里的看法,那一场残酷的打击损失了500人的生命(很长一段时间里,其他说法和一

---

① 三种有益的叙述分别见于 Devonshire Jones, *Francesco Vettori*, pp. 48-84; Butters, *Go.vernors and Government*, pp. 155-225; and J. N. Stephens, *The Fall of the Florentine Republic*, 1512-1530, Oxford: Clarendon Press, 1983, pp. 56-95。托马西尼的研究仍然有很多价值,*La vitae gli scritti di NM*, 1:556-603。
② See Devonshire Jones, *Francesco Vettori*, pp. 49-53。
* [译注]雷蒙·德·卡尔多纳是那不勒斯总督以及教廷军队的统帅。卡尔多纳尽管在拉韦纳战役中败北,却为神圣同盟打败了米兰,并且成功地率军对佛罗伦萨作战,洗劫了普拉托。

第二章 语境：个人的与政治的

些可怕的故事记载的死亡人数更多）。①

马基雅维利的国民军受命保卫普拉托，夏天的很多时间他都在共和国各地征募军队，8月的大部分时间在佛罗伦萨的北部斯卡尔佩里亚和菲伦佐拉，为即将到来的进攻做准备。8月27日当他还在战场上（in campo）的时候，比亚焦·博纳科尔西给他写了一封短信说索德里尼"不满且惊讶于"敌军到达坎皮（位于普拉托南部的阿尔诺河谷）。这位旗手要求马基雅维利"采取措施"，但未做具体要求。博纳科尔西补充道："请尽力而为，因为我们没时间讨论了。"②但是，马基雅维利的兵力根本不足以抵御比它强大的西班牙军队，后者最终攻陷了普拉托城。

同一天，博纳科尔西写信给马基雅维利，称十人委员会任命韦托里为"统兵专员"（commissario sopra i soldati）③，这使得[87]他成为佛罗伦萨内部防卫力量的统领之一，同时马基雅维利正在紧张地扩充外部防御力量。在决定共和国与索德里尼命运的那几天里，让韦托里担此重任是谁的主意呢？这主意出自索德里尼，或许也出自马基雅维利吗？因为他们俩仍旧信任韦托里，并认为他们需要一个权贵阵营的人担当此任，从而可以减少敌对贵族们颠覆活动的可能性。或者这是权贵们自己的主意，或者至少是他们在

---

① Vettori, *Sommario*, in *Scritti storici e politici*, p. 142. 有关其他的估计，参见 Stephens, *Fall of the Florentine Republic*, p. 58, n. 3。关于这件事情对佛罗伦萨人的影响，参见 Tommasini, *La vitae gli scritti di NM*, 1:586-588。现代历史学家，甚至当时很多人记录的日期都不相同（韦托里记载的是8月24日），根据某些文件的记载，普拉托陷落应该在8月29日，参见 Cesare Guasti, ed., *Il sacco di Prato e il ritorno dei Medici in Firenze nel MDXII*, 2 vols., Bologna: Gaetano Romagnoli, 1880, 2:120-122。我要感谢康奈尔指引我阅读瓜斯蒂的作品从而解决了这一困惑。
② *Opere*, pp. 1125b-1126a; *Lettere*, p. 353．
③ 韦托里自己就此给出的信息，参见 *Sommario*, in *Scritti storici e politici*, p. 143。在《履职录》中他写道："8月27日，我成为首席专员，当西班牙人来犯的时候与其他专员统领重骑兵，我任专员一职直到9月15日。"

十人委员会中的代表的主意吗？他们或许认为，韦托里已经改变了他在外交政策上的看法，并支持与神圣同盟达成协议，从而支持索德里尼下台。无论是谁做出的决定，马基雅维利和韦托里再次并肩作战，都在辅佐十人委员会，负责保卫佛罗伦萨城及其领土。

8月的最后一天是决定性的，索德里尼被迫辞去担任了近10年的职务，韦托里对当天情况的叙述表明，索德里尼和马基雅维利或许将对韦托里的任命视作保全正义旗手生命的唯一方法。当卡尔多纳的军队进入佛罗伦萨领土时，索德里尼政府逮捕并监禁了大约25个美第奇家族的支持者。31日，4个（韦托里所谓的）"年轻贵族"前往旧宫去见索德里尼，告诉他该做出决断了，他无权令这座城市处于遭受普拉托同样命运的危险之中。① 他们当中便有韦托里的弟弟保罗，另外三个分别是弗朗切斯科妻子马达莱娜·卡波尼的兄弟吉诺·卡波尼，安东弗朗切斯科·德利·阿尔比齐，他的兄弟洛伦佐3年后将迎娶弗朗切斯科·韦托里的女儿伊莉莎贝塔，还有一个是巴尔托洛梅奥·瓦洛里。② 索德里尼的回应不承诺做出任何具体行动，并试图逃脱，但这组人中被韦托里称为"最年轻也最大胆的"安东弗朗切斯科·德利·阿尔比齐抓住了这位德高望重的领导人，要求他释放仍然在押的美第奇家族的"朋友们"（amici）。根据韦托里的描述，索德里尼"过于胆怯（rispettivo），担心他将伤害到别人或者自己受到伤害，认为如果发生流血事件，整个城市必然毁于一旦，于是同意放人"。

韦托里接下来的叙述便点明了马基雅维利的角色，是他劝说韦托里帮助落难中的索德里尼。索德里尼发觉这四个人很可能大

---

① *Sommario*, ibid., p. 143.
② 关于弗朗切斯科·韦托里的家族信息及其与这组人的联姻关系取自 Devonshire Jones, *Francesco Vettori*, p. 62。

胆做出更多事来,他便

> [88]立刻派执政团秘书尼科洛·马基雅维利去见前面提到的保罗的哥哥弗朗切斯科·韦托里,他曾被十人委员会任命为统兵的专员。[弗朗切斯科]了解到旧宫发生了什么以后,不能在无法保证自身安全的情况下反对他的弟弟,也不愿以任何形式反对正义旗手和旧宫[政府],本想骑上马离开这座城市。但是,由于尼科洛代表旗手肩负使命而来,[弗朗切斯科]立刻去找索德里尼,发现他独自一人担惊受怕,便问他需要自己做些什么。

根据韦托里的叙述,索德里尼说他愿意在保证自己安全的情况下离开旧宫,韦托里的答复是"在他看来,[索德里尼]在任期间统治得很好,他[韦托里]不愿同打算放逐他的人扯上关系"。韦托里(是在多年后写下这段文字的,根据琼斯的研究,很可能写于1528年,那时另一个多少算是属于平民的共和国取代了美第奇家族)①就是这样尴尬地坚称自己没有参与密谋反对索德里尼,甚至也不愿参与放逐正义旗手。他希望他的读者,特别是共和派的读者们,理解他的所作所为只是"应索德里尼的要求,索德里尼敦促他安排自己安全地离开"。韦托里答应了索德里尼的请求,也从旗手的敌人那里得到了不会伤害他的保证。依旧按照索德里尼本人的意愿,韦托里将他带到奥特拉诺区的家中。同一天晚上,他秘密地将索德里尼带出城去,陪他前往锡耶纳开始放逐生活。②

索德里尼和马基雅维利决定向韦托里求援,是因为在这个时候其他人实在不可信,他们仍旧信任他。另外,作为保罗·韦托里

---

① 关于弗朗切斯科·韦托里的家族信息及其与这组人的联姻关系取自 Devonshire Jones, *Francesco Vettori*, p. 51, n. 75.
② *Sommario*, in Vettori, *Scritti storici e politici*, pp. 143-144.

的哥哥,弗朗切斯科正好有机会从密谋者那里得到可靠的保证,使索德里尼不受伤害。最终,就像韦托里自己提醒他的读者们注意的,他也得到了"统兵专员"的位子,这让他有权管理一切与内部安全相关的事务,包括可能的针对政府官员的暴力行为。他坚称自己绝不会反对旗手及旧宫,这一方面是他的职责所在,另一方面也表达了他个人对索德里尼境况的同情。出于这些原因,[89]我们很难不得出结论认为,在8月27日情况已然相当危急,是索德里尼和马基雅维利支持或者提议韦托里担任专员。韦托里立即就意识到这项任命给自己制造了一个尴尬的两难境地,特别是他可能已经对弟弟保罗的阴谋有所了解。也许那时,他希望他的老朋友尼科洛·马基雅维利并不是真地那么信任他。

马基雅维利又是如何看待8月31日旧宫发生的戏剧性对峙,以及韦托里在化解危机中的作用呢?最接近于记叙此事的是9月份后半月写的一封信(现在看应该是应朱利亚诺·德·美第奇的要求而作),那时美第奇家族已经从权贵手中夺取了控制权。收信人是一位未写明姓名的"贵妇",在信中马基雅维利为共和国倒台和美第奇家族复辟做了解释。他从神圣同盟在8月决定向托斯卡纳派兵讲起。① 普拉托的守军"在没怎么抵抗之后"弃城,马基雅维利将普拉托的陷落称作是一场"凄惨的灾难景象",他不会详述其细节"免得引起您的烦恼"。在马基雅维利看来,索德里尼仍对于同西班牙人达成协议抱有希望,排除美第奇家族返回佛罗伦萨的可能性。但是,当总督回应称佛罗伦萨人要么让美第奇家族回来要么开战的时候,每个人都害怕佛罗伦萨会像普拉托那样被攻陷,这种恐惧尤其在那些想"推翻现政权"的"贵族们"(nobility,马基雅维利称呼权贵的术语)当中蔓延开来。马基雅维利没有提

---

① 有关可能是朱利亚诺要求马基雅维利给伊莎贝拉·埃斯特写这封信的假说,参见 Brian Richardson, "La Lettera a una gentildonna del Machiavelli," *La Bibliofilia* 84, 1982: 271-276。

到4个密谋者的名字,甚至都没有提到他们各自扮演的角色,他只是说出于恐惧,旧宫的守卫们擅离职守,执政团别无选择,只能释放已被关押数天的美第奇家族的"朋友们"。同其他许多"贵族"公民一道,这些被释放的美第奇派带着武器来到旧宫,把持住各个要道,要求正义旗手下台。他们"被某位公民[或者某些公民(da qualche cittadino)]劝住,没有使用暴力,但是让他[索德里尼]同意离开。于是,正义旗手还是在这些公民的陪同下返回家中,当夜在得到执政团大人们允许的情况下,被一位优秀的护送者送往锡耶纳"。①

马基雅维利讲的故事本质上与韦托里的没什么两样,区别在于韦托里强调了具体个人的角色以及他们之间的关系,并且突出了马基雅维利向他求助的重要性,[90]以此作为他决定帮助索德里尼的关键因素。马基雅维利的叙述虽然是仅仅在事件发生的几周后写成的,却没有提到韦托里、他的弟弟以及任何其他密谋者。当然,他也没有提到这场好戏中自己的角色,理由很明显,在美第奇家族返回佛罗伦萨之后的那几天里,让人们注意到自己与被放逐的正义旗手有过长期的友谊和合作既没必要也不谨慎。如果马基雅维利相当感激他的朋友施以援手,那么忽略掉韦托里的名字似乎有些奇怪。不过,他一定也意识到了,无论是在新政权的圈子里,还是在那些失败颓废的共和派面前,韦托里自己也不会愿意太过高调地表现自己在救索德里尼一命当中的作用。

在第二年春天,我们将会看到,韦托里两次在信中向马基雅维利承认,失势的共和派仍旧因为他参与了放逐索德里尼而恨他,因为要进行彻底的政治和宪制改革来消灭大议会、国民军等其他许多萨沃纳罗拉和索德里尼时代的制度,并且以美第奇统治的新制

---

① *Opere*, pp. 1127b-1128a; *Lettere*, pp. 357-358.

度取而代之，放逐索德里尼是扫清障碍的一个关键性事件。同时，让韦托里难过的是，因为他如此公然地在"保全"皮耶罗·索德里尼的事情上出手相助，很多美第奇派，特别是权贵当中的美第奇派，不愿再信任他。他两次提到自己为把索德里尼弄出城去保全其性命付出了巨大代价，并且他在1513年春天这个时候一定要让马基雅维利明白这一点——此时马基雅维利正在试着忍受他所付出的更为惨重的代价——表明，韦托里对他们在政治上这次最后的合作有着某种非常复杂和纠结的情绪。韦托里可能既感到负罪又感到愤懑：一方面，一个挥之不去的感觉是，在把共和国推向绝路上有他一份；另一方面他又认为自己做了马基雅维利和失败的共和派们请他做的事情，到头来又因此受到他们的指责。韦托里或许有理由担心，马基雅维利和政治上的两派中的某些人一样，并不十分肯定弗朗切斯科·韦托里的立场，或者说从前的立场是什么，而韦托里不能像帮助索德里尼那样帮助马基雅维利只能加深马基雅维利对韦托里的怀疑。甚至在1512年的夏末和秋天，马基雅维利或许就对韦托里在放逐和保住皮耶罗·索德里尼行动中的作用有矛盾心理。尽管正义旗手的命保住了，他的迅速下台使得不流血地变革政体成为可能，但是，这也为美第奇家族回到佛罗伦萨扫平了道路，也让马基雅维利本人面临政治清洗和算旧账的威胁——这些都只是时间问题。从1512年11月到1513年3月间，在他们重要的通信开始时，两位老友肯定有一段时间感到尴尬和麻烦，然而他们不会想到这段友谊在将来又会尴尬到什么程度。

[91]作为秘书厅官员，马基雅维利或许以为他能够在政制变更中侥幸逃过一劫。虽然他忠于且为之辛劳的那个政府放逐了美第奇家族，但他自己却从来都不是美第奇家族真正的敌人。实际上，他的早期诗歌显示他与朱利亚诺·德·美第奇在青年时代有

某种程度的友谊。① 朱利亚诺·德·美第奇是"宽宏者"洛伦佐尚在世的两个儿子之一,本要成为佛罗伦萨领导者。关于马基雅维利对美第奇家族在佛罗伦萨复辟的私人想法,我们只能基于有限的证据进行猜测。一方面,他在9月份那封给贵妇的信(应该不是一封私人通信)中表现出某些审慎的乐观,他认为这座城市在复辟的美第奇家族治下"有望享有同样的荣耀,不亚于按照最幸福的记忆中他们的父辈'宽宏者'洛伦佐统治时代"。② 尽管措辞谨慎,这显然还是有些模棱两可,而近来发现的反美第奇派密谋者的口供显示,在某些场合马基雅维利的确表达过疑虑,他认为这座城市正需要某种坚强领导,而他怀疑这位年轻的美第奇没有能力做到这一点。③

马基雅维利的敌人们里也没有多少是美第奇家族的人,美第奇家族或许根本没有在意他。他的敌人大多是权贵,在过去14年里他冒犯了太多人。从9月份的那封书信到1513年3月与韦托

---

① Martelli, "Preistoria, medicea di Machiavelli"(见前注3[即本书80页注释①])。马尔泰利20多年前曾认为马基雅维利有两首诗写于1494年之前,最近他对于其中一首的写作时间改变了看法。现在他认为《牧歌一章》(*capitolo pastorale*)"然后往那月桂树的荫凉之处……"(*Opere*, pp. 994—997)写于1514至1518年间,因为他认为,按照他近来阐述的有关修订《君主论》的理论(关于这一点,见后文第177至184页[译注:原书页码]),《牧歌一章》在第91至93行中赞颂一个未写明姓名之人的军事德能时,他想到的一定是小洛伦佐而不是他的叔叔朱利亚诺,见M. Martelli, "Firenze," in *Letteratura italiana: storia e geografia*, vol. 2, *L'età moderna*, Turin: Einaudi, 1988, p. 130, n. 15.(我要感谢布莱克让我注意到马尔泰利对他早期假说的修正。)据我所知还没有人质疑过马尔泰利确定的另外一首写于1494年前的诗歌的写作年份。《歌谣》(*canzone*)"如果你有弓箭和羽翼,快快乐乐的少年人……"(*Opere*, p. 994)显然是写给朱利亚诺的,考虑到1494年11月美第奇家族被放逐之后年月里的政治环境,马基雅维利在这件事之后不太可能还能写这样的诗歌。众所周知的是,他1513年在狱中写给朱利亚诺的十四行诗有着全然不同的风格。

② *Opere*, p. 1128a-b; *Lettere*, p. 359.

③ J. N. Stephens and H. C. Butters, "New Light on Machiavelli," *English Historical Review* 97, 1982: 67.

里开始通信,这段时间里马基雅维利唯一保存下来的政治论文就是《致美第奇派》("Ricordo ai Palleschi"),大概写于11月的第一周①,信中他劝说[92]美第奇家族及其支持者们,调查和揭露皮耶罗·索德里尼所谓劣行的任何做法都对新政权没有好处。马基雅维利断言,抹黑索德里尼只会达到某些权贵的目的,"平民"(popolo)会认为这些人长期以来反对索德里尼看来是对的,而实际上新的"政权"(stato)需要让平民仇视这些贵族,从而让贵族依附于新政权。在这一点上,马基雅维利对权贵们极尽藐视之能事,称他们为"夹在平民与美第奇家族之间的婊子"②。对于这些被马基雅维利严厉指责的权贵,美第奇家族当然一直试图得到他们的合作和善意,从而以此建立自己的新"政权"。或许是因为类似的观点,这位前国务秘书感到自己被边缘化和忽视了。国民军及其管理机构九人委员会于9月18日被废除,秘书处档案里没有留下任何文件写下哪怕一点点内容,说明接下来几个月马基雅维利做了什么。

如果马基雅维利把写作《致美第奇派》当作引起美第奇家族注意的方式,那么他很快就会为其中仿佛刻意为之的言外之意感到后悔。11月7日,执政团罢免了他的两个职务,第二国务秘书和十人委员会秘书。3天后,他被勒令一年内不得离开佛罗伦萨,并支付1000弗罗林的保证金。这笔钱由菲利波·马基雅维利、乔瓦尼·马基雅维利以及弗朗切斯科·韦托里代为垫付。③ 一周后,他被正式要求一年内不得进入旧宫,除非正在审查他对国民军

---

① Marchand, *Niccolò Machiavelli: I primi scritti politici*, pp. 296-309(写作日期与分析),533-535(文本)。

② Ibid., p. 534; *Opere*, pp. 16a-17a. See also Robert Black's interpretation of the "Ricordo" in "Machiavelli, Servant of the Florentine Republic," in *Machiavelli and Republicanism*, ed. G. Bock et al., pp. 96-97.

③ 琼斯(在巴特斯[Humfrey Butters]的帮助下)发现了这一点,参见 *Francesco Vettori*, p. 104 and n. 130。

经费的管理情况的调查人员明确传唤他。① 一些大人物注意到了马基雅维利被解职,但对此未置一词,或者并不感到意外。11月20日,皮耶罗·圭恰尔迪尼写信给当时正在西班牙宫廷担任佛罗伦萨大使的儿子弗朗切斯科:"这里一切如常,审查很快即将开始。执政团罢免了马基雅维利和比亚焦,他们任命尼科洛·米凯洛齐先生接任马基雅维利负责书信工作。"②

弗朗切斯科·韦托里的遭遇则完全不同。9月1日,他还在锡耶纳或者可能完成护送[93]索德里尼开始放逐生活正在回来的路上的时候,他被任命进入负责内部安全的公安八人委员会,并且被提名加入一个扩充的八十人委员会。9月中,由一群精挑细选的人组成的所谓公民大会(parlamento),批准成立了一个特别权力委员会(巴利阿,balia),从而使政治控制权集中在美第奇家族和他们仔细挑选过的支持者手里。这时的韦托里连同他的弟弟保罗,既是巴利阿成员,又跻身于美第奇家族的朋友名单。这份名单或许由枢机主教乔瓦尼·德·美第奇草拟,并得到他的批准。12月底,新政权任命韦托里为佛罗伦萨驻罗马教宗尤利乌斯的大使。③

---

① Ridolfi, *Vita di NM*, pp. 209-214.
② *Carteggi di Francesco Guicciardini*, vol. 1, ed. Roberto Palmarocchi, Bologna: Istituto Storico Italiano per l'Età Moderna e Contemporanea and Nicola Zanichelli, 1938, p. 127.
③ Devonshire Jones, *Francesco Vettori*, pp. 68, 71-72, 85. 这些事实完全推翻了最近被尼科利尼又提及的维拉里的论断,他认为新政府逮捕了韦托里并一度为他参与营救索德里尼而折磨过他,参见 P. Villari, *Niccolò Machiavelli e i suoi tempi*, Milan: Hoepli, 1913, 2:183, and 2:21, of the 1898 English edition; and Niccolini's "Nota biobibliografica," in Vettori, *Scritti storici e politici*, p. 363 and n. 3. 维拉里和尼科利尼的结论基于一封11月13日写给弗朗切斯科·圭恰尔迪尼的信,来自某个叫潘多尔福·德·孔蒂(Pandolfo de' Conti)的人,他通知圭恰尔迪尼"弗朗切斯科先生"已经"跟随[或者护送]完正义旗手"(quale aveva seguitato el Gonfaloniero)回来了,被逮捕、拷打并关进警署监狱(bargello)好几天(*Carteggi di Francesco Guicciardini*, 1:122)。这里的弗朗切斯科一定是其他人,理由如下: (转下页)

1513年2月初,韦托里离开佛罗伦萨前往罗马,骑的马还是从马基雅维利那里借来的,马基雅维利送他到罗马门(Porta Romana)。① 6日他抵达罗马城,两周后尤利乌斯去世,枢机主教们召开秘密会议选出新教宗。3月11日他们宣布乔瓦尼·德·美第奇当选,是为利奥十世。韦托里颇感意外,他突然意识到自己是在代表美第奇控制下的佛罗伦萨政府出使现在也在美第奇手上的教廷。在这种情况下,美第奇家族的密友们经常穿梭于双城之间,也不时有多位佛罗伦萨的大使到达罗马,韦托里的作用也就没有那么必要了。由于其他更接近美第奇家族的佛罗伦萨人在操作大部分的重要事宜,韦托里[94]很快发现,他待在罗马完全多余,他期待快快被召回。② 但出于某种理由,十人委员会一直让他在罗马待了2年多,直到1515年3月。

韦托里离开后没多久,在2月中旬,佛罗伦萨的新政权公布了一场针对美第奇家族的阴谋,主谋为阿戈斯蒂诺·卡波尼和彼得罗保罗·博斯科利。当局还找到了一份名单,卡波尼和博斯科利显然认为这些人是美第奇家族的敌人或潜在的敌人,马基雅维利的名字赫然列。他被捕、(从一切现有证据看错误地)被指控参与阴谋、下狱、受到审讯并被施以酷刑,以期得到密谋者的信息。在身陷囹圄的几周里,他以十四行诗的形式向朱利亚诺·德·美

(接上页注③)第一,韦托里不会被称为弗朗切斯科"先生"(ser)(实际上,当圭恰尔迪尼的兄弟亚科波传达韦托里被任命为罗马大使的消息的时候只是叫他"弗朗切斯科·韦托里",the letter of 8 January 1513, ibid., 1: 136);第二,潘多尔福·德·孔蒂的信继续说这位"弗朗切斯科先生"丢掉了圣俸(benefice)和牧师职位(chaplaincy),显然这是个神职人员,而韦托里并不是。而且,如果韦托里真的在1512年9月遭遇了逮捕和折磨,他为何从未在来年春天的信中向马基雅维利提及?当时他希望马基雅维利能够理解他俩都是1512年政治事件的受害者。

① FV to NM, 30 March 1513; Opere, p. 1130b:"我的大使生涯从您送我到城门开始就麻烦不断", p. 1131a:"我回来时会向您偿付马的价钱"。也见 Lettere, pp. 365-366; Lettere a FV, pp. 106-108。

② Devonshire Jones, Francesco Vettori, pp. 85-88.

第奇求救①,当 3 月中旬获释的时候,他显然相信就是朱利亚诺帮助了他,甚至挽救了他的生命。尽管被宣告并未参与此次阴谋,但是饱受折磨的马基雅维利感到困惑、耻辱,并且在他从事政府和外交工作 14 年的秘书厅成为不受欢迎的人。他的第二段人生开始了,被迫的赋闲、读书和写作取代了政治,填充了他的生活。

马基雅维利和韦托里的人生从此分道扬镳,将走向何方,他们都感到困惑不解。他们都曾在共和政府中身居要职,他们也都曾在拯救索德里尼上出过力,而马基雅维利与朱利亚诺的友谊,或者至少他以为的友谊,则是与当下处于统治地位的家族之间更为私人化的联系,远超韦托里与他们之间的任何联系。但是,马基雅维利现在却成为被放逐的人,而韦托里则被任命为大使,哪怕大部分时间无所事事。当然,从多个角度看,美第奇家族复辟为何对他们两人造成如此不同的结局是一目了然的。马基雅维利与索德里尼十几年的交情是一个难以逾越的障碍。至于韦托里,或许是他弟弟保罗的影响力保住了他作为美第奇一位朋友的地位。另外,由于斯特罗齐家族和鲁切拉伊家族与其他家族存在广泛的联系和姻亲关系,因此,韦托里这样的权贵(没有他们,美第奇家族无法控制和建立起任何东西)与一个没有政治根基和权势家族背景、一旦索德里尼和共和国倒台便完全没有立足之地的"炮灰"秘书厅官员之间的差异是不容忽视的。马基雅维利和韦托里都非常清楚,是什么样的事态结构令一人蒙辱而另一个幸免并在政治上飞黄腾达。但是,知晓这些原因并不能减轻朋友之间的尴尬。1513年 3 月,就在他们思索着这种盘根错节的荒唐反讽之时,他们之间的通信开始了。

---

① Ridolfi, *Vita di NM*, pp. 213-219. 狱中十四行诗,见 *Opere*, pp. 1003-1004。

第三章 "前国务秘书"

放逐中的"论述与概念"

[95]1513年3月11日乔瓦尼·德·美第奇当选教宗,成为教宗利奥十世,佛罗伦萨举行了5天的庆典。欢天喜地的城市充满了游行与篝火,期待着本城人第一次升任圣座所必然带来的和平与利益。① 照例,举行此类公共庆典通常会有大赦,政府打开牢狱打发犯人回家,这也包括尼科洛·马基雅维利。3月13日——就在他被释放的一两天后——他写信给在罗马的韦托里,称呼他为"尊敬的弗朗切斯科·韦托里阁下、佛罗伦萨赴教廷大使",简短地告知"在本城共同欢庆之际,我出狱了,您和保罗的所作所为曾使我盼望这一天的到来,为此我要感谢你们"。② 马基雅维利的谢意不过是在突出他对韦托里的失望,与近乎明白的责备。他入狱期间没有收到韦托里的任何消息,他自然不愿说太多给他带来

---

① 韦托里后来强调佛罗伦萨人是多么看重由此带来的财富增长的机会:"因为佛罗伦萨人致力于商业和盈利,他们全都认为自己肯定会从这次教宗选举中得到很多好处"(*Scritti storici e politici*, p. 152)。"但是,他也评论道,利奥就任教宗时面对这么多对其"善良与审慎"的高期待,以致"后来他难以达到这些对他的想象"(ibid., p. 150)。圭恰尔迪尼记得一个对利奥的重大期待是,他会以其父为榜样"热衷于结交饱学之士和所有杰出的头脑"(Guicciardini, *Storia d'Italia* II. 8, p. 1096)。

② *Opere*, p. 1128b; *Lettere*, pp. 360-361; *Lettere a FV*, pp. 99-100.

如此深重痛苦和羞辱的具体情况:"我遭逢厄难(disgrazia)的漫长故事,就不和您说了。"马基雅维利没有提到让自己遭受折磨的始作俑者,他只是说机运女神(la sorte)干尽了一切事情让他遭此损害(iniuria)——这个词同时兼具不公正、冤枉、伤害和侮辱之意——"感谢上帝,事情已经过去了"。至于未来,他先是没有表达任何期待,并仅仅希望此类厄难[96]不再重演,既是因为他会更加谨慎,"也是因为时代会变得更加宽松,不会再如此多疑了"。

他的第一个念头就是让自己摆脱依赖别人的境地,那些人要么给他带来了"厄难",要么本来能够从厄难中拯救他并可能恢复他昔日的尊严——当然,不管哪种情况,主要指的都是美第奇家族。不过,他发觉要维持这种姿态是不可能的,因为就在同一封信中,他已经向韦托里求助了。他先是请韦托里尽可能地确保他的弟弟托托能成为教宗的家仆,并以此为话头微妙地谈到韦托里在美第奇家族面前可能发挥什么影响力。在这封短信的末尾,他请求韦托里"如果有可能,请让我们的主人[教宗]记得我,以便他或他的家人可能会开始让我以某种方式效劳,因为我认为我会令您增光,做于己有益的事"。韦托里是否有可能代表马基雅维利在美第奇家族面前发挥调解作用一事,成为他们通信中反复出现的主题。但是,对马基雅维利来说,这是一个注定破灭的希望,这种期待超过了韦托里对美第奇家族的实际影响力,它是基于美第奇家族对于这位前国务秘书态度的虚假幻想之上的。对于韦托里来说,他想重新获得马基雅维利的信任,却也清楚自己在罗马其实出不上什么力,这些希望和期待立刻就成了一种虚妄的念头和尴尬。

我们不清楚当韦托里在 15 日写信给他"亲爱的同道"的时候,马基雅维利的信是否已经抵达罗马。① 那是一封满是歉意的信。他开头写道"过去八个月来",这明显是指自 1512 年夏天以

---

① *Opere*, p. 1129a; *Lettere*, pp. 361-362; *Lettere a FV*, pp. 102-103.

来改变了他们生命轨迹的诸多动荡事件,"我遭受了一生中前所未有的极度悲伤(dolori),有些是您不知道的。不过,当听说您被拘捕时,我感到无以复加的伤痛,我立即断定,您会受到毫无来由的酷刑折磨,后来的确如此"。韦托里又将他的悲伤同他的无力感和负罪感联系起来:"让我悲痛的是(Duolmi),我不能像您信任我那样给予您应得的帮助。"马基雅维利入狱期间,他的弟弟托托曾给韦托里递信,大概也是向他求助,对此韦托里说他在一位教宗逝世和另一位当选这段时间里什么也做不了。"教宗当选的时候,我向他提出的请求只有一个,那就是让您被释放,我很高兴,这一请求已经兑现。"作为通信开端的这两封信中特别有启发性的地方在于一种对比:[97]马基雅维利保持了沉默,他拒绝谈论自己遭遇了什么,而是用"厄难"(disgrazia)和"损害"(iniuria)这样的词避开具体描述,总之不愿谈及自己的感受。韦托里则坦陈悲伤和自责,承认自己的朋友遭遇折磨,并为没能替马基雅维利出头而深感内疚。在这一奇妙的颠倒当中,好像韦托里才是那个需要并在寻求宽慰的人。在信写到一半的地方,他好像察觉到了这种倒置带来的尴尬,他换了一种语调,聊胜于无地宽慰马基雅维利,建议他"面对这一迫害您应该打起精神来,就像面对加诸您的其他迫害一样"。韦托里补充道:"因为现在事情已经尘埃落定,[美第奇家族]好运已胜过了一切想象和论述。"马基雅维利至少可以希望"不会一直埋没无闻",并被解除不得离境的限制。如果是那样的话,并且如果韦托里继续长期待在罗马——不过他对此表示怀疑,因为他认为与他"相当不同的那类人"更愿意待在教廷——他敦促马基雅维利来找他,想待多久便待多久。当他重新获得内心的安宁后还会这样写。这样,即使韦托里为自己不能在2月和3月帮助马基雅维利而感到内疚,却也暗示了既然美第奇家族在佛罗伦萨和罗马都大权在握,那么马基雅维利至少还能够期待自己境遇的改善,而前往罗马或许可以实现这一点。在韦托里匆匆写下的想法中,从内疚转而寄希望于美第奇家族的情节从这里开始会不止一次地出现。马基雅维利很快也以更大的热情而非应有的审慎与良好判断做出回应。至于韦托里说美第奇家族的好运已胜过"一切想象和论述"是什么意思,我们很快会在接下来的几封信中看到,他们两人是如何提出并探讨语言和想象两者与事件的关系这一主题的。但即使就从这几个字也可以清楚地看到,韦托里在考虑这一议题。

马基雅维利立刻回信(3月18日)感谢韦托里这封"满是关爱的信",他认为这封信"令我忘记了自己所遭遇的一切不幸"。① 他补充说:"尽管我十分确信您对我抱有的友爱,不过这封信仍令我十分受用",这话是在确认韦托里在马基雅维利入狱的几周内没有给他写过信。但马基雅维利仍旧非常感激,他希望能有机会为韦托里做些什么,因为"我可以说,我生命中所余之一切,[98]都是拜朱利亚诺殿下和您的[弟弟]保罗所赐"。有意思的是,马基雅维利对弗朗切斯科·韦托里的感激之情是以感激朱利亚诺·德·美第奇和保罗·韦托里来表达的。至于说"忘掉"所有韦托里的信所勾起的不幸遭遇,我们只能说这是一种与记住无异的忘却。"生命中所余之一切"的措辞则强调了他曾命悬一线,这也算是对韦托里劝慰他要以勇气面对迫害的一种回应:"至于面对机运女神,我希望您能从我的苦难中找到乐趣(piacere),这是说,我曾经是那么勇敢地忍受它们,我为此感到自豪,我认为我比自己所设想的还要好。"这里马基雅维利用他自己的斯多葛式的刚毅来回赠给韦托里以安慰。在机运女神面前这片刻的满意与自得让他又一次表达美第奇家族——"我们的新主人"——能够"不任我自生自灭"(non mi lasciare in terra)的愿望,这是对韦托里3月15日

---

① *Opere*, pp. 1129b-1130a; *Lettere*, pp. 362-364; *Lettere a FV*, pp. 103-105.

相似愿望("不会一直埋没无闻"[non havere a stare sempre in terra]*)的呼应。但他又迅速补充说,如果他们不愿为他做些什么,"我会继续过我一出生就过上的生活,我出身寒门,首先学会的是艰苦求生,而不是享受奢华"。提到他的"贫穷"既是讽刺也是间接发难;讽刺在于若被美第奇家族忽视,他将把贫穷当作可资依靠的东西,而发难在于它暗指自己与韦托里之间的社会阶级差距。

在信的末尾,这些轮流流露的勇毅和苦涩让位于一种中间状态,一种被置于或陷于他所记住的过去与他所希望(或恐惧)的未来之间的状态,但是并没有用空间或者时间来界定这一状态,马基雅维利将这一状态比作做梦。在转达了"帮里的所有人"(Tutta la conpagnia)——"从托罗马索·德尔·贝内到我们的多纳托[·德尔·科尔诺]"——的问候,他告诉韦托里他和他的伙伴们每天都去造访"某些个姑娘家以恢复活力,我们昨天刚刚在桑德拉·迪·佩罗家里观看[庆祝乔瓦尼·德·美第奇当选教宗的]游行队伍。而且,我们要继续在这些全民欢庆中消磨时光,享受生命之所余,我觉得就像在做梦一样"。做梦在这里表达的是一种迷失而非快乐,是一种不能理解的感觉,这一刻他的人生无可挽回地在逝去的"过去"与尚未成形的"其后"当中分裂了。马基雅维利第二次在这封信中[99]提到"生命之所余"("生命中所余之一切"和"生命之所余")。这种修辞既强调了他与过去拉开了距离,但恐惧永远难以平复,又强化了他对过去难以消解的依恋。未来尚不明晰。当下,他陷于一种梦境般的流离之中,时间延缓了,而他成了周遭事件的旁观者,完全随意地漫步,进进出出他人——当然是女孩们——的住所。这最后的意象为这一段话增加了一种情欲意味的转变,这让我们以一种相反的方式想到但丁在放逐中走上、

---

* [译注]作者对两组类似的意大利文的英译文都是"leave on the ground",但根据不同语境,中译文没有保持统一以体现这一点。

走下"别人家的楼梯"(《天国篇》第十七歌第 60 行)。并且,也像这位朝圣者从卡洽圭达那里知晓他的"第一个避难所"将是"伟大的伦巴第人的慷慨好客"*一样,在韦托里的鼓励下,马基雅维利这里自称为"我们的新主人"的被保护人(client)——只不过对他来说要接近他的"主人"全仰赖于韦托里。他带着显而易见的焦虑请求韦托里让教宗"记得我",并希望美第奇家族"不任我自生自灭",这种焦虑也一定令韦托里忧心。在最早的这些信件中,虽然马基雅维利在佛罗伦萨仍被禁止离境,但他却开始不仅以一个受害者更以一个需要恩主或至少调解人的被放逐者来看待自己。毫不意外,这一放逐的主题很快就令他的思想更为直接地转向但丁。

马基雅维利非常清楚,若代表那些与博斯科利阴谋有所牵连的人去接触教宗是多么危险。韦托里在 3 月 15 日那封信的末尾简要地提起,他们共同的朋友、前马基雅维利国民军军事专员菲利波·卡萨韦基亚(韦托里称他为"我们的菲利波"[Filippo nostro])①到达罗马后被教廷司库乔瓦尼·卡瓦尔坎蒂阻拦不得觐见教宗。马基雅维利的回应是,他将此消息转给他们的某些朋友,他们听说卡瓦尔坎蒂这样不看重卡萨韦基亚后颇感遗憾和奇怪,后来发现问题的根源在于朱利亚诺·布兰卡奇——另一位朋友,马基雅维利称作"那个布兰卡奇诺"——向卡瓦尔坎蒂透露卡萨韦基亚觐见教宗的目的是要为某个乔瓦尼·迪·安东尼奥求情,此

---

* [译注]如无特殊说明,《神曲》的中译文均采自人民文学出版社田德望译本,个别词句略有调整。

① 有关卡萨韦基亚及其与马基雅维利的关系,参见 Paolo Malanima, "Filippo Casavecchia," in *Dizionario biografico degli italiani*, 21:269-270;也参见拙文"The Controversy Surrounding Machiavelli's Service to the Republic," in *Machiavelli and Republicanism*, ed. G. Bock et al.,, Cambridge: Cambridge University Press, 1990, pp. 109-112, 115-116.

人因对那场阴谋有所了解而被判入狱两年。① 按照马基雅维利所了解的情况,卡瓦尔坎蒂[100]拒绝让卡萨韦基亚觐见利奥十世,就是因为布兰卡奇透露了卡萨韦基亚的意图。马基雅维利补充说,如果卡萨韦基亚没打算为乔瓦尼·迪·安东尼奥求情,那么佛罗伦萨的"朋友们"就要谴责布兰卡奇传这样的"闲话"(scandalo),可如果是真的,他们就要责备卡萨韦基亚采取这一绝望之举(或说做注定失败的事情),并建议他将来要谨慎些才是,特别是因为尼科洛·德利·阿利(我们对此人一无所知)正在城里到处诽谤卡萨韦基亚并怂恿其他人也这样做来报复他。

后面的通信再没有任何内容揭示这场涉及政治、流言和个人恩怨的复杂纠葛,虽然菲利波·卡萨韦基亚和朱利亚诺·布兰卡奇都将是出现在通信中的重要人物。当韦托里在 3 月 30 日再次写信的时候,他也完全没有提到卡萨韦基亚是否见到了教宗,如果见了又是何目的。我们当然很容易理解马基雅维利对这件事情细节的关注,他肯定是将此事当作能否得到宽宥和平反的一种测试,同时这也是令人沮丧的例子,既表现了美第奇家族的冷漠,也说明了朋友不谨慎地谈论另一位朋友(在这件事上是朱利亚诺·布兰卡奇谈到了菲利波·卡萨韦基亚),无论是否属于有意为之,都可能导致灾难性的后果。就此而言,虽然马基雅维利只是请韦托里提醒卡萨韦基亚,阿利正在佛罗伦萨发动针对他的诽谤活动,但是信中这一段话有一个未挑明的疑问:在这件事上韦托里本人能做些什么以及在将来类似的事情上还能做些什么? 或许这就是为什么韦托里在 3 月 30 日回信的时候对这件事情缄口不言。

在韦托里下一封信的开头,他间接地回答了这个更大的问题。他向马基雅维利解释并致歉,称自己没能帮马基雅维利的弟弟托

---

① See Gaeta, in *Lettere*, p. 363, n. 4, citing Tommasini, *La vitae gli scritti di NM*, 2: 968. Cf. Inglese, in *Lettere a FV*, p. 105, n. 10.

托争取到教宗的任命。① 教宗本人虽然已经批准,但教廷财务院的官僚们因为超员反对此项以及其他可能的任命。教宗的个人仆从们没有薪水也能够保证自己的利益,而这一阶层人数的剧增将意味着来自该岗位的收入和利润降低。虽然韦托里向马基雅维利解释了这一切,但他仍旧坚持认为这是他个人的一次失败。他承诺会再试一次,然后向马基雅维利吐露了自己的挫败感,这件小事的挫折只不过是他出使罗马碌碌无为的一个反映:"我相信,同道,[101]您大概会想,我一定非常自责,在这样一个幸运的时刻,一个佛罗伦萨人当选教宗,而我却不够热心,没能让某个人成为教宗的家仆。我承认事实如此,而且很大程度上是我自己的问题,因为我不知道如何能足够坚决果断(impronto),从而对自己和其他人有益。"韦托里进一步将这种悲观情绪扩大到他的大使角色上来:"我的大使生涯从您送我到[佛罗伦萨的]城门开始就麻烦不断。"他解释说在去罗马的路上他担心尤利乌斯会死掉,他自己可能会被关起来或者遭遇抢劫。除了旅途上一般的风险,他为什么会有这种担心尚不清楚,但有意思的是,韦托里现在还记得自己所恐惧的——被关起来——恰恰是他们在城门分别几天后马基雅维利实际经历的。他是出于挥之不去的愧疚而想通过唤起自己不曾经历的恐惧来分担马基雅维利的苦难吗?不管怎样,他没能见到濒死的教宗,虽然利奥十世的当选得到了各方满怀希望的欢迎,但韦托里认为这项任命只会白白花费他的金钱——在那时大使的很多开销都是自掏腰包的——并且他很快便会被换掉,会对他的名誉造成巨大打击。

韦托里试图在他的霉运和马基雅维利的不幸之间建立起一种粗略的对照,此种意图在下面这段话中展露无遗:

---

① *Opere*, pp. 1130a-1131b; *Lettere*, pp. 364-366; *Lettere a FV*, pp. 106-108.

不过您知道,我会使自己顺应一切,努力对每个人好而不计结果如何。尽管年轻时我不懂得什么是艰苦求生(stentare——马基雅维利3月18日信中的原词),但作为已经年长的人我会竭力趋奉迎合。尽管我劝您直面机运女神,但我也是那种更善于劝解别人却不能说服自己[也这样做]的人,因为我在好运中没能做到自信无畏,却在厄运中自我贬低、疑惧一切;如果我能和您谈谈,我同样也会让您有理由感到疑惧。

韦托里最后一句话想说什么呢?他只是在警告马基雅维利他施加给自己的悲观情绪是有传染性的吗?或者,他是在暗示马基雅维利要像他本应做到的那样不要疑惧(dubitare)?又或者,那句"直面机运女神"不过是一种英勇的姿态?

韦托里接着转而谈论近期的教宗选举,他承认这当然会让佛罗伦萨更加安全。他非常清楚这一点——"我[102]对此深信不疑"——但是,除了这一简单的看法,"正如我在别的地方和您说过的,我不再希望继续理性地讨论事物,因为我常常发现自己受到蒙骗。这次我们的人当选教宗更是如此。在此期间我常常逐一与枢机主教们讨论,看谁会支持他[乔瓦尼·德·美第奇],结果出于这样或那样的理由,[表示会支持他的]人少得可怜,似乎他根本不可能当选"。韦托里详细讲述了他曾对那些对选举会议有影响的枢机主教与政治领袖们的动机进行了多种但最终是错误的推演和假设,他承认这些试图预见结果的努力都是徒劳的,他总结道:"我的所有这些论述和推理都是无用的。""所以,我的尼科洛,您看",韦托里继续说道,"好运气(la buona sorte)是多么重要啊,像我这样缺乏好运的人,只能做成几件事情,甚至一事无成。我已习惯于遵循这条法则;但是,有时在其他人的强迫下,我不得不做我不情愿的事情。"他是在说乔瓦尼·德·美第奇的意外成功是运气使然。

显然,在韦托里和马基雅维利之前的讨论中,是存在着关于这一切的某些背景的。韦托里首先宣布他没兴趣"继续理性地讨论事物",并且提醒马基雅维利他已经"在别的地方"和马基雅维利说过了。他提到只要他能同马基雅维利谈谈,就"有理由"(con ragione)能让马基雅维利恐惧或者怀疑,这似乎指的是先前的对话和不同的意见。另外,韦托里在这封信中用到了一系列他认为马基雅维利所熟悉的、不需要准确定义或者解释的词句,因为在之前的对话中它们已经处于一种准术语的地位了,如机运/机运女神(fortuna,"直面机运女神"[volgere il viso alla fortuna]、"厄运和好运"[adversa and prospera fortuna],以及相关的但并不完全等同的概念"好运气"[la sorte])、论述(discorsi,以及"继续讨论"[andare discorrendo])、理性/理由(ragione)甚至疑惧(dubitare)——还有后面三个的多种组合("有理由疑惧"[dubitare con ragione]、"继续理性地讨论"[andare discorrendo con ragione]、"论述和推理"[discorsi e ragione])。关于这些术语可谈的有很多,在通信中常常出现,并且(至少机运、论述和理性)成为马基雅维利的核心政治术语。但是,现在的重点在于,韦托里在向马基雅维利提到一系列他们过去讨论过并且明显有分歧的相关概念。① 这封信的力量似乎就在于韦托里忧郁的信念,他认为近来一系列事件的本质是不可预测的。[103]选举会议期间他自己在罗马的经验证明了这一点,马基雅维利在佛罗伦萨的"厄难"也暗合了这一点。这就让马基雅维利有理由重新思考,甚或拒斥他在这些议题上曾持有的观点。实际上,韦托里是在说,虽然一开始他想宽慰马基雅维利("我劝您直面机运女神"),但他现在想挑战他了。尤其是,马基雅维利现在是否还没有打算承认需要修正关于"论述"和"理性"

---

① 其中部分分歧在他们1508年共同执行出使皇帝任务的时候就浮现出来了,前面一章曾提到过。参见本书第77—81页(原书页码)。

之性质的乐观假定？这个挑战是友善的，韦托里援引自己的失败为例建构自己的观点，这使得这一挑战没那么尖锐。他在信的末尾表现出的仰慕与自我贬低也起到了类似的效果："我希望不要等候太久就能再次见到您，我正在考虑在乡间度过我的余生。"韦托里这里显然指的是他在罗马期间所剩余的时间，但这一对马基雅维利的"生命中所余之一切"和"余生"的呼应与糅合强化了他一直试图建立的对照关系。"我承认过去我一直是反对[在乡间生活]的，但是现在我改变主意了。无论我在何处，在乡间(in villa)、在佛罗伦萨还是在这里，我都一如既往地恭候您的差遣。对您几乎无可给予，令我不安；因为我能力有限，而且从来不认为自己会有什么作为。"

马基雅维利立刻就明白了这一挑战的性质，但是他的回应——1513年4月9日那封著名的信——哪怕对韦托里而言都有些出人意料。① 这位大使的忧虑促使马基雅维利写了一段简要却有力的关于恐惧的表述，这让他压抑了将近一个月乃至更长的时间。信的开头是《神曲·地狱篇》第四歌中的一首三行诗，当时维吉尔正准备陪但丁进入地狱的第一层灵泊(Limbo)，有德性的异教徒和未受洗礼的婴儿在当中被上帝放逐。维吉尔邀请但丁"从这里下去进入幽冥世界……我第一个进去，你第二个"。但是维吉尔脸色一变，旅人但丁立刻察觉到这一变化，说了如下马基雅维利所引用的话：

> 我一眼看出他面色骤变，
> 便说："你总是给我的疑惧以慰藉，
> 既然你也害怕，我又怎能前去？"②*

---

① *Opere*, pp. 1131b-1132a; *Lettere*, pp. 367-368; *Lettere a FV*, pp. 110-111.
② *Inferno* 4. 16-18. 文本与翻译参见 Charles S. Singleton, ed. and tr., *The Divine Comedy: Inferno*, Princeton, N.J.: Princeton University Press, 1980, pp. 34-35.
* [译注]中译文采自中文版《马基雅维利全集·书信集》段保良译文。

[104]但丁的"疑惧"(dubbiare)指的是产生恐惧的怀疑与不确定,我想接近于我们所谓的焦虑(anxiety)。马基雅维利在这里暗示,就像但丁的诗句所言,韦托里之前一直都是为他带来宽慰的人,或许只是在当下如此特别困难之时不是,因为他也开始感到恐惧,而过去早些年他们在政治上结成友谊的时候一直都是。如果对马基雅维利借用《地狱篇》第四歌的三行诗的解读大致不错的话,那么它便为我们打开了一个他们早期友谊的维度,而在此之前几乎毫无提及。我们从秘书厅时期的作品中所了解的马基雅维利并没有内心的怀疑或者焦虑的情绪,至少从行文中看是如此。只有诸如在1509年末的维罗纳那种特别时刻,我们才能够看到一丝此类心情的痕迹,情绪不稳定、对依附的恐惧、焦虑的攻击性。但是1513年4月9日的这封信表明,韦托里经常成为马基雅维利在此种情绪中会寻求"宽慰"(conforto)的人("你总是给我的疑惧以慰藉"),或许是韦托里在3月30日的信中坦陈自己的负罪感和无力感让马基雅维利(某种程度上是允许自己)写他自己的恐惧,并思考韦托里(暂时性地)不再给他安慰对他造成的后果。

在《地狱篇》第四歌里,当旅人但丁看到维吉尔的痛苦,他便不愿进入那个起初他认为是"愁苦的深渊……黑暗、深邃、烟雾弥漫"的地方。马基雅维利将自己比作那位将要开始下到未知世界的旅人,同样犹豫地追随他那突然害怕起来的向导。三行诗的最后一行呼应了韦托里3月30日书信中的关键段落。慰藉的短暂消失和恐惧的出现是两段的中心("尽管我劝您……疑惧一切"和"你总是给我的疑惧以慰藉")。韦托里看到自己被代入焦虑的维吉尔角色或许会被逗乐,但是就马基雅维利对他在1513年4月所面对的情况的理解而言,引用但丁的话所具有的含义超越了他同韦托里友谊的性质。事实上,马基雅维利明显非常熟悉的《地狱篇》第四歌是在向我们引出许多重要的主题,围绕这些他开始塑造自己被放逐者的自我认知。但丁的维吉尔解释说:"这下面的人们的痛苦使我的怜悯之情表露在脸上,你把这种表情看成了恐惧。"他们痛苦的根源是无辜受累(injured innocence):

> 在你再往前走以前,我得先让你知道,
> 他们并没有犯罪,如果他们是有功德的,
> [105]那也不够,因为他们没有领受洗礼,
> 而洗礼是你所信奉的宗教之门;
> 如果他们是生在基督教以前的,
> 他们未曾以应该采取的方式崇拜上帝,
> 我自己就在这种人之列。
> 由于这两种缺陷,并非由于其他的罪过,
> 我们不能得救,我们所受的惩罚
> 只是在欲望中生活而没有希望。①

灵泊中的灵魂并非有罪之人,他们反而是有功德的。他们唯一的"缺陷"说到底是他们无法控制的时机造成的:他们无法全心全意地爱一个尚未现身的神。从任何理性的考量看,对他们的惩罚是不正义和不应得的,而马基雅维利大概就是在纯粹世俗的语境下将他自己的境况看作是大致相似的。在他的一首政治性诗作中,他有点儿痛苦地开玩笑说,索德里尼会在灵泊里那些无辜孩童中间找到自己的位置,他以这种方式斥责那位被放逐的正义旗手在政治上的幼稚。② 这样一来,虽然1512年的受害者们遭受的是无辜的放逐惩罚,但是马基雅维利似乎认为,只有他自己一人的命运更接近那些维吉尔引见给但丁的异教哲学家和诗人——正如维吉尔所言,那些灵魂饱受无节制的欲望折磨而没有希望。马基雅维

---

① *Inferno* 4.33-42;也见 Singleton, pp. 36-37。
② *Opere*, p. 1005.

利没有引用这些诗句("我们不能得救,我们所受的惩罚/只是在欲望中生活而没有希望"),但是很明显,1513年4月9日这封信的余下部分都是在进行某种焦虑的对话,谈论这些诗句中的放逐概念。

在灵泊这一篇中还有另一个主题也是吸引马基雅维利的,这几乎是一种本能。对于一个在几周前、在蒙辱和受损害时就曾诉诸诗歌的人来说,古代的诗人/放逐主题是难以抵抗的。但丁注意到灵泊里的"尊贵人物",并问维吉尔"这些享有使他们景况与众不同的光荣地位的人"是谁。维吉尔快乐地回答——对马基雅维利来说满是讽刺的弦外之音:"他们为世人所传扬的荣誉,赢得了天上的恩泽,把他们提高到这样的地位。"① 马基雅维利不止一次谈论到他作为诗人缺少荣耀和承认,当他审视《地狱篇》第四歌接下来的那些著名场景时,一定会感到酸溜溜的,其中那些被不公正地置于"在欲望中生活而没有希望"境地的诗人们在他们的放逐生活里彼此致敬。荷马、贺拉斯、卢坎,还有奥维德——诗人/放逐的卓越典型,被认为因其诗歌而被逐出罗马——都前来[106]向归来的维吉尔表达敬意。维吉尔向但丁解释说他们全都享有"至高诗人"(altissimo poeta)的名号。但丁称包括维吉尔在内的这五个人聚集成为一个"美好的流派"(bella scola),"在一起谈了片刻"(ragionato insieme alquanto)——后来马基雅维利在那封著名的1513年12月10日的信中按照自己的目的再造和重写了这一时刻——转向但丁"表示敬意"给了他"更多的荣誉"使其成为他们的一员,"结果,我就是这样赫赫有名的智者中的第六位"。②

这一包括但丁在内的诗人小团体向前走,谈论着一些"在这里最好是保持沉默,正如在那里最好是谈一样"的事情,并进入一

---

① *Inferno* 4. 76-78.
② *Inferno* 4. 79-102;参见 Singleton, pp. 40-41。

座"高贵的城堡"。在城堡周围的草坪上,他们发现"这里有一群人,目光缓慢、严肃,容颜具有重大的威仪。他们说话很少,声音柔和"。在这里但丁看到了特洛伊、古希腊和罗马的"伟大的灵魂":哲学家、演说家,还有——这些名字绝对会吸引马基雅维利,他们是历史上以及传说中的建国者、统治者和国家的解放者——埃涅阿斯、恺撒、拉提努斯王、"驱逐塔克文"的布鲁图斯以及卢克雷蒂娅。但丁十分感动,发自肺腑地为看到他们所有人而感到自豪。①于是,《地狱篇》第四歌的主题从无辜受累与放逐,所谓"在欲望中生活而无希望",转向了通过诗歌和跨越时间重建一个理想的"伟大灵魂"的共同体,其高贵与权威在于共同的言语,即使他们不能得救,也缺乏在人类的理解中被称为正义的东西。

在1513年那个哀伤的春天里,马基雅维利将自己的文学记忆锁定在灵泊之中并不让人意外。引用过但丁之后的段落,实际上是对这一歌主题的反讽性评论。在第二次开始写信时他写道:"您的信比吊索[在遭受酷刑的时候他的身体被吊起又落下]还要让我觉得恐怖。"这是他第一次提到所遭遇酷刑的实际形式,好像他现在能够承认这一点乃是因为有别的事情变成更为恐怖的事了,只是他提到那种恐惧之根源的方式间接得古怪。他告诉韦托里若"您有任何我生气了的想法",他都为韦托里而非自己感到伤心,因为他解释道:"我已决定不想再带有激情地欲望任何事物。"这种说法似乎是在回应但丁关于灵泊里的灵魂"在欲望中生活而无希望"的观念。至少在表面上,引发这种委屈顺从态度的事件乃是韦托里没能为马基雅维利的弟弟搞到教宗的任命,而马基雅维利坚持要求韦托里不要因为他请求的事而使自己陷入任何[107]麻烦:"我即使得不到我所[向您]请求的,亦不会为此而痛苦。"这是马基雅维利在同一段话里第二次令自己摆脱引发激情

---

① *Inferno* 4. 103—129.

或者煎熬的欲望。他似乎是在告诉韦托里,他已经越过了某种感情的临界点,从而在缺乏希望时会调适自己的期待:未尝不似《地狱篇》第四歌里走向但丁及其向导的那些结伴的诗人们,"神情既不悲哀也不喜悦"①。在马基雅维利的心头,欲望与激情的困境当然有很重的分量,但是这种忧虑的真正要害只在书信的第二段才出现,其中马基雅维利将自己代入韦托里3月30日书信中因自己全部"论述和推理"失败而产生的感伤当中。

他先是赞同和承认韦托里的看法:"如果您认为对事件进行评论令您感到厌倦,因为您发现事件的结果往往跟人们的论述和概念相左,您是对的,因为同样的事在我身上也发生过。"韦托里的确戳中了马基雅维利的痛处,有人怀疑这一点是马基雅维利终将承认的根本性恐惧:在语言即那些"人们的论述和概念"(discorsi et concetti che si fanno)与事件的实际过程之间存在差异。这位前国务秘书对于职业和目标的观念围绕着一个假定建立起来:在"论述"和"事件"(cose)之间存在着"对应"(riscontro)关系。韦托里现在向他力陈的一种可能性认为,他的"论述和概念"是(或许总是)外在于甚至不能察觉事件自身的发展,这让马基雅维利遭遇无法回避的理论上的和个人的困境。语言面临失去对事件控制的危险,这种失控在这封信中与欲望的挫败和激情有某种尚未明确的关联。从实际角度看,现在岌岌可危的恰恰是政治论述的有效性。因为如果事件自有其逻辑,如果它们也的确全然拒绝"论述和概念"试图对它们的控制甚至理解,那么"论述"的基础和效力何在呢?

马基雅维利正处在一个关于语言和政治论述的重要理论问题的边缘,他运用了14年的技艺也是其中的一部分。但是当下,他用高度个人化的术语提出这一问题:

---

① *Inferno* 4.84(英译文采自 Singleton, pp. 40-41)。

然而,如果我能够与您谈谈,我只能用各种臆测填满您的头脑,由于机运女神已经决定了,我既不懂丝织和毛纺之事,也不懂[108]赢利和亏损之事,我只能谈论政治。我必须要么发誓保持沉默,要么谈论这个。

这是一个实至名归的著名段落,常常被解读为马基雅维利以政治写作为业的宣言,他后来也的确是这样做的。① 但是,关于这几句话有两件事情不应被忽视。第一是马基雅维利是在直接地回应韦托里的观点,即由于他常常发觉自己被骗,他便不愿"理性地讨论事物"。② 马基雅维利的第一反应是赞同:"您是对的,因为同样的事在我身上也发生过。"换句话说,他同样也发现"事件"(ca-

① 例如,斯夸罗蒂将这一段解读为"对无休无止地提出计划与讨论('臆测')的颂扬",以及"夸耀政治才是唯一值得智力活动参与的中心领域,而不经客观论证"(Bárberi Squarotti, "Narrazione e sublimazione: le lettere del Machiavelli," in his *Machiavelli o la scelta della letteratura*, Rome: Bulzoni, 1987, p. 63)。在斯夸罗蒂看来,"真实事件……以及头脑中的算计之间的断裂"对马基雅维利而言根本不是什么困惑和焦虑的根源,也不是"现实的悲惨状态"(doloroso stato di fatto),而在4月9日的书信中被认为是"一种绝对的和必然的状况,试图逃避是徒劳的"。另外,斯夸罗蒂认为"现实与理论之间的非对应关系……以及历史相对于智识的次要性"——在他看来,对于那些选择更高层次的人来说无非产生烦恼(fastidio)而已——实际上有助于厘清在这封信中什么是马基雅维利所投身的"智识活动的崇高层次"(pp. 63-65)。萨索虽然没有进入斯夸罗蒂的两种非对应层次的问题意识,但他也从马基雅维利不可救药的"对政治的激情"(passione per la politica)角度解读4月9日的书信:"他对政治事务的激情强过任何可能的挫折"(*NM: storia del suo pensiero politico*, pp. 297-299)。萨索对这一段的解读也见"Note machiavelliane, III: Per un passo della lettera del 9 aprile 1513 al Vettori," *La Cultura* 12, 1974: 273-279,其中他(在274页)认为这一段——文字"平白、简单并且显白"——的意义在于马基雅维利宣布"多年来[在从政生涯中]结合阅读,他已经取得了关于政治事务可靠的知识[或者说,另一种可能的解读是,令政治事务成为一种可靠的科学:di cose politiche ha fatto sicura scienza]"。

我认为,这封信此处的语言的困境在马基雅维利的著作中首次出现,并且将在后面的通信中具有更强的重要性。但无论是上述还是其他评论者都不倾向于这样认为。

② 萨索也注意到了这一点(*NM: storia del suo pensiero politico*, p. 298, n. 10)。

si)的发生"外在于"那些"人们的论述和概念",并且,他甚至也想得出结论认为"论述"[109]是令人厌烦的。但是,在韦托里阐述这一观点和马基雅维利的复述中间,存在一个有趣的差别。韦托里只是说他的"论述和推理"令他失望(mi sono fallite);这些"论述"是属于他的,它们失效,他于是便失败。但马基雅维利加诸韦托里头上的、仿佛属于韦托里自己的观点,实则是韦托里之感伤的修改版。对马基雅维利而言,"事件"——君主和国家的行动和决策——"外在于论述和概念"而发生,与之相悖的是未明言的预期:"事件"本应在"论述和概念"之内发生。这种阐述方式产生了一个留待解决的问题:究竟是"事件"令人失望,还是"论述和概念"本身失效。这里马基雅维利提出,他并不打算放弃"理性推出的论述"(这种"论述"被韦托里认为是"理性地"进行的)哪怕一丁点儿的可能性(和对此的欲望)。马基雅维利下一句开头的"然而"(pure),将他与韦托里之间潜藏的差别带到表面。韦托里3月30日的观点是,如果他能与马基雅维利谈谈,相信他也能让马基雅维利"有理由感到疑惧",马基雅维利现在的回应是"如果我能与您谈谈(parlare),我只能用各种臆测(castellucci)填满您的头脑",并且因为无法谈论其他东西,他要么谈论("推理"[ragionare])政治,要么默不作声。在这句话中,从parlare到ragionare的跳转是很重要的:从对某人谈话,到某种要么关涉他人的要么纯粹自言自语的谈话。后者呈现论证和结论,并且寻求达成对事情的某种理解。ragionare(以及我们将会看到的ragionamenti)介于推理思考(reason)和言谈表达(speech)之间,结合了这两个方面且意味着能够掌握或者控制一种既可学习亦可教授的主题:某种能够被称作技艺(arte)的东西,无论是在商业领域还是在政治领域。

但是,这一段话另外一个值得注意的特点却是马基雅维利的犹疑甚至忧虑:从他对"推理"政治的渴求中会产生什么。他不停地用以填满韦托里头脑——只要他能与他对话——的castellucci

一词的后缀大有滑稽的轻蔑诋毁之意,正暗示了这种忧虑。这里真地是在影射《地狱篇》第四歌里那座"高贵的城堡"以自嘲吗?马基雅维利似乎是在说,正是因为在"事件"和他的"论述与概念"(discorsi et concetti)之间存在着危险的距离,所以他的推理可能只会产生无力的和可鄙的——尽管可能是很有趣的——阐释,对谁都毫无益处。这种想法让他考虑将沉默当作是一个可能的选择。不可能不讨论政治——大多数对这封信的解读都强调这一点是其中心思想——需要被理解成是有条件的(即"如果我能够与您谈谈"),它的实际发生与否取决于[110]他是否要谈这一未定的窘境。"我必须要么发誓保持沉默,要么谈论这个"——换言之,他有可能发誓保持沉默,但是如果他决定要谈,他"推理"的就只能是政治而不是别的。尽管此后马基雅维利的确很快以超常的热情开始"推理"起政治,但是1513年4月初的这次在保持沉默与论述政治(及其全部风险)之间的抉择看起来是非常真切的。[1]

这封信的余下部分便涉及其中的某些风险,凸显了马基雅维利拿不准他是否应向教宗请求帮助,不管是直接地还是间接地。他写道:"我若是能离开[佛罗伦萨的]领土,我也肯定会去那里,去[罗马]打听一下教宗是否在家。"他很快从玩笑上转回来,更加阴沉地补充说:"但由于我的疏忽,在如此多的感恩(grazie)[指宽恕和赦免]当中,我自己的则不能实现了。我会一直等到9月。"他请教韦托里的意见,是不是应该给前正义旗手的弟弟枢机主教索德里尼写信,马基雅维利当然知道后者已经迅速和教宗重新建立起良好关系。[2] 马基雅维利想问问枢机主教是否愿意为自己在利奥面前说说好话,他想知道这是不是个好主意,抑或是请韦托里代表马基雅维利当面向索德里尼提出请求,又或者是不是

---

[1] 萨索也持此观点(ibid., p. 293),但在他对这封信的后续讨论中没有展开。
[2] H. C. Butters, *Governors and Government in Early Sixteenth-Century Florence, 1502-1519*, Oxford: Clarendon Press, 1985, p. 211.

什么也不做更为明智。总之,在这个当口,马基雅维利对于自己应该或者能够做什么似乎没了主意。4月9日这封信的落款也勾起了他对失去的自我的心酸回忆:"前国务秘书"(quondam segretario)。

韦托里没有立刻回复马基雅维利4月9日这封简短有力却又混乱的信,如今这封信在解读马基雅维利对自身危机的理解以及反应中作用重大。韦托里的延迟回应——他一直等到马基雅维利另一封信寄来他才回信①——或许表明了[111]他的某种尴尬。他试图将这些事情提高到顺服和接受的哲学层次,但是他却得到了存在主义戏剧式的宣言:马基雅维利要么要用那个已被机运女神设定为其宿命的主题塞满他的头脑,要么他将发誓彻底沉默。韦托里后来在马基雅维利政治作品中发觉,如此恼人的恰恰就是这种关于两个极端的困境。所以他暂时没有回复。

16日,马基雅维利无疑又以另外一种非常不同的情绪写了一封信。② 他以"上星期六写过信给您"开头,提醒韦托里他相当想

---

① 大多数当代书信集的版本(除了因格莱塞的版本)都收录一封4月9日韦托里发给马基雅维利的信,但是有如下几个很好的理由可以认定它实际上是写于10天之后。在《里奇抄本》中,因格莱塞和我都认为我们看到此信开头的日期中有一个被改写为"9"的"19"。另外,韦托里在这封信的开头说之前8天他已经收到2封来自马基雅维利的信。因为他(在3月30日)已经说过他收到了马基雅维利3月13日和18日的信,那么这里说的一定是后来的信。我们将会看到,在这封信中,韦托里对于马基雅维利征求向索德里尼枢机主教求助的意见做了答复,而他显然不可能在马基雅维利提出要求的当天做出。最后一点,马基雅维利在4月16日的信中,没有提到韦托里在目前这封4月9日的信中提及的任何政治事件。这样几乎可以确定,当马基雅维利在16日写信的时候,他还没有收到对他9日那封信的回复,也可以确定韦托里所说的收到的"您的两封信"(due vostre)一定是马基雅维利9日和16日的信。有趣的是,这样一个如此明显地将韦托里19日信的日期标错的错误,却被一个又一个的版本接续下来——或许这正说明人们缺乏对韦托里的信及其在他们对话中的作用的关注?无论如何,因格莱塞对这封信日期的修正正好符合我的结论(*Lettere a FV*, p. 117, n. 19)。

② *Opere*, pp. 1132b-1133b; *Lettere*, pp. 370-372; *Lettere a FV*, pp. 112-114.

得到4月9日信的回复,"现在虽没什么可对您说的,但我不希望这个星期六没给您写信就过去了"。(这里的暗示是,马基雅维利希望能够做到与韦托里每周都有通信和联系,这进一步证实他想要或期待韦托里能经常性地"慰藉"他的"疑惧"。)他为韦托里奉上一两页有关一群朋友的消息、八卦和趣味故事,他称他们为"帮"(brigata),"帮里的一切您是知道的,如今似乎分崩离析了,因为附近找不到一间鸽舍供我们聚会,每个人都有点儿骚动不安"。粗野又吝啬的托罗马索·德尔·贝内担心他在一点儿小牛肉上花费太多,便央求朋友们包括马基雅维利在内和他一起吃饭分摊费用。他一直在试图劝说马基雅维利帮他付他欠的部分。可怜的吉罗拉莫·德尔·关托为他妻子的死消沉了一段时间,但他开始振作起来,并决定要再婚:"我们每天晚上都在卡波尼长椅上讨论(ragionare)这门婚事。""奥兰多伯爵"又和一个新男友产生纠葛,多纳托·德尔·科尔诺继续和一群小伙们在一起,到了人人不解的程度。[①] 菲利波·卡萨韦基亚回城了,并痛苦地抱怨[112]朱利亚诺·布兰卡奇,自然是因为布兰卡奇搅黄了卡萨韦基亚为乔瓦尼·迪·安东尼奥去罗马的事情。尽管马基雅维利用幽默的笔触描述这些不满、敌意和每日的苦恼,但总体的状况是忧郁的,

---

① 马基雅维利说多纳托"又开了一家有角的店(ha aperto un'altra bottega del corno:这是在拿多纳托·德·科尔诺的名字开玩笑),他们在那里做鸽子(dove faccino le colombe)"。"鸽子"(colombe)——要么指情人要么指天真无邪的孩子,可能在这里兼而有之——显然是那些多纳托钟情的小伙们,而开另一间"他们做鸽子的店(bottega)"一定是指马基雅维利所写的多纳托的爱情活动近来有了扩展。这里"鸽子"一词的使用使得信的前一段落有了一丝同性爱欲的弦外之音,因为在那段话中马基雅维利哀叹"一帮"朋友因为没有一个能装下他们的"鸽舍"(colombaia)而处于分裂之中。由于马基雅维利明显是在拿多纳托·德·科尔诺的名字开玩笑说他的新"店"是一个"有角的店"(bottega del corno),这个笑话的意思可能是将多纳托对他最爱的小伙里乔(il Riccio)的不忠与习语"给某人戴角"(fare/mettere le corna a qualcun)联系在一起,这里的角是某人的情人或者配偶不忠的羞耻象征。马基雅维利写道,多纳托"像个疯子,一会儿冲文森佐发火,一会儿冲皮耶罗,一会儿冲这个小伙,一会儿冲那个小伙;不过我从未见他对里乔生气"。

一度关系亲密的朋友们如今面临紧张和分裂,其中一些紧张和分裂涉及政治,不能够让他们一起同处一个"鸽舍"了。

随后信中突然引用了——毋宁说是错引了——一段彼特拉克的十四行诗:

> 是故,我时而欢笑,时而歌唱,
> 因为我唯有这一
> 方法排遣我苦涩的泪水。

实际上,彼特拉克最后一行说的是"这一/方法隐瞒(concealing)我苦涩的泪水"①,尽管如某些编辑者推测的,马基雅维利的确常常凭记忆引用,因而偶尔会出点儿小错,但在这里很难让人不相信这个"错误"是故意的:马基雅维利或许就是以这种方式告诉韦托里,在他故事全部欢乐的背后,他其实是对那个"帮"的消失感到难过,这反过来使他有了前一周的消极思想。即使这是一个真正的错误,从隐瞒到排遣他的"苦涩眼泪"的转变似乎也特别重要。另一方面,它指向4月9日信里那个悬而未决的,是谈论还是沉默的困境,只是现在,何以书写也可以是默默的隐瞒这个问题使得这一困境更为复杂了。我们可以说,彼特拉克的诗句在揭示出他的欢笑和歌声(他的诗作)中有所隐瞒上发挥了作用。马基雅维利对最后一行的修改则同时隐瞒了彼特拉克的揭示,也揭示了他自己的隐瞒,或者毋宁说是失败的隐瞒,因为他想要隐瞒的暴露了。为什么他需要用彼特拉克的(当然并不真的是彼特拉克的)看法来揭示这种隐瞒?他一定要隐瞒自己的看法才能揭示它吗?

[113]彼特拉克"引语"之谜实际上将这封信分成了几乎互不关联的两部分,因为一旦马基雅维利承认第一部分的欢歌笑语不

---

① *Canzoniere* 102. 12-14: "via da celare il mio angoscioso pianto."

过是一种隐瞒或者排遣他"苦涩眼泪"的方法,那么他就在余下的部分回到那个微妙的议题:韦托里如何帮助马基雅维利依靠美第奇家族在政治上和事业上东山再起。马基雅维利已经听说佛罗伦萨政府打算召回另外两个常驻罗马的大使亚科波·萨尔维亚蒂和马泰奥·斯特罗齐,由此他认为,只要韦托里愿意,他可能会继续留任。他也了解到朱利亚诺·德·美第奇正在去罗马的路上,他自信地断定韦托里将会发现朱利亚诺

> 自然地倾向于帮助我,枢机主教[索德里尼]也是如此。所以,我的事情若是处理得法(这里显然是说给韦托里听的),我就不相信我不能东山再起,就算不为佛罗伦萨所用,至少也会为罗马和教廷所用,对教廷来说,应该对我更少猜忌(meno sospetto)才是。

由于现在他们都认为韦托里要留在罗马,所以如果马基雅维利能够出行,"而不在这里惹上麻烦"(senza incorrere qua in pregiuditii),他将亲自前往罗马,目的自然是为自己申诉。但是,由于任何试图离开佛罗伦萨领土的行为仍旧是危险的,在目前的情况下结论显然是,韦托里只能代他斡旋:"我也无法相信,若是圣座,我们的主人决定启用我,我却不能振作起来,不能为我的好友们带来利益和荣誉。"换言之,韦托里必须全力以赴代表马基雅维利的利益。但是,马基雅维利在信的末尾片刻又从他自己的愿望上退却了,部分是因为他——再一次——意识到自己期待过高的危险,部分也是因为他清楚或者他猜得到他正把韦托里置于一个微妙的境地。"给您写信说这些,不是因为我不知餍足,也不是因为我希望您为了我背上任何负担、辛劳、花费或苦恼(passione),而是想让您明了我的心境(l'animo mio);若您能对我施以援手,那么请相信,我全部的幸福唯指望您和您的家族,不管结果如何,我都铭

感在心。"哪怕是在试图缓解这些期许给韦托里带来的压力,最后一句话马基雅维利还是强化了他吁求的急迫性。

当韦托里19日回信的时候,他说了两点:第一,近来有消息称西班牙国王斐迪南同法国的路易十二之间达成了停战协议,这让他对政治重新燃起兴趣;第二,他不认为由他去向索德里尼枢机主教谈马基雅维利的事情是个好主意。[114]关于第一点,他先是收回和取消了他自设的关于论述政治的禁令:"尽管我告诉过您我再也不想猜测,也不想理性地讨论事物了,不过最近这些新的事件(nuovi accidenti)已经改变了我的想法。"①在考察这封信中的主要事件之前,我们需要问一个暂时尚不能得到答案的问题:韦托里想暗示在"猜测"——这个词有幻想、天马行空地猜想之意——与按"论述和概念"进行的、更为有章可循的活动之间存在一种什么关系呢?它们是彼此替代的吗?还是后者在某种程度上以前者为前提?韦托里没有言明,但是将它们并置类似于马基雅维利在4月9日信中将"推理"和"臆测"并置,也说明韦托里对于马基雅维利信中的这一部分是非常注意的。马基雅维利不确定应该如何指称这种一度进展得非常自然而如今却又如此成问题的活动,而韦托里几乎就是在凸显这种犹疑。

1513年4月1日西班牙国王斐迪南突然且出人意料地同意与路易十二达成协议,有效期一年适用于法国与神圣同盟之间的非意大利战区。这一消息是对全意大利的政府和外交特使的侮辱。②斐迪南国王的这一举动将大大削弱神圣同盟,同盟自1512年夏天以来一直令法军陷入困境而不能进入北部意大利。他大笔一挥就给了路易十二无法通过武力获得的东西:可以放手重夺法

----

① *Opere*, p. 1132a-b; *Lettere*, pp. 368-369; *Lettere a FV*, pp. 115-116.
② 关于这一情况的概述,参见 Nino Valeri, *L'Italia nell'età dei principati dal 1343 al 1516*, Verona: Mondadori, 1969, pp. 587-589。

国对米兰的控制权。① 韦托里料想马基雅维利已经知道了关于协议的消息,以及围绕它而产生的猜测和疑问,但由于暂时无法详细论述(因为邮差马上就要出发前往佛罗伦萨),他只是说:"如果法国与西班牙之间的停战协议属实,人们必然会得出结论认为这位'天主教徒'国王并不是那个传说中的机巧与审慎之人,要么就是在酝酿着什么(che gatta ci covi,或者说事情有点儿不对劲),并且认为现在这些君主开始考虑过去常常被提起的事情了:[115]西班牙[国王]、法国[国王]与皇帝正在筹划瓜分可怜的意大利。"韦托里的二选一猜测——要么斐迪南无能要么正在酝酿阴谋——都隐含着一些判断,涉及对斐迪南、路易和马克西米利安的普遍议论或者"预测"。他倾向于保持对斐迪南智力水平的信任,因而推测该协议乃是某个更大的将要牺牲意大利利益的谋划的一部分:"如果一个人仔细研究过事态还说不是这样,我便不会信任此人;我要与那些有更广视野的人为伍,因为在我们的时代,这种更为宽广的视野频频胜出。"

在这些评论当中有两个要点或者说两点暗示有可能会被马基雅维利视为在向他发难,即使韦托里并没有打算让它们发挥这样的作用。第一,他选择"从更宽广的视角考虑问题"会令马基雅维利想到1508年的一封快报,当中他表示不愿"零敲碎打地评估事件"。正如前一章提到的,如果这一评论源自他与马基雅维利共同出使德意志期间的讨论与分歧,那么4月19日信中的这一(符合其逻辑推论的)重述似乎就是指那些相同的、他们在5年前就

---

① 参见圭恰尔迪尼的论述 Storia d'Italia 11.9, pp. 1098-1103。圭恰尔迪尼强调了这条消息对于意大利的反法势力有多么可怕:"如此出台停战协议让那些厌恶法国统治的意大利势力大惊失色,因为每个人都认为法王肯定会毫不犹豫地向阿尔卑斯山的这一边发兵(La tregua fatta in questo modo spaventò sommamente in Italia gli animi di coloro a' quali era molesto lo imperio de' franzesi, tenendosi quasi per certo da tutti che il re di Francia non avesse a tardare a mandare l'esercito di qua da' montiv, ibid., p. 1100)。

第一次察觉到的方法和性格上的分歧。这里韦托里又一次挑起如何做政治判断的议题:是应该采取做微小分析的方法,还是基于更为广阔的视角。必然会引起马基雅维利注意的第二点在于,韦托里隐含地断定法国和西班牙一样对于意大利而言都是危险的敌人。如果斐迪南不是一个笨蛋(这个说法与关于他的一切说法都相悖),那么只有假设存在着一个路易十二串通斐迪南瓜分意大利的总体计划,这份协议才有意义。如果这是真的,那么平民共和政府始终不渝的亲法政策除了被视作幼稚和自毁还能是什么呢?韦托里的猜测再次开启了围绕亲法政策的种种敏感问题,马基雅维利和韦托里一度都支持亲法政策,但如今韦托里已经不再也不能支持这一政策了。

在那些年意大利普遍盛行的反法情绪中,许多支持过去政策的佛罗伦萨人都在逐步适应新的现实状况。枢机主教弗朗切斯科·索德里尼便是其中之一,前面提到他已经和美第奇家族和解了,这让他的家族从放逐中返回,被罢黜的正义旗手可以在罗马生活。因此,基于信中第一部分隐含的反法观点,韦托里就能够解释为什么代表马基雅维利去接触索德里尼枢机主教不是一个好主意。在这一解释中显而易见的是,[116]马基雅维利如果继续坚持他原有的亲法态度,就只能让自己进一步孤立,①他不应该过多地寄希望于那些已经改弦更张的前政治盟友,而他本人又拒绝这种调整。因此,韦托里清楚他给了一个令马基雅维利失望的建议。"如果我不曾考虑您的利益,我也不会考虑我自己的",他以某种守势写道:"我希望您相信,如果我看到您增加了荣誉和利益(honore et utile——马基雅维利在4月16日用到的词语),那么其意义就如同我自己得到了这样的好处一样。"之后他明白地说:

---

① 关于在整个1513年马基雅维利的观点的很好阐述,参见 Ugo Dotti, *Niccolò Machiavelli: Ia fenomenologia del potere*, Milan: Feltrinelli, 1980, p. 22。

"我思量再三,究竟好不好同沃尔泰拉枢机主教[索德里尼]谈论您,我决定还是不要谈。"韦托里的理由很多。表面上看,尽管枢机主教得到了教宗的信任,但很多佛罗伦萨人仍旧反对他(应该是权贵中的一些他哥哥的仇人)。弗朗切斯科·索德里尼仍旧处在他对新生的美第奇政权表示忠心的过程中,"我不认为把您的事提出来符合他的目的。并且我甚至不确定他会不会愿意为您说话,您知道他行事有多谨慎"。这便是不去请枢机主教为马基雅维利说情的第一个理由。另一个则与韦托里本人有关:"另外,我不知道我是否合适作为您和他的中间人,他做了一些姿态对我示好,但不是我想象中的那样。"韦托里这里想到的是,他在营救皮耶罗·索德里尼当中发挥的作用本应让弗朗切斯科·索德里尼对他比现在更为感激。正因为如此,一方面他不愿去找枢机主教斡旋,另一方面他也提醒马基雅维利,"看起来,保住皮耶罗·索德里尼让我得到了一方的恶意(mala gratia),而另一方又没什么感激(poco grado)。不过,对我来说尽了我对城邦、对朋友[皮耶罗]和我自己的责任也就足够了"。在这些解释的最后,韦托里让自己变成了一个受害者,那些忘恩负义的人本应明白他在拯救正义旗手的过程中冒了多大风险。韦托里和枢机主教索德里尼都在试图赢得前政敌的信任,而可悲的现实是,马基雅维利坚持其顽固不化的想法只会成为他们东山再起的障碍。当马基雅维利读到韦托里自得于自己坚守了同皮耶罗·索德里尼的友谊时,他一定在想这位大使是不是对尼科洛·马基雅维利也有类似的责任感。

  韦托里想要拿出某些东西来替代他没能给予马基雅维利的,以结束这封很是为难的信。如果他作为大使留在罗马,那么他的弟弟[117]保罗便很有可能入选公安八人委员会,而公安八人委员会对马基雅维利的法律地位有管辖权,韦托里认为保罗上任后,马基雅维利就能获准前往罗马。如果是这样的话,"我们要看看我们能不能骗过(ciurmare)某些人从而能够从中得到些什么。如果没有什么结果,我们也总不会缺少一位我家附近的姑娘的陪伴,我们总有机会与她消遣一番。对我来说这才是要做的事,很快我们会更加认清这一点"。马基雅维利一定仔细端详了这几行字,想要找出韦托里所建议的"要做的事"是什么——除了享受他邻居的陪伴。

"一个活跃的开端制造者"

在4月21日韦托里又写了一封信,就依然非常神秘莫测的斐迪南与法王签订停战协议的目的做了更详细的探讨。① 相关的猜测和分析写了好几页纸,也给出了自己的结论,最后问马基雅维利的意见:"我已经[给您]写了这些,以便在您有时间思考过后告诉我,您认为西班牙国王在这次停战中想要(fantasia)些什么。我会同意您的判断(giuditio),不是说奉承话,在这些事情上,我发现您比我见过的任何人,看法都要可靠(più saldo)。"韦托里一定明白马基雅维利会如何解读这几句话。至少在马基雅维利看来,那些在此类事情上被韦托里认为"判断"不如马基雅维利"可靠"的人,岂能不包括聚集在教廷的世故的外交人员和君主们?韦托里作为驻罗马大使的职责就在于同那些有影响力的、消息灵通和位高权重的人谈话,收集他们的看法,分析它们,并将他自己和他们的看法传回佛罗伦萨政府。马基雅维利当然也是这样理解自己的外交活动的,他自然也会同样明白韦托里的职责。不过,韦托里此处是说,尽管他了解一切可知的各类消息和观点,但他还是不能理解这份停战协议。韦托里就一个罗马正在讨论的重大且复杂的问题征求马基雅维利的看法,这表明韦托里在罗马所听到的和他希望从身在佛罗伦萨的前国务秘书那里所听到的之间一定存在差别,而

---

① *Opere*, pp. 1133b-1136a; *Lettere*, pp. 372-376; *Lettere a FV*, pp. 118-122.

他完全赞同马基雅维利。对马基雅维利而言,这种差别只能意味着,他的"判断"将交由[118]韦托里评判,如果可能或许间接地还会由其他人评判——与当下意大利外交神经中枢困惑的集体意见针锋相对。他的"判断"真的能够被他们听到吗?

为什么韦托里要用这种方式激起马基雅维利的希望呢?他真的以为在罗马会有人听取马基雅维利对事态的理解?他那几页洞穿一切的看法能够获得那些有能力扭转马基雅维利厄运的人们的青睐?或者说,尽管韦托里在几周前曾下定决心不再涉及任何此类论述,但这不过是一种对往昔谈论政治而不担心错误或者失败之后果的怀念?4月21日信中有一句是回忆那个时候的:"如果条约和协议属实,我希望我们能一起从老桥(Ponte Vecchio)出发,经过诗人巷(de' Bardi),走到切斯泰洛修道院,一路上讨论西班牙国王脑子里想要的是什么。"韦托里所写的可能是他们旧日时光里最爱走的一条线路①,他大概想让马基雅维利明白向他征询有

---

① 布朗非常好心地提醒我,16世纪的时候切斯泰洛修道院位于平蒂镇,而非在阿尔诺河以南、老桥以西的现址。于是在这一段话里,韦托里似乎是在描述他和马基雅维利从他们各自家中(他们两家住得很近,都在奥特拉诺区)开始的散步,向南走到老桥头上,然后向东进入诗人巷,通过恩宠桥(Ponte alle Grazie)向前一直走直到平蒂镇和切斯泰洛修道院。为什么要去斯泰洛修道院?布朗也提醒我说,洛伦佐·迪·皮耶尔弗朗切斯科·德·美第奇所属的修会就在那里集会。一个有趣的可能是,马基雅维利和韦托里可能也是其成员,但是我不知道任何能够坐实它的证据。关于洛伦佐·迪·皮耶尔弗朗切斯科,参见布朗的论文(Brown, "Pierfrancesco De' Medici, 1430-1476: A Radical Alternative to Elder Medicean Supremacy?" *Journal of the Warburg and Courtauld Institutes* 42, 1979: 81-103)。关于16世纪的切斯泰洛修道院,参见 Alison Luchs, *Cestello, a Cistercian Church of the Florentine Renaissance*, New York: Garland Press, 1977。

但是,根据布朗在她的巴尔托洛梅奥·斯卡拉的传记中所说,还有第二种可能性,切斯泰洛修道院位于"平蒂镇[斯卡拉的]房子对面"(Bartolomeo Scala, *1430-1497: Chancellor of Florence*, Princeton, N.J.: Princeton University Press, 1979, p. 130)。韦托里回忆中和马基雅维利——他父亲贝尔纳多是斯卡拉的密友——一起散步的路线是不是去这位国务秘书家里(拜访的性质就类似于莱奥纳尔多·布鲁尼在《对话集》[*Dialogi*]中所说的他、尼科洛·尼科利以及罗伯托·罗西去萨卢塔蒂家拜访)?

关法西停战协议的意见,是如回忆中那样,出于他们之间的友谊,本质上是一种私人行为。如果这是韦托里提及他们曾经边走边聊的地点时潜意识中的部分动机,那么他或许是想提醒马基雅维利,不要将向他征求意见误解为政治上东山再起的第一步,或者指望罗马有什么人——不管是教宗、朱利亚诺还是弗朗切斯科·索德里尼——打算认真关心马基雅维利的"事情"(caso)。当然有可能这两种[119]冲突的动机完全混在韦托里的头脑里,他自己或许也不是很确定为什么要请马基雅维利评论停战协议。有一件事他应该知道,马基雅维利不会将这项请求仅仅等同于当年在佛罗伦萨的某次散步。

韦托里在信的开头先用了一页纸的篇幅来抱怨他和他的家族被课了新的税。韦托里没有任何商业活动,收入仅仅可以支付开销,女儿们的嫁妆尚无着落,从自己的政治活动中也没有获得什么物质好处,他过着普通的生活,从没存下多少钱,因为他总是及时还账,从不讨价还价;然而,税务官员们却相当沉重地打击了他、他的兄弟和他的叔叔。他很困惑,特别是他"从来没有在言行上、在公事和私事上得罪过任何人"。他接着说,他曾对税务官员们很有信心,"我本来愿意在一切事情上相信他们的判断的"。他能想到的唯一对这一不公的解释就是1512年8—9月间的那些事情:他弟弟保罗"莽撞地"出于"良好目的"将皮耶罗·索德里尼赶出旧宫,而韦托里这边则"不遗余力地救他的命,这注定会把我们害得不浅":

> 那个政府(stato,即平民共和政府)的支持者讨厌保罗,他们这样做是错误的,他们不明白真相;而这个[美第奇]政府的支持者讨厌我,因为他们以为,皮耶罗·索德里尼要是死了,就不会给他们造成任何麻烦了。这样一想,对我而言在课税和其他事情上,我显然会受到不公平对待,于是我不再为此

事焦心了。我开始思索近来所发生的这些应接不暇的协商、条约及协议。

这是一份奇怪的前言,但它使得韦托里——再一次地——提醒马基雅维利:他韦托里也是受害者,他仍旧因为曾经出于良好信念、在马基雅维利催促下的行为受到不公正的惩罚,尽管他在罗马担任公职,但却不受美第奇派待见。他的意思很清楚,马基雅维利最好别指望韦托里——他都不能保证自己被合理课税——有可能成功地调解他与美第奇家族的事情,并且他最好也采取韦托里自己的退隐态度。韦托里似乎是在说,在此基础上他们才能再次讨论政治。

[120]关于协议,最让韦托里困惑的是法国人的意图非常明显,而在斐迪南所采取的决定中却对此全然不顾。3月底,法国人和已经与神圣同盟分道扬镳的威尼斯人签署了一份军事协议,其意义对于法国而言是再次夺取米兰,对于威尼斯而言则是再次夺取布雷西亚、克雷马、贝加莫和曼托瓦。一周多一点之后,在4月1日,斐迪南批准了与路易为期一年的协议,"以阿尔卑斯山为界"——这就是说,不包括意大利战场。就韦托里所知,法国占尽了好处:斐迪南已经拿下了纳瓦尔,击退法国人的反攻保住了潘普洛纳,占领了先前法国人在意大利的要塞。他似乎处处占据上风,"但是",韦托里写道:

他却同意签订一份对他有害无利的和约——在此之前他被人们视为一个机巧的行家里手。鉴于我们从不太多的信件和不确定的消息中,并不能真正知晓他目前是强大还是虚弱,那么可以说,如果他很强大,他就没按规则出牌,他在将敌人置于可以任意处置的境地后却任由其实力增强;如果他很虚弱、不能继续战争,并且英国国王和皇帝也抛弃了他,那他本就应当在一切事项上赞成［路易］，把米兰交给他，因为就算［斐迪南］有一支［小］军队驻在米兰，还是可以说［米兰］尽在［路易］掌握。

如果斐迪南径直把米兰给了路易，后者"会将其视为送他的一件礼物，就没有必要跟威尼斯人达成一份和约，也没必要派遣一支军队进入伦巴第，去吓唬意大利的其他地方"。但是现在，韦托里预测道，法国国王将发兵武力夺取米兰并因胜利而变得"不可一世"，既不对斐迪南负有义务，也不记得过去的失败，将终止协议。他很快就会相当顺理成章地进攻斐迪南以报仇雪恨，夺取他的那不勒斯王国，然后夺取卡斯蒂利亚。

韦托里不愿接受这种解释：斐迪南不过是在避免两线作战的风险和费用，从而能够将力量集中在意大利，与米兰公爵、瑞士人、教宗以及同盟其他成员结盟。根据这种理论，所有这些人在看到法国在伦巴第取得成功后会迅速给予他帮助。韦托里写道："要是'天主教徒'陛下这么思考问题，那么说心里话，我认为他并不像我一直以来认为的那么审慎。"接下来韦托里列出了一连串的理由，说明为什么在他看来斐迪南不会得到盟友热切和忠心的合作：米兰已经遭到瑞士人和西班牙人本身［121］的蹂躏，因此米兰人对他非常不满。他很难指望米兰能够对他有财力上的支持，既是因为它最近的磨难也是因为公爵太年轻，在统治上"没有经验"（nuovo）且"软弱"（debole）。瑞士人没拿到钱是不会行动起来的。教宗和其他盟友再也不会信任斐迪南了，而理由恰恰是他们不能理解他与路易媾和的理由，甚至可能与后者达成更多的谅解。综上及其他理由，"一旦法国国王转图意大利，西班牙人会闻风而走，伦巴第的城市都会起来造反，新公爵会被迫出逃"。韦托里进一步确信，斐迪南不能指望皇帝拖住威尼斯人，"鉴于他［马克西米利安］已经表现出许多显而易见的征兆(perché ha dato di sé tanti evidenti segni),不要说西班牙国王这样公认如此明智的人,就连笨蛋都应当清楚[皇帝]陛下能做什么"。韦托里这里用"显而易见的征兆"轻蔑地讽刺了马克西米利安常常表露自己意图的行为,后面我们会看到他对君主们自己表露的"征兆"的很多解读,以及对准确理解这些征兆之难的看法。不过,在考察了斐迪南可能的动机以及停战协议的相关情况后,他坦言这一切还是说不通:"所以,我的同道,背后肯定还有不为人知的东西。我在床上比往常[起床的时间]多躺了两个钟头,想要弄清楚(investigare)究竟是什么,却不能得出任何坚实的结论。"所以,他起来给马基雅维利写信,赞扬他的"判读",询问他"认为西班牙国王在这次停战中想要(fantasia)些什么"。

韦托里在4月21日信后加了一小段附言:"为了省却麻烦,此信未录副本。我知道您明白是什么意思。"[1]像大部分文艺复兴时期的写信的人(特别是职业外交人员)一样,韦托里常常重写和修订他书信的草稿。但是,这次他却没有这样做,并且还特意点出了这一点,考虑到从3月中旬通信开始韦托里在这封信中第一次以一种更专业化的而非个人化的语气谈论政治和外交事务,这一点便特别耐人寻味。通过强调他决定不重写这封信,他无疑是希望再次突出他征求马基雅维利意见之行为的性质是非官方的、"非正式的"。实际上,[122]这也是在提醒马基雅维利不要错把当前韦托里发起的对话当成是那种马基雅维利从事过15年的、伴随着种种预期和假设谁会读到它且它又会有何种影响的正式写作,而这恰恰是这位前国务秘书接下来要做的。

马基雅维利在4月29日写完了答复,目前既留下了第一稿也

---

[1] *Lettere*, p. 376; *Lettere a FV*, p. 122;但在《全集》中被遗漏了。关于这段附言,参见 Ridolfi, *Vita di NM*, p. 508, n. 35。

有最终的成稿,它们的差别我们必须细细比对。① 但是,存在两种版本本身就意味着马基雅维利一直都抄录副本,而韦托里认为朋友之间交换意见没有必要如此。实际寄送给韦托里的最终版本是一个大概 7 页——按近期出版的版本是 7 栏(columns)——的微型论文,除了分析停战协议和斐迪南签署它的理由之外,还分析了韦托里自己的分析。② 草稿则是更长的文本,开头一篇是动情的个人感想,马基雅维利承认在读过韦托里的信后,他"似乎回到了那些营生当中,我忍受了那么多劳苦也耗费了许多无谓的时光"。③ 这个想法和整个开场的段落在最终版本里都不见了,大概是因为马基雅维利知道或者感觉到,韦托里并不想让他以为这是他"重返"他已失去的世界的开端。不过,在马基雅维利的头脑中——正如他自己在草稿中承认的,也是余下书信的风格、语气和内容所清晰展现的——这就是(或者至少他希望这是)开端。当他写下这个开头时,他一定已经决定最好让书信的"正事"部分如实地展现他过去一直有能力做到,而如今也仍旧有能力做到的事情,不再理会韦托里已经充分意识到的事情,即马基雅维利急切地希望"重返"那些他日思夜想的"营生"。

这被删除的第一段(韦托里可曾读过?)以对往昔美好时光的回忆开始:

> 在我的一切福祉中,没有什么比您的推理(ragionamenti)更让我兴奋了,因为我总是能从中深受教益。因此请您想想

---

① 草稿和最终成稿的校订版,参见 R. Ridolfi, "Per un'edizione critica dell'epistolario machiavelliano: la lettera al Vettori del 29 aprile 1513," *La Bibliofilia* 68, 1966: 31-50。

② *Opere*, pp. 1136a-1139b; *Lettere*, pp. 377-383; *Lettere a FV*, pp. 124-131.

③ 草稿的文本见 *Opere*, pp. 1252b-1256b; *Lettere*, pp. 635-641; *Lettere a FV*, pp. 135-142。

吧,如今的我已经被迫远离了其他乐趣,我是多么欢迎您的来信,它所欠缺的只是您的在场和您鲜活的声音。

[123]他反反复复地读信,以此忘记他的"不幸境遇"——又一处提到忘记/记起——并且就在上面引用过的那一句中,他还想象着自己"重返"之前的生活。马基雅维利谈到自己在"忍受了那么多劳苦也耗费了许多无谓时光"的那些日子里"所有各种快乐",这是非常引人注目的。韦托里的信给他带来快乐,是因为它好像重演或再现了他们先前曾经有过的谈话和讨论,特别是韦托里本人的"推理",以致马基雅维利说它唯一的不足仅仅在于不能真的让韦托里出现在他面前。因此,即使他回忆起了所有谈话的快乐,他也很快就意识到韦托里实际上并不在场,也会(以说起已经忘掉的事情的方式)想起他的"不幸境遇",还担心那15年不过是一场空。

这几句话完全体现出书信体写作的根本悖论:一封信越是成功地创造并维持了虚幻的言语、在场和对过去的复原,也就越尖锐地迫使人意识到贫乏和缺失,意识到它实际上只是文本而已。这一悖论的循环将马基雅维利从快乐地回忆起过去的言语,带向他在4月9日信中提出的保持沉默的诱惑,只是回忆有些不准确。他在这里提到那个片段,仿佛他真的"发誓"要保持沉默:

> 尽管我已经发誓再也不思考任何国家事务,也不讨论它们——我回到乡间的家中不再与他人沟通可以作证——但是,为了回应您的问题我必须打破自己的誓言,因为我认为,我们之间的永恒友谊对我来说比我与其他人的任何关系都要来得重要。特别是在信末您对我赞许有加,老实讲我多少有点飘飘然,因为的确,[马基雅维利在此引用西塞罗的话]被广受赞颂的人称赞可不是件小事。

第三章 "前国务秘书"

马基雅维利并没有发誓保持沉默,他只是宣称过他要在沉默和论述政治之间做出选择。他所谓的只会以友谊的名义"打破"誓言是修辞性的虚构,[124]其目的(无论自觉与否)是在表明他愿意再次谈论政治都是为了韦托里。

但是,首先他需要解决一个难题:在他无法每日接触到事件和信息的情况下,他如何能够重新谈论政治。我们将会看到这一点正是马基雅维利在那被删除的第一段话里要处理的主题,但在他寄给韦托里的最终版本里这一段话被删掉了。在草稿里他写道:

> 我着实担心我的这些分析可能在您看来已经不复往日的味道,为此我请您多多包涵,因为我已经荒废了对这些事务的思考,我也对正在发生的事情的细节一无所知。您也明白在一团漆黑中做出的判断能好到哪儿去,特别是谈这种事情。所以我将对您说的要么基于您的论述,要么基于我自己的假设,如果后者被证明是错的,我希望基于前述理由您能原谅我。

自从被排挤出政治之后,马基雅维利第一次思考,他——以及任何人——从事政治论述的"基础"是什么。在这一段话里他提出了三种可能性。第一是对事物的直接经验,进入事件当中、接触参与者,通过他们的言语了解他们的思想、计划和目标:经常接触事务(pratiche)并且了解(intendere)细节(particulari)才能做出有根据的判断(iudicare)。这是他过去论述的方式,他称之为"往日的味道"(dello antico sapore),把直接的、一手的知识比作品尝的感觉经验(这一段的味道[sapore]和下一段第一句的得知[sapere]的文字游戏强化了这一比喻)。而目前的情况和他自己的选择使得他无法做出这种论述。在这种情况下,用他的话说"在一团漆黑中"(马基雅维利表示韦托里也有类似的经验),他只能变换思考方式。他要么采用另一种论述作为根据(在这里便是将其分析基于韦托里信中的内容),要么基于他模糊地、可望不可即地称作"我自己的假设"的东西。

马基雅维利没有明确界定"我自己的假设",并且[125]从这几行文字的逻辑来看,我们只能说,基于一个人自己的"假设"所做的论述与他头脑中基于经验的论述完全不同。显然,对经验的论述要有意义,必须不断地针对事实进行求证,而对"假设"的论述则提高了语言的优先性不必受限于求证事实的过程。马基雅维利在这里并没有劳神去考虑"假设"是如何产生和成形的(或者创造力、记忆、想象和欲望在此过程中都发挥着什么作用——在这段对话中将由韦托里提出这些问题),但他的确承认他的假设可能最终是错的(se fieno falsi)。这表明这是一种收益和风险都很高的、不全则无的局面:毫无疑问,"假设"必然对或错,在切中要害的对与完全落空的错之间是没有余地的。问题在于,如果一个人"在一团漆黑中"谈论"事务"和"细节",显然没有办法分辨任何给出的"假设"是不是与真相相符,此人最多能做的就是以"假设"中的术语、定义和逻辑上的可能性进行推演和得出结论。

此中的意涵是大胆和危险的。马基雅维利是在考虑接受这样一种论述方式:论者赋予术语以含义,如果精准的话,术语反过来将抓住事物的实质。对于一个被剥夺了直接体验事物机会的放逐者而言,马基雅维利认为这是——除了依据他人的论述——唯一可能的选项。实际上,他似乎已经发现了这有多冒险,对于与韦托里尚待进行的谈话而言尤为如此,因为在信的最终版本的最后一段话中,他重写了这一段话,没有涉及基于假设的论述:

> 我知道,您会认为这封信写得像一条魟鱼(pastinaca fish),却又不是您所期盼的味道。请原谅,我的心灵已经疏离了这些事务,我回到乡间的家中远离人们的视线足以证明

这点。我也无法得知正在发生的事情,因此,我不得不在一团漆黑中进行讨论,一切都是根据您向我提供的快报。因此,请您多多谅解。

[126]在这个版本里,马基雅维利是用他在草稿中提及的三种可能性的第二种的术语描述他的书信的——"一切都根据"(fondato tucto)韦托里提供给他的信息。值得注意的是,马基雅维利认为他从韦托里那里接收到的是"快报",他和十人委员会常用这个词来指他自己在出使任务中发回的官方通信,仿佛韦托里现在正担任国务秘书,而马基雅维利则担任十人委员会的角色,要根据这些快报来做出判断。这种在修辞上对角色的重新设定,点出了在马基雅维利过去作为国务秘书和特使所做的,同如今落魄中所做的之间的关键性差别(在我看来他在当时看到了这一点):过去他解读的是言语和对话,而如今他只能阅读和解读写好的文本。对于1513年4月的马基雅维利而言,这是一种降格,一种次好的选择(甚至或许是第三好的选择,如果我们把在信的最终版本中没有提到的"假设"的方法也算进来的话)。

他把最终的文本比作一条"虹鱼"(pescie pastinaca)——后面会详述这一点——至少从表面上看,大概想表达的意思是这封信不够格,无法与过去他能够参与"事务"和获得政治人物的一手言语时相提并论,特别是他迅速补充说它甚至没有鱼的"味道"。虹鱼的脑袋不会从身体突出,在售出的时候尾巴又是被砍掉的,所以看起来它既没有脑袋也没有尾巴。于是,评论者们从马基雅维利是在自谦地评价自己书信的角度,将这一表述理解为"没头没尾"[1](senza capo né coda),在现代意大利语中的意思大概是"既不优美也没道理",缺乏严密的逻辑、没有说服力、模棱两可。这

---

[1] Gaeta in *Lettere*, p. 383; Inglese in *Lettere a FV*, p. 134.

很可能就是马基雅维利想让韦托里明白的意思。但是,马基雅维利知道,他寄送给韦托里的信去掉了开头,就像人们在市场上看见的魟鱼那样,是他最初所写的信的残缺版本。"魟鱼"的比喻开始可能是他自己和自己开的一个关于没有开头之信的玩笑,现在却讽刺地以缩略的形式成了这封信的尾巴或者附言。不过,善于发现言外之意的韦托里却可能从这个比喻中读出另外的、比自谦更激进的东西。当他开始阅读被寄送到罗马的这封信的主体部分时,他一定很快就会发现,实际上这封信并不是"一切都根据"他给马基雅维利的信息写成。马基雅维利显然担心韦托里会对自己声称他不过是在解读韦托里的"快报"有所介意,这样写只是为了引开或者弱化韦托里的反应。

马基雅维利先是按自己的理解将韦托里的分析提炼[127]精要:如果你认为西班牙国王是明智的,如果同时在你看来他好像又犯了一个错误,"您不得不认为,这背后隐藏着您和其他任何人现在无法理解的重大情况"。他称赞韦托里的"论述",认为它"不能再精细和审慎了"(né più trito né più prudente);的确,就韦托里的论述而言,已经没什么可说的了。"不过,为了表明我还活着(per parere vivo——同样的表达方式他在1509年给路易吉·圭恰尔迪尼的信中也用到过),为了遵从您的要求,我还是要和您说说我的想法。"马基雅维利首先想到的是推翻韦托里的基本假设代之以他自己的:"在我看来,您的疑惑主要基于[您假设]西班牙国王是审慎的"(在草稿里,马基雅维利将这一点称为韦托里的"假设"[presupposto],但在最终的版本中删掉了这个词)。"我的答复是,我不能否认这位国王是明智的;不过在我看来,他总是更为机巧和幸运,而不仅是明智"(在草稿中是"而不仅是明智和审慎")。

韦托里可能会对这句话感到些许疑惑。在他第一封关于停战协议的信里,他已经评论过斐迪南久负机巧与审慎之名。在4月21日的信中他曾说到西班牙国王被认为是"机巧的行家里手"

(huomo expert et astuto)和"如此明智"(tanto sagace),并且韦托里从来都认为他是审慎的("一直以来都认为的那么审慎")。审慎(prudente)、机巧(astuto)、行家里手(experto)和明智(sagace),这些词对韦托里而言大致是相同的,或者至少说他并没有对它们做出区分。另外,他在阐述中用到这些形容词是在质疑人们普遍认为斐迪南具备上述品质(因而应该清楚他在做什么)。马基雅维利把这些措辞考究的评论读成了韦托里认为斐迪南就是审慎和明智的。于是,他提出了两对形容词,明智和审慎(savio/prudente)对机巧和幸运(astuto/fortunato),这样一来,便改变了机巧的含义:对韦托里而言,机巧是与审慎和行家里手明确相容的,并且无疑同明智也是相容的。对于马基雅维利而言,机巧成了审慎和明智的反面,可以或者至少可以比作幸运。显然,马基雅维利愿意赞成韦托里认为的斐迪南是"机巧的",但实际上他认为韦托里错误地理解了机巧一词,犯了定义错误。

在重新定义了关键术语并武断地限定了其含义之后,马基雅维利要展示他对斐迪南的界定——更为机巧和幸运而非明智或审慎——的精确性,他的理由是1512年斐迪南与法国开战不必要地危及了他对其一切领地的统治。马基雅维利认为,实际上斐迪南没有理由惧怕路易,这一点他本该从[128]多种"迹象"(segni)中察觉到,包括教宗尤利乌斯的反法政策,以及路易即使有机会也不愿深入意大利。尽管斐迪南本可以利用这些情况达成一个利于自己的和平状态,但他却选择了开战,4月份神圣同盟在拉韦纳失败后眼看自己的整个帝国行将崩溃。最终这一政策其实有利于斐迪南("尽管这场战役取得了相反的结果"),但这并不妨碍马基雅维利坚持认为这位西班牙君主的行动是轻率乃至鲁莽的。特别是马基雅维利断言,斐迪南"绝不会相信瑞士人会为他报仇,保障他的安全,以及为他树立已经丧失的威信;但实际上却发生了"。这里马基雅维利的分析的奇怪之处在于,他指责了那些最终为斐迪南带来胜利的决策和冒险。韦托里或许会纳闷马基雅维利打算基于何种标准(如果胜利都不算的话)来评判斐迪南或者任何一位君主的作为。答案非常醒目:

> 所以,如果您想想他处理[1512年]那些事务的方式,您就会发现,西班牙国王与其说是明智和审慎,不如说是机巧和幸运。显而易见,只要这样一个大人物会犯下这种错误一次,就可以推定他会犯一千次。我从不相信,他在这一决定[即1513年4月1日的和约]背后隐瞒了什么不可告人的东西,因为我喝酒喝的不是产地,在这些事情上,也不会偏听任何权威人士的不合理性的意见。所以,我的结论是,如果您关于这件事情所说的属实,那他[斐迪南]可能就犯了一个错误,对事态理解错误,致使他们达成了一个较坏的和约。

这又是一个著名的段落,常常被引用作为马基雅维利关于"方法"和让政治分析严格符合理性标准的宣言。①

[129]但是到目前为止,这一段话同这封信的文本之间的真实关系是什么?马基雅维利把斐迪南1512年加入神圣同盟与法王路易作战的决定——这一行为冒着极大的风险却又大大增强了西班牙在意大利的势力——看作是一个非常巨大的错误,以致人们必定要"推定"他还会犯许多其他的错误;基于这些理由,在实际上对1513年3—4月间的停战协议只字未提的情况下,马基雅维利便得出结论,这一协议十有八九是一个错误,是斐迪南可能犯下的"一千次"错误之一。至少可以这么说,这是一个逻辑链条不够明显的结论。马基雅维利实际上认为:第一,韦托里认为斐迪南明智和审慎是错误的;第二,斐迪南其实不过是一个机巧且幸运的

---

① 特别参见 Sasso, *NM: storia del suo pensiero politico*, pp. 308-309。

人而非明智和审慎;第三,因此,很明显他在1512年的胜利是机巧和好运的产物,其实他不过是做出了险些酿成灾难的错误判断;第四,他应该还会再犯类似的其他错误;最后,因此1513年的停战协议就是这样一种错误。

马基雅维利用"因为我喝酒喝的不是产地"(perché io non beo paesi)——这显然是在向韦托里发难——支持和证明他的论断:在斐迪南宣布决定签署停战协议的背后,除了人人都看得到的事情之外可能并没有什么秘密。"喝产地"指的是根据酒的来源做鉴别而非亲自喝一口,马基雅维利应该是在说,他只想看到事实而不被单纯的表象误导。就像"往日的味道"这一比喻,马基雅维利这里又用到了饮用和摄取的意象来表达他急切地渴望关于事物的"真切"知识,来自事物本身的知识。但是,如果"喝产地"实际上是指更关注标签而不是实质——关注产地带来的名声和相应的品质而不是酒本身——那么马基雅维利在4月29日这封信的这一段话中的形象与这种行为又有什么区别?他开始就在使用标签和一种观念:选择好恰当的形容词对斐迪南做出一般性的概括,就会得出关于这位国王特定行为的正确结论。选出恰当的标签之后,他把斐迪南1512年明摆着的胜利重新解释为纯粹运气遮蔽下的重大错误。如果说潜意识不懂得处理否定词,马基雅维利宣称"我喝酒喝的不是产地"就可以被理解为某种承认:实际上他在很大程度上是基于重新贴标签来进行判断的。

马基雅维利拒绝相信韦托里的怀疑的第二点理由,是他决意不会偏听任何"权威人士"的"不合理性"的意见。这一点的意义是什么呢?马基雅维利的理性(ragione)的关键含义似乎是对事物进行精确的[130]分类,从而用精确的标签和名称界定政治行动者、情境以及选项,在本质上是使得术语的含义保持稳定。马基雅维利相信,通过界定、应用被精准、正确使用的术语(也是"假设",因为至少它们是最先出现并为接下来的论述提供了框架),

他可以比韦托里更好地理解事物。但是,他讲述他的"理性"是针对什么"权威人士"呢?韦托里并没有在行文中引用任何权威人士的意见,马基雅维利在这里用到"权威人士"一词,一定是指那些基于韦托里和其他外交官能接触到的内部信息而提出的意见和解读,这些内部信息是马基雅维利无法得到的。总之,他所辩护的是不基于此类信息同样可以进行政治论述的可能性,同时也是在回答3周前他自己提出的有关"论述和概念"与"事件"之间的差别的疑惑:一旦对"事件"的分析不能产生一套令人满意的"论述和概念",那么一套更为严密和精心构建的论述和概念本身或许能够将"事件"化约为条理(order)、必然性(necessity)和理性。

如果马基雅维利关于这件事的讨论就到此为止,那么我们或许会猜测(韦托里或许会认定)这位前国务秘书其实是在建构一种解决政治论述之难题的批判性进路,而不仅仅是给出一种关于西班牙国王政策的替代性意见。相反,马基雅维利选择继续写下去,他所写的内容一定会让韦托里大感不解。在下一段中,他写道:"不过让我们暂且打消这个想法,而认为他[斐迪南]是个审慎的人来讨论一下这个决定,权当它是一个明智的人做出的。"于是,在认定韦托里困惑的根源乃在于假定斐迪南是一位明智审慎之君并反过来将斐迪南说成是机巧而幸运之人,虽然犯下大错却又侥幸成功之后,马基雅维利突然放弃了这一进路,现在愿意在斐迪南是审慎而又明智的假设之上讨论这一停战协议。采取这一新的进路后,他首先反对韦托里的看法。韦托里认为,对斐迪南而言,签署一份全面和平条约,而非与路易缔约,并径直将米兰送给他要好得多,这样就可以令法国国王遵守明确严肃的条约,不给他任何再度进军意大利的借口。马基雅维利认为这是错误的,理由如下:斐迪南本身军事实力弱,他从1511—1512年的事件中明白他不能够对盟友(彼时包括教宗尤利乌斯、皇帝马克西米利安和英王亨利八世)寄予太多信任。所以,他必须与路易达成某种协议,但全面和平条约绝不可能得到盟友们的赞成。在没有得到他们赞成的情况下签署这样一份和约,并将米兰奉送给法国,会使得斐迪南完全依赖于路易的诚意以抗衡[131]他们的愤怒,马基雅维利写道:"明智的人绝不会将自己置于依赖他人的境地,除非迫不得已。"于是,他总结道,斐迪南签了目前这样一份和约,并给了同盟其他成员一个机会批准这份条约,从而迫使他们做出选择,支持这份和约,不然的话便要以比去年更大的军力和更强的决心与法国开战。因此,这份和约是聪明的一招,让盟友们直面他们自己犹豫和错误的政策,迫使他们无论是战是和都站在斐迪南一边。"无论如何,西班牙国王都达到了自己的目的。"马基雅维利在这里的观点是敏锐和有力的,只不过它完全与信的前半部分相矛盾,他在前半部分认为这一同样的决定是个错误,与早先其他的错误如出一辙,都是国王性格的产物。

接下来还有一些内容。在第二个判断的结论部分,马基雅维利提出了第三种进路,也是基于对斐迪南的一般性看法:他认为"明智"与"审慎"让位于其他一些品质,也让位于对特殊环境的考虑,这使得他无论是在这件事上还是在别的事上都做出了冒险但却总是成功的决策:

> 您若观察过"天主教徒"陛下的政策和行动,就不会对这一停战协议感到如此惊讶。您知道,这位国王出身侧微,攀到目前的高位,为了征服新的领土、桀骜不驯的臣民,一直战斗不已。一个人守住新领土、令摇摆的忠诚要么增强要么保持不定和摇摆的一个办法就是,唤起人们对他的巨大期待,让人们的心灵总是忙着去琢磨,[这样一位统治者的]这些决定和新的举措究竟是出于什么目的。这位国王认识到了这样行事的必要性,并且是这方面的行家里手。

几个月后,在 1513 年秋天,马基雅维利重写了这一段,并将它整合到《君主论》第二十一章。在那里他也强调了将斐迪南视作"新君主"的重要性,他"从一个弱小的国王凭借名望和荣耀成为基督教世界首屈一指的国王"*。[132]他的行动"全都是非常伟大的,有些还超乎寻常"——包括对法战争——让人们特别是他的臣民忐忑不安同时又钦佩不已,无法冷静地应对他各种各样的举动,这给了他名望和权力。①

这样,马基雅维利在 4 月 29 日的信中给出了三种不同的理解斐迪南的进路,而他最终选择了最后一种。但是,韦托里在读到这封奇怪的信并且纳闷——我们想象他应该会纳闷——为何马基雅维利对于西班牙国王会如此激进地给出三种不同的结论的时候,是不可能知道这一点的。马基雅维利先是断言斐迪南不必要地赌上一切同路易打了一场准备不周的战争,从而暴露了他会犯严重错误的倾向;继而又认为与路易的和约乃是一项审慎明智的决策,达成了斐迪南针对其盟友的目标,绝不令自己"置于依赖他人的境地,除非迫不得已"而展现其明智;最后马基雅维利则声称,斐迪南"认识到且纯熟地利用了"令朋友和敌人同样都困惑而获取巨大名誉的"必要性"(necessità)。能够对这些判断做出一致性的理解吗?②

---

* [译注]《君主论》的中译文均采自中央编译出版社 2017 年版刘训练译注本,个别词句略有调整。
① *Opere*, p. 291a-b.
② 意见有很多。多蒂在这封信中发现了"一种新的可以说是'科学的'明智概念。不同于承接自古典和基督教传统的惯常概念,科学的明智概念不再以道德规范为基础,而是建立在人类行为的'自然'规则之上"。对多蒂而言,这封信构成了一种"对意大利的历史与政治现实的客观分析"(*La fenomenologia del potere*, pp. 35-36)。另一方面,西班牙的一位历史学家皮达尔则认为马基雅维利关于斐迪南的论断是有问题和武断的,参见 Ramon Menéndez Pidal, "The Catholic Kings According to Machiavelli and Castiglione," tr. Frances M. López-Morillas, in *Spain in the Fifteenth Century*, ed. Roger Highfield, London: Macmillan, 1972, pp. 405-425, esp. 405-409。

第三章 "前国务秘书"

这里的困惑很大程度上取决于对斐迪南的目标(他的"目的"[fine]和"意图"[intento])的解读:目标是什么,他的行动是否理性地支持了它们,他是否达成了目标? 马基雅维利笔下的第一个斐迪南追求的是领土安全,采取了损害目标的行动,虽然犯了错但却还是达成了目的。第二个斐迪南的目标首先是控制盟友,选取的行动策略在马基雅维利看来是与目标一致的,但是这里的目标与行动之间的关系纯属预测,因为这一理性追求的目标尚未达成。这两个斐迪南的形象都没有在特定的目标和特定的行动之间表现出明显合理的关联,使得行动可以确保目标的实现。马基雅维利多年前与此类问题纠缠过,在那封被反复讨论的1506年9月给焦万·巴蒂斯塔·索德里尼的信中,他承认自己不知道但是"很想知道","缘何不同的行动[133]有时同样会成功,有时也同样会失败"。[①] 当他在1513年4月29日写信的时候,这个早先没有解决的问题又重新冒了出来,仍旧没有答案。只要他仍旧在目的与行动、行动与结果之间寻找可预测的相关性,就总是看不到答案。这一进路反反复复地让他陷入认知迷宫之中。但是,当马基雅维利写下和约是斐迪南对付盟友的方法从而令他们做出选择而不必自己决定是战是和的时候,马基雅维利找到了出路。在马基雅维利看来,从这个角度出发,斐迪南"选择了一条中间路线,既可能导致战争,也可能带来和平的路线"。这让他产生了一个想法,这个想法占满了这封信的最后一页,而到这里为止在他提出的这几种理论当中没有任何征兆。斐迪南采取了许多大胆的举措,从非洲

[①] *Opere*, p. 1083a. See also *Lettere*, pp. 243-244. 对这封信的精彩解读,参见 Mario Martelli, "I 'Ghiribizzi' a Giovan Battista Soderini," *Rinascimento*, 2d ser., 9, 1969: 147-180; again Martelli, "Ancora sui 'Ghiribizzi' a Giovan Battista Soderini," ibid., 10, 1970: 3-27; and Michael McCanles, *The Discourse of Il Principe*, Malibu, Calif.: Undena, 1983, pp. 1-9。更多的文献,参见加埃塔的注释 *Lettere*, pp. 239-245。

到意大利：

> 并没有理会过它们的目的，因为他的目的不在于一次两次乃至任何一次的胜利，而在于在众多民族当中赢得威望，使他们对他五花八门的活动充满疑惑。所以，他永远都是一个活跃的开端制造者，之后再为之赋予一个目的，或是运气给他的或是必然性要求的。迄今为止，他没有什么理由抱怨自己的运气或勇气。

马基雅维利用斐迪南的那不勒斯政策作为例子，然后总结道："对他而言，为了赢得梦寐以求的威望，行动起来就行了；接下来的事情，只能寄希望于机运女神的眷顾或者耍阴谋诡计了。只要他还活着，他就会一如既往地从一项事业（travaglio）走向下一项，而从不关注事情的具体目标。"

总之，这是早前两种理论的折中，虽然马基雅维利将它作为第二种进路的逻辑推论展现出来。这一进路将他的"机巧而幸运"的斐迪南形象和他的"目的"概念（在特定手段和特定目的之间并不需要确切的关联）结合起来。于是，斐迪南便可以被描述为大胆勇敢却不算鲁莽，并且他[134]愿意冒险、造成变化或者完全翻转政策，不再证明他会"犯一千次错"，反倒是他成功的秘密。这样一个斐迪南的"明智"并不体现在精密规划并取得清晰明确的目标，换言之不与其行动吻合或一致；而体现在他在那些试图理解他的人比如韦托里的头脑中制造了困惑和混乱。

斐迪南在马基雅维利这封信中的最终形象的令人着迷的一面在于，它与文本本身的修辞出奇地相像。这个斐迪南的形象一会尝试一下这个一会尝试一下那个，绝不等到某一行动有了确定结果再开始另一个，因而让所有人都疑惑不解地看着他。这似乎正是对马基雅维利给韦托里的这封信的绝佳描述。这份文本几乎就

第三章 "前国务秘书"

是模仿了它所创造的斐迪南：新的开篇起头、翻转、明显的矛盾、快速的推进和跳跃，而不对其具体目的或结果做出说明和解释，但它的总体效果则是（现在仍旧是）给了其作者机巧、大胆和超常的名望。不管是潜意识地还是隐隐有些自觉地，马基雅维利实际上是将自己投射到了他所创造的"斐迪南"当中：他也是一个"活跃的开端制造者"，对他来说，这指的是文本上的"开篇起头"，它们的变化多样和快速，为他赢得了名望和读者们的瞩目，他们愿意相信——就像韦托里怀疑斐迪南那样——在这些矛盾和不一致的背后一定有"某些重大的东西"。

在他们的通信中，马基雅维利反复地并且显然是欲罢不能地——我这里用他自己的话来说——将自己代入（transfer）他笔下呈现的政治人物形象，而这些人实乃权力和成功的典范。这里是第一次出现这种情况。马基雅维利创造的斐迪南展现了一种马基雅维利时常为之着迷的行为模式，它们体现在萨沃纳罗拉、切萨雷·博尔贾以及斐迪南身上（或者说体现在他所创造的此三人以及其他人的精彩形象身上）：毫不犹豫且活跃地采取行动、对自己寄予重大期许、敢于冒险，是知道如何将必然性为己所用的君主，他们是难以捉摸和揣度的，也正因为如此是迷人的、令人无法抵抗的和成功的。这不免让人猜测，它们表现出了某些马基雅维利深藏在心底的关于自我的想象。

不过，马基雅维利对他想象中的斐迪南的投射性认同的奇异之处在于，真实的斐迪南正是他的敌人，是他下台的主要原因之一。斐迪南的军队在普拉托摧毁了马基雅维利的国民军，这一事件加速了政局的变动，导致共和国崩溃和马基雅维利下台。正是斐迪南为神圣同盟提供了主要军力[135]去对抗佛罗伦萨的首要盟友法国。马基雅维利将自己最中意的自我形象投射到了一个至少在间接上对自己造成巨大伤害的斐迪南的形象上；对这一机制做出精神分析的话（此处无意如此），可能要聚焦于马基雅维利作为受害者的自我认知和过程，通过这些过程，形象上的代入可以使得加诸他身上的伤害和剥夺产生偏移和吸收。这类东西可能在4月29日这封信的开始就起作用了。草稿的第一段充满了疑惧、担忧、失落感，以及对智识上无能感的恐惧，而这些在最终稿中又被某个斐迪南兼马基雅维利——一个知道如何掌控（或说操纵）机运女神，崛起于"侧微"升至"高位"的形象——抹去不见。对马基雅维利而言，这是一种通过将斐迪南带给自己的恐惧化约或纳入他的理解能力范围之内以中和或驯服的方法：取得（或者说想象出）此类能力，要么是通过让自己成为自己渴望且必须了解和控制的客体，要么将一个可怕的他者化入他的自我当中；无论哪一种方法都是在想象占有和联合理想化的形象。

弗朗切斯科·韦托里又是如何理解这封创造了一个前所未见的斐迪南的重要信件的呢？他又是如何理解马基雅维利从各个角度和观点证明他"错了"这件事的呢？不管人们选择哪一套"假设"，马基雅维利都表明韦托里错了；而这封信的最终目的似乎应当看作是马基雅维利要展示，根据所有"快报"和他所了解的信息，自己比韦托里在"一团漆黑中"看得更清楚。如果这种东西确实就是这封信伤人且挑起论辩的潜台词，那么"虹鱼"的意象是在指出这一点吗？虹鱼上市的时候或许没有尾巴，但在此之前它们有着又长又灵活的尾巴，上面带有释放毒液的锯齿状的刺，它们挥动尾巴刺痛任何不幸踩到它们的人。韦托里原是想进行关于和约的友好探讨，但他从收到的回信中可能会感到些许刺痛。

第四章 说起话来像罗马人

"有些东西我们只能想象"

[136]不管出于何种理由——是被马基雅维利的信冒犯了还是搞糊涂了——弗朗切斯科·韦托里都没有回信。在沉寂了两个月后的6月20日,一直在等待回音的马基雅维利显然等不下去了。他又写了一封信,直截了当地提出韦托里没给他任何答复:"几个星期前我给您写了一封信,就您关于法国与西班牙之间签订的停战协议的论述做了回复。之后再没有收到您的来信,我也没有再给您写信,因为当时我听说您就要回[佛罗伦萨]来了,于是打算等着见面后和您细谈。"现在马基雅维利已经知道韦托里的归期并不近,他决定再写一封信来靠近(rivicitarvi)他,"跟您谈谈您若是在这里我们会谈到的一切"①。他表示他仍旧对4月29日所写内容很是焦虑,担心会对韦托里造成什么影响。很显然,他是忧虑韦托里长期沉默背后的原因和反应,对此他写道:"尽管我因不与闻机要远离(scagliare)一切这些事务,只能浮光掠影地谈一下[想法],但我不认为我的这些看法是有什么害处(nuocere)的:把它们告诉您,于我没有害处;您听我说一下,于您也没什么害

---

① *Opere*, pp. 1139b-1141a; *Lettere*, pp. 384-387; *Lettere a FV*, pp. 143-146.

处。"即使马基雅维利不认为这样做可能如此(但也拿不太准),他还是明确地提到了表达自己的观点对自己或韦托里造成伤害的可能性,他一定一直在想韦托里是不是被他的"魟鱼"刺痛了。scagliare 一词暗示了伤害的可能性,它的意思是"抛出",通常接一个像是石头或者辱骂之类的宾语,又或者用反身形式(scagliarsi)表示将自己猛烈地或者危险地抛向另一个人。这句话里宾语的阙如为攻击性意味增加了一种无方向、无目的之感。①

[137]要想搞清楚状况的唯一方法就是再试一次。马基雅维利更新了他关于意大利现状的看法,这一次更关注于在他看来利奥教宗会如何理解斐迪南与路易之间的和约,并提出另一种关于斐迪南动机的假设。6月6日,为反法同盟卖命的瑞士士兵在诺瓦拉击败了一支法军。② 马基雅维利认为这一事件确证了他先前的观点,即斐迪南妥协媾和未必会像韦托里认为的那样将伦巴第拱手让给法国人。他讽刺地评论道,韦托里如今可以看到"当下法国国王在意大利取得了何等的胜利啊,恰恰同大多数人所设想乃至担忧的结局正相反"。无论如何,这对教宗及其"高贵的家族"而言,当然是好消息。马基雅维利或许是受到自己预测"成功"的鼓舞——因为这也意味着"不与闻机要远离一切这些事务"未曾剥夺他做出良好判断的能力——他继续给教宗出谋划策。但是,由于马基雅维利并不是真的写信给利奥,他采用了一种将自己

---

① 因格莱塞(Inglese, ibid., p. 147, n. 6)很有益地提到瓦尔基(Varchi)关于 scagliare 一词的定义:"指谈话中的某人说某些重大事件是不可能的或者不太可能……且他这样做没有恶意。"
② 圭恰尔迪尼花了几页的篇幅来记述这场战斗和瑞士人的勇气、纪律以及凶猛。他写道,胜利者返回诺瓦拉"带着享誉世界的名声,以致许多见识过他们的大度、视死如归、凶猛以及最后胜利的人竟然认为这次的成就高过几乎所有人们已知的罗马人和古希腊人的所作所为"(*Storia d'Italia* II. 12, p. 1118)。我们很快就会看到为什么圭恰尔迪尼会和马基雅维利都认为这里的"许多人"竟然会将瑞士人的胜利同最伟大的罗马人的行为相提并论。

假设为教宗的修辞手段,像是在同自己说话:

> 因为我认为,审慎之人的本分在于总是思考有什么会伤害(nuocere)自己并未雨绸缪,从而能够增进于他有利的、及时反对有害的,所以就让我站在教宗的立场仔细审视一下我现在究竟有什么好怕的、可以采取什么补救措施。我将向您写信说说这些事情,也听从那些比我做得更好的人士的意见(discorso),因为他们更了解这些事情。

重复提到伤害(nuocere)表明,虽然马基雅维利的明确意图是劝说教宗成为某种"审慎"之人,能够预见到危险并在它们危害到他之前进行化解,但在更深的层次上,这些话——及其所包含的警示意味——还是指向马基雅维利本人,他焦虑于自己是否伤到韦托里并可能使其疏远自己。从这个角度出发,令自己"站在教宗的[138]立场"是在让他与自己信中的修辞拉开距离,也是在说,如果韦托里不喜欢马基雅维利4月所写的某些东西,那么或许他会较为容忍现在"教宗"所说的这些话。因此,在某种意义上,马基雅维利自己的看法与教宗立场的修辞性糅合是一个审慎之人试图预测并化解危险的"补救"或者说策略之一。他最后说会听从"那些比我做得更好的人士的意见,因为他们更了解这些事情",这一姿态也是这种策略的一部分。于是,这一段以"我告诉过您"开始,以听从消息更为灵通的权威人士的姿态结束,其间说话的"我"经历了两次变换,从"我认为审慎之人的本分在于……"的马基雅维利,转变到"仔细审视一下我现在究竟有什么好怕的"的利奥,又转回到一个更为顺从的,"我将向您写信说说这些事情,也听从那些比我做得更好的人士的意见,因为他们更了解这些事情"的马基雅维利。

但是,马基雅维利愿意认同那些他所写的政治人物,并不仅仅是针对韦托里的一种伎俩或策略。马基雅维利的内心有一种强烈的冲动:要将自己投射到政治剧场中的伟大主角身上,虽然表面上这些人只是他分析的对象。在前一章中我们见识过,他本质上做过同样的事,只不过没有如此公然声明。在 4 月 29 日的信中,对斐迪南角色的重建(或者说再造)就整合了许多马基雅维利对于自己的想象。在这两封信中,主体和客体是交叠的,当"我"说话的时候,两者的分别是模糊的,"我"会流入被言说的客体并形成一个结合了两者元素的"我"。整个 1513 年马基雅维利的体内都集聚着这种冲动。

马基雅维利写道:"如果我是教宗,对我来说最好是完全仰赖机运女神,直至出现一份规定完全停战或几乎完全停战的协议。"如果西班牙人在意大利感到更为安适,马基雅维利的利奥就必须提防他们;如果瑞士人不再惧怕法国或者西班牙,那么也要小心瑞士人;如果法国国王未经教宗同意重返意大利,也必须对他保持警惕。和平中的利奥比在战争中有更多恐惧,特别是如果法国"背着我"与英国或者西班牙签署和平协议的话。"我会认为,如果说[法国国王]同英国难以达成和约,那么同西班牙达成和约就是可能的、合理的;如果对此不多留意的话,我极其担心这种和约会意想不到地降临到我们头上,就像他们之间达成的那份停战协议一样。"随后马基雅维利解释了他认为法国和西班牙之间达成和约是可能的和合理的(ragionevole)的"理由"(ragioni)。斐迪南当然想把路易赶出意大利,但是他只能靠自己的武力和声誉,这样一来,1512 年瑞士人击败法国人以及[139]1513 年 6 月初的这次,都不会让斐迪南感到特别高兴。马基雅维利相信这一"意见"是"合乎道理的"(fondata in sui ragionevole),因为这些事件让瑞士人和教宗的力量大大增强。马基雅维利继续说道,在 1513 年春天,令斐迪南决定签署和约的理由之一可能就是对瑞士人的恐惧,而现在他们又一次打赢了法国,西班牙国王就更有理由害怕他们了,他也害怕这位"年轻的、富有的教宗,[他]有理由(ragionevolmente)渴望荣耀,[想要]表明自己不逊于前任,[还有]一些没有国家(senza stato)的兄弟和侄子们"。于是,斐迪南"有理由惧怕"教宗。斐迪南通过与路易媾和、把伦巴第送给他,便能够制造出一个法国人和瑞士人彼此中立而利奥无法利用后者的局面。"所以,假如我是教宗,假如上述情况发生,那么我希望做的事情,要么阻挠之,要么掌控之(o sturbarlo, o esserne capo)。"为什么马基雅维利认为利奥只要成为法西和约的推动者就能够将其化为己用?这还要留待解释。不过在这里,马基雅维利的注意力再次聚焦于控制这一要素:他看重对事件有所预计,不被其牵着鼻子走,尽可能赶在一切发生之前脱身并且表现出似乎一切尽在掌握,尤其是到了要充分利用好必然之事的时候。

所以,他假设了一个法国、西班牙、教宗和威尼斯之间的四方和平,将瑞士人、英国和皇帝排除在外,这对教宗利奥而言是获得"最大安全"的最简单方法。这一构想中的每一方都会有所得从而感到满足,马基雅维利特别指出的则是伦巴第将重回法国人的控制。他总结道:"换做他法,我看不到任何安全保障。"在这个看法背后,则是另外一个关于斐迪南动机和性格的判断。

> 法国国王一旦死去,他[指谁呢?是新的法王?还是斐迪南?]会将注意力转移到征服伦巴第上来,这永远是他让军队待在战场上的理由;还有一个则是我认为西班牙国王无论如何都会背叛其他各方。如果说瑞士人的第一次胜利让他签订了这份停战协议,那么第二次胜利就会使他缔结一份和约。[马基雅维利开始解释为什么不能信任斐迪南]无论是他进行的谈判,他所说的事情,还是他发的誓言,我认为都无足轻重。这样一份[西班牙和法国之间的]和约,就算缔结了,若没有其余各方的参与,也会是极端危险的。

马基雅维利的利奥恰好是他的斐迪南的对立面。在创造出一个斐迪南——我们可以说此人纯粹走运(因而不能被[140]信任)、果敢、爱冒险,甚至诡计多端——之后,马基雅维利实际上又在自问,什么样的人(或者说行事方式[modo di procedere])能够化解此种力量?他的利奥首先是"审慎的",这使得他远远地就能预见危险、"仔细地"审视它们并有针对性地安排自己的对策。这个审慎的利奥制定政策的基础是"合乎道理"的东西,是对其他人可能之行动和反应的细致计算。再者,马基雅维利的利奥总是担心会被排除在其他人达成的协议和决定之外,惧怕背叛,以求得安全为要,他本质上是应对性的——在以上一切方面都站在"开端制造者"、马基雅维利的斐迪南的对立面。问题是,这一对比太过严丝合缝和明显,以致不能作为对这两个历史人物性格的客观评价。它们都是被创造出来的,是最终支配着马基雅维利的政治语言的、对立两面交互中相互冲突的元素的投影。他的斐迪南是一个过于可怕和危险的势力,以致他不能单独存在:在政治和军事上对意大利是如此,对马基雅维利而言也是如此,他需要也想要建立某种关于手段和目的、在风险和危险前保持审慎和计算之理性的论述。因此,马基雅维利在两个月后反向创造出"讲道理的"利奥,其当下的弱点在于"完全仰赖机运女神",而他会选择要么扰乱要么促成一项无论如何都要产生的法西和约,他潜在的优势恰恰在于他预见并靠审慎获得安全的能力。一套术语产生另一套术语:他的斐迪南让人人猜测,因此需要一个善于推测的利奥。

~ * * * ~

接下来的三封现存书信都是韦托里的,他终于在 6 月 27 日回复了马基雅维利,接着在 7 月 12 日又写了一封,在收到马基雅维利回信(已佚失)后于 8 月 5 日又写了一封。这三封信从事实和理论层面对马基雅维利 4 月 29 日和 6 月 20 日两封信中的观点进行了谨慎但坚定的批评。韦托里在他的批评和反对当中掺杂了对马基雅维利的创造性和智力的赞扬。他在 6 月 27 日写道:"我承认,您在最后一封信里论述(discorrete)得很好";"我很想知道您对此事的看法。若一次回复所有问题让您厌倦,分两三次[写信]回答也可,因为我总是乐于见到您的来信,以此打发时间"(7 月 12 日);"说实话,您的论述极富有条理(ordinati),极为审慎"(8 月 5 日)。不管韦托里从马基雅维利的论述中得到怎样的快乐、对他多么敬仰,但他远远未被说服,而且毫不掩饰他的失望之情。

他在第一封信里解释了为什么没有[141]立刻回信。[①] 他的确每个星期都希望能够被召回佛罗伦萨,从而能够与马基雅维利面谈。但是,既然共和国同利奥的实际联络人亚科波·萨尔维亚蒂已经表示他不会留在罗马,韦托里便不能请求离开自己的岗位,虽然他把大部分时间都花在等事情做和与他们共同的朋友朱利亚诺·布兰卡奇("那个布兰卡乔")一起消磨时光,这种情况让他想起了他和马基雅维利(1508 年)在特伦特经历的等待。7 月 12 日他又说他期待马基雅维利的信,"因为您想必知道,我的最主要活动就是[在这里]待着,自从我到了这里,读了一个大书商的所有书籍之后,[甚至]对于读书我已经有点厌倦了"。厌倦不是韦托里在教廷的唯一麻烦。在 6 月 27 日的信里,他提到自己和一位未写明姓名的"我们的朋友"(amica nostro)之间曾有过的或许现在还存在的问题,马基雅维利警告过韦托里不要信任此人。韦托里回忆起这一忠告并承认要是能够遵从它就好了。"不过,作为过来人的您肯定知道,江山易改本性难移(è difficile mutarsi di natura),要我去伤害任何一个人,那是不可能的,所以不管那么多了。"韦托里没有说更多细节,他提到此事的目的似乎就在于它提供了做出"本性"难改这一评论的由头。我们很快就会看到韦托里在 7

[①] *Opere*, pp. 1141b–1143a; *Lettere*, pp. 388–391; *Lettere a FV*, pp. 148–151.

月12日的信中对这一思想做了重要的拓展,但是,现在我们应当还注意到,这里韦托里实际上是说,虽然他尊重马基雅维利的忠告,但其中某些内容无法充分解释一些根植在人——这里指他自己——内心深处的东西,这让他无法总是遵循马基雅维利的忠告。

当韦托里终于说到马基雅维利4月和6月的信(早先那封和这封新的)时,他先承认"在早先那封信中您猜对了而我却错了":停战协议并没有什么猫腻,"如事实所现,和您说的一样。所以,当时我就喜欢您那封信,现在更是喜欢,我对其深表赞同"。虽然是赞扬有加,但韦托里的保留也很明显:他现在更为接受马基雅维利的看法,是因为它们被"事实"(experientia)证实了,即韦托里表示需要进行相应的测试。但即便是"现在",结合事态的最新进展,韦托里仍有自己的疑虑:"要不是我素来对瑞士人抱有极高的敬意,我会完全同意您的看法。"我们可以回想起,在马基雅维利的四方和平计划里瑞士人是被排除在外的,[142]韦托里继续写道:"在上次的[诺瓦拉]战斗中,瑞士人给我留下了无比深刻的印象,我真不知道有哪支军队可与之相抗衡。"韦托里同意马基雅维利的看法,对瑞士人实力增长的恐惧——特别是再加上教宗的力量——会让斐迪南和路易更愿意达成任何一切可能的协议以实现他们的目标,即让他们分别保住那不勒斯和重新夺回米兰。但正是因为瑞士人已经如此意气风发、自信满满,所以韦托里认为马基雅维利假想的,不包括他们在内的普遍和平是毫无希望的。韦托里预见到这是一个不稳定的安排,因为被利奥抛弃的瑞士人会勃然大怒并可能同法王结盟,法王"和法国人一样是不在意信守承诺的",他会违背约定开始考虑用瑞士士兵征服整个意大利——这一可能性会使得威尼斯人从一开始就对加入四方和平很不情愿。这里强调韦托里挑战马基雅维利亲法倾向的力度是很重要的,他实际上是在指责路易和所有法国人都习惯性地无视他们所许下的承诺和背负的义务。①

韦托里走得更远:即使有人不担心马基雅维利提议的联盟中的信义(fede),那么为了保证计划得以实施,要不要将米兰公爵赶下台呢?如果有人试图这样做的话,韦托里断言,那么瑞士人将会冲过来保护他们的被保护人。与马基雅维利设想的相反,斐迪南大概没有办法确保英国的亨利国王会合作,而皇帝"还在大山里,从来不曾有过什么改变,不断威胁人们,几乎不遵守他参与的协议",人们又哪里能预料到他会怎么做呢?至于说教宗,韦托里相信他正在做的恰恰与形势所需的相反。他应该增加而不是耗费他的收入,他应该以实际行动安抚(tenere ben contenti)瑞士人,而以花言巧语应付其他所有人。如果他担心法西达成协议,就应该试图阻止它,他也不应该参与任何非总体性的(理应包括瑞士人在内)和约。这样一个总体性的安排应该以假定路易如果得不到很有可能归他的伦巴第就会很不高兴作为起点,相应地,他应该给瑞士人"一笔赔偿金","因为您可以确信他们既然已经开始从那个国家[米兰]抽取贡金,他们是无法忍受丢掉它的"。他们也不怕被路易背叛,"因为他们已获得极大的勇气,[143]对自身的力量充满信心,他们认为自己能打败任何人和所有君主"。韦托里总结道:"此一事实(experientia)早已展现得淋漓尽致,所以我绝不会建议教宗签订一份没有他们参加的和约。"

韦托里随后从他对意大利和欧洲局势的解读抽离开,以更为广阔的视角来考察迫近的外来威胁。"不过,我亲爱的同道(compare mio caro),我们这是在讨论基督徒[君主们],而没有考虑土耳其人,当这些[欧洲的]君主们在谈和约时,土耳其人会干出人们意想不到的事情。"他罗列了苏丹的许多强项——军事技巧、好

---

① 关于16世纪早期佛罗伦萨对法国态度的有益考察,参见 Christian Bee, "Les florentins et la France ou la rupture d'un mythe, 1494-1540," *Il pensiero politico* 14, 1981: 375-394。

运气,以及财富、国家的规模、军队的忠诚和他与鞑靼人的盟约——称如果土耳其人很快给意大利"一次重击"横扫所有"这些牧师们",他绝不会意外。

土耳其人的存在是足够真实的,但它尚构不成韦托里评论中所说的对意大利迫在眉睫的威胁。① 马基雅维利大概意识到,这是韦托里表达挫败感的一种方式,他对任何一切试图弄清楚欧洲外交的诡谲和莫测的努力感到灰心丧气,当然这也是对自己的无所事事感到沮丧。在同一封信靠前的地方,在重复说到自己在罗马无所事事之后,韦托里为马基雅维利不在身边感到难过,他疲惫而无奈地表示自己并不关心究竟是法国人还是瑞士人赢了:"……如果这[某一方获胜]还不够[大概指的是给这一切复杂的事情做个了断],那就让土耳其人率领所有亚洲人打进来吧,让全部的预言一举实现吧;因为说老实话,我喜欢该来的快点来。"因而,韦托里诉诸土耳其人的威胁乃是对更进一步的政治讨论的偏离或者说消解。但是,在这里两次提到"土耳其人"(il Turco)当中,韦托里试图说服马基雅维利的是,马基雅维利提出的欧洲和平计划忽视了太多的阻碍和复杂性,特别是瑞士人的实力。

这一次轮到马基雅维利不回应了,15 天后,韦托里又写了一封信,更全面地阐明了 6 月 27 日的信里没有说清楚的疑虑。7 月 12 日信②的开头是他对于放弃政治推理(ragionamenti)的错觉、冲动和习惯之难的反思,这些反思表面上看是关于韦托里自己的,但也包含着他[144]与马基雅维利在他们所进行过的讨论之性质问题上的核心分歧:

---

① 对这一阶段欧洲国家与奥斯曼帝国在政治上并存状况的简要概览,参见 Maxime Rodinson, *Europe and the Mystique of Islam*, tr. Roger Veinus, Seattle: University of Washington Press, 1987, pp. 31-40。

② *Opere*, pp. 1143a-1145a; *Lettere*, pp. 391-395; *Lettere a FV*, pp. 152-156.

虽然，正如我曾经写信对您说过，在我看来事情的进展常常不合理性，因此我断定，对事情加以谈论、讨论和争论都失于肤浅，不过任何一个 40 年来都已习惯于某些行事方式的人，只有克服巨大的自身的阻力，才能从中抽身接受其他推理和思考的方式。所以无论如何，尤其是为了这个缘故，我希望能和您在一起，看看我们是否能理顺这个世界，即使不是全世界，至少能理顺我们这里的部分。我觉得在想象中理顺[这个世界的事务]已非常困难，若要在实践中理顺，则我认为是不可能的。

韦托里在这一段话里对人们所理解的理性做出了一个基本区分：一种含义是作为论述的一种风格或习惯，一种含义是作为"事件"(cose)的一种属性或者结构或者就是事件本身。就后者而言，正如韦托里在前几封信中所说，他认为没有任何证据显示政治事件的发生是符合"理性"(ragione)的。因此，对他来说似乎谈论、讨论或者争论政治是"肤浅的"——倒不是说不可能，而是说对于"事件"纯属隔靴搔痒，从根本上说这是因为事件从来不会理会这些讨论。理性推出的政治论述本身在理性上也没有什么依据，不如说它属于习俗和习惯的领域，属于一个人自出生起（韦托里写这段话的时候快 40 岁了）就获得的（或者说人也许由此而成人）那些事物的范畴；这样一来的话，它的基础既可能是无理性的(nonrational)也可能是理性的，甚至还可能是非理性的(irrational)。"讨论"(discorrere)和争论政治、试图理解那些至少表面上看与理性吻合的事情，是一种人在人生中渐渐"习惯"(assueto)的"方式"(modo)，只有克服了一个人自身的阻力(mal volentieri)才有可能从中抽身。人并不选择"方式"，它就在那里，它使人以某些方式进行表达，虽然人偶尔也会希望能换一种方式。[145]在"只有克服巨大的自身的阻力，才能从中抽身接受其他推理和思考的方式"这句话当中,韦托里对于他认为有意识的干预在多大程度上可以修正或改换一个人已经习惯了的"方式"这一问题持开放和模糊态度。他暗示说如果有可能,他愿意改变论述(discorso),只差一点就在暗示马基雅维利也应当接受这一看法。但是,他愿意承认和接受这种终身之习惯的力量。他表达意愿——"所以无论如何,尤其是为了这个缘故",他们可以一起"理顺这个世界"——这句话开头的però(即perciò[所以、由此])一词就表现出对这种习惯力量的承认,放弃了人终将依靠它理解甚至改变世界的假定。以这样一种进路考察他们过去的"方式"激发起韦托里怀恋它的乐趣和它激发欲望的能力,但是,它也强化了这一信念:他们的政治"推理"终归是一种"想象"(fantasia,空想和虚构),它只是偶然地应对了"事件",永远不可能成功地影响事物的真实发展进程。

韦托里进一步开始向马基雅维利解释,为什么在他看来,理性推出的政治论述必然包括很大一部分"想象":

> 我们肯定认为,我们的这些君主每人都抱有某种目的,由于我们不可能了解他们的心思,我们就必须通过他们的言论和行动来进行判断,而有些东西我们只能想象。

韦托里的怀疑在这里甚至走得更远,他认为政治论述是一种基于解读和阐释诸种迹象(言论[parole]和行动[dimostrazioni])的活动,而这些迹象的含义对解读者来说必然只能猜测。君主们自有其目的和心思,但是,一个人能听到或见到的只有言论和其他迹象,而由于这些迹象(常常或者偶尔或者始终)是不可靠的(或许它们的目的就是为君主们的心思打掩护),解读者在君主的心思和目的与(被假定是了解那些心思和目的最有价值的线索的)诸种迹象之间建立的关联就必然是近似的、有瑕疵的和不完整的。

我们无法知晓君主们的心思,我们只能大概地揣度。就在连这种不是非常可靠的阐释都失败的时候,替代方案就只能是去"想象"我们猜不到的东西。

所有这一切的结果构成了两方面的否定,拒斥了[146]马基雅维利关于政治论述之假定的两大基础。如果基于理性的论述实际上是累积的习俗和习惯的产物,而习俗和习惯又被深埋起来几乎无法控制,那么基于经验的论述也就有其局限:就算一个常常能够接触君主们言论和行动的人——就像1513年夏天的韦托里那样,就像马基雅维利渴望做到的那样——也可能没有多少把握能够准确地对它们做出阐释。韦托里几乎是在说,言论在揭示君主们的意图时可能已经在隐瞒、扭曲或者模糊它们了。他暗示语言是一种独立的变量或者自由施动者,理由至少有两个:其一,我们不能认为君主的言论与其政策、思想或目的之间存在任何必然的或可靠的关联;其二,任何有关君主言论的论述,不管在主观愿望上希望做到多么客观,都必然(至少部分地)是一种基于控制和界定了言说者诸种习惯的表达,因而就再次偏离了对事件的必然对应。由此,对韦托里而言,政治论述是一系列对言论和其他迹象的猜测和阐释,在很大程度上受控于阐释者的倾向性和"想象",而这些涉及君主们的意图和目的的言论与迹象本身常常是误导性的或者至少是含混不清的。

韦托里7月12日信的余下内容大部分是试图展示这种批评的正确性。"先说教宗,我们会说,他的目的是要维持教会的声望,不允许丢掉任何领土,除非丢掉的部分被移交到自己家族人的手里,也就是朱利亚诺和洛伦佐的手里——他总想着给他们一些领土[让他们去统治]。"正如有人指出的①,这封信在他们的通信中第一次提到了为朱利亚诺和洛伦佐安排属于他们自己的有领土

---

① 参见 Sasso, *NM: storia del suo pensiero politico*, p. 329。

的国家的想法。韦托里不过是在点出,他是"基于我听他说出的言论和他采取的行动"得出了教宗目的的"判断"。韦托里以利奥(在1513年5月1日)重新取得帕尔马和皮亚琴察为例,此两地在尤利乌斯二世死后被米兰公爵夺走。但是,韦托里确信利奥会在此过程中最终丢掉这些领土和脸面:如果斐迪南同路易的协议包括了某种关于米兰的条款,几乎可以确定帕尔马和皮亚琴察也将被路易拿走,而如果协议仅限于意大利之外的事务,并且如果法国人试图武力夺取米兰,那么西班牙人必然会保卫这座伦巴第的首要城市,胜者将占有利奥渴望为教会保住的这两座城。所以,教宗无论怎样都"必败无疑"。[147]韦托里告诉马基雅维利他曾向利奥不止一次解释过这一切,教宗听了他的观点,但"仍继续执行他自己的计划"。正如韦托里已经确认的,这份协议实际上并没有包括关于米兰问题的任何安排,而当路易发兵米兰,公爵便求助于瑞士人,后者武力响应,在诺瓦拉打败法国人成为实际上的米兰公爵——这就将利奥置于一个与瑞士人对阵的微妙境地,无法实现他在伦巴第的目标。如果他的目标真的是"维持教会的声望",更为明智的做法是不去管帕尔马和皮亚琴察,不让自己陷入要么军事失利,要么尴尬退让,从而不得不放弃领土的境地,而他上任之后自己制定的首个最为急迫的目标就是重新夺取这两块土地。

因此,教宗损害了自己的目标,韦托里强烈地暗示这个问题的根源在于利奥在服务教会的雄心和为家族谋利的野心之间存在矛盾。在发现教宗无视劝阻理由继续执行重夺帕尔马和皮亚琴察的计划之后,韦托里立刻评论说,利奥想"送给他的亲戚们国家"与自上个世纪中叶以来的所有教宗的政策非常相似,他在佛罗伦萨的亲戚们也几乎不会想要别的。他补充说,这是一个"征兆,表明他们[美第奇家族]想要得到一些稳固的国家,他们在里面无须总想着迎合人民"。韦托里对这样的计划的怀疑是清晰的。它们不仅很难同对教会有利的事情相一致,从而不容易搞清楚利奥嘴上想要的和他实际想要的之间的关系,并且它们也是一种想象(fantasia)——一种异想天开或者说空想——如同所有的政治谈话一样,与切实实现的可能相去甚远,韦托里从这封信的开头就接受和哀叹政治谈话的无益性。在这几句话中恰恰暗含着一层含义:利奥那些在佛罗伦萨的亲戚们实际上应该一直在考虑其他事情——或许是要为悬而未决的共和国政制困境和政治困境找到一条出路,而那个关于在稳固国家里不必平衡公民(或臣民)不同利益和脾性的"想象",不过是他们对真正应该关切之事的逃避而已。韦托里几乎没怎么思考过这个想法,以致他甚至都不想去推测教宗为这个计划在考虑哪些领地,"因为在这个问题上,他会依据情况改变其计划":这是他对于在利奥表述的目的与他的行动之间、在他声称追求的目的与他宣称为达此目的而采取的手段之间存在差别的最终确认。

[148]我们只能猜测,究竟是这些话——"他们在里面无须总想着迎合人民"——为马基雅维利的头脑埋下了提示,还是韦托里猜测在马基雅维利头脑中近来已经产生了一些牢固的想法,试图动摇之。无论如何,韦托里的话都非凡地、大胆地预见到了,在那本谈论君主国的小书(或许已经在马基雅维利的案头或者头脑中成型)中有两种核心"想象":超越了日常政治的困惑与妥协的稳固国家,以及知晓如何通过这种或那种方法(用那本书第十章里的话说)"让其公民保持士气坚定"的自足的君主。韦托里无疑记得,马基雅维利经常对索德里尼时期佛罗伦萨政治中明显的软弱、反复无常和矛盾表现出不耐烦,沮丧于政府没有能力避免在他看来毫无必要的考虑、权衡,以及安抚各方之声音和意见。韦托里这句话甚至在呼应马基雅维利1509年收到的建议和警告,秘书厅的同事比亚焦·博纳科尔西让马基雅维利对那些专员和官员对书信和信息的要求多多上心。比亚焦敦促马基雅维利应当这样做,

因为在那些有权有势身居高位的人当中"人人都想被迎合和崇敬"①。"迎合"（dondolare）一词的字面含义是摇晃，就像是在摇摇篮，由于比亚焦的信息是在提醒马基雅维利"哄着"这群身居要职的公民们有多么必要，可以想见马基雅维利一定对时常需要这样做感到很恼火。现在，4年后，韦托里告诉马基雅维利，美第奇家族想要得到一些在其中不必"迎合人民"的国家。

当然，韦托里希望他有关教宗及其政策的评论能够成为某种警世寓言：如果强势的君主们满脑子紧张、反复无常甚至混乱，对无需"迎合人民"的稳固国家的期待除了是"想象"还能是什么呢？他下一个例子就强调了这种君主的混乱：皇帝马克西米利安虽然没有实力，"却仍受到所有君主的尊敬，既然如此，我就得像其他人那样对他做出判断"。皇帝的"想象"和"目的"——韦托里现在干脆将两个词等同起来——一直是一场战争接一场战争，不断更换盟友和政策，于是"以某种至今还看不出来的方式，他或许会实现他的计划，亦即占有罗马以及教会的一切财产，就像真正的、合法的皇帝那样"，这里指的是马克西米利安[149]想要让自己在法国控制的1511年比萨大公会议上被选为教宗。韦托里作为佛罗伦萨的使者出席了会议，拜访过法国的枢机主教们，他可以说自己对马克西米利安"想象"和"目的"的判断是源自皇帝自己的言论与行动。但是，就像评论利奥一样，韦托里认为皇帝的目的不仅不现实和不计后果，而且操作起来也不周全、一团糟，以致韦托里只是讽刺地总结说："所以在我看来，关于他的这一目的，谁都可以做出一个确定的判断。"

当韦托里将这种分析延伸至西班牙国王斐迪南、英国国王亨利八世和瑞士人时，他的重点就从每个人目的和手段的不一致性转到他们所有人的冲突上。斐迪南的目标是维持在卡斯蒂里亚的

---

① *Opere*, p. 1106a; *Lettere*, p. 303.

权力、不要丢掉那不勒斯,以及要在意大利得到足够的尊重和畏惧,从而能够从这里攫取他用以确保前两个目标的金钱。亨利则想要阻止路易变得过于强势,想从他手里夺走诺曼底。瑞士人,"我对他们的敬意超过所有君主",想打开一条进入意大利的通路,拥有一个可以合作并愿意付给他们大量贡金的米兰公爵,以及不必惧怕各邻国。总结起来,韦托里请教马基雅维利:"好了,我的同道,事情就是这样,我希望您用您的笔,为我组织和平条款。我十分清楚地知道,这些君主们要是每一个都固执地[追求其目标]如我上面所说,那大概唯有上帝才能够在他们中间达成一份和约。"

这样,韦托里对于马基雅维利的理性的拒斥,多少有些松散地结合了三个不同的论断:任何装作具有分析和经验上的客观性的论述在本质上都是有问题的,在君主的目的*和他们的"言"(parole)与"行"(dimostrazioni)之间是存在差别的,欧洲各国追求的目的是在根本上不一致的。但是,韦托里并不希望中止他们的交流,或许他已经猜到马基雅维利将如何回应这一挑战,他承认"如果某人在一方面给出一些理由,其他人在另外的方面给出一些,或许就有可能发现某种我没有发现的办法。所以,我想征求您的看法。鉴于您可能以跟我不一样的方式设想这些君主的目的,请陈述您的看法,我会很感激"。

马基雅维利的回复没有保存下来,但是,从韦托里的下一封信(8月5日)可以看到某些佚失的回应。显然马基雅维利反对韦托里的悲观,为他假设的法国、西班牙、教宗和威尼斯之间的四方和平方案的可靠性做了辩护。但是,他也一定责备韦托里在7月12日的信中漏掉了一些[150]关于法国国王路易的目标和目的的讨

---

* [译注]此处原文是行动(actions),但从前面作者的论述看,应该是目的。

论。韦托里在8月5日的回信①中诙谐而又尴尬地承认自己有所遗漏:

> 我亲爱的同道,如果我存有我过去那些信的副本,那么我一旦收到您的信,我就会跑去看[7月12日那封信的]副本,发现我那时是那么心不在焉,该写的主要事情居然没写。我记得我在脑海中清楚地想过,那些挑起事端的基督教君主们的目的是什么,也像您那样指出了法国国王的同一个[目的],也理顺出为什么法国国王能够随心所欲地占据意大利却从来都没有占据。不管是什么导致了这一情况[没有把这些要点写进我的信中]——是由于他的[即国王的]运气不佳呢,还是由于我的粗心大意或者思虑不周——我相信我并没有给您写信说过。

韦托里这里开玩笑说他的疏忽乃是因为路易运气不佳。这是什么意思呢? 在某种程度上,荒谬透顶地将国王的坏运气当成是影响韦托里写作的因素,是为了在这一假设的"选择"中,更加刻意地突出是韦托里自己"粗心大意"(poca diligentia)和"思虑不周"(poco cervello)。就此而言这是在主动说破尴尬,后面一句隐含的与马基雅维利书信的对比更加突出了这一点:"说实话,您的论述极富有条理(ordinati),极为审慎。"但是,有没有可能韦托里是在暗示这样一个看法,即这些人物——路易、利奥、斐迪南等——说到底最多不过是韦托里和马基雅维利或者任何其他阐释者构建出来的呢? 作为解读"迹象"的人,韦托里和马基雅维利无从接触君主们通常遮蔽起来的那些"心思",只能阐释、构建和虚构。或者反过来说,韦托里是在暗示,他们所知道的唯一的政治世

---

① *Opere*, pp. 1145b-1147a; *Lettere*, pp. 396-399; *Lettere a FV*, pp. 157-160.

界是他们每个人根据迹象自己创造出来的,对于迹象含义的理解与解读者自己的假设和想象有关,同样也与韦托里所假定的迹象背后很大程度上不可知的事实有关。具体到这件事上,如果他将法国国王从近来政治场景的视野中忽略掉,那么对这位前两年很不走运的君主来说正是又一个霉运。毕竟,离开了对他们的描写,这些人物是谁或者又是什么呢?韦托里的玩笑表明,一个倒霉的人物偶尔会找不到他的创作者。

不过先将玩笑放到一边,韦托里表示同意马基雅维利的意见——显然佚失的信里有,路易的"目的"是重夺伦巴第让一切安顿下来。对于马基雅维利提议的包括[151]教宗、法国、西班牙和威尼斯的和平计划,他"会乐见并相信"它是可行的,除了他看不出斐迪南怎么会对路易以及教宗信任到去说服英国人停止对法战争的程度。韦托里声称,只有瑞士人站在法国那边才能够做到这一点,而只有——再次提到问题的核心所在——路易被说服离开伦巴第他们才会这样做。韦托里的推理显然是这样的:如果瑞士人实现了他们对于米兰的企图,那么他们与法国便不会有进一步的纠缠,而法国在东南战线上获得了安定且收到牵制,英国人便不会想要自己同路易开战。因此,一个总体的和平依靠的是将瑞士人纳入进来成为伦巴第的实际统治者。当瑞士人作为全面合作伙伴进入这一和平协议当中,斐迪南就不必给英国施压也不必担心法国和教宗"因为看来瑞士人势必会成为[拉住]那些或许不想遵守协议的人的纤维"。

韦托里推测说只要排除了瑞士人严重干涉意大利的危险,所有这一切就都是可能的,因为对于他们来说一边有法国人,另一边则有意大利人和西班牙人。"也用不着担心[菲利波·]卡萨韦基亚来信告诉我的情况,也就是您想象的,瑞士人或许会与其他的德意志人联合起来"对付意大利。除了他们决意不会允许帝国的势力坐大,瑞士人也没有足够的人数考虑在意大利建立永久的居留点(colonie),"他们将会满足于偶尔发动一场掠夺,收取金钱,然后回老家"。韦托里承认情况会发生变化,"瑞士人可以从其他人的经验中学习[新的东西]",但是,"这个世界的事情是十分不稳定的,我愿意设想一种维持上几年的和平,不是一种长久的和平,因为长久的和平是从来不会出现的"。他认为路易不会离开米兰,但是神圣同盟的成员也不会默许法国人再次控制北部意大利。"总之,笃信王陛下如果愿意撤出伦巴第,那么我就看到了意大利的和平,只要[那不勒斯]王国归还给[阿拉贡的]费德里戈国王的某个儿子,意大利就会恢复原来的状况"。韦托里想象不出别的出路,担心上帝或许会以土耳其人的打击来惩罚"我们这些可怜的基督徒","让这帮牧师看清自己珍视的鸡零狗碎(et faccia uscire questi preti di lettii),让其他所有人从安逸中醒来"①[152]——他说这是他欢迎的,因为"因为您不会相信,我对这帮牧师种种令人作呕的行事方式(satievolezze)是多么厌倦"。随后他迅速从这个危险的想法中抽身,补充说:"我不是在说教宗,他要不是一个牧师的话,就会是一位伟大的君主。"

"自然的情感或激情"

说到底,韦托里所期待的是回到1494年之前的意大利诸国之间的均衡状态。为此,他期待只要法国放弃伦巴第,意大利就会"恢复原来的状况",甚至想象那不勒斯能够重归独立的阿拉贡一脉,后者从1440年代到1501年统治着南方。马基雅维利不太可能为这种恋旧所动,他对韦托里关于瑞士人的看法也会不以为然。因为尽管一方面他认为在瑞士人已经成为米兰的实际统治者的现

---

① 因格莱塞(Inglese, ibid., p. 160, n. 15)将"letii"解作"lezzo"(恶臭)的复数形式,不过我倾向于将它看作是"lezio"(装腔作势)的复数形式。

实下,他们有足够的实力保证自己加入总体的和平协议,这便让法国人陷入困境、打消斐迪南的顾虑并且让英国人放弃战争,但是另一方面,他提出他们的力量又不足以真正占领米兰,或者对意大利构成任何实际威胁。这并不必然是一个逻辑上矛盾的立场,这取决于法国人和意大利人对瑞士人的不同看法。他的论点是,瑞士人的确希望把法国赶出意大利,但又不自己占领伦巴第。因此,尽管法国人着实惧怕瑞士人的实力且在诺瓦拉之战后尤其如此,但意大利人实际上可以利用瑞士人把法国人赶出意大利的目标,令斐迪南失去在意大利继续战争的主要借口。瑞士人对于法国人来说是一回事,对意大利来说则是——或者说可以是——另外一回事。

但是,马基雅维利对这些细枝末节没有兴趣。"您不希望这位可怜的法国国王再次夺回伦巴第,但我却希望",这是他8月10日回信①的开头第一句,简单明了地展现了他们意见的分歧。他下一句话表明,这些差异并不是客观性判断的问题:

> 我怀疑您之不希望和我之希望[法国人重新得到伦巴第],乃是以一种相同的自然的情感或激情为基础,导致您说"否",而我说"是"。您指出如果国王重占伦巴第,就更难获得和平,以此来证明您之"否";[153]而我已指出,事实上并非如此,来证明我之"是",另外,以我的方法达致的和平,将会更保险、更稳固。

这里,马基雅维利认为他们关于法国有可能重夺伦巴第之后果的分歧乃是基于"一种相同的自然的情感或激情",这究竟是什么意思?乍看起来,他似乎是在肯定在他们之间存在着某些基本的一

---

① *Opere*, pp. 1147a-1150a; *Lettere*, pp. 399-405; *Lettere a FV*, pp. 161-167.

致,是在承认尽管有分歧,但他们最终要的还是同一个结果(意大利的和平或者说安全)。但是,"相同的基础"指的是同一种"自然的情感或激情"吗?或者说,马基雅维利是在说他们各自有不同的"自然的情感或激情",分别作为他们关于事件不同看法的"基础"——潜在的和真正的动机——吗?在后一种解读中,"相同"指的是相反的自然的情感或激情产生的相同功能,而不是同一种情感或激情。这几句话是直率的和愤怒的,在马基雅维利看来,动机、情绪、喜爱和反感这些是先于每个人用以支持自己立场的理性论述的,他通过指出这些来表明在他自己和韦托里之间存在某种根本性的差异。那么,如果他就是在这样做,他是在拿韦托里的告诫——政治论述更多是非理性的习俗、习惯和倾向性而不是理性的产物——回敬韦托里吗?

理解马基雅维利这句令人费解的话的最佳线索是韦托里8月20日信里长篇大论、慷慨激昂的回应,其中他很明显地将马基雅维利的话理解为一种责备而他必须为自己辩护。"同道,我想答复您来信的第一部分,您在里面似乎担心,一种自然的情感或激情会误导您或我。对此,我的答复是,我根本就对反法一方没什么情感,[在这些事情上]也没有受到任何强烈的激情的推动。"①这句话指明了两个要点:第一,自然的情感或激情可能会误导(ingannare)那些跟着它们走的人;第二,韦托里自己就曾被一种长期的对法国的敌意或偏见误导。韦托里[154]认为马基雅维利是在指责他一直持有反法的观点,在与索德里尼政权合作的表象之下,他内心深处与那些权贵心有戚戚焉,他们阴谋反对平民共和政府,并最终同法国的敌人们一起将平民共和政府——还有马基雅维利——搞垮。这再一次提及1512年8—9月一系列事件中韦托里所扮演的角色这一微妙的议题,以及他在共和国时期潜藏的政治

---

① *Opere*, pp. 1151b-1152a; *Lettere*, pp. 408-409; *Lettere a FV*, pp. 172-173.

忠诚问题。

所以,韦托里解释了他关于佛罗伦萨与法国关系的看法是如何、何时以及为何发生了改变,以回应马基雅维利关于自然的情感和激情的评论。他写道:"您知道,如果不说到比萨会议"——1511年在法国人的鼓动下,一群反叛的主教们召集的大公会议,此举令(佛罗伦萨)共和国非常尴尬,被迫在冒犯路易和惹怒教宗尤利乌斯之间做出选择——"我总是支持法国一方,因为我认为从中意大利将获益良多,我们的城市将会安宁,我一直把这一点看得高于一切"。韦托里明显感到有必要为自己辩护并澄清什么是他真正的"自然的情感和激情",于是,他向多年的好友把自己描述为"一个平和的人,有着自己的乐趣和想象,在我享受的所有乐趣当中,最为重要的就是我们城市的繁荣昌盛。我爱它的一切(Amo generalmente),人民、法律、风俗、城墙、宅宇、街道、教堂还有乡村,想到它会遭苦遭难、我上面提到的这些事物会遭到毁灭,就会令我痛苦到极点"。

韦托里试图表明自己的政治立场和行动不同于任何派系分子的所作所为,自然也不同于反法的权贵派,无论这座城市遭受了或者可能遭受什么灾祸都会给他带来同马基雅维利一样的伤痛。那么,为什么他改变了对法国的看法呢?"看到我们在大公会议的事上表现得多么糟糕,法国人离开时带着[对佛罗伦萨人]何等的不满,我开始担心他们会以对待布雷西亚的方式对待我们",1512年2月布雷西亚被法国军队攻陷,"年轻而残忍的[法国指挥官加斯东·]德·富瓦大人更令我心惊,所以,我改变了想法"。① 韦托里补充说,尽管他惧怕法国,但他仍然继续支持同他们达成某些协

---

① 多蒂简要地讨论过这一段话,称之为"某种自我批评"(una sorta di autocritica),但是没有将它同马基雅维利8月10日信的开头一段话联系起来,尽管他注意到了那一段话(Dotti, *Niccolò Machiavelli: la fenomenologia del potere*, Milan: Feltrinelli, 1979, pp. 20-21)。

议的努力,并且他曾写过一个报告力劝教宗利奥——他表示这份文书可以给马基雅维利看("我可以向您展示[155]一份我写给利奥教宗的报告"——以默许法国重新获得米兰作为实现意大利最大安全和最稳定和平的路径。"所以,我[对此事]的意见并非基于激情,我也不认为您是如此,因为我总是把您看作不固执的人,常向机运女神低头,向理性低头"。因此,韦托里为自己辩解的方式是向马基雅维利保证他并没有搞两面派,他对亲法政策的支持(因而他支持索德里尼与共和政府)是真诚的;他最近在法国问题上转变了观点是因为过去一年半时局的变化,因而并不是源自深层的"激情"。韦托里的意图显然是安抚马基雅维利,他说他相信基于对时局的合理判断,马基雅维利的观点同样也是可以理解的,而不是"顽固地"抱持某些信念的产物。

但是,马基雅维利的激烈论断恰恰是说,他们关于法国的相反意见反映了深层的信念和"自然的激情",其明显的含义是,激励韦托里的更多的是对他本阶级政治抱负的关切而非对共和国与正义旗手政府的忠诚。由此,马基雅维利用到的形容词"自然的"的意思是,他将韦托里的看法归结于他出生在一个贵族家族,尽管他与马基雅维利和索德里尼都是朋友,但他从未真正克服此类家族通常具有的偏见。实际上,马基雅维利认为,在佛罗伦萨政治中他和韦托里始终并且仍将处在意识形态的分裂和社会阶层的分裂的两边。至少可以这么说,这是以一种进攻的方式开始回应韦托里仲夏的那些思考,拷问了韦托里友谊的真诚性和他整个政治观的真诚性。为什么马基雅维利要做出这样的非难?为什么他断言他们之间的差别不仅仅是观点上的和判断上的差异?

这个问题的部分答案必然存在于萦绕在马基雅维利头脑中的关于韦托里1512年夏到1513年春这几个月里做了什么和没做什么的疑问。他"保住"皮耶罗·索德里尼背后的动机到底是什么?他同佛罗伦萨和罗马的新政权的真实关系是什么?为什么他拒绝代表马基雅维利去找枢机主教索德里尼说情？为什么他改变了关于法国和伦巴第的看法？马基雅维利或许真的无法得出同他在索德里尼时代了解的韦托里形象一致的答案。因此，从某个角度说，指责韦托里总是受到典型的权贵利益和目标的驱使——他具有[156]在本质上与他弟弟保罗相同的价值观而从来不愿承认——是一种消除这种明显不一致的方法。

但是，这又没那么简单。在马基雅维利4月和6月的信里以及即将写的8月的信里，马基雅维利明显不能容忍任何关于阐释的差别或分歧。他不愿接受韦托里的看法：推理只能接近它们假称呈现的政治现实，政治论述就像任何其他阐释过程一样包含了大量的猜测、含混和主观性。马基雅维利更愿意相信，每项政治行动或每个事件都可以关联到某种确定的目标或意图，这些反过来又可以被语言准确地表达出来。因此，阐释上的偏差就需要被解释为，要么是犯错（没能将某些因素考虑进来，或者没能正确地界定概念）的结果，要么是没有能力或者没有意愿认识到一些事实的真相（因此，要么是出于"自然的情感或激情"导致的无意识的盲目，要么就是完全没安好心）。如果两个人都知道一些事实——韦托里在1513年夏天无论如何都比马基雅维利知道得多——那么观点上分歧的原因必定介于无意识的盲目与没安好心之间。韦托里的自我辩护解决了这两个可能性：他既没有被无意识的偏见误导，也不是一个随着政治风向转变而改变自己观点的骗子。他完全明白，马基雅维利在指出他观点改变的背后可能存在着不可言说的动机。"您若对我说：'您4个月以前[即按韦托里自己的说法向利奥进言承认法国对米兰的统治]是那么想的，后来为什么改变了呢？'我会对您说，当时我既没有看到瑞士人想不顾一切地守住[米兰]，也没有看到英国[国王]像现在这样如此不惜人力物力地向法国发起进攻，同样许多其他的事情也发生了。"事件的变换——韦托里如此自辩——需要不断修正看法和判断。这恰恰是马基雅维利不能接受的,因为如果是这样的话,那么论述将总是忙着追赶事件而永远不可能创造事件。

瑞士人和"统治的甜头"

马基雅维利在 8 月 10 日信的剩下部分回到了他们两人之间产生分歧的具体事件。他认为英国不是问题,因为一旦斐迪南和利奥给亨利施压,亨利大概就会退让。就算他没有这样做,他给法国的威胁也将制约路易从而增进和平,并且[157]也让斐迪南安心,他的军队可以像他一直希望的那样"在意大利称雄称霸"。至于说瑞士人,韦托里的看法是,只有他们才能迫使英国人放弃战争(方法是得到米兰并与法国结盟),马基雅维利对此并不同意。在他看来,他们绝不会想要同法国结盟,除非是作为雇佣兵,而路易随时都可以雇佣德意志的雇佣兵替换瑞士人。马基雅维利的观点是,把米兰给瑞士人并不能保证他们和法国之间达成和平与合作,因此也就无法给英国任何理由不再与后者为敌。牵制英国的最佳途径仍旧是西班牙和教宗的联合施压,既然这两大势力正要与路易达成协议,情况就更是如此,他们的谈判由法国在 7 月底于罗马发起,①目的在于中止敌对状态。一旦斐迪南和利奥对亨利表明了这一新政策,那么英国再亲自投入战争就是愚蠢的。法国和西班牙之间的信任随着法国重新夺取伦巴第便可轻松达成,因为"新的恩惠常使人忘掉旧的创伤"。读到这一句话,韦托里或许会回忆起马基雅维利在 4 月 29 日信中写过的一句话与此格言恰好相反:他在早先的信中论述道,如果斐迪南与路易达成全面和平条约,那么西班牙国王将使得一位前竞争对手的实力大大增强,只要

---

① Gaeta, in *Lettere*, p. 400, n. 5. 克劳德·德·塞塞勒(Claude de Seyssel)参与过这些谈判被记录在 Guicciardini, *Storia d'Italia* II. 13, pp. 1122-1123。

时机得当,这位竞争对手"就会想起过去受到的伤害,而不是新近蒙受的恩惠"。① 不管人们从逻辑和论证的角度会对此做出何种判断,但就心理层面而言,两句言之凿凿的普遍性规律之间存在如此明显的矛盾,展现出的正是一种对此类规律进行基础性论证的急切感。

为了加强和澄清他的如下信条——更大的安全来自这样一种和平:将伦巴第给法国,孤立英国,将[158]瑞士人遏制在山里,分别加强教宗和西班牙对中部和南部意大利的控制——他还诉诸另一条普遍规律:"无论是谁,要想知道一份和平条约是否能够持久、可靠,他就必须独具只眼,看到哪几方对此感到不满,他们的怨恨会招致什么结果。"和平关乎的是预测并管控可预见的不满。在韦托里的计划里,不满的方面是英国、法国和皇帝,"因为他们当中没有任何一方达到了自己的目的"。不过,这三家可以"搅黄和毁掉一切":亨利和路易"将会改变他们的目的和想要的"并向意大利和西班牙寻求报复。马基雅维利坚称:"理性要求他们之间将达成第二份协议,在这一协议中他们将会毫无困难地为所欲为",包括利用皇帝去攻打卡斯蒂里亚和意大利("因为接下来,皇帝会在英国和法国的支持下突然进入卡斯蒂里亚,为了他自己的目的进入意大利")。西班牙人、瑞士人和教宗的军队难以匹敌这样一支有钱有势的英—法—皇帝"洪流"(piena)。但是,在设想这

---

① *Opere*, p. 1138a; *Lettere*, p. 381; *Lettere a FV*, pp. 128–129. 因格莱塞(ibid., pp. 12–13)讨论过这个矛盾并提醒读者出现在《君主论》第七章末尾的乃是4月份的"版本",马基雅维利在书中断言,切萨雷·博尔贾唯一严重的错误是准许了尤利乌斯1503年的当选,而切萨雷和他的父亲教宗亚历山大曾经对尤利乌斯发动过政治迫害。马基雅维利宣称:"任何人如果相信给予新的恩惠会使大人物忘却旧的伤害,他就是自欺欺人。"因格莱塞由此认为这是"该法则的真正版本",虽然他补充说,"同样清楚的是,马基雅维利的论证方法和步骤并不排斥某些偏离,比如在8月10日的信里很明显就有一个,只要——用不着补充——思维方式的主要方向被缜密地确定了"。对某些人来说即便马基雅维利的矛盾之处都是其缜密的明证。

样一个灭顶之灾的场景（英国和法国国王短期内"改变他们的目的和想要的"并且皇帝从欧洲的一角"跳跃"到另一部分）之后，马基雅维利自我安慰道："西班牙国王将会预见到这些危险，这是合理的"，绝不会同意达成一个充满风险的、只会带来更大和更多危险战争的和平。

另一方面，在他自己的和平计划中，不满的方面会是英国、皇帝和瑞士人，他们将不能单独或者合力损害西班牙、法国和教宗之间的联盟。这一联盟的安全的关键在于法国在阿尔卑斯山两侧的实力，这将对其敌人一方任何协调的行动构成一种障碍。另外，这些敌人的力量和危险将使得法国、西班牙和教宗"锁在一起"，没有理由害怕彼此。最后这一看法当然是无稽之谈。暂且不论联盟中的每一方是否都会"取得他的目标"，马基雅维利没有解释为什么他们彼此间没什么好怕的。并且，他在自己论证的关键部分有双重标准，一点儿也不比韦托里少。在他的计划里，不满的势力——很快就会明白他主要考虑的是瑞士人——一方面"不能轻易地伤害联盟"，但另一方面他们又"如此强大而危险"，以致他们必定会让法国、西班牙和教宗团结起来。马基雅维利把他8月10日长信的余下部分全花在了瑞士人身上，努力说服韦托里把米兰[159]交给他们对意大利来说乃是一种"更严重的危害"。看看他们关于这一问题的立场如何对调是很有意思的。韦托里首先（在6月27日的信里）提醒马基雅维利，不要低估瑞士人的实力，并且认为他们的军事实力使得任何安排都不能忽视他们。在马基雅维利较早的4月和6月的信里，他对瑞士人几乎没有类似的看法，但是现在，仍旧希望把他们赶出伦巴第并排除出自己的和平计划的马基雅维利又坚称他们比韦托里设想的更加危险和强大，以此来论证自己的观点。实际上，他利用了韦托里的观点，并且（我们将会看到）将其扩展超过了韦托里所说的，转变成为他对韦托里观点的主要反对意见。

第四章　说起话来像罗马人　　203

　　在这件事上,韦托里意见的力量引向了某种极其重要的东西,因为马基雅维利就是在论述瑞士人的那重要的几页——1513 年 8 月 10 日和 26 日的两封信——中构想了新君主。①"在您的和平计划中,还有一种对意大利更严重的危害(pericolo gravissimo):一旦米兰公爵软弱无力,伦巴第就不再属于米兰公爵,而是属于瑞士人。就算您的和约中不满的那三方无论如何也不会挑起纷争,但我认为瑞士人如此逼近米兰这一点至关重要,再怎么重视也不为过。"马基雅维利已经在反转他的观点。他先前是声称韦托里计划中的三大不满势力必然会点燃战火从西班牙烧到意大利。现在他又说,就算他们什么都不做,瑞士人也构成了真正的威胁。为了反驳韦托里声称的给瑞士人伦巴第他们将不会对意大利构成威胁的理由,马基雅维利先总结概括了这些理由:一、他们会惧怕法国;二、意大利的其他部分将抵抗任何对他们的进一步染指;三、偶尔劫掠伦巴第并撤退足以满足他们。关于第一点,马基雅维利实际上认为如果法国国王被剥夺了伦巴第,那么他有可能通过资助瑞士人扩张向意大利报复。关于第二点,他以一段著名的段落予以反驳:

　　　　[160]至于说意大利人会联合起来,真是太可笑了。首先,这里绝不会有任何出于良好目的的联合。就算所有领导人联合起来也不够,这既是因为这里的各支军队一文不值

---

① 多蒂对马基雅维利在 1513 年 8 月 10 日和 26 日信中对瑞士人的处理的讨论简短但很有力。他的看法是,在这几页中"我们进入了《君主论》和《李维史论》的氛围,在这一氛围中规范提取自事实,一切观点都服务于一个目标:意大利的拯救和这个半岛民族的重生"(Dotti, *NM: la fenomenologia del potere*, p. 38)。他对这些信中"瑞士现象"的分析,见 pp. 37-43。我对将《李维史论》纳入这一讨论持保留意见,但确实同意在这些信中我们能够看到关于新君主,甚至《君主论》的观点的成型。至于说在这种"氛围"中是否"规范提取自事实",我倒是在这里看到某种全然相反的东西。

(除了西班牙人的军队,而他们人数过少不敷足用),也是因为尾巴和头想不到一起去*。

马基雅维利开始从比较的角度解释了意大利的可悲弱点,他所理解的瑞士人的力量和团结构成了对照。这两种品质是如影随形的,彼此构成了对方的镜像。

到了韦托里的第三个论点,马基雅维利变得更为理论化:

> 至于说他们[瑞士人]会满足于扫荡然后离去,请不要以这种看法来自欺欺人。请仔细想想,如通常认为的那样,人类事务是如何进行的,世上的强权——特别是共和国——是如何壮大的。

马基雅维利关于"共和国"和其他"强权"如何壮大的理论接近一种普遍人类学的形态:

> 您会看到,人们首先是满足于保卫自己,不受其他人支配;之后他们进而(si sale)以武力攻击他人,企图支配他人。一开始,瑞士人会满足于防御奥地利的公爵,这会使国内的人对他们感恩戴德。然后,他们会满足于防御查理公爵,这会使他们声威远布于国外。最终,他们会满足于从其他民族那里获取酬金,以保证他们的青年甘愿打仗,获得荣誉。这个过程使他们获得越来越大的声望,接触和熟悉越来越多的地区和民族,使他们变得越来越大胆;这个过程还在他们的心灵中注入[161]一种积极进取的精神和对为自己战

---

* [译注]接下来马基雅维利谈到"这个世代的人民将争相臣服于瑞士人",结合上一句讨论伦巴第各领导人的联合问题看,这里的尾和头应该指的是人民与统治者。

斗的渴望。

马基雅维利继续为这一观点提供证据,而在他写的所有这些信里,没有什么比接下来的这句话更戏剧化地佐证了他到目前为止重建的信念,即语言有能力控制事件:

> 佩莱格里诺·洛里尼[他在1500年被佛罗伦萨人派去加入瑞士人的军队,后来这支军队由法国将领查理·德·博蒙率领参与了一次早期收复比萨回归佛罗伦萨统治的战役]很久以前曾对我说,当他们[瑞士人]跟随博蒙到比萨时,经常跟他讨论他们的军事德能(virtù)同罗马人是何其相似,有什么理由不会有一天做成像罗马人之所为呢。他们夸口说,他们到当时为止已让法国每战必胜,保不定有哪一天,他们会为自己的目的而战斗。

马基雅维利接着评论佩莱格里诺·洛里尼的回忆:

> 现在这个机会来了,他们已经抓住了;他们借口让现今的公爵复位,进入伦巴第。实际上,他们才是公爵。一有机会,他们便会让自己成为[米兰的]绝对主宰,消灭公爵的家系及该国的所有贵族;然后,他们会如法炮制,践踏整个意大利。因此,我可以下结论,他们是不会满足于洗劫意大利然后撤离的;相反,我们必须对他们抱有万分的担心。

在接近信的末尾处,马基雅维利警告说:"在瑞士人在这片土地[米兰]扎根、开始品尝到统治的甜头之前,必须想方设法抵挡这股[瑞士人]洪流。如果他们扎根在那里,意大利会被彻底夷平。"

[162]马基雅维利从意大利(和他自己)被认为的无能和脆弱的角度,将瑞士人的形象创造成一种无情扩张和推进的力量,当他们意识到自己不可阻挡的潜质且别人也这样认为时,他们因此便是不可阻挡的。人们必须害怕瑞士人,因为他们说起话来像罗马人,自比于罗马人,也确实认同罗马人,自问为什么他们不能成为和做到罗马人所成为的和所做到的。在马基雅维利压缩过的瑞士人崛起史中,那场在比萨的集体讨论(ragionamento)是转变的关键时刻。直到那时,他们一直战斗、胜利、再战斗,雄心和勇敢终于膨胀到想要为自己而战的地步。他们开始说起罗马人也像罗马人那样说话。一旦说到这一点就如同做到一样,因为他们很快就抓住了控制伦巴第的"机会"且不会失败,而再有机会便要将米兰变成他们的国家继而在全意大利如法炮制。现在,马基雅维利的语言充满了绝对性:"一有机会,他们便会让自己成为绝对(in tutto)主宰,消灭(spegnendo)公爵的家系及该国的所有(tutta)贵族;然后,他们会如法炮制,践踏整个(tutta)意大利"(强调部分为引用者所加)。对马基雅维利而言,这群威胁着(当下)无助的意大利的所向披靡的瑞士人乃是统治冲动的化身,它会搜寻并占据一切不存在与之匹敌势力的空间;因此,米兰存在一个软弱的公爵只能意味着伦巴第将属于瑞士人。马基雅维利后来在《君主论》第二十五章中运用了这个同样的原理,他在那一章说"当德能(virtù)没有准备好抵抗她时,机运就展现她的威力"。

韦托里政治观的实质是将世界看作一个上演统治和臣服的剧场,绝对与可怕的力量彼此冲突超越了琐碎的外交算计和折衷妥协。马基雅维利通过借用和扩展韦托里原本向他力陈的观念也得出了这种看法。马基雅维利忽然开始理论建构,既是在进行一种模拟的对抗,也是在令自己强大(self-empowerment)。他倾向于借用和模仿韦托里的观点,这在他们的通信中经常出现。但是,他通常会调过头来用从韦托里那里拿来的观点反对韦托里,这就是在宣示:他马基雅维利对于同样的事实和信息能够得出更多的、更有说服力的理解。就此而言,他坚称任何想要捕捉到事件意义的人需要理解那些超越事件本身的、操纵着事件的力量,因此,那些将自己的注意力仅仅锁定在当下事件细节上的人是无法获取这种"知识"的。这种"知识"本身就是一种权力或统治,它能够俯察事件的变换、君主们的心思以及弗朗切斯科·韦托里的疑虑;当马基雅维利设想未来占领伦巴第的将会是瑞士人时,他一定也感受到了这种权力或统治的甜头。[163]像三个月前马基雅维利论述斐迪南的信一样,这里他关于瑞士人的论述又是反身性的(self-reflexive):这是权威性语言让言说者强大的一种方式。当读者们读到马基雅维利谈及瑞士人讨论自己的军事实力和有机会模仿罗马人的那几句话时,不会想不到,作为命运不佳的佛罗伦萨国民军的推动者和组织者的马基雅维利后来会花上大量篇幅一遍又一遍地进行同样的讨论和提出同样的问题。如果说说罗马人的语言会让瑞士人强大,那么这对于作者本人也不会有分毫差别。他关于瑞士人的想象——真的完全是想象——使得他对于自己的语言力量也有了一种类似的、并行的想象:不仅能够理解这个世界而且还能通过使人们——比如弗朗切斯科·韦托里——醒悟到世界的深层真相而改变之。就像他想象中的瑞士人一样,他也一定品尝过这种力量的"甜头"。在这里,那种有趣而复杂的、将他自己的和敌人的观点杂糅在一起的现象又出现了,他们带来的危险和毁灭使他和意大利都感到恐惧。不过,这一次的杂糅是三方面的,需要一个中间步骤:瑞士人正在成为新的罗马人,而几个月后马基雅维利将"把自己完全代入"那些同样的罗马人。

但是,马基雅维利也感觉到——回到真实世界中——是会存在反对意见的:"我知道,人们各种天生的缺点与我的看法背道而驰:一是希望得过且过;二是不相信未曾出现之事有可能出现;三是总以同样的眼光看人。""人们各种天生的缺点"呼应了这封信开头对韦托里有关"自然的情感或激情"的批评。在这两处马基雅维利都哀叹于有些人对他的真理充耳不闻（正如他在第一段话中所说："我已指出，事实上并非如此，来证明我之'是'"）。但是，相比于同社会阶级、家族背景、意识形态和庇护关系有关的"自然的情感"，这种人们（包括韦托里）的"天生的缺点"则是更为深层的东西：不能相信或者理解任何本质上为新的事物。这种几乎普遍存在的"天生的缺点"的两个例外就是瑞士人和马基雅维利本人：于前者，是因为他们会问"我们怎么就不能像罗马人"；于后者，则是因为他知道这个问题是多么有力量。在这一点上，马基雅维利关于瑞士人的看法成为了关于一种深刻的，只要人们听得进去便成为具有潜在革命性的真理的知识。韦托里的不同意见不过是人们普遍拒绝"相信未曾出现之事有可能出现"中的一种。马基雅维利这里表现出的将其观点中的革命性维度极端化的倾向加剧了他的孤立、他在智识上的放逐感、他作为一个无荣耀的先知的自我认知。他似乎是在预测，假如他的真理的确被忽视乃是因为[164]某些人类自然的、天生的缺点，那么谁会听得进他的话呢？马基雅维利继续说道："所以，没有人会建议或者哪怕考虑把瑞士人赶出伦巴第，以便让法国人重新回到那里，因为他们不愿意去冒险——这样做会立即招来危险，他们也不相信罪恶正在蠢蠢欲动，他们做梦也想不到可以信赖法国"（强调部分为引用者所加）。如果说马基雅维利关于瑞士人的执念（围绕着语言的转化性力量）产生了一种对于权力和革新的想象，弗朗切斯科·韦托里的意见则成为相反的想象的基石：一个必然会因为自己的自满和怀疑被震惊的、听不进真理的世界。他将如何解决其诸种想象之间的战争呢？

在这封惊人的信的末尾，马基雅维利在大胆的宣告之外也坦露了某种胆怯："大使阁下，我写下这些东西，与其说是因为对自己所言自信满满，毋宁说是为了让您高兴。"并且，他意识到自己有必要跟上这个世界每天的变化,虽然他刚刚把世人的局限蔑视了一番,他最后写道:"是故,如果您希望我能与您有见识地探讨这些重要的事务,那么请您在下一封信里告诉我,世上的戏唱到哪一出了,人们都在做什么、希望得到什么、害怕什么。否则,您就只能捡到一个傻瓜的遗产,或诸如此类的东西,比如说布兰卡奇诺的。"我们将会看到,几个月后韦托里还真找到了一个机会将马基雅维利的想象比作他们共同的朋友朱利亚诺·布兰卡奇的怪癖。

不过,尽管马基雅维利开了一句玩笑,但韦托里一定感到现在还不是以幽默面对他的时候。所以,当他 20 日[①]写回信的时候,他首先决定先回应对更多信息的要求,以此表明他赞同这是马基雅维利所需要的。

> 您来信无论写到任何话题,不管是严肃还是滑稽,我都会感到兴味盎然;不过,为了使您满意,我还是想先回复您来信的末尾部分……我要告诉您当下事情的状况,尽管您若是时不时去圣卡夏诺走一趟的话,肯定在那里已听说了,既然您现在就住在乡下。关于正在发生些什么(si pratichi),我会对您知无不言、言无不尽。[但是]关于人们希望得到什么、害怕什么,我就不谈了,因为我害怕或希望得到某样事物,于您则是另一样事物,菲利波[·卡萨韦基亚]则又是另一样,我相信这个道理对于君主们也同样适用。所以,我认为对于这个问题,不可能给出确切的判断。

[165] 韦托里愿意为马基雅维利提供大量新闻和信息,但一点也不想去猜测欧洲君主们脑子里在想什么。他们在 4 月就是从这种状况开始的,而从马基雅维利这边得出的结果一方面是对"自然

---

① *Opere*, pp. 1150a-1154a; *Lettere*, pp. 405-413; *Lettere a FV*, pp. 169-177.

的情感或激情"和"天生的缺点"的指责,另一方面则是关于瑞士人成为新罗马人和潜在的意大利主宰的异想天开。

韦托里想要对这些恼人的观点都做出回应,但他先一连写了好几页关于外交和军事事务的详细情况之后才开始这样做。他避开了判断和阐释以及表达自己的观点,而尽可能地列举他所知道的"事实":最近法国人尝试与利奥谈判,教廷对威尼斯和瑞士人的政策,斐迪南小心地应对路易,在战场上对法作战的英国军队的规模,帝国政策的一贯混乱,等等。总结这些回顾,他写道:"我知道的就这些了,如果我漏掉什么,那么就请用您的聪明才智加以弥补吧,因为我相信您向我打听这些,不是因为您不知道同样的事,而是想看看我[的信息]是否与您知道的吻合。"在这几句话里已经有一点儿激怒甚至讽刺的味道了,主要是两点暗示:第一,马基雅维利的聪明才智(ingegno)总是在玩弄事实;第二,马基雅维利要求信息背后的真正动机是在检验韦托里,并不是真的想了解更多正在发生的事情,而只是为了看看韦托里是不是给他提供了准确和完整的政治局势图景。在这一对其真诚性的暗暗指责之后,紧接着就是韦托里针对马基雅维利在8月10日信中就"自然的情感或激情"含沙射影指责的长篇自辩。韦托里提醒马基雅维利,他也能玩质疑动机的把戏,并找到理由怀疑别人没安好心。从这个角度看,他那恳求的、表明心迹的、对自己为何改变对法国看法的真诚解释是在请求马基雅维利恢复他们之间的信任。他似乎是在说,仅仅意见上的差别不需要去探究隐藏着怎样的动机,若太过当真也难保这些怀疑不会损害他们友谊。

韦托里的自辩处于信的中间部分,随后他转而批评马基雅维利的论述,重申了他自己的立场。他仍旧怀疑来自斐迪南和教宗的压力是否足以让英国放弃战争:"一个正在发动战争的君主,有两种办法可以让他放弃战争:一是他的盟友抛弃了他;二是他的盟友不仅离开他,而且反戈一击,愿意支持他的敌人。"亨利的盟友既不是西班牙也不是教宗,反倒是皇帝和瑞士人,因此,在韦托里看来,只有瑞士人抛弃他——尤其是如果他们支持法国对付[166]他——亨利才会被说服中止与法国敌对。韦托里也不打算接受马基雅维利的这个看法:如果斐迪南同意将伦巴第归还给法国人,那么他将从路易对"新的恩惠"的感激中获得安全。因为即便是路易"忘掉了旧的创伤",斐迪南也会发觉他已经得罪了英国、瑞士人和皇帝。马基雅维利认为任何和平提议的关键考察点都在于预测谁会不满其中的条款,韦托里对此是赞同的,但他坚持认为他的和平安排比起马基雅维利的会产生更少的不满和危险。他认为,如果路易被迫放弃伦巴第,那么亨利将更加满意,但无论如何英法之间的"天然敌意"绝无可能使亨利和路易结成联盟。这样一来,在韦托里的和平协议中只有路易和皇帝"不满意":前者"即便可以说不老,也被厄运弄得状态欠佳满腹怨气",而后者"反复无常、没有钱、没什么威望"。要对抗这两位不走运的君主可以联合西班牙人、瑞士人和"一部分意大利人,这些人尽管不时表现糟糕,但仍然能够振作起来,因为事情并非一成不变"。韦托里的这句题外话又可以被马基雅维利捕捉、转化为自己的观点并扩展为神话:《君主论》最后一章采用了这个看法,即意大利人"仍然能够振作起来"足以响应对救赎的元历史的召唤。

最后韦托里谈到马基雅维利对瑞士人的估量,他谨慎地表达了他的异议。他以"我也是很担心瑞士人的人之一"开头提醒马基雅维利是他先提到的瑞士人问题:

> 但我不大相信他们会像他们对佩莱格里诺说的那样能成为新的罗马人,因为如果您很好地研究过[亚里士多德的]《政治学》以及历史上的共和国,那么您找不出有哪个共和国,作为一个像[瑞士人的]这样的联邦国家还能一往无前的。在我看来,我们可以从[瑞士人]他们本身找到这一点的

证据,他们近来处于能够轻易地占领整个伦巴第的地位,但他们并没有这样做,因为他们说这不符合他们的利益。您可以看到,对于那些他们至今占领的地方,他们都使之成为盟友,而非属地。他们并不想要更多的盟友,因为他们不想把他们收取的贡金分成更多的份额;保有属地也不符合他们的利益,因为他们内部在如何处理属地的问题上会闹分歧,此外,他们还要花自己的钱盯着[167]它们,由于这个原因,他们宁愿得到贡金[而不是直接统治]。正如我上面所说,他们中间也开始出现了不团结。

这样韦托里就给出了一系列的论证——亚里士多德的权威、历史上的其他共和国以及瑞士人行事风格的独特经验——来打破马基雅维利关于北方来了新罗马人的想象。在这一过程中,他表明他根本不看重他们怎么说话和他们把自己和谁相比。但是,韦托里并不想咄咄逼人地将同样的怀疑论调延伸至马基雅维利自己的讨论(ragionamenti)和比较上,他重申了自己对瑞士人的恐惧并留下了疑虑的空间来结束这封信:"尽管如此,同道,我说的这些并没有减少我对他们的恐惧,因为在我看来,事情并不总是按照理性进行。只是我现在仍未找到任何补救办法,希望时势送来一个吧;当一个共和国还在初期时,它是统一的,而当它成长起来以后,情况就不一样了,这种事情屡屡发生。"对于马基雅维利那些深刻的关于历史和政治的、权力和理性的规则理论,韦托里提出的是一种对于时间和历史不同的看法,不确定性才是其中唯一的法则。他认为,历史可能自有其逻辑,但即便如此那种逻辑也是神秘的、永远无法被知晓的。时势必然导致事件——就像共和国和君主们——中的易变性,它抵抗着强大推理(ragionamenti)的入侵和驯服。

救赎性德能的创造

就在 6 天后的 8 月 26 日回信①中,马基雅维利称已经被韦托里的信搞得不知所措(sbigottito):

> 因为信文的谋篇布局、多重的推理论证(ragioni)以及其他特征把我绕得够呛,一开始我感到不知所云。若不是我能重拾信心重读一遍,那么我已放弃[168]这张烂牌,给您写信说其他事情了。不过,随着我对它越来越熟悉,我仿佛变成那只看见狮子的狐狸,第一次,害怕得要死;第二次,缩在灌木丛里窥视;第三次,上前与之搭话(gli favellò)。所以,在我已恢复自信、对[您的来信]越来越熟悉的情况下,我就回复您吧。

结合韦托里 20 日的信来看,虽然其中的推理论证、对信息的组织呈现、所含的与之前的信一致的观点都令人印象深刻,但马基雅维利关于起初糊涂和困惑的"自白"还是显得有些奇怪。信中第一部分韦托里给出的某些信息会令马基雅维利感到惊讶。瑞士人近来的某些举动看起来与他对他们的看法不一致,但是正如我们将

---

① *Opere*, pp. 1154b-1157a; *Lettere*, pp. 414-419; *Lettere a FV*, pp. 180-184. 实际上,还有一封日期是 8 月 25 日马基雅维利寄给韦托里的信,它是专门敦促韦托里求助于当时在罗马的朱利亚诺・德・美第奇的,请求他为他们的朋友多纳托・德尔・科尔诺发挥影响力,科尔诺急切地想让负责选举的官员们批准他对一个声望卓著的职位的请求。这封信使我们得以一窥庇护规则中某种或许可以被称为请求与义务链(the chain of request and obligation)的东西,马基雅维利自己一直试图得到美第奇家族的青睐,在他所面临的困境中这并不是一个无足轻重的方面。在这封信的这个例子中,多纳托・德尔・科尔诺求马基雅维利去求韦托里,以求得朱利亚诺同负责选举的官员们说项。在这封信的末尾,马基雅维利告诉韦托里:"如果不是知道您对朋友的热诚和挚爱,我就会在这份请求上下更大的功夫"(*Opere*, p. 1154a-b; *Lettere*, pp. 413-414; *Lettere a FV*, pp. 178-179)。

要看到的，马基雅维利并不缺乏化解这些讨厌的事实和辩护自己那些观点的方法。不过，关于韦托里信的某个方面让马基雅维利产生了焦虑和犹疑，他把某种心烦意乱的情绪说成是糊涂和困惑。

大部分读者都会记得，狐狸和狮子的意象在马基雅维利的文本中时常会发挥关键性的作用。汉娜·皮特金近来对马基雅维利认同狐狸或者说像狐狸那样的人物的倾向做了精彩的解读。就这一方面而言，马基雅维利"不想成为或者不想被看成容易上当的人"，他"自傲于自己能够发现令人憎恶的真理并且敢于把它讲出来"，但是，在这种"揭示"和"祛魅"的能力与狐狸需要隐藏和掩饰的另一面之间，他也体会到了某些冲突，他常常猜忌他人甚至蔑视那些他为之服务的人；皮特金也察觉到，狐狸的身份通常都是仆从。①

马基雅维利的狐狸和狮子这一对意象来自多个文献出处，至少有两个是特别重要的：一个是西塞罗在《论义务》(De Officiis) 中谴责分别象征暴力和欺诈的狮子和狐狸，马基雅维利将在《君主论》第十八章里完全扭转这个看法；另一个是《伊索寓言》中的"狐狸和狮子"，8 月 26 日信的头一段话同这一文本更为直接相关。马基雅维利这段话中关于狮子和狐狸的小寓言，几乎就是复述了埃尔莫劳·巴尔巴罗的伊索寓言拉丁译文或者是其他人的翻译，其中也包括洛伦佐·瓦拉的译本，它在 15 世纪 [169] 非常流行。② 在马基雅维利的改编中，狮子是韦托里 20 日的信，但同时

---

① Hanna Fenichel Pitkin, *Fortune Is a Woman: Gender and Politics in the Thought of Niccolò Machiavelli*, Berkeley: University of California Press, 1984, chapter 2, pp. 25-51, 引用段落见 pp. 34-35, 37-38, 41-42。关于马基雅维利身上狐狸性质这一主题的有价值的讨论还有：Wayne A. Rebhorn, *Foxes and Lions: Machiavelli's Confidence Men*, Ithaca, N.Y.: Cornell University Press, 1988。

② 巴尔巴罗的译本由贝里根 (Joseph R. Berrigan) 译成英文出版 (*Hermolai Barbari et Gregorii Corrarii Fabulae Aesopicae*, Lawrence, Kansas: Coronado Press, 1977)。巴尔巴罗译本的源起是作为一项格里诺·达·维罗纳 (Guarino da Verona)（转下页）

也指他这个夏天的所有信,以及韦托里本人。但无论是伊索寓言还是马基雅维利的重述,都完全没有论及狮子,它只是一直待在那里。

另一方面,我们了解到很多关于狐狸的情况:它紧张且不安,急忙忙从一个位置换到另一个位置,经历了一系列快速的心情转变,有多种策略克服自己的恐惧。当然从隐含的对比看,我们知道狮子是坚定如一的,同时强令和吓唬那些不具有其沉稳和力量的动物,虽然它有时也意识不到因而就容易受到某种陷阱和危险的伤害(马基雅维利很快就会在《君主论》中这样写)。在这一点上,这些意象似乎浓缩了两人通信的基本态势。无论是害怕沉默、多疑防备还是直言不讳,马基雅维利本质上始终处于应对状态。他对韦托里看法的回复含混不清,快速地变化和跳跃,有时还相互矛盾,从没有真正在其对话者面前确立坚实的立场。借助狐狸和狮子的故事,马基雅维利承认,在这一倾向中不满甚至气恼的情绪不断积聚,但它也表明,他这是在准备谋求一种更为独立的立场,要打破这种模式并且发出自己的声音来面对狮子。

8月26日的这封信并没有激进地背离早先8月10日的那封信,除了如下这一点:没有进一步提到"自然的情感或激情"或者"人们各种天生的缺陷"。韦托里充满激情的自我辩护、马基雅维利自己不谨慎挑明的两人通信中潜藏的敏感意味,或许都让马基雅维利感到有些尴尬。他也意识到需要休息片刻,自己也不再需要同韦托里争辩,不再需要争论、借用和重述他的每一个想法。1512年8—9月间的那些事情已经过去一年了,马基雅维利大概

────────

(接上页注②)指导下的学校练习,而《伊索寓言》的流行主要归功于瓦拉的译本(贝里根的导论,pp. 7-8)。"狐狸和狮子"寓言的拉丁文和英文文本见pp. 16-17。这些寓言的其他译本也常常被当作学校课本,罗伯特·布莱克好心地提醒我,马基雅维利当然有可能知道它们的非人文主义版本(关于这一点见本书第六章注释24[即本书293页注释①])。但是,似乎有可能他也知道巴尔巴罗的译本。

也不再期待能够说服弗朗切斯科·韦托里接受他有关斐迪南、利奥、法国人或者瑞士人的看法乃是紧要的真理,从而让自己重返政治舞台。因此,他需要发出自己的声音,将他的话传达给新的读者和倾听者。8月10日的信是第一步,26日的那封信[170]促进了这一计划。韦托里一定也明白了这一点,因为马基雅维利26日的信之后他们彼此3个月没有通信。

马基雅维利并没有试图去消弭他们之间目前已经明确且反复出现的意见分歧,但他的语气和方法已经变了。他现在可以偶尔有所让步、承认感到惊讶,甚至在先前的种种绝对性上有所缓和。但是,他能这样做是因为他现在有某种宏大的东西要表达,不仅是对韦托里,更是对美第奇家族,对任何听得进去的人。他推理的重点不再是同韦托里进行争论,至少他是这样认为的。尽管这种紧张、友好的论争——到目前为止——尚一切正常,但马基雅维利仍旧决定向韦托里宣布即将诞生的是什么。他以"说到世间纷繁复杂的事务,我从中得出一个结论:统治着我们的那些君主,天生或偶然拥有如下品质"开始。接下来几行,马基雅维利创设和开列了在他的政治剧场里的角色(dramatis personae):"教宗睿智,是以严肃而谨慎;皇帝则反复无常;法国国王傲慢而胆怯;西班牙国王吝啬贪婪;英国国王富有、冲动,渴求荣誉;瑞士人粗野无礼,善于克敌制胜;我们意大利人呢,贫困不堪,野心勃勃,胆小怕事。对于别的国王,我一无所知。"马基雅维利一下子甩出这么多形容词创设出他的角色,一扫韦托里的君主角色中的狡诈意味,这无异于在说,如果事件作为一种文本解读起来过于困难,那么就创设一个新的,人自己的语言可以在其中设置规则和论述的限制。有了这样一组角色,马基雅维利承认,无论如何和平都是一项艰巨的事业,为此他还援引了萨沃纳罗拉(他只用了"修士"来称呼他)的"和平,和平,绝不会有和平"(Pax, pax et non erit pax)。"我承认,每一种和约都自有其困难,您的有,我的也有。如果您在我的和约中看到了更多的困难,这对我来说没什么大不了的。"

这是一种对待他们之间分歧的新的、放松的、自信的宽容态度,不过这并不意味着马基雅维利打算放弃他的诸多信念。"但在有些地方恐怕您是弄错了,还有些地方我确信您错了,都请耐心地听我说。"他首先指出韦托里低估了路易、太过高看了亨利。按照韦托里的说法,这位法王能够轻易地募集 10000 多步兵投入战场对抗人数更多的英军。亨利"以如此巨大的热诚、以如此庞大的军队,决心要[将路易]斩草除根",却没有成功拿下特鲁昂,马基雅维利认为它是"跟恩波利差不多的堡垒",拿下它本应该是非常容易的。(马基雅维利显然没有[171]收到英军 8 月 16 日的捷报①,不过我们完全能够想象,当韦托里发现令他这位亲爱的同道深信不疑的东西又被事实搞乱了,他脸上会有怎样的苦笑。)马基雅维利声称,路易在增援北方军队迎战英军进攻上的犹豫乃是"出于选择,而不是因为害怕"(electione et non paura),即便他刚刚把这位国王设定为"傲慢而胆怯"(sdegnoso et pauroso)。凛冬将至,亨利将被迫从那没有树木的沼泽地撤退到他的岛上去。于是,马基雅维利仍相信,斐迪南和利奥不用太费力就可以改变亨利的想法。

韦托里已经告诉马基雅维利,瑞士人正通过皇帝从亨利那里获得资助来帮他们对抗法国;路易试图与他们谈判,许之以米兰的一些堡垒,但是瑞士人连听都不听;他们更愿意替皇帝向在勃艮第或者里昂一带的法军发起新的进攻。这一信息的要点是在向马基雅维利表明,瑞士人无意像他以为的那样在伦巴第扎根,而英国—瑞士联盟也足以让战争继续打下去直至法国决定放弃伦巴第。马基雅维利对此回应说,他愿意相信亨利是在资助瑞士人,但他惊讶

---

① 参见加埃塔的评论(*Lettere*, p. 416, n. 8)。圭恰尔迪尼花了几页的篇幅来论述这场英国对法国的胜利(*Storia d'Italia* 12. I, pp. 1145–1148)。

的是，这些钱是经皇帝之手给的，他认为皇帝应该更愿意把这笔钱花到自己军队身上而不是把它们转给瑞士人。他完全不能接受马克西米利安和其他德意志人会如此欠缺理智和漫不经心，就这样让瑞士人坐大。"若是我发现事实如此，那我会不予置评，因为这种事并不是常人所能理喻的"。他也不能理解为什么瑞士人在有机会的情况下不愿拿下米兰城（马基雅维利当然明白法国人许诺的就是米兰这座城堡，而不只是伦巴第的某些要塞），"因为在我看来，他们一旦这样做了，就能实现他们的目标。他们更应该做这件事，而不是去帮皇帝占领勃艮第"。马基雅维利这是在批评瑞士人不知道、不记得他为他们所认定的主要目标和最佳利益也没有基于此而行动。因此，他惊讶甚至震惊于自己的理论与瑞士人和皇帝的行动之间存在差距，却[172]从未对这些理论产生怀疑。剧本清晰明了、合情合理，只是这些演员们没有正确地出演他们的角色。

关于瑞士人他还有话要说："关于瑞士人的事，不管您怕不怕他们，我认为您完全错了，因为我认为，对于他们，我们需要抱有极大的戒心。"他先是提示韦托里想起自己总是看不上威尼斯人的理由：他们从未有过自己的将军和士兵，"就算在他们势力极盛时亦然"。所以，真正的奇迹在于他们起初一度获得并维持了一个帝国，而不是他们（1509年在阿尼亚戴洛）丢掉这个帝国。"法国国王所成就的[对抗威尼斯]，瓦伦蒂诺公爵或意大利出现的任何一位手头有15000兵力的著名将领，都成就得了"，"正是这些原因让我不害怕[威尼斯人]，却害怕瑞士人"。

随后，马基雅维利用一句颇有深意的话来反驳韦托里诉诸权威的观点："我不知道亚里士多德就联邦的共和国说过什么，但我的确仔细思考过，按照理性什么应该存在、什么现在存在、什么曾经存在。"马基雅维利的语气很明白，他不是不知道而是不在乎关于这个问题亚里士多德说过什么。① 他不打算认可任何无论有多么杰出的权威（auctoritas），以使他偏离他的理性（ragione）力量。但是，实际上他也拿出某些概要的史实来支撑其观点。他听说过有一个联邦的共和国——埃特鲁里亚——曾一度统治全部意大利。如果埃托利亚人和亚该亚人没能取得同样的成功，那只是因为他们受到马其顿国王和后来罗马人的支配，"所以，阻止他们扩张的，与其说是他们的政制（ordine），毋宁说是外国的军事力量"。

至于瑞士人不愿直接统治属地，"他们现在这样说，是因为他们现在还看不到［任何这样做的好处］。但就像我在另一封信里对您说的，事情是逐步发展的，必然性经常迫使人们做他们不打算做的事，人民总是习惯于行动迟缓"。在这里，瑞士人又一次没有［173］了解到他们的使命，而且有意思的是，他们现在所说的（dicono così hora）并不像几年前在比萨他们对佩莱格里诺·洛里尼说的那样，而这可以用历史发展阶段和自治的人民倾向于行动迟缓来解释。但是，马基雅维利毫不怀疑必然的事终会发生，他甚至知道它终将如何发生：当那一天到来，只要他们的两个意大利"附庸"（米兰和教宗）之一不再付钱，他们就会认为这是背叛，继而发动战争、获得胜利，然后将更为直接地施加他们的统治确保这样的事情不会再次发生。

马基雅维利重复他的警告，不要寄希望于将来的意大利军队：有太多不团结的头目，看不出谁将他们统合起来。但是，不管团结与否，意大利人都是无望对抗瑞士人的，马基雅维利将语气、观

---

① 我认为萨索对这一段话的评论切中要害："所谓他不'知道'亚里士多德对'联邦的'共和国的看法，是说此时此刻他并不'想要'知道或者讨论它，因为重要的是'依据理性什么可能存在，什么正在存在，什么曾经存在'——所以，韦托里可以拿着他的《政治学》和迂腐见鬼去吧。"（*NM: storia del suo pensiero politico*, p. 29, n. 32）很多学者都指出，实际上亚里士多德在《政治学》里几乎没有谈论过联邦的共和国。

点和视野提升到了救赎理论这一更高层面：

> 请务必懂得，最好的军队是由武装的人民构成的；唯有与之类似的军队，才能与之争衡。想想看哪些军队最著名吧，您会看到罗马人、拉栖第梦人、雅典人、埃托利亚人、亚该亚人以及从北方冲下来的那些蛮族；您还会看到，只有将自己的人民武装起来的共和国或君主，才能成就伟大的事业，例如，尼奴斯对亚述人之所为，居鲁士对波斯人之所为，亚历山大对马其顿人之所为。

因此，在一个被冲突的、谋求统治的各种势力撕扯的世界中，最大的胜出机会属于武装起来的人民，也只有类似的武装起来的人民才能阻止这些势力。有许多伟大君主的先例，他们自己主动武装自己的人民。但是，当马基雅维利的思绪穿过他的阅读记忆、搜索事例以支持其理论的时候，它跑得太快超过了服务于当前论证目的的需要，冲入了反例领域，一些军事将领领导的胜利之师来自多个地方和不同的人民："以混合军队做出了一番伟业的人，我发现汉尼拔和皮洛士是仅有的（或许马基雅维利是说"是其中的"）两个例子"。这些名字让马基雅维利要处理一个针对其武装起来的人民具有绝对优越性理论的威胁，但也是一个意外的和令人振奋的可能性。提到他们就需要一些解释，马基雅维利解释说："这是由于有具备了无与伦比德能（virtù）的领袖，此种能力影响甚为巨大，从而导致在他们的混合军队中，亦产生了［武装起来的］人民中所特有的那种精神与纪律"。

此时，他没有让这一可能性带他偏离开当前的目的，但无疑马基雅维利在这几句话中创造了新君主：一个将德能、力量和超凡魅力人格化了的形象，其救赎性力量能够消弭瑞士和古罗马武装起来的人民的精神、纪律与意大利的孱弱、不团结之间的鸿沟。① 他宣称的目的从来不是——显然现在仍然不是——做出这样一个"发现"。他论述的主线仍旧是相比于瑞士人的武装,意大利人的军队毫无希望。[175]从这个意义上说,这一发现是偶然的:它解决了给他的理论(瑞士人必定居于优势)造成质疑的一对反例。

---

① 关于8月26日这封信和《君主论》之间的关系存在大量批判性评注,后者在一定程度上(如果有的话)可以被看作已经在前者中有了轮廓。有太多的意见分歧让围绕《君主论》特别是最后一章的成书时间的争论没完没了。近来加入这场争论的主要有马尔泰利和萨索,我将结合相关文献在下一章的开头探讨他们的看法。另外,也有别的一些关于8月份的信同《君主论》关系的精彩论述。沙博1927年的论文(Federico Chabod, "Sulla composizione de 'Il Principe' di Niccolò Machiavelli," in *Scritti su Machiavelli*, Turin: Einaudi, 1964; reprinted., 1980, pp. 139-193, esp. pp. 178-186)认为,两者之间尤其它同第二十六章存在紧密关系。多蒂花了很大的精力来论述这一问题(*NM: Ia fonemenologia del potere*, pp. 37-52, 100-106),特别是他断言(p. 41),在8月26日这封信中,"再一次……我们进入《君主论》的语言,就像葛兰西有力指出的,那是'宣言'般的语言"。多蒂发现,在采用这种新语言的过程中,被沙博称为马基雅维利的政治狂怒(furor politicus)完全转变为对意大利政治统治阶级的怒斥,认为他们甚至不能意识到意大利虚弱的程度以及就要席卷他们的灭顶之灾(p. 43)。因格莱塞在导论里给出了一个更为谨慎的判断(*Lettere a FV*, pp. 16-22)。他承认8月份的信和《君主论》最后一章之间的确存在着重要的联系,都在意大利的实际悲惨境遇中看到了一种救赎的可能。不过,他认为,相比于马基雅维利在《君主论》中寻求一种尚待实现的德能,他在信中还是将他的论述局限于一种对出现和占据欧洲政治舞台的各种力量(德能的形式)的算计和评估:因此,他继续在信中将法国人的力量当作意大利解放的关键(pp. 20-22)。

　　我自己的看法在上面的文本中已经很清楚了,那就是尽管马基雅维利始终忠诚于法国,但就8月26日信的倒数第二段话而言,他的确越过了这条线开始寻求一种尚待实现的德能:"具备无与伦比德能的领袖"能够为混合军队注入见于武装起来的人民当中的同样的精神和纪律,以对他们进行历史追忆为起点,便有了概念上的可能性,距离呼唤一个具备类似"无与伦比德能"的现代"领袖"带来拯救仅有一步之遥。瑞士人提供了这样的可能性,他们近来针对法国人的胜利说明他们必将称霸意大利,他们将抓住这个机会(就像他在8月10日信里写的)。此刻,马基雅维利推测某一个"具备无与伦比德能的领袖"能够使他的人民(或一组各种人民)变得同瑞士人一样强大,在概念层面,他将瑞士人的使命和德能代入一个新君主的身上(只不过,如果他真的是这样做的,那还没有为这种可能性找到任何一个特定的化身)。

但在更深一层意义上,在他有意识的理论化和寻求事例作用之下,这个发现又是必然的。6个月来,马基雅维利已经明白和体察到了他自己的弱点、韦托里的弱点、无法跟上事件发展的推理的弱点、他的共和政府的弱点以及意大利的弱点。为了解决这些弱点,他从朋友(韦托里、朱利亚诺、索德里尼枢机主教)那里、敌人(斐迪南和瑞士人)那里、他(有关罗马人和瑞士人)的论述的力量那里,寻求能量和力量,而如今又从力量本身的人格化那里寻求能量和力量。

在进一步评论了被归于武装起来的人民(瑞士人和英国人)的军事优势,以及法国人和意大利人没能效仿他们的模范之后,马基雅维利总结道:

> 我当然不认为,他们[瑞士人]会像罗马人那样创建一个帝国,但我确实认为,由于他们毗邻意大利,由于我们内部乱得一塌糊涂,他们将会成为意大利的主人。这令我不寒而栗,因此我希望进行补救;要是法国不能胜任,那么我不知道有什么别的补救办法了,现在我准备同您一起痛哭,为我们的毁灭和奴役而痛哭,这种毁灭和奴役,即使今天或明天不到来,在我们有生之年也一定会到来。意大利会把这笔债记在教宗尤利乌斯的头上,以及一切不为我们寻找出路的人头上——如若现在还能够找到出路的话。

不过,他当然已经找到了"别的补救办法"(altro rimedio)。

第五章 "寄送给"韦托里的《君主论》

[176] 韦托里又一次没有回应,并且在接下来的三个月里他和马基雅维利都没有书信往来。在这段时间,或许是从仲夏开始,马基雅维利一直在写那本"小册子"(opusculo),他12月份对韦托里宣布这部作品的最初题目叫《论君主国》(*De principatibus*)。长期以来大家都认为,《君主论》呼应和扩充了马基雅维利给韦托里的信中的许多主题。正如前文已经谈到的,他的第二十一章实际上是重写了4月29日信中关于西班牙国王斐迪南的部分。信中的其他一些重要议题——法国人在伦巴第的目标及失败、教宗利奥增强家族势力和教会权力的双重政策、意大利在军事上的疲弱——也都在《君主论》中有所体现。《君主论》中的许多角色或多或少也都是信里的重要人物:斐迪南、路易、利奥、尤利乌斯、马克西米利安、切萨雷·博尔贾(简略论文)、亚历山大*、汉尼拔、居鲁士、罗马人、斯巴达人、土耳其人以及瑞士人。因此,仅仅从涉及议题和人物来看,《君主论》很明显地也毫不奇怪地借用了许多马基雅维利在4—8月间写给韦托里的信的内容。

---

* [译注]马基雅维利在《君主论》中讨论了两个"亚历山大":教宗亚历山大六世和亚历山大大帝。由于前文所引诸多书信内容中仅提到了亚历山大大帝,此处应指亚历山大大帝。

但是，两者之间的联系不止这些一目了然的观点、事例和人物上的重叠。《君主论》的很多篇幅乃是与韦托里对话的延续，亦即他们通信的延续。虽然起初正式的呈献对象是朱利亚诺·德·美第奇(马基雅维利在1513年12月10日告诉韦托里"我要把它献给朱利亚诺殿下"①)继而又是朱利亚诺的侄子洛伦佐，但我认为《君主论》直接的(即便未点破名姓)对话对象就是韦托里。以这种方式进入《君主论》不仅是基于如下事实：除了菲利波·卡萨韦基亚，马基雅维利第一个把作品送给韦托里并征求其意见；更重要的是，《君主论》也是对韦托里在整个春天到夏天里表达和坚持的一些不同意见和疑虑的答复，或者说是一整套综合的回应。这些疑虑不仅涉及在他们一直讨论的政治、外交和军事状况的具体方面马基雅维利的看法，而且更为根本地触及马基雅维利推理的[177]理论框架。从这个角度看，《君主论》是马基雅维利与韦托里长达一年的争论的高潮："事件"与"人们的论述和概念"之间是否存在一致性，阐释过程自身的问题，语言之控制性与生发性(generative)力量相对于事件之多变的不可预测性。

韦托里读到的文本是什么样的？

历史学家和批评家们就如下问题已经争论了一个多世纪：我们所见到的《君主论》有多少写于1513年的夏天和秋天，又有多少(如果有的话)写于其后一年或者几年里？有些人会认为这是一个陈腐的、现代批评和历史编纂学乐于忽视的问题，在很多情况下和在某些研究中也的确如此。但是，就马基雅维利和《君主论》而言，这个问题是不能回避的，部分地是因为这部书被无数次解读

---

① *Opere*, p. 1160a; *Lettere*, pp. 426–427; *Lettere a FV*, p. 195.

第五章 "寄送给"韦托里的《君主论》

的最后一章"劝谏夺取意大利,并将她从蛮族手中解放出来"①的地位问题,这是争论的最大焦点所在。对很多批评家来说,前25章的写作与最后一章的写作之间相距数年的事实可以佐证一个观点:在1513年马基雅维利写这本书主体部分的时候,头脑里是有一整套目的的,而随后在不一样的形势下和出于非常不一样的目的,通过加入激情澎湃的呼唤解放和救赎的最后一章,改变了此书的性质。

近来,马尔泰利重新提出了这一问题,他认为这部著作存在两个版本:1513年的最初文本和1518年的修订版和扩充版。② 根据马尔泰利的看法,(我们现在看到的)马基雅维利在写作文本中这个呼唤从蛮族手中解放意大利、宣称实现意大利"救赎"的"时机"已到的部分的时候,头脑中设想的对象只可能是洛伦佐而非其叔叔朱利亚诺;而这一呼唤能够得到形势印证的唯一一个时刻就是1518年的下半年,根据一些现代的解释,那个时候洛伦佐正在考虑将他在佛罗伦萨很大程度上仍属于非正式的统治转变为正式的君主统治。[178]根据琼斯对多种来源的分析③,马尔泰利认为这一计划涉及两个人:洛伦佐的妹夫菲利波·斯特罗齐和弗朗切斯科·韦托里,后者从罗马被召回后就成了洛伦佐的个人顾问并主导了1518年稍早些时候有关洛伦佐婚事的谈判。马尔泰利猜测,

---

① Chapter 26, "Exhortatio ad capessendam Italiam in libertatemque a barbaris vindicandam," in *Opere*, pp. 296b-298b. 此章标题的英译文(Exhortation to Seize Italy and Free Her from the Barbarilans)采自阿特金森的《君主论》译本(Indianapolis: Bobbs-Merrill, 1976, p. 373)。

② 马尔泰利先是概述了自己的观点,参见 Mario Martelli, "Da Poliziano a Machiavelli: sull' epigramma d*ell'Occasione* e sull'occasione," *Interpres* 2, 1979: 230-254, 继而又发表了一个更为详细的版本(也回应了萨索的批评,详见下文),参见 "La logica provvidenzialistica e il capitolo XXVI del *Principe*," *Interpres* 4, 1982: 262-384。

③ See Rosemary Devonshire Jones, "Lorenzo de' Medici, Duca d'Urbino: 'Signore' of Florence?" in *Studies on Machiavelli*, ed. Myron P. Gilmore, Florence: Sansoni, 1972, pp. 299-315; and Devonshire Jones, *Francesco Vettori*, pp. 136-142.

韦托里正在寻求某种意识形态来支撑这样一个与漫长共和主义传统的决定性决裂。他想起了5年前马基雅维利送给他这本"小册子",就鼓动他的老朋友修订和发表它。马尔泰利承认,他关于韦托里在《君主论》修订中的角色的理论纯粹是猜测。① 但他非常肯定,在洛伦佐建立君主制的计划以及美第奇家族将会控制从罗马到佛罗伦萨到罗马涅的中部意大利的前景所产生之期待的影响之下,马基雅维利的确在1518年修订过这本书。

根据马尔泰利的看法,1518年《君主论》增加的部分包括:第六章的第一和第三段及第二段的部分内容,第二十五章的第二、第三、第四段,以及第二十六章的第一、第二和第五段,这些段落戏剧性地提请它的读者注意,一个极为有利时刻已经来临,有待一个有德能的君主抓住它以救赎和解放意大利。马尔泰利称,1513年末的意大利不存在这种能够印证甚至激发这种乐观情绪的现实情况,尤其和那个缺乏决断力的朱利亚诺对不上号。因此,在马尔泰利看来,1513年最初的《君主论》版本是一篇"纯粹的技术性论文"②,没有紧急呼吁展开行动,缺少"政治上的信息",也没有历史性的、上天属意的急剧转型时刻已到来的意味,这些是由所谓在1518年增加的段落带入作品中的。如果马尔泰利是对的,那么韦托里在1513年末1514年初读到的《君主论》是一份与我们今天看到的截然不同的文本。

马尔泰利观点的主要困难在于这是一个巨大的猜想,它基于两个关键但很成问题的假定:第一,只有当客观政治形势能够使"解放"和"救赎"的可能性变得乐观起来并保证美第奇家族会在此过程中发挥作用的时候,马基雅维利才更有可能撰写《君主论》中那些"天命所归"相关段落;第二,马基雅维利更有可能认为

---

① "Da Poliziano a Machiavelli," p. 247; "La logica provvidenzialistica," pp. 332-333.
② "Da Poliziano a Machiavelli," p. 247.

1518年下半年的情况比1513年末的情况更符合这一标准。关于后一个假设,政治史学家们还没有搞清楚,或者说至少没有达成共识认为,洛伦佐让自己成为佛罗伦萨领主的目标[179]已经超越流言和犹豫试探阶段。① 无论如何,没有证据——除了马尔泰利所谓的《君主论》1518年的增补部分——表明马基雅维利已经知道或者想到洛伦佐有什么目的。当然,那篇写于1519年洛伦佐去世后不久的《论佛罗伦萨的政务》也表明,在1518年最后几个月里马基雅维利并没有马尔泰利归到他头上的想法,即认为君主制最终将成为佛罗伦萨未来的出路。

但是,任何人想要大概地、近似地为《君主论》的那些章节寻找确定或可能的写作时间,都必须依赖于马尔泰利的第一个假设,即仅当局势令那些章节宣称的救赎与解放有了某种客观上的现实希望的时候,马基雅维利才会在这样的局势影响下写作这些章节。马尔泰利明确表示,他声称已经发现的时刻是马基雅维利相信那种局势已经存在的时刻,但这个时刻未必就是我们认为在客观上有利于该计划实现的时刻。但是,这不过是换了一种说法而已,因为除了《君主论》中那些有争议的章节,我们没有任何其他来自马基雅维利自己的陈述可以表明是何种政治局势令他相信那样的"时机"已经到来。所以,马尔泰利对于那个时刻的认定必然基于他自己对局势必定如何的判断。更不用说,马基雅维利的标准可能不同于马尔泰利的标准。

---

① 例如,巴特斯就怀疑洛伦佐是否"对于在佛罗伦萨建立一个正式的领主制(signoria)有一个明确的计划,虽然他极有可能漫不经心地考虑过这个令他愉悦的念头",关于巴特斯对证据的解读,参见 H. C. Butters, *Governors and Government in Early Sixteenth-Century Florence, 1502–1519*, Oxford: Clarendon Press, 1985, pp. 301–303。斯蒂芬斯也认为洛伦佐"或许……自1512年起……有过想法成为佛罗伦萨的领主",但他补充说,在1518年"并不存在比过去更多的机会能让这个梦想变成现实"(J. N. Stephens, *The Fall of the Florentine Republic, 1512–1530*, Oxford: Clarendon Press, 1983, pp. 106–107)。

基于类似的理由,萨索批评了马尔泰利对最后一章中"天意论"的解读。① 对萨索而言,那一章中即便有"天意论逻辑",也是因为意大利的整体堕落状况制造了救赎的"时机"。这与马尔泰利的假设(即马基雅维利的激情只有通过某些有希望的事件或形势才能得到解释)完全相反。在这一章的第一段话中,使得当前时刻如此合适救赎计划的必要条件首先是"必须使意大利沉沦到她当前所处的境地:比希伯来人[180]更受奴役,比波斯人更受屈辱,比雅典人更加分散流离;既没有领袖,也没有秩序,受到打击,遭到掠夺,被分裂,被踩躏,并且忍受了种种毁灭"②。这便是使得一位意大利"豪杰"(spirito)的"德能"得到展现形势,说这一条件是合适的,仅仅是因为它太糟糕了。萨索强调,第二十六章乃是围绕这个"天意论逻辑"组织起来的,人们按照马尔泰利的进路,为了能够证明(并由此确定)"时机"到来,非要去寻找外部事件、具体形势就有可能错过这一点。萨索认为——我认为这是理解马基雅维利1513年所写内容的核心重点——"这一逻辑当中存在某种因素,即使不是非理性的,也是超越理性的(是一种源自'苦难'的'救赎'产物,它是神秘的但不是必然的)",这种元素与这一章的"先知"风格有密切关联,也与(正如萨索注意到的)马基雅维利用来结束这一章和这本书的彼特拉克的引文有密切关联。③

萨索对这一问题的解读进路与我对马基雅维利和韦托里通信的解读结果之一是相吻合的:至少在1513年,马基雅维利的理论化和预测工作并不总是甚至不主要是对政治和外交形势做出清

---

① 尤其参见 Sasso, "Il 'Principe' ebbe due redazioni?" *La Cultura* 19, 1981: 52-109。该论文的修订和扩充版见 *Machiavelli e gli antichi*, vol. 2, Milan and Naples: R. Ricciardi, 1988, pp. 197-276。

② *Opere*, p. 297a(英译文采自斯金纳和普赖斯的《君主论》译本,Cambridge: Cambridge University Press, 1988, p. 88)。

③ "Il 'Principe' ebbe due redazioni?" pp. 84-85.

醒、客观判断的成果。在1513年,他所宣称的政治论述的基础,并不是韦托里自己所中意的事物的直接经验。马基雅维利更多的是基于他自己的诸多假设(presupposti),基于一种无需在历史和真实事件中寻求验证的理性概念,构建了他对斐迪南、利奥以及最重要的瑞士人的阐释。马基雅维利把瑞士人看成新罗马人,预测他们会成为意大利的主人,这些得到什么客观形势印证了吗?如果马基雅维利能够,哪怕只是在1513年7—8月的那几周里如此确信,他为什么就不能再一次相信——就算只是在同一年秋季的几个月里,就算不存在任何我们认为能够证明其信念的形势——《君主论》最后一章描述的天命所归的政治救赎时刻出现了呢?

实际上正如我所指出的,为什么不是8月26日信里的瑞士人神话催生了《君主论》神话的核心?① [181]不将8月那封给韦托里的信里马基雅维利的"发现"("具备无与伦比德能的领袖……导致在他们的混合军队中,亦产生了武装起来的人民中所特有的那种精神与纪律")同他在《君主论》第二十六章(即马尔泰利认为是1518年增补的段落)开头的发问("当前,在意大利,时势是不是已经准备好给一位新君主授予荣誉,是不是有质料给某个审慎的、有德能的人提供了机会,让他引入某种形式,从而给他带来荣誉,并给这个地方的全体人民带来福祉"②)联系起来似乎是不可

---

① 马尔泰利结合马基雅维利的亲法态度以及尚未认识到法国军队已经在困难中衰落,将8月26日的信视作一种证据,证明在1513年下半年是不可能出现合适的、《君主论》第二十六章中呼唤的救赎时刻的("Da Poliziano a Machiavelli," pp. 234, 244)。萨索则反过来认为,在同一封信里,"任何人只要没有完全丧失对观念的乐章的辨别力,就会注意到《君主论》里不止一个曲调正在成形(例如提到居鲁士和'波斯人'——这个例子出现在第六章和第二十六章——就足以证明)"(chi non sia proprio del tutto sordo alla musica dei concetti avverte già più d'un tono del *Principe*, allora in costruzitone [basti la citazione di Ciro e dei ' Persi '-un esempio che compare proprio nei capitoli sei e ventisei], "Il ' Principe' ebbe due redazioni?" p. 63, n. 14)。

② *Opere*, pp. 296b-297a(英译文采自 Atkinson, p. 373)。

能的。类似地,同样是这个发现无疑也和同处第一段的一种观念(现在需要的是为意大利当前的"无序"[sanza ordine]发现一位"有德能的"意大利"豪杰"),以及第二段(马尔泰利也认为是1518年所作)的一种看法("如果您想起前面提到的那些人的行动与生平"[摩西、居鲁士和忒修斯,都是在第一段里提到的],这位"领袖"要实现的"救赎""就不是那么困难")有密切的联系。我们必须像萨索一样①注意到,在8月26日的信中,居鲁士也曾是"武装自己人民的领袖"的典范之一,而第二十六章第一段也出现过的那位雅典人,则是信中著名的武装起来的人民的典范之一。最重要的是,关键术语——"德能"(virtù)、"领袖"(capi)、"精神/豪杰"(spirito)、"纪律/秩序"(ordine)——在那封信和第二十六章开头一段里是共通的。诚然,那封信的核心段落是以意大利军队的胜利是"不可能的"这一论点开始的,因为"领袖"太多且不团结,但是同样一段也揭示了一种"无与伦比德能",能够统一并给"混合军队"注入"精神"和"纪律"——正是这一梦想抓住了马基雅维利的想象,成为《君主论》"劝谏"这一章的基础。虽然论点变了,马基雅维利将事例改用在自己的新目的和结论上;但是,《君主论》最后一章的总体框架、术语和假设与8月份给韦托里的那封信是如此类似——又如此不同于《李维史论》和《论佛罗伦萨的政务》,[182]因而,似乎"劝谏"这一章完整成型更有可能是源自马基雅维利1513年的急迫感和期待,而不是源自1518年他对历史和政治产生的更为仔细、冷静,常常是反讽的反思。

  关于马尔泰利的观点,在文本上还有一个更为具体的问题,也与8月份信中的主题有密切关联。如果像马尔泰利所言,马基雅维利真的在1518年添加了最后一章的第一、第二和第五段,那么为什么他没有修改第四段里有关瑞士人的评论?因为1515年瑞

---

① 参见前文注释11[即本书229页注释①]。

士人被法国人在马里尼亚诺打得大败以后,这些评论就毫无意义了。① 马尔泰利认为写于1513年的第四段一开头就强调"自己的军队"是"任何一项事业的真正基础",若"你显赫的家族"(美第奇家族)想要"追随那些拯救其地区的卓越人物的话"。我们已经知道,这就是8月26日书信核心段落的核心观点,即"成就伟大的事业的[领袖们]会将自己的人民武装起来"。在"劝谏"这一章的第四段,马基雅维利拓展了这一观念,声称无论士兵个人有多大价值,"但当他们看到自己受到自己君主的统帅并由他授予荣誉和提供给养时,他们会整个地更加出色";而且,只有创建出这样一支军队,君主才能运用"意大利的德能(la virtù italica)来保卫自己抵御外敌"。由于意大利人并不像瑞士人那样是一个自我武装起来的民族,这里的观点是他们需要被一个君主武装和凝聚起来,他们能够被他注入军事纪律和"德能"从而像瑞士人一样。下一句就清楚地表明,马基雅维利在这几句话里是在指瑞士人:"虽然瑞士人和西班牙步兵被认为是可怕的,但它们两者都有缺陷,因此,第三种类型[的步兵]不但能够对抗他们,而且有把握战胜他们。"正是他马基雅维利而不是别人认为瑞士人是"可怕"的——这是夏天他反对韦托里观点的核心,并且在这句话里马基雅维利重述了8月10日信中强烈表达的观点以及在8月26日信中对这一观点的反思,在后一封信里他质疑了瑞士人无论多么强大究竟能否变成新罗马人,同时他也"发现"了伟大的领袖能够为不团结的和武装不足的人民注入类似瑞士人那样的"精神和纪律"。

　　瑞士人仍然是典范,但既不是不可企及的也不是不可战胜的:实际上,就像他一度认为瑞士人可能成为新罗马人一样,马基雅维利现在宣称意大利人通过伟大君主的救赎性改造之后能够变成新瑞士人。[183]要宣称这是可能的,他就需要在那些"可怕的"外

---

① 这一点萨索也简单地提出过("Il 'Principe' ebbe due redazioni?" p. 63)。

国人身上找到一些弱点或"缺点"。西班牙步兵的弱点很明显,他们"不能抵抗骑兵",在 1512 年 4 月的拉韦纳战役中已经显示了这一事实。但是,瑞士人所谓的"缺点"是"一旦在战斗中遇到同自己一样顽强的步兵,他们就不免感到害怕",换句话说,他们的缺点和弱点在于他们惧怕那些成功地模仿了他们的军队。这里,在貌似对外国步兵潜在的或实际存在的缺点进行纯粹技术性讨论的掩护下,马基雅维利将自己对强大的他者的认同替换为对整个意大利的认同,也是从将自己代入其他强权转而代入意大利。瑞士人的弱点只能是潜在的,这当然是因为意大利人在救赎者般的君主手中向瑞士人的转变尚未发生。马基雅维利说"将在经验中看到"(vedrassi per esperienzia)瑞士人的软肋——这是一个引人注目的逆喻(oxymoron),是将一个将来的假设当成经验知识的来源。然后,似乎是意识到这样的"证据"和对能够增强其观点可信度的真实(相对于想象)经验的搜罗有所不足,他补充说,"虽然后一种情形[瑞士人容易受到像他们自己一样的步兵的攻击]目前还没有看到整个经历,但是在拉韦纳战役中已经看出一个端倪,当时西班牙步兵正面对抗采取与瑞士人同样战术的德意志军团"。马基雅维利继续说,西班牙人成功地突破了德意志人的阵线,"如果当时西班牙人没有受到[法国]骑兵的袭击,他们肯定会把德意志人全部消灭"。所以,在一场西班牙军队和德意志军队的对抗中,采取类似瑞士人战术的德意志人险些(但没有)被西班牙步兵摧毁,马基雅维利便从中找到了证明瑞士人能够被一个接近于他们自己的军队打败的"证据",在这个例子里便是西班牙人。这一论证混乱得令人费解,因为在这一"经验"(esperienzia)的"检验"(saggio)中,西班牙人因其顽强、德意志人因其战术(ordine)同时被比作瑞士人,而他们都没有获得胜利,因为法国的骑兵从西班牙人的突破中挽救了德意志人。

马基雅维利一直在挖空心思地、不很成功地搜罗瑞士人缺点的明证,因为一个新的意大利君主潜在的转换任务取决于表明瑞士人是可以被一支按照他们自己形象组建的武装力量控制或者打败的。马基雅维利的论证恰恰就是要落脚在这个更为宽泛的目标上:"因此,洞悉这两种类型的[瑞士人的和西班牙人的]步兵的缺陷,我们就能够创建一种新型的军队,它既可以抵抗骑兵,又不用害怕步兵;要做到这一点,就得[184]重建军队和改变秩序。这都属于那些重组之后便会给一位新君主带来声望和伟大的事物之列。"由此,马基雅维利就设想创建一支意大利的步兵,它既没有西班牙人的弱点也没有瑞士人的弱点,也就是说他们既不必惧怕骑兵也不必惧怕力量与之相等的步兵!

就马尔泰利对"劝谏"一章的年代学考察而言,上面提到的一切的问题在于,在1515年法国人大败瑞士人之后,如此煞费苦心地搜罗瑞士人弱点的证据就毫无意义了。① 如果马基雅维利在马里尼亚诺之战3年后的1518年修订并扩展《君主论》的最后一章,那么他怎么会放着第四段不动,展现的仍旧分明是瑞士人不可战胜的状态?他在1513年一直在寻找瑞士步兵并非不可战胜的证据和"经验",从而表明意大利人能够(只要他们愿意的话)创建出"自己的军队"以实现解放,当马里尼亚诺之战给了他这样的证据时,他怎么会无动于衷?像现在这个样子的第四段在1515年后对于任何读者来说都已经是过时了,因此,马基雅维利如此看重最后一章,为了洛伦佐据信有计划将佛罗伦萨从共和国转变为君主国这一重大目的,几乎不可能不将第四段更新,从而与自己的观点

---

① 马里尼亚诺之战终于中止了法国长期以来的军事失败和政治颓势,结束了瑞士人在伦巴第的短期势力和统治,也对教宗利奥及其家族的野心造成了主要的阻碍。圭恰尔迪尼对这场战役的记述,参见 *Storia d'Italia* 12. 15, pp. 1207-1216。关于军事方面的论述,参见 Piero Pieri, *Il Rinascimento e Ia crisi militare italiana*, Turin: Einaudi, 1952, pp. 514-525;关于对政治背景和后果的综合论述,参见 N. Valeri, *L'Italia nell'età dei principati dal 1343 al 1516*, Verona: Mondadori, 1949; reprint ed., 1969, pp. 591-593。

保持一致。

在我看来,更有可能的是,整部《君主论》包括最后一章的全部(以及第六章和第二十五章)都写于1513年下半年:就算不早于马基雅维利告诉韦托里他仍在"扩充和打磨"它的12月10日,也几乎肯定在那天之后的几周内,那时整个通信重新进入另一种风格。但是,就我的目的而言,事实如此的可能性——我不涉及《君主论》的写作时间和成书过程问题,只谈可能性大还是小——主要基于一个尚待探索的观念:《君主论》是以另一种方式延续了他与韦托里的对话。之所以列举出有关最后一章的许多评论以及它与8月26日信明显密切的关联,是因为我想表明,整部《君主论》都可以也应该被理解为马基雅维利与韦托里通信的延伸。①

---

① 巴龙去世后发表的论文(Hans Baron, "The Principe and the Puzzle of the Date of Chapter 26," *Journal of Medieval and Renaissance Studies* 21, 1991: 83-102)面世于我写作此章之后,它有力地表明《君主论》的最后一章必定写于1515年1月或2月。巴龙的进路有些类似于马尔泰利,即假设马基雅维利只有在政治环境适合于第二十六章所表达之希望的时候才会向美第奇家族发出他激情澎湃的呼吁。根据巴龙的说法(ibid., pp. 96-97),在"第二十六章的视野中,意大利的拯救……取决于在北部—中部意大利崛起一位新的意大利核心势力(巴龙补充说,其典范是切萨雷·博尔贾,他在此之前尝试过做同样的事,ibid., pp. 98-99),取决于在美第奇家族的领导下意大利人的德能再次出现以对抗外国侵略者"。通过对政治环境的重建,巴龙强调:一方面,在1515年1月之前没有证据表明,存在着在北部—中部意大利建立一个新的美第奇家族统治的国家的计划;另一方面,法国人在1515年9月马里尼亚诺之战获胜后,这样一个计划便不再可能。因此,《君主论》的最后一章必定写于1515年的1月和8月之间。但巴龙又提出,基本上可以肯定这一章是写于1月或者2月,因为我们可以从1月31日马基雅维利给韦托里的信中获知,当时他刚刚知晓让朱利亚诺成为这样一个国家的统治者和保罗·韦托里成为其至少某个地区的总督的计划(ibid., pp. 98-99)。

我有两个理由不接受这个假说。第一,我不像巴龙那样认为,第二十六章有强调"北部—中部意大利的新的意大利核心势力"的内容,因此我也不认为教宗利奥和朱利亚诺在1515年初的某些计划能够被当作最后一章所指的那种"时机"。不过,就算人们真的接受这样的观念,即第二十六章所暗示的就是要为朱利亚诺或他的侄子洛伦佐安排某个新的国家(或者该国家作为一个重要元素,构成最后一章热烈期盼意大利解放与救赎的背景),人们也应该想到,早在1513年7月 (转下页)

"有效的真理"与"想象"

[185]《君主论》有两个重大且反复出现的主题：政治经验是可以理解的；基于这种可理解性，论述具有生发性与控制性力量。通过这两个主题，马基雅维利针对1513年夏尤其是7月12日那封信里韦托里所持的怀疑论调做出了详细的回应。在那封信中，韦托里警告马基雅维利，阐释君主们的言谈话语和举手投足是困难的；他坚持认为，在任何政治论述中都深藏着习惯、习俗和想象，并且怀疑君主们能否搞清楚他们自己的目的；他嘲笑教宗的弟弟和侄子所持的想象（想要"在里面无须总想着迎合人民的国家"），还抱有其他一些[186]疑虑重重的看法（因为"事情的进展常常不合理性"，"对事情加以谈论、讨论和争论都失于肤浅"）。这些肯定都盘踞于马基雅维利的意识之中，并威胁着他想要相信的关于政治世界之可理解性的一切。在他8月份的那些信里，马基雅维利很大程度上忽略了这些理论上的分歧，将注意力更多地集中在韦托里"自然的情感"的议题上，以及他们二人对于瑞士人带来的威胁的分歧上。但是，《君主论》充满了对韦托里7月份的信的呼应和回应，甚至体现在书中一些修辞性的题外话上。例如在第七章，当马基雅维利开始描述切萨雷·博尔贾为"未来的权势"奠定

（接上页注①）（参见本书第四章），韦托里就告诉过马基雅维利，利奥正在筹划为朱利亚诺和洛伦佐安排他们自己的国家。这些计划关注的同样也是北部—中部意大利地区，1514—1515年这个冬天里，美第奇家族也在打这里的主意。所以，1515年1月的政策似乎并不真的有助于确定《君主论》第二十六章的写作时间。第二，我将1515年1月31日信的某些段落（其中马基雅维利告诉弗朗切斯科一些他给保罗·韦托里的建议，因为后者可能会被任命为朱利亚诺的新国家的至少一部分地区的总督）看作是彻头彻尾的讽刺。依我看，这种讽刺不仅在语气和情绪上与《君主论》的最后一章不符，而且也与马基雅维利在《君主论》里写的很多东西构成直接冲突，包括关于切萨雷·博尔贾的部分。关于我对这封信的解读，参见本书第九章。

了"牢不可破的基础"时,他宣称他不认为讨论它们是"肤浅的"①,这是在直接呼应韦托里 7 月 12 日信中的话("对事情加以谈论、讨论都失于肤浅")。这样的重复表明,马基雅维利将韦托里的怀疑论调视为一种挑战。

《君主论》最著名的某些段落也可以与同韦托里的对话联系起来。马基雅维利在第十八章的最后一段②中说,一位君主必须——甚至当他实际上并非如此时——努力显得"仁爱慈善、笃守信义、诚实可靠、讲求人道、虔敬信神"。这就提出了关于表象与实质、评判君主之依据的核心议题,这些直接与韦托里关于阐释君主"心思"的评论相关。韦托里曾经写道:"我们肯定认为,我们的这些君主每人都抱有某种目的(fine),由于我们不可能了解他们的心思,我们就必须通过他们的言论和行动来进行判断,而有些东西我们只能想象。"韦托里的要点在于,由于绝不可能知道一个君主的内心想法,表象便控制了所有感知,人们最多能做的就是阐释迹象并为了理顺事情加入想象。对韦托里而言,这就是政治论述内在的、普遍的局限。

当然,在某种意义上,《君主论》的每一页都是马基雅维利对这种看法的反驳,但是在第十八章,他就此问题做了一个复杂的回应。他在某种程度上似乎赞同韦托里,然后将这一观点中的术语用作他自己完全不同的目的:"人们通常进行判断,依靠他们的眼睛甚于依靠他们的双手,因为每个人都能看到,却很少有人能触摸到。"这句话呼应了在 15 世纪相当常见的一句谚语。所谓用手比用眼做判断更好,通常被理解为是在表明,事物的真理要在劳作、行动和结果中而非言语中被发现。③ [187] 马基雅维利用这句话

---

① *Opere*, p. 266b.

② Ibid., p. 284a-b.

③ 巴尔达齐(Giovanni Bardazzi, "Tecniche narrative nel Machiavelli scrittore di lettere," *Annali della Scuola Normale Superiore di Pisa*, 3d ser., 5, 1975:(转下页)

是想说,大多数人都任由自己落入基于眼睛/言语而非双手/行动做出判断的窠臼。他因而认为大多数人的确是不能了解君主们的心思的。但是有少数人能,并且他们所具备的这一能力维持了表象和实质的分野,虽然大多数人是看不到这一点的。马基雅维利继续写道:"每个人都能看到你的外表如何,却很少有人能触摸到(sentono)你事实上如何。"基于这些理由,马基雅维利既保证了——对于君主和有洞察力的少数人而言——政治的可理解性,也表明恰恰是因为大多数人都被表象欺骗了,所以政治上的成功便包括君主能够分清表象与实质并进行有意识的操控。

这种操控的基本前提是"对于不能向法庭申诉的一切人的行动,尤其是君主的行动,人们就注意 fine"。关于这句名言已经有了大量的讨论和阐释,一般倾向于把 fine 理解为"结果"(the final result or outcome),在这两句话之后马基雅维利的评论看起来印证了这一理解:"群氓总是被事物的表象和结果所吸引。"但是,显然韦托里曾用"fine"一词指君主的目标或目的,而不是"结果",他坚持认为通过"言论"和"行动"只能部分地理解君主的目的,而其实质与真相在很大程度上是一个"秘密"。马基雅维利对这个词

(接上页注③)1443-1189, but esp. pp. 1486-1487)将马基雅维利对这句话的使用同普尔奇(Pulci)的《魔干特》(*Morgante*)第28歌第45节第3—4行("要用你的双手而非眼睛评判,一如画眉的故事那样"[e giudicate aile man, non agli occhi,/come dice la favola del tordo])联系起来,也同波焦的《俏皮话》中的一段话联系起来,后者也解释了为什么普尔奇提到"画眉的故事"。在这个故事里,一只画眉看到一个男人在杀掉它的同笼伙伴时眼中有泪,这只画眉便以为这个人会对剩下的鸟手下留情,但一只老鸟告诉它说不要看眼睛,而要看手(non ad oculos respice, sed ad manus)。波焦对此评注道:"这说明必须要看人们做了什么,而不是他们说了什么"(Poggio Bracciolini, *Facezie*, ed. and tr. Marcello Ciccuto, Milan: Rizzoli, 1983, pp. 386-387)。巴尔达齐提醒我们,马基雅维利本人也在"朱利亚诺,我给您送几只画眉"那首十四行诗中化用了这个"故事",诗的最后几句是:"请您抛开那些想法,/宽宏的大人,摸一摸,碰一碰,/用您的手而不是眼睛来判断"(Lasci l'opinioni/Vostra Magnificenzia, e palpi e tocchi,/e giudichi a le mani e non agli occhi; *Opere*, p. 1004)。

的用法,结合他前文中模糊与操控的语境,似乎是受到了韦托里的前提的影响,即无论做了多少猜测,我们还是必须假定每一个君主终归有某种目的。马基雅维利的回应是,没错,大多数人评判君主的方式[188]——基于他们表达出的意图、政策和目的——正是在(且因为)"不能向法庭申诉"的情况下做出的。但大多数人以不完备的、幼稚的方式评判君主的这种倾向本身就是君主力量的来源之一,也是政治可理解性的一个方面——对于聪明的君主和"能触摸到你事实上如何的少数人"来说,政治是可理解的。

于是,马基雅维利便把判断和阐释君主的行为、知晓君主"真正"是怎样的人这一困难,从——韦托里所认为的——政治论述的一种障碍,转变为这种论述的核心和关键元素,甚至还成为增进君主力量的一种手段。由此观之,著名的短语"人们就注意结果"并不是马基雅维利关于应该如何判断政治行动的策略,实际上它根本不是对策性的。它的本意是一个事实陈述,指出大众一般只会考虑君主表面的"目的"——这一事实可以有力地服务于他"真实的"且对大多数人而言隐秘的"目的"。在这一段话的表象之下是马基雅维利与韦托里的争论,在这里,韦托里对于君主行为之可理解性观念的关键性反对意见被改造了。韦托里提出了表象常常同实质相分离这一棘手的问题。显然,马基雅维利并不打算反驳这一点,但他必须用某种方式做出回应,从而既(在某种程度上)能将韦托里的前提纳入进来又能保证理解和重现事实真相是可能的。

另一段涉及表象与实质的关键文本在第十五章,①马基雅维利围绕"想象"和"真理"做了明确的论述。这一章开始不点名地提到了某些人("关于这一点,我知道许多人都写过"),这些人的范围大概是从柏拉图到人文主义者。但是,韦托里无疑也是其中

---

① Ibid., p. 280a–b.

第五章 "寄送给"韦托里的《君主论》

之一,关于政治论述,他恼人地断言"有些东西我们只能想象"。马基雅维利则毫不含糊地坚持认为,想象和真理的确是可以区别开的,而他将基于真理发言。此章的第二段称他的论述的展开是要"把关于一位君主的想象方面放到一边,而讨论其真实的方面"。这里的论证策略类似于第十八章的策略。马基雅维利承认别人的论述过去、现在在很大程度上都是"想象"的产物(猜测和幻想,更多基于事物应该如何而非实际如何)。但是,这对他来说只能使得对"想象"和"真理"的区分更为紧要,并且解释为何[189]他能够做到这一点。在开始论述"一位君主对待臣民和盟友应该采取的方式和措施(modi e governi)"时,马基雅维利令自己与他认为的整个向君主进谏的传统撇开关系,"关于这一点,我知道许多人都写过,因此,我再来写的话,未免有些自以为是,尤其是,我关于这个话题的论辩,与其他人的见解(ordini)有很大的不同"。他接下来称其目的是要为那些能理解这一点的人写出一些有用的东西,由此"我理当追随事物有效的真理,而不是其想象的方面"①。关于这句名言的大部分关注都集中在"有效的真理"这几个字上,以及马基雅维利的"真理"以何种方式是或者可能是"有效的"上。这一进路通常忽略了这一含混的短语在多大程度上是与其对立面"想象"相适应的,因此要理解这一短语必须结合韦托里的说法"有些东西我们只能想象"。

对韦托里而言,"想象"是阐释过程的一部分,因而也是所有政治论述过程的一部分,当不能成功地解读"言论"和"行动"或者已穷尽了可能性时,就要运用想象。我们可以说,这是对阐释迹象

---

① 这里我用的是阿尔瓦热兹的《君主论》译本(Prospect Heights, Ill.: Waveland Press, 1980, p. 93)。逐字逐句的翻译虽然在别的方面很成问题,但在这里却有保留与韦托里对话的语言踪迹之功(我想这应该是相当无意识的,因为在阿尔瓦热兹对《君主论》的解读中韦托里似乎没什么地位)。这一点同样适用于曼斯菲尔德译本(Harvey C. Mansfield, Jr., Chicago: University of Chicago Press, 1985, p. 61)。

(在韦托里那里属于表象的范畴)的补充,用来补足解读言论和行动中的不足与失败,所以他认为这是一个依其自身永远不能完成的过程。但是,从韦托里为他关于政治论述何以产生的阐释——特别是此类论述本质上是"肤浅"的论断——中引入乐趣元素来看,"想象"这一补充也可以被看成是一种"非必要的多余"(inessential extra)①。

马基雅维利从另一个方面使用"想象"一词来代指表象本身。对他来说,事件(cose)任何情况下都在那里,人们要么得到其"背后"的有效真理,要么相应地停留在其表象的面前,即所谓对它的"想象",或者用我们现在希望的译法"映像"(image)。在这个意义上,马基雅维利才可以讨论事物本身的"想象的方面",并且不免要猜测[190]马基雅维利在这样使用"想象"一词的时候,他的记忆可能会回溯到卢克莱修和《物性论》的第四卷——他年轻时抄写过全诗——并想到其中的流射学说(the doctrine of effluences),卢克莱修认为一切事物都会发射出拟像(rerum simulacra)或意象(imagines)。在卢克莱修看来,意象(imago)"承载着与物体相同的外貌和样态,从物体中沿着它的路径流射出去",从而产生了视觉。② 在这一段话里,马基雅维利转换了"想象"的含义,从

---

① 这里我借用了卡勒关于德里达补充概念(supplement,这一概念又是基于后者对卢梭的解读)的讨论中的术语,参见 Jonathan Culler, *On Deconstruction: Theory and Criticism after Structuralism*, Ithaca, N.Y.: Cornell University Press, 1982, pp. 102-105。

② 引用文字来自 *De rerum natura* 4. 51-52(文本与英译文采自勒布文库版,tr. W. H. D. Rouse, New York: G. P. Putnam's Sons, 1924, pp. 250-251)。意象造成视觉的直接阐述,参见第 237-238 行。我并不是想说马基雅维利提出某些观点是取自或者基于卢克莱修或者伊壁鸠鲁学派的学说,只是想说卢克莱修用意象来表示某一事物的表象自发地触及他,这实际上反击和阻止了韦托里"想象"概念带来的威胁。在这一关联中,需要注意的是,在卢克莱修(4. 31-32)看来,意象是一种影像、外皮、薄膜,"得自事物最外层的表面"。关于《物性论》第四卷的导读,参见 Robert D. Brown, *Lucretius on Love and Sex: A Commentary on De Rerum Natura IV*, 1030-1287, *with Prolegomena, Text, and Translation*, Leiden and New York: E.J. Brill, 1987, chapter 1, pp. 3-46。

韦托里的心智过程(在此过程中我们会将一些额外的东西加入本来就必然属于猜测的论述当中)概念,转到一种细究之下的事物本身的属性。对马基雅维利来说,一切"事物"因此都兼具"有效的真理"和"想象",并且他认为人们可以从中根据特定的目的做出"更为有利的"选择。他以此试图化解韦托里警告中的威胁,即所有论述都充其量是在阐释表象,有时则只是在阐释想象。在马基雅维利对这一概念的重构中,有用的论述会进入"有效真理"之中或者"背后",而看起来无用的论述(或者至少是相对于其目的不那么有用的论述)则会被意象和表象俘获。获取"背后的有效真理"这一修辞一定是在提醒我们这位国务秘书曾在十年前"摸底"(enter under)博尔贾以便从他那里"套取"情报。① 似乎马基雅维利要探索的真相总是在"背后"或者"底下"。

就在下一句话中,马基雅维利无疑是在以同词不同义的方式说:"许多人曾经想象过(si sono imaginati)人们在现实中(essere in vera)从未看见过或者知道存在过的共和国与君主国。"这里的想象实际上是积极的和创造性的,而不是韦托里的阐释之补充的意思。这个[191]想象乃是纯粹的发明:创造只存在于头脑里的世界。马基雅维利在这里自然是让自己远离可上溯至柏拉图的整个传统。不过,这当然不是指上一句话中想象一词的用意,它发难的意味并不直接指向柏拉图或整个传统,而是指向韦托里和1513年7月12日那封危险的信。通过将"想象"重新定义为一种事物的表象,马基雅维利显然相信他保住了直抵事物本身的通路,因而能够"把关于一位君主的想象方面放到一边"去谈论其"真实的方面":超越(或者撤下)表象而触及事物本身,从而获取真理。真理在多大程度上没有被表象制约就在多大程度上有效。"有效"的意思当然也同马基雅维利写出"有益的"(utile)东西的意图相关,

---

① 参见本书第二章第66-67页(原书页码)。

这一类真理能够产生不同的效果。这里又是在针对韦托里,特别是针对他的警告"我觉得在想象中(nella fantasia)理顺[这个世界的事务]已非常困难,若要在实践中(venire al fatto)理顺,则我认为是不可能的"。对韦托里来说,对政治进行理性的、融贯一致的、符合事物根本真理的阐释,不仅是困难的而且必然涉及空想和想象,将这种构想转换为行动、利用它们去影响或塑造现实也是完全或接近不可能的。马基雅维利的"有效的真理"和他要写"对于任何理解它的人来说都是有益的东西"的决心都是他对于这种悲观的回答。

第十五章的任务主要在于使得这种涉及君主行动的真理易于理解。针对韦托里的观点,马基雅维利宣称他将把事物"想象的方面"放到一边,讨论其真实的方面,之后他立刻将注意力集中于语言问题、语言同君主行动的关系以及对这些行动的评价方式:"我要说,所有被人们谈论的人——尤其是君主,因为他们的地位更高——都以某些给他们带来非难或赞扬的品性而闻名。所以,有人被认为慷慨大方,有人被认为吝啬小气……有人被认为乐善好施,有人被认为贪得无厌。"这是马基雅维利长串成对的"品性"清单的开始,其中的每一对都被"认为"分别有表示值得赞扬的和应该被谴责的两种品性。但是,在列出第一对之后,他停下来插入一段话来解释为何他在表达"吝啬小气"的时候用了 misero 而不是 avaro。他说"在我们的语言中"后者表示想要靠掠夺取得财物的人,而前者更适合他的目的,表示过于节用自己财物的人。马基雅维利在这一段话里的更高一层的观点与托斯卡纳方言中对 misero 和 avaro 的传统分辨并没有什么关系。但是,从他这段插入的附注看,他需要明确每个词的意思[192]是这个还是那个——总之是要将这些术语的含义加以固定从而令语言保持稳定,这对于区分想象和真理的目标至关重要。

完整列表如下:

假定的美德	假定的恶行
liberate（慷慨大方）	misero（吝啬小气）
donatore（乐善好施）	rapace（贪得无厌）
pietoso（仁爱慈善）	crudele（残酷无情）
fedele（笃守信义）	fedifrago（背信弃义）
feroce, animoso（勇猛强悍）	effeminato, pusillanime（懦弱胆怯）
umano（宽厚大度）	superbo（傲慢自大）
casto（纯洁自持）	lascivo（淫荡好色）
intero（诚实可靠）	astuto（奸猾狡诈）
facile（平易近人）	duro（严厉苛刻）
grave（稳健持重）	leggieri（轻率任性）
religioso（虔敬信神）	incredulo（毫无信仰）

马基雅维利说他知道"每个人都承认，一位君主如果拥有前面提到的所有被认为（tenute）良善的品性，是非常值得赞扬的"。但是，由于没人能够拥有所有这些品性或者成为这样的人，"由于人类的条件不允许这样"，一个君主必须"足够审慎，知道如何避免那些会使自己失去权力之恶行的骂名"，并借助其他的恶行做到最好，完全不必对它们过于操心。马基雅维利在这里给出的建议的基础在于，他获得了这些术语及其代表的品性的传统理解"背后的"知识或者说真理。他声称自己知道，只有某些一般被认为是"恶行"的品性会令一位君主丢掉自己的权力，而他必须避免这些恶行带来的"骂名"。另一方面，一位君主"如果没有那些恶行，就难以挽救自己的权力的话，那么他不应当顾虑那些恶行招致的名声"，因为"好好考虑一下每件事情"就会发现"一些事情看起来是善行可是如果照办了就会自取灭亡"，而"另一些事情看起来是恶行，可是如果照办了却会给他带来安全与福祉"。马基雅维利

并没有改变这些术语在传统用法中的含义,因为美德还是美德,恶行仍是恶行。他改变的是它们与君主应当如何行事以保全其权力这一难题的关系。这些术语一般的或通常的用法与他自己的用法之间的差别构成了马基雅维利的进路。对于大多数人甚或"每个人"来说,某种特定的品性或许看上去是一种美德,马基雅维利也不见得反对,只不过他说[193]不管人们怎么称呼一种品性,它都可能对君主造成伤害。换言之,不像那些世界观局限于传统语言的用法和表象("看起来是善行……看起来是恶行")的人,马基雅维利能够超越具体用法发表意见,并且透过表象看到某些品性真正的或者实际的效果——直抵其本身及其后果——更不用说流俗之见加诸其上的、传统的和误导性的标签。并且,在了解了这些和后果之后,他能够更为精确和准确地使用这些术语,从而在"各种事物"和人们关于事物所形成的那些"论述与概念"之间建立必然的和稳定的对应关系。这种对应关系于他而言是可能的,于他人则不然。

这是一个重要的、大胆的观点,马基雅维利有时指他自己,有时则指他设想的新君主具备超越日常言语之陷阱和含混的能力:能够通过直接接触来了解事物,并且得到行动的某种可能性,其中,流俗之见和事物本身之间众所周知的差距经由恰当理解和操控,就能够变成力量的源泉之一。或明或暗地,这一观点构成了马基雅维利给君主建议中很大的一部分。在第十七章论受人爱戴还是被人畏惧更好的著名段落(后面我们还会讨论)中,马基雅维利警告说,"关于人类,一般可以这样说:他们是忘恩负义的、容易变心的,是伪君子和假好人",由此他认为"君主如果完全信赖他们的言词而缺乏其他准备的话,他就要灭亡"[1],这大概是因为这些人对君主讲的事情与马基雅维利(君主也有可能)了解到的真实情况大相径庭。

---

[1] *Opere*, p. 282a.

普通人的言语在多大程度上受制于常常错判事实的传统和表象，相信他们的话就有多危险。这一点凸显了，对于君主来说，最为重要的是听取少数愿意告诉他真相的人的话。第二十三章"以何种方式避开阿谀奉承者"①就将全部重点放在君主分辨奉承（与欺骗）和真相的能力上，从而基于此来控制和搞清周围人说的话。《君主论》中或许再没有任何一个其他章节如此明确地将权力和语言这两大主题联系起来。马基雅维利在开篇就敦促君主令自己"防范阿谀奉承者（adulatori）充斥［君主们的］宫廷"。为什么宫廷里会满是阿谀奉承者？马基雅维利的答案是"人们［大概他指的是君主］对自己的事务如此喜闻乐见，并且如此自欺欺人，以致他们很难防范这种［194］瘟疫；并且，在试图防范的过程中，又会冒着被人蔑视的风险"。"提防阿谀奉承"的唯一方法就是让"人们知道他们对你讲真话（el vero）不会得罪你"，除非是如果"每个人都能对你讲真话的时候，他们就会缺乏对你的敬畏（reverenzia）"。所以，一位君主必须选出"一些明智的人，应该只赋予这些人对他讲真话的自由，并只就那些他询问的事情，而非其他任何事情"。这是不是就意味着，君主必须忽略或者仅仅不去听任何他不认为是明智之人说出来的"真话"？或者，这是不是在说，只有"明智的人"能说真话并且君主在他听取任何人的意见之前就能知道谁是明智的（因而是讲真话的）、谁是不明智的（所以肯定是个马屁精）？马基雅维利没有意识到君主必须给予明智的人对他说真话的"自由"和将这一自由局限在"只就那些他询问的事情"之间的矛盾。因为在下一句话中，他写道，一位君主"应当询问他们一切事情，并且听取他们的意见"，并且要以自己的行为方式告诉他的顾问们，"谁愈是自由地畅所欲言，谁就愈受欢迎"。但是，"除了这些人之外，他不应该再听任何人的意见；他应该推

---

① *Opere*, pp. 293b—294b.

行(andare drieto——第十五章用到的同一个词)已经决定的事情,并且对于自己的决定坚定不移"。

急于找出并分离出未经人们通常说话方式固有的含混、不真实污染的政治论述,是这一段话的动机所在,这种急迫性也是《君主论》和给韦托里信的特点。马基雅维利将这种限定的,几乎被隔离的论述界定为针对阿谀奉承者欺骗的"真理"。就在下一段中我们很清楚地看到马基雅维利这里也是在回应韦托里。他在下一段中举了皇帝马克西米利安作为反例,这位统治者"采取了与上述相反的策略"。在7月12日的信里,韦托里列举过几个君主的例子,他们的行动和反复无常往往损害自己表明的目的,其中就有马克西米利安。他对马克西米利安格外刻薄,强调指出他政策上的矛盾说明他的野心不切实际。马基雅维利赞成这一判断,但他重复这一例子是为了反过来论证,一个成功的君主可以而且应该避免这位皇帝所犯下的典型错误。他说马克西米利安"不征求任何人的意见……因为皇帝是一个好守秘密的人,他既不与任何人沟通自己的计划,也不寻求关于它们的意见"。因此,当他的计划得到贯彻、被人所知的时候,他的顾问们常常会批评它们,他就改弦更张尝试别的,结果是"他头一天做的事情,第二天就被他自己推翻;谁也不理解[195]他想要做什么或者计划做什么,并且没有人相信他的决定"。这里,关于韦托里注意到并批评过的皇帝在政策上的反复,马基雅维利的解释是他没有咨询明智的顾问们。但他是用这个"事例"作为自己观点的一部分来反对韦托里所认为的君主们的行为一般都是不可理解的这一观点。马基雅维利在这一章的第三段和最后一段都指出——仿佛是从马克西米利安的事例中得出的显而易见的结论——"一位君主应当始终征求意见",随后又(陷入第一段中的矛盾之处)补充道:"但应该是在他自己想要[意见]的时候,而非在他人愿意[给意见]的时候;相反,他应当消除任何人都可以给他提出建议的想法,除非是他主动就此咨询他们[意见]。但是,他应当是一位广泛的咨询者,并且对于他咨询的事情,他应当是一位耐心的真话聆听者;事实上,一旦他得知任何人出于恐惧,没有对他讲[真话],他应该感到愠怒。"

不过,在提醒过关于好顾问之必要后,在结束这一章时,马基雅维利强调一位君主的审慎之名不是来自其顾问而是来自他自己的本性,这是因为"一位君主如果不明智的话就肯定无法获得一致的建议"。他考虑并认为一位不明智的君主不可能通过把自己交托给一个"非常审慎"的人支配来得到好的意见,他只会让这样一个"支配者"(governatore)篡夺自己的权力。不明智的君主从很多人那里寻求意见,也不能将他收到的各种不同意见"统一"起来,而由于每一个顾问都考虑他自己的利益,这样的君主也就不知道如何识别或者纠正他们。因此,马基雅维利的结论是:"良好的建议,无论来自哪里,肯定都产生于君主的审慎,而不是君主的审慎产生于良好的建议"。这一章潜藏的矛盾无疑迫使马基雅维利得出这一观念:说到底,好的顾问只是反映出君主自己的审慎和明智。

这整个讨论都突出了君主如何获取真理的困境。由于这样的真理被认为是某种不同于日常言语,甚至是与日常言语对立和受到日常言语威胁的,获取之难就成了一个抽离和区分的问题,因而就成了一个审查的问题。君主必须阻止某几种人给自己进言,允许甚至是挑选少数几个人在他征求意见时才能说话。一位君主应当给予其顾问们的"自由"受到他的议程和判断的严格限制。只有提前知道自己有可能在哪里、关于何事听到真理,一位君主才会准许某人讲话,这就意味着马基雅维利几乎是在说,君主本人就是真理的裁决者,是在两类论述之间做出必要区分的保证人。如此理解的真理,一定是有一个最终裁决者的,而当一个不明智的君主在与其顾问共同[196]完成一项工作,顾问彼此之间必然充满分歧的时候,是不可能得到真理的。因此,只有君主的智慧能够确保他的顾问们告诉他的内容的真理成分。从这一章的结论回过头来看皇帝马克西米利安的例子,我们就很清楚了,即使是最好的顾问也不能把不明智的君主从其自身的缺点中挽救出来。君主的权力就在于其超凡的使用、听取、阐释语言的能力,以及在此基础上控制和理解论述并将真理从其他别的言语中分离出来。

在8月26日的信中,我们已经注意到,马基雅维利在阐释的困境这一语境下运用了狐狸和狮子的故事。韦托里的上一封信根据马基雅维利的看法就像是狮子,因为其观点和论证具有某些看似不可战胜的力量而显得可怕。但是,作为阐释者和狐狸的马基雅维利最终能够同狮子对话,消解其不可战胜的气场,大胆地做出回应。这种灵巧阐释者的狐狸形象在《君主论》第十八章重新出现了。马基雅维利认为一位君主必须知道如何同时使用他自己身上的"兽性"和"人性"两种特性:后者利用法律,前者利用强力;而兽性本身又分为狐狸和狮子,其中狮子代表强力能够"使豺狼畏惧","那些单纯依靠狮子之道的人不理解这一点"。[1] 君主的狐狸成分能够理解并且"知晓"(或"识别")陷阱。理解(intendere)和知晓(conoscere)是另外两个强调君主应该有超越表象进行阐释这一关键性和根本性能力的单词。君主在任何境地都要依靠自己,得到的结果不要被他人轻易获得。这里引人注目的是,马基雅维利将理解和知晓这两种能力归于野兽特性(的一部分),仿佛是在强调此两者对于人性来说是全然陌生的。

同样,在第二十二章,马基雅维利指出存在三种才智或者确切的说是三种"头脑":"第一种类型靠自己就能够理解,另一种类型能够辨别其他人理解的事情,第三种类型既不能自己理解,也不能通过其他人来理解。"第一种属于"最卓越的",第二种是"较卓越的",第三种则是"无益的"。这就概括了整个关于纯粹的和未经

---

[1] *Opere*, p. 283b.

污染的知识的马基雅维利式想象。无论"辨别其他人理解的事情"有多"卓越","最卓越的"和最好的是靠自己就能够理解。理解什么呢？应该就是事物看上去如何和实际如何的关键性差别。"靠自己"理解这一观念,让我们想起马基雅维利在4月29日信的草稿中表达的要将其论述"基于我自己的假设"的愿望。[197] 他在这个等级序列里将"辨别其他人理解的事情"这种理解类型置于第二等,实际上是在拒绝对话,拒绝韦托里曾敦促他做的论述的对话性质。用皮特金敏锐地应用于马基雅维利文本解读的术语来说,这是一种关于自主的想象。① 理想的君主(或者他理想的顾问)不必依靠别人说的或者理解的。他的知识和论述独立于集体的对话、多种意见的混杂,也独立于这样一个过程:庸众们在交流言论或作品时得出的含义永远都是暂时的和不确定的。君主的论述追求更大的确定性,更少依赖与普通人的对话。

安全与权力

这种自主的结果是双重的:安全和对世界施加个人意志的权力。韦托里关于稳固国家的怀疑,以及关于君主甚至不能控制自己(更不用说他们统治的国家了)的怀疑,遍布在他1513年写给马基雅维利的所有信中:他对斐迪南和毫无意义的和约的怀疑、他对路易不走运的嘲笑、他对瑞士人实力上限的理解,还有他总体上认为欧洲舞台上的所有主角们谁都不能对他人施加足够的压力强行达成一种安排结束战争。在7月12日的信中,当韦托里将他的怀疑集中在教宗及其家族的政治目的时,他带有暗讽地将他们的目标总结为:"他们[美第奇家族]想要得到一些稳固的国家,他们

---

① 特别参见此书第一章和第十二章:*Fortune Is a Woman: Gender and Politics in the Thought of Niccolò Machiavelli*, Berkeley: University of California Press, 1984, pp. 3–22, 307–327。

在里面无须总想着迎合人民"。这属于他更高一层怀疑的一部分,即利奥或者任何欧洲君主是否真的明白他们想要什么以及如何得到他们想要的。他也含蓄地质疑了马基雅维利关于权力的基本假设。韦托里实际上是在表明,权力从来都不是绝对的,它既受到使用者的局限也受到他们所遭遇情况的限制。并且,权力就像词语和事物的意义一样,也是相对的和不确定的:随着君主们的目的而持续不断地平衡(或者"迎合"[dondolare])臣民们的利益、需求、野心和恐惧。韦托里指出,权力是对话与交流的产物,因而永远不是单边的、确定的和完全的。

马基雅维利在《君主论》中的回应是,那些明智且成功的君主能够通过正确的行动和选择来为自己赢得安全,他在此过程中扩大了其愿望、欲望和目的可能实现的范围。君主行使其自由意志,既源于也促进[198]了他对其臣民和周遭环境的控制,就在这样的环境下他取得并维持了对新旧臣民的统治。文本不断回到控制臣民的重要性上来,并至少有两处针锋相对地回应了韦托里对"稳固的国家"(stati che sieno fermi)的怀疑。第一处是第六章中著名的关于吉罗拉莫·萨沃纳罗拉的一段话:"一旦大众开始不再相信他,他便在他的新秩序(ordini)中灭亡了,因为他既没有方式使那些信仰的人坚定(tenere fermi)信仰,也没有方式使那些不信仰的人信仰。"①第二处在第十章,马基雅维利宣称一位君主只要为其人民提供生活和防卫的手段,便不难在被围攻的时候"自始至终让他的公民保持士气坚定"②。马基雅维利肯定地认为拥有稳固的国家的确是有可能的,只要君主知道如何获得它们,并且君主们能够在对臣民和周遭环境的控制中获得安全。第二十四章的开头:"当前面提到的各项事情(从第十五到第二十三章给出的

---

① *Opere*, p. 265b.
② Ibid., p. 273b.

所有建议)被审慎地遵守时,它们就能让一位新君主看起来如同古老的君主,并且马上让他在他的国家里更加安全、稳固,甚于他在那里成长为古老的君主"①,马基雅维利在这句话中明确地将"安全"(securo)与"稳固"(fermo)联系起来。第十五章最后一句话也类似地断言,成功地施行了一些"看上去"是恶行的君主,通过这种方式会取得"安全与福祉"。②

安全对于君主而言是可获得的这一主题实际上贯穿了整本著作。有时它是君主权力的一种品质或方面(安全[securtà]),有时则是积极地追求对人口、国家和领土进行控制(巩固[assicurarsi])。快速地对最显眼的几个表示安全的单词形式(securtà、securo、securamente、assicurare 和 assicurarsi)做一番考察,就可以明显发现这些相关概念是遍布全书的。

第三章:重新征服了一度反叛的领土的君主"会毫不迟疑地惩罚反叛者以巩固(assicurarsi)自己的安全"。君主守住新获得的、与他原来的国家共享相同语言的领土是容易的,为了"稳固地(securamente)占领这些国家"只要灭绝过去统治它们的君主的血脉世系即可。对于有着不同语言和传统的领土而言,新的统治者应该驻跸在那里,"这会使他的占领更加稳固(più secura)、持久"。③

第四章:罗马人一旦消除了西班牙、法兰西和希腊等地的对各君主国的记忆,便成为它们"稳固的(securi)占领者"。④

[199]第五章:习惯了生活在一位君主统治之下的城市或地区,不会很快拿起武器来反抗,而一位君主可以更加轻而易举地

---

① *Opere*, p. 294b.
② Ibid., p. 280b.
③ Ibid., p. 259a–b.
④ Ibid., p. 263b.

"获得它们,并保护自己的安全(assicurarsi)免于其患"。①

第六章:那些依靠自己的德能成为君主的人必须建立新的秩序和模式从而为他们的国家和安全(securtà)奠定基础;摩西、居鲁士、忒修斯和罗穆卢斯等伟大的立国者们一旦克服了艰险、开始受人崇敬并消灭了那些心怀嫉妒的人,他们就能享有"权势、安全(securi)、荣誉和幸福"。②

第七章:切萨雷·博尔贾"为了使自己稳固地(securamente)成为他们当中一部分人的统治者",就必须打乱这些秩序,并使他们的国家陷入动乱。由于他已经按照自己的心愿武装起来,并且大体消灭了那些邻近可能攻击自己的武装,所以他变得"十分强大,而且有几分把握应对(assicurato)当前的危险"。③

第八章:所谓妥善地使用残酷是指"出于保护自己安全(assicurarsi)的必然性",一次性地使用残酷手段。通过不一再实施这样的残酷,一个君主就能让臣民们"获得安全感(assicurare)……把他们争取过来"。④

第九章:一位君主是"绝无可能防范怀有敌意的人民而保护(assicurare)自己的安全的,因为人民为数众多",而由于大人物人数少,可以防范他们,"他能够保护(assicurare)自己的安全"。对于斯巴达人的君主纳比斯来说,当危难降临时,"只需要对付(assicurarsi)少数人"就可以了。⑤

第十一章:只有教会的君主国是"安全稳固的(sicuri)、幸福的"(尽管这里马基雅维利显然是在讽刺)。⑥

---

① *Opere*, p. 264a.
② Ibid., p. 265a-b.
③ Ibid., pp. 266b, 267b.
④ Ibid., pp. 270b, 271a.
⑤ Ibid., pp. 271b, 272a.
⑥ Ibid., p. 274a.

第十三章：如果没有自己的军队，"没有哪个君主国是安全稳固的(securo)"。①

第十五章：一些品性看起来是恶行，可是如果照办了却会给君主带来"安全(securtà)与福祉"。②

第十七章：一个君主最好既让人爱戴也让人畏惧，但是因为两者难以兼得，如果必须有所取舍的话，"被人畏惧比受人爱戴安全(sicuro)得多"。③

第十九章：确保君主不被人民憎恨，并且让人民对他感到满意，"他就足以保护自己的安全(si assicura)"来对抗阴谋。法国有"国王的自由与安全(sicurtà)赖以维系的"不可胜数的优良政制。创建法国这个王国的人知道有权有势者的野心和他们的傲慢，因为"想要[200]保护(assicurarli)他们"，便设立高等法院来避免让国王在大人物和人民之间选边站。比起高等法院"再没有什么比这更能保障国王和王国的安全(securtà)了"。土耳其苏丹要更多地考虑令其士兵而不是人民满意，因为"他周围总是保持一万二千名步兵和一万五千名骑兵，他的王国的安全(securtà)和力量都依赖于他们"。④

第二十章：一些君主"为了稳固地(securamente)保有其国家"，解除其臣民的武装。因为一位君主的所有臣民不可能都被武装起来，当你使那些武装起来的人感到蒙恩受惠的时候，"你就能更安全地(sicurtà)对付其他人了"。"为了能够更加稳固地(securamente)保有他们的国家"，君主们习惯建造堡垒，作为对付那些企图反对自己的人的笼头和嚼子，并作为应对突然袭击的"安全(securo)避难所"。对弗利伯爵夫人来说，不被人民憎恨比拥有

---

① Opere, p. 278b.
② Ibid., p. 280b.
③ Ibid., p. 282a.
④ Ibid., pp. 285a, 285b, 286a, 288b.

堡垒"更加安全(sicuro)"。①

第二十四章：当前面提到的各项事情将使得一位君主"在他的国家里更加安全(securo)、稳固(fermo)"。失去了他们国家的意大利的统治者，要么为人民所敌视，要么尽管人民对他们友好，但他们却"不知道如何保护(assicurare)自己的安全免于大人物为患"。任何依靠他人的防卫都是不确定的，并且即使实现了，"它都不会给你带来安全(sicurtà)"。②

马基雅维利坚持认为——既在安全远离危险的意义上，也在对臣民、国家和领土有稳固控制和拥有权力的意义上——安全都是必要的和可能的，同时他也想到并驳斥韦托里关于君主权力限度的想法。马基雅维利的安全混合了权力、保护、确定性、保证、权威性、固定、稳固和控制；刚好是韦托里政治观念的反面：危险、不稳定、终极的神秘性、常常与理性不合、随君主们的突发奇想而变化。对于利奥为其弟弟和侄子安排"稳固的国家"的计划，韦托里挖苦说，他"不想去思考[教宗]打算要哪个国家，因为在这个问题上，他会依据情况改变其计划"。马基雅维利关于安全的论述的全部目的就是要肯定，君主们的确有可能明确知道他们自己在想什么、构画一以贯之的目的并遵照执行。在第十一章中，他举出切萨雷·博尔贾的父亲亚历山大六世的例子来质疑韦托里的看法，即利奥为其家族的筹划损害了他明确表示的维护教会权力与权威的目的。在马基雅维利看来，"虽然他的意图本来可能并不是为了壮大教会的势力，而是[201]为了壮大[其子]公爵的势力；但是他这样做却有助于教会的势力壮大。"在亚历山大六世的例子中，这两个目的就不是彼此冲突的，其含义是这对于利奥来说也是可能的。"圣座教宗利奥发现教宗职位已经非常强大；我们可以希

---

① *Opere*, pp. 289a, 289b, 290b, 291a.
② Ibid., pp. 294b, 295a.

望,如果说[先前的教宗]依靠武力使之壮大,那么当今的教宗将依靠善行和无数的其他德能使之更加壮大和受人崇敬。"如果将论教会的君主国一章的这最后一句话放在马基雅维利对亚历山大六世的评论的语境中,就是在回应韦托里对利奥政策的主要反对。

可理解性、权力和爱

与韦托里的论辩在《君主论》第二十五和第二十六章中随处可见。在"机运(fortune)在人类事务中有多大力量"①这一章的开头,马基雅维利明确表示不同意"许多人"所持有的"意见",即"世界上的事情是由机运和上帝支配的,人类不可能以他们的审慎加以纠正——事实上,根本没有补救办法;据此,他们可能会认为,人们不必在世事上费力劳神,而是任由命运(fate)支配"。然后他评论道:"这种意见在我们这个时代里尤为可信,因为我们已经看到并且现在每天都会看到,世事的巨大变化远远出乎人类的预料"。不管马基雅维利在写下这些句子的时候脑子里想到的是谁,说弗朗切斯科·韦托里在持有类似看法的"我们这个时代里……许多人"中乃是主要人物,大概不会有疑问。"世事的巨大变化(variazione)远远出乎人类的预料"这句话可能是对韦托里措辞的一种戏剧化夸大,但是它显然在呼应韦托里的核心观点"事情并不总是按照理性进行",并且暗指早在1508年出使马克西米利安的时候韦托里就曾表达过的所有疑虑:"变化"如何搞乱阐释和判断的过程、君主们及其行动说到底都是无法理解的、时势(time)是如何让一切都发生变化的。在第二十五章中,马基雅维利承认问题的核心在于变化和时势似乎是不具备可理解性的。他对韦托里"意见"的重现或许比韦托里的想法更为绝对,但是他现在想要反驳

---

① *Opere*, pp. 295a–296b.

的观点的实质则是过去很长时间以来从弗朗切斯科·韦托里那里听来的。

[202] 马基雅维利补充说,他自己有时也会被这种观点吸引("我自己有时在一定程度上也倾向于他们的意见"),他不是在指自己曾在久远的 4 月 9 日的信中短暂地同意过韦托里吗?当时他承认"如果您认为对事件进行评论令您感到厌倦,因为您发现,事件的结果往往跟人们的论述和概念相左,您是对的,因为同样的事在我身上也发生过"。① 马基雅维利在第二十五章中处理的问题,部分是在详述他与韦托里在通信伊始就面临的困境:如何确保把"事件"(cose/casi)纳入"论述和概念"的领域,或者用他现在的话说纳入"人类的预料"(umana coniettura)之中。尽管马基雅维利曾经或者不止一次("有时")表达过勉强接受的意思,("在一定程度上"[in qualche parte])接近于韦托里的看法,但马基雅维利现在打算宣布,他已经与早先的看法相去甚远,并阐明他基于何种理由不用再担心这个问题了。《君主论》全书既是在暗中和马基雅维利没有点破名姓的其他人进行论辩,也是在和过去某些时刻的自己进行论辩,只不过第二十五章将这种论争挑明了,将本书的两大主题——世界是可理解的,做出连贯和有效的政治论述(及相应的行动)是可能的——结合成为一种理解和控制"世事的巨

---

① 我这样说并不排除马基雅维利也可能指 1506 年的那封关于奇思妙想(Ghiribizzi)的信,同样广为人知的是,在那封信中,他曾经认为,由于人不能改变其本性("大自然"[la Natura]给予每个人"不同的智力和想象力")从而不能随时势和环境的变化而改变"他们的想象和行事方式","这就导致机运女神反复无常,支配着人们,将人们置于她的束缚之下"。这封 1506 年 9 月中旬给焦万·巴蒂斯塔·索德里尼的信的文本见 *Opere*, pp. 1082a-1083b,引用的段落在 1083a。人们普遍认为在 1506 年的这封信和《君主论》第二十五章之间存在紧密的联系。萨索有力地认为,马基雅维利在回忆他一度"倾向于他们的意见"的时候,想到的就是"奇思妙想"的信(*NM: storia del suo pensiero politico*, p. 389)。但是,也没有什么能够阻止我们假设,马基雅维利的人生中有多个这样的时刻,特别是因为他说"有时"(qualche volta)。

第五章 "寄送给"韦托里的《君主论》   257

　　变化——似乎令"人类的预料"变得肤浅、人类的行动变得随机而盲目的不可预料的（因而是不可理解的）变化——是第二十五章的核心问题。① 这个词以这样或那样的[203]变体出现过 7 次：第一段中 3 次，第二段中 3 次，第四段也就是最后一段中 1 次。正如已经指出的，马基雅维利指出，世事的巨大变化过去和现在都让许多人相信机运女神或者上帝统治着这个世界，以致人们对于世事的结果无能为力，由此引入这一难题。这里的逻辑似乎是，由于人们认为这种变化是"出乎人类的预料"的，因而他们的结论就是人类行动与世事的关系是晦暗不明的。与之相关的隐含的（和未言明的）看法是，对于任何能够（或者看上去能够）影响结果从而似乎是有意义的和有价值的行动来说，"人类的预料"的某些形式——认为这种变化是可理解的某种论述——是其不可或缺的必要条件。没有这样的论述，人们将停止"在世事上费力劳神"，而

---

① 关于第二十五章的极佳解读，参见 Sasso, *NM*, pp. 385-400,特别吸引人的是对于此章中紧张与"反复"（capovolgimenti）的分析，使得这一章有了一种戏剧性的和自我论辩的结构。也参见 Hanna Pitkin, *Fortune Is a Woman*, pp. 147-153,其中她强调了在此章的矛盾性之下潜藏的焦虑。还有 Michael McCanles, *The Discourse of Il Principe*, Malibu, Calif.：Undena, 1983, pp. 111-116,他大胆地提出(p. 114)在第二十五章中，"对马基雅维利而言，机运是……一种经过裁剪的辩证逻辑推导，追求没有矛盾的完构性（well-formedness）的人类行动和论述是不接受它的。依照矛盾律，文本化（textualize）一个'内在的敌人'、一些潜在地会自我扰乱的人类行动都是不可能的，完构的论述是流畅的，并且只会将机运视作一种外在于人类理解和意志的无常力量。以此观之，机运在某种程度上不过是一种外在的、施加于人身上的惩罚，因为人们拒绝接受控制其论述的辩证规则。"麦坎利斯又补充说："这一点，正是马基雅维利在第二十五章的核心观点，它重申和拓展了'奇思妙想'信的观点，并将《君主论》的论证推向高潮。"如果我对麦坎利斯的理解是正确的，那么他就是在说，对完构无矛盾论述（well-formed noncontradictory discourse）之追求的失败导致机运成为一种外在的东西，第二十五章将这一失败戏剧化了，并且马基雅维利就是想要这一章以这种形式、为了这一目的发挥作用。正如我在接下来的几页中所表明的，我赞成麦坎利斯关于第二十五章的文本中"发生了"什么的判断，但我并不认为这就是马基雅维利的意图，甚至他已经充分意识到其后果如何。

是任由命运支配。马基雅维利将这种态度等同于自由意志的丧失，然后他给出（第一个）解决变化困局的方法，"我们的自由意志不应被泯灭"。他提出的"预料"是："如下的看法也许是真确的：机运是我们一半行动的主宰，但尽管如此她还是留下了其余一半或者近乎一半由我们支配"。这只是一个假设，并且显然马基雅维利对这种对半分的算法并不确定。如果机运留给我们控制的行动略少于一半，那么这难道不是肯定了这一章想要反驳的"意见"吗？如果这个假设真的是五五分，那么这只能使问题处于一种永远无法解决的戏剧性紧张状态，是与机运势均力敌、永无休止的战争。

在这一点上，马基雅维利改变了他的进路，将机运比作一条暴虐的冲决河岸的河流，人们在它面前只能逃跑，无论如何都"没有能力抗拒"。但是，他说，人们可以在"风平浪静的时候"采取预防措施，修筑堤坝与沟渠从而在洪水泛滥的时候能够控制损失。他继续说道："关于机运，情况同样如此：当德能没有准备好（ordinata virtù）[204]抵抗她时，机运就展现她的威力。"意大利作为这些变化的发生地（sedia）和根源*，就是一个没有堤坝与沟渠的国家。但是，如果意大利得到了这种德能的保护，"那么这种洪水要么不会像现今这样带来如此巨大的变化，要么它根本就不会出现"。到目前为止，马基雅维利的论述是，这种变化是可以被限制、控制乃至减弱的，它们并不必然"出乎人类的预料"。这一段话中引人注目的是，马基雅维利描述机运用到的术语类似于8月26日信中谈论瑞士人的实力和危险时用到的术语，都将其描述为一种似乎是自动自发地折磨弱小的力量，而在这两者的情况当中，意大利都是弱小的。按照那封信的说法，最好的军队是由武装的人民构成的，"唯有与之类似的军队，才能与之争衡"。在第二十五章中，人

---

* ［译注］这里指意大利的四分五裂、相互倾轧引来法国和西班牙的入侵。

人都在暴虐的机运之河面前奔逃,屈从于它们的肆虐,"丝毫没有能力抗拒(obstare)它们"(强调部分为引用者所加)。正如只有"具备无与伦比德能的领袖"才能为混合的军队注入与武装的人民同样的精神和纪律,也只有"准备好的德能"才能抵抗机运的力量。由此,马基雅维利将他为瑞士人所设想的、本质上具有同样戏剧性力量的观念代入变化(以及如何理解它)的问题之中。在这两种情境中,他都设想了意志之间的对抗,并会导致不同的后果。在每一种情境中,对抗中支配一方的意志——瑞士人和机运——是给定的,而反对和抵抗一方的意志——意大利人和普遍意义上的人(但这里其实还是意大利人)——则必须被发现和被建构。

但是,这种"预料"使得事情和变化可理解了吗?就算抵抗的意志得到了召唤和实现,结果就不会是永恒的僵局吗?如果两种互相对抗的意志在强度和决心方面是大致相当的,那么谁又能说清为什么人们有时会失败而有时又成功地实现了他们的目标呢?当某人失败的时候,认为(马基雅维利并没有这样认为)此人的德能肯定没有充分"准备好……抵抗",而成功的必要条件是充分"准备好的德能",这只能是同义反复根本什么都没有解释。但是,对立意志之间的对抗似乎又不容许在搞清楚为什么有人失败有人成功,或者为什么同一个人有时实现了目的而有时又没有的问题上存在其他可能性。

所以,马基雅维利在宣称他关于一般性地(in universali)谈论对抗机运的问题已经说了很多之后,又换了另一种进路,这一次关注的是个人的而非集体的行动。问题仍旧是变化,但是在第二十五章的第二段,他开始讨论(problematize)时势的问题。他设问道:我们该如何解释,为什么同一个君主没有看到他在天性或品性上有什么明显的变化,今天兴旺昌盛,明天却走向毁灭呢?他在给出回答时一定想到了切萨雷·博尔贾:一位君主如果完全依赖机运的话他就会走向毁灭,[205]"因为机运会发生变化"。① 变化的核心和原因现在被扩展至包括了机运。但是,除了把机运类比为暴虐的河流之外,马基雅维利还没有说机运究竟是什么以及它为什么是变化的。马基雅维利说,成功或者福祉将降临在那些使其"行为处事方式"适应"时势特性"的人身上,并且反过来,当"他的行为与时势相悖"时,不幸和失败就会发生。当他这样讲的时候,似乎机运与时势是一回事。马基雅维利重复了1506年给焦万·巴蒂斯塔·索德里尼的信的核心观念,他认为达成目的(fine)的人们,采用的方式各不相同,不过那些以同样方式行事的人有时会成功有时却失败。因此,马基雅维利认为在人的行动和风格上,在事件、结果和机运中都存在着变化。他认为,这一切造成了他所谓的"好(本身)的变化",因为,如果某一"行为处事方式"顺应了时势也得到了成功和福祉,那么它就会被视为好的;如果不是这样,那就是不好的。这就把问题进一步复杂化了。到此为止,理解变化的努力堕入存在多种变量的文字迷宫之中。一开始马基雅维利试图解释在人类事务中机运的作用,描述它进而制约它,并指出为什么它并没有很多人想象的那样有威力。但到目前为止,他声称:1.机运和"时势特性"都是变化的;2.人的行为处事方式是变化的;3.在这两组变量之外,好(il bene)这一概念本身也是变化的。他似乎比以前离解决变化之谜的答案更远了。

马基雅维利认为没有人能够改变自己特定的行为处事方式,第二十五章的转折点也由此产生。不同的人有不同的行事方式,但是每个人都有且有唯一一种方式,"我们不可能发现一个人懂得如何调试"其行事方式适应时势特性,因为"一个人无法偏离天性驱使他走的道路"。如果一个人因遵循了某种方式获得成功,

---

① 最后这句话中的"因为"(come)一词,对应的拉丁文是 cum,因此可以译为"当"(when)。无论是哪种情况,这里都是在说,机运的变化导致了那些过度依赖机运的人走向毁灭。

他便不会被说动偏离那条路。于是,当时势发生了变化,他便要毁灭。

在这几句话中,马基雅维利几乎是在用同样的术语复述了他在 1506 年关于奇思妙想的信中的悲观结论。但他是否意识到,他这样做,不仅显然是在赞同实际上更是证明了韦托里的想法？韦托里认为任何一个 40 年来都已习惯于某些行事方式的人,要从中抽身强令自己接受"其他推理和思考的方式"是无比困难的。[206]这里,我们再次遇到马基雅维利的一边反对一边又化用韦托里的观点的显著倾向。刚才的文字迷宫不仅让他回到这一章的起点,更是回到他自己承认有时会"倾向于"的观点：大自然——现在成了某种命运,甚至超越机运的力量——如此"倾向于"使每个人各有其特点,从而无论审慎、预见、理性还是德能都不能改变。马基雅维利怎么能认为他是在用这样的论证拯救"我们的自由意志"呢？

本章的第三段以教宗尤利乌斯二世为例,证明谁发现"时势与事态同他的行为处事方式相符",好的结果就会出现。尤利乌斯的独特方式是行事"大胆果敢"——无所畏惧,也不用协商和协议的方式保护自己,而时势恰好偏爱他和他的本性。假使他活得再长一些,后来的时势需要不同的行事方式,那么他也会遭遇毁灭,因为"他绝不会放弃他的天性使他偏爱的那些方式"。马基雅维利用"因此,我的结论是"(concludo, adunque)作为第四段也是最后一段的开头,确认了教宗尤利乌斯这个例子内在的宿命论："当机运发生变化(variando la fortuna),而人们仍然顽固地坚持自己的方式时,如果它们[机运和他们的方式]协调一致,他们就会成功；如果它们不协调,他们就会失败。"马基雅维利将这一章的整体意味和方向扭转了。现在,变化成了机运的无常,显然出乎任何"人类的预料"；而人类对于令自己本性适应流转的时势和变化的机运也无能为力。就在马基雅维利想要对抗和驳倒韦托里的这一章里,后者的意见明显胜出了。

马基雅维利——在某种程度上——意识到自己回到了他要反对的立场上,他又补充了令人震惊的、不合逻辑的结论,这一章主要因此而为人所熟知:机运女神作为一个女人,的确是能够被大胆果敢和强力征服的。马基雅维利为自己的作茧自缚给出的这一回答,实际上是赋予了机运女神一种特别的性质:第一,女性;第二,更有可能使自己被行事大胆的人征服;第三,"同女人一样,始终是年轻人的朋友,因为他们不那么小心谨慎,却更加勇猛,能够更加大胆地支配她"。这一整套属性,特别是在断定她倾向于年轻人那句话里的那个"始终"(sempre),极大地和戏剧性地限制了机运的变化,而在此之前这种变化被想象为纯粹的变化。这一象征令机运被置于某些品性、性格和行事方式的控制之下。现在,我们可以说,机运的本性在一定程度上被限定并有了倾向,使得某些应对、行动和反应的路线有章可循。只有用这样的戏剧性变化(colpo di scena)——从本章的智识谋划来看是[207]出人意料的,但结合其无解的紧张和常常出现的死胡同又是必然的——马基雅维利才能说人类的干预是有可能控制住变化的。但是,将机运女神人格化为一个女人,使用性征服这种象征,却无助于回答机运女神、她的变化以及她可能的屈服是否(以及在何种程度上)会被纳入"人类的预料"范围之内。强力有机会出其不意地控制住变化,但是它并不能让它可以被理解。

第二十五章没有解决时势和变化的可理解性问题,这便必须进行另一项尝试。① 《君主论》的最后一章采取了马基雅维利第一次在8月26日给韦托里的信里探索过的角度切入这一问题:"具

---

① 关于一个类似的处理《君主论》最后两章之间关系的进路,参见格林颇具见地的文章:Thomas M. Greene, "The End of Discourse in Machiavelli's Prince," in Patricia Parker and David Quint, eds., *Literary Theory/Renaissance Texts*, Baltimore: Johns Hopkins University Press, 1986, pp. 63-77, esp. 74-77.

备无与伦比德能的领袖"和这种德能在恰当时机(occasione)下能够实现的"救赎"(redenzione)。在给韦托里的信中,马基雅维利曾经将瑞士人以及其他一些杰出"领袖"的德能人格化,他们都曾给各自的国家和人民注入他们缺乏的"精神和纪律"。但是,那一封信忽视了时势的问题,而韦托里则曾经试图让马基雅维利注意这一点。不管是历史是否具有意义或逻辑,还是"具备无与伦比德能的领袖"到底是如何克服和掌握变化的,它们都没有对为什么有人失败有人成功的问题做出解答。在第二十五章中,当马基雅维利没能成功地探索出这些困境的诸多潜在解决之道时,他就回到他对救赎性德能的探索上,并对这种德能和时机做了一种机缘巧合的阐释来处理悬而未决的时势、改变和变化的难题。他声称,新君主的救赎计划和他的德能只有在历史进程中一个特定的和清晰可见的时刻才是可能的,正如我们已经看到的,他认为这样一个时刻就是每个国家堕入明显的绝望和彻底的没落的时候。正是因为,"为了表现摩西的德能,必须使以色列人民在埃及遭受奴役,为了认识居鲁士精神的伟大,必须使波斯人受米底人压迫,[为了认识]忒修斯的卓越,必须使雅典人分散流离;那么,现在,为了展示一位意大利豪杰的德能,就必须使意大利沉沦到她当前所处的境地",有必要让意大利经历诸种毁灭。所有这些当中的关键词是"必须"(necessary):一个民族的毁灭并不会必然或自动带来拯救,但只有毁灭才可能让拯救实现。一位君主的德能就在于识别出毁灭的必要条件所给出的时机并继续他的救赎任务。

[208]这一论证在《君主论》整个谋划中的重要性在于,它给了马基雅维利能够解决变化难题的出路:彻底的毁灭,这构成了果断出手干预看似是一连串随机变化的必要(而非充分)条件。它的力量和目的在于使历史变得可以理解,并将变化置于某种"人类的预料"之中;同样重要的是,要回应弗朗切斯科·韦托里的相反意见"在我看来,事情并不总是按照理性进行"以及"我现在仍

未找到任何补救之法,希望时势送来一个吧"。现在,马基雅维利说,时势展现出变化也为意大利准备了一条出路。一个具备伟大德能的君主(在一位明智的顾问助一臂之力的情况下)能够并且也将知道如何洞悉时势、扼住变化。

~ * * * ~

可理解性与权力是不可分割的,这在《君主论》中有两种含义。其一,《君主论》预设了世界的可理解性是一切对它进行有效和稳固控制的基础。如果治理、掌控还能够成立的话,或者说,如果像马基雅维利《君主论》第一句话所暗示的狭义政治概念所示,任何真正"一切……正在对人类行使统治权的统治"①还能够存在的话,那么我们就必须能够理解这个世界,必须将其化约为有限的几个可分析的范畴。对马基雅维利来说,被设想为统治的政治取决于一种同样如此理解的认识论:统治好一个国家意味着比任何人都更了解真实世界是如何运转的,进而这也就预设了是可以这样来理解这个世界的。《君主论》的前十一章体现了这样一种认识论。它们不断地、系统性地将多样性、变化和差异缩减和化约为几种界限分明的范畴,以裁剪历史、简化选项、掩盖复杂性。马基雅维利的著名倾向是围绕着成对的对立概念构建分析,②这一习

---

① Opere, p. 258a.
② 在麦坎利斯《〈君主论〉的论述》一书的众多优点中,对于这些成对的对立概念的分析尤其值得注意和富有启发。在麦坎利斯看来,"马基雅维利的文本,就像任何其他追求逻辑一致的口语文本一样,都将这些它认为是对立的概念视作相互排斥的"(McCanles, *The Discourse of Il Principe*, p. 16)。例如,在畏惧和爱戴这一对对立概念中,任何关于是受人畏惧好还是受人爱戴好的论述都预设了,爱戴和畏惧在逻辑上是彼此排斥的。麦坎利斯称这类论述是非辩证的,因为它遵循无矛盾律,理所当然地、不加质疑地认为成对的对立概念中的两个单词是"相互排斥和冲突的"(p.7)。麦坎利斯认为马基雅维利在《君主论》中的目标是要揭露和指斥非辩证的论述,方法是令其文本的"上半部分生动地展示下半部分所明确表明的:完构的文本……容易被所有该文本可能排斥的术语和文本瓦解"(p.17), (转下页)

惯的吸引力[209]在于它看起来能够通过一种假象——每一个词的含义被与之成对的另一个词所固定或锁定——来保持语言的稳定性。这一习惯同样有助于实现将世界化约为可控范畴的目的，也有利于任何关于世界的论述。在这些范畴当中，词语对应着特定事物而不是别的东西，一位君主必须做出的选择也能够被简化为清晰且明显的几种方案。

可理解性和权力的关联性在《君主论》中的第二个含义是，它超越了后者依赖于前者的假定。马基雅维利逐渐地将可理解性的议题从发现"有效的真理"转换为将"有效的真理"强加于不愿承认它的世界。无论他有多想发现真理，他也无法揭示事物（无论是政治、时势、变化还是历史）的客观一致性或者真理。第二十五章是对这种无能的意外证明。因此，他将问题转换或者说转移到权力、劝说和最终的诱导上来。成功的君主终究无法破译这个世界，他们只是装作做到了。他们并不理解历史和时势，他们创造历史、通过说服他人接受自己构建的真理来赋予时势以意义。在这样一种奇怪的颠倒之中，可理解性就成了权力的建构和产物。那

(接上页注②)因为"彼此排斥的术语也是彼此包含的"，由此便损害了文本所追求的"完全的分析性"（total analyticity）(pp. 32–33)。

再一次，我认为麦坎利斯揭示了《君主论》"论述"中某些极其重要的东西，但是，我很难想象马基雅维利是有意识地想要制造出，在追求非辩证无矛盾的完构性和同时存在如此多的矛盾与分裂之间的差别，并以这种差别"表明"前者之不足与辩证论述模型之必要（麦坎利斯在第32页做如此判断，他说"从《君主论》上半部分中这一不寻常情况的反复出现足以表明，马基雅维利是在表明需要一种论述和政治行动的模式来调和这些违背无矛盾律的现象"）。任何关于意图的论证都要历史地寻找依据，麦坎利斯没有给出任何上下文或者证据表明，马基雅维利有此意图。我能够接受的是，在文本中这一差别是的确存在的，但我猜想，马基雅维利在写作《君主论》时候的全部意图都是集中在麦坎利斯所谓的非辩证论述上的。换句话说，我认为他相信自己那些成对的对立概念是有效的，它们足以呈现这个世界、使它可以理解。但与此同时，由于他并没有完全明白自己当下在做什么，他在文本中写入了被麦坎利斯发现的这些分裂和矛盾。我认为，只有后来在韦托里的帮助下，他才能拉开距离、以新的角度试着以麦坎利斯给他归结的写法去理解自己的文本。

么,这种权力和说服的来源是什么呢?毕竟,总不能是君主发出命令要求事物具备客观一致性和可理解性吧?为了处理这个问题,我们必须仔细考察《君主论》当中零星出现的某个马基雅维利反复试图抑制或控制的主题。这一主题就是爱及其与政治权力的关系,仔细解读这些段落,不仅能够在马基雅维利关于政治中爱的作用的观念之中也能在他关于权力的本性的观念之中发现潜藏着的紧张。

[210]爱首先出现在第二章,马基雅维利断言世袭的君主国比新君主国更容易维持,因为"自然的君主侵害[他的臣民]的理由和必然性都较少,所以他理当更受爱戴。只要没有超乎寻常的恶行使他为人所憎恨,那么合乎情理的是,他将自然而然地获得臣民的爱戴"①。这里是在暗示,新君主们(《君主论》主要谈论的就是新君主)要么会较少得到爱戴,要么被爱戴的方式谈不上自然或者与生俱来。但在那时,马基雅维利还没有探讨爱在新君主国的君主与臣民之间的作用与性质如何。

当马基雅维利在第十七章②中重新讨论这个话题的时候,他的方式更为直接,并且似乎决心要限制君主对于其臣民爱戴的依赖。在第一段中他提出,君主特别是新君主不应该惧怕被指责残酷,只要残酷的行动是必要的。然后马基雅维利就引用了两句诗,出自《埃涅阿斯纪》第一卷中狄多女王的演说:

> 严峻的形势、崭新的王国,
> 迫使我整军经武,守卫着广袤的边疆。③

---

① *Opere*, p. 258b.
② Ibid., p. 282a–b.
③ *Aeneid*, in the Loeb Virgil, tr. H. Rushton Fairclough, 2 vols., Cambridge, Mass.: Harvard University Press, 1960, 1: 280–281.

狄多的话被用来证明当国家处于危难之际,新君主不能畏惧使用残酷的行动。为什么马基雅维利要挑选一个女人的例子来论证这一点?维吉尔的狄多是一名新君主,恳求她的特洛伊人称其为"朱庇特赐她一座新城邦以立国的女王"(I. 522-23)。但是,爱和政治也深度地混杂在她身上,她也因为这种混乱之误而丢了性命。狄多这个名字本身就在提醒爱的危险,对君主们而言尤其严重。选狄多作为新君主必须严厉的例子,当然也是在提醒人们埃涅阿斯这个相反的例子,他也面临着不小的危险,但却躲过了危险进而建立了后来成为罗马(Rome 刚好是爱[amor]的反写)的城邦。因此,提到悲惨的狄多的用意似乎更多是在指仍旧悬而未决甚至不为人知的爱与政治的问题,而不是指必要的残酷这一马基雅维利表面上调用它来论证的主题。

[211]并不意外的是,下一段直接就转入爱戴的问题。马基雅维利先是设问,是不是(除了马基雅维利会一般化地设置如此困境,人们会认为一位君主)受人爱戴比被人畏惧要好些。然后他回答,尽管最好是两者兼备,但要把两者结合起来非常困难,因此,在面临选择的时候,"被人畏惧比受人爱戴安全得多"。他的理由与人的本性和爱的本性有关。总的来说,人是不值得信任的,一有风吹草动就会背叛你。他们更有可能冒犯那些令自己更受爱戴而不是更多被畏惧的人。他解释道"爱戴是靠恩义这条纽带来维系的;然而,由于人性是恶劣的,在任何时机,只要对自己有好处,他们便会把这条纽带切断;畏惧则由于害怕受到你绝不会放弃的惩罚而维系"。在此章的总结段落中,他以略有不同的方式和很有启发性的术语论证道:"既然人们爱戴君主是出于他们自己的意愿,而畏惧君主则是出于君主的意愿;那么,一位明智的君主就应当立足于自己的意愿而不是他人的意愿。"马基雅维利关于爱戴作为君主统治基础的评论,便从指出另一个基础更为安全的谨慎判断,转为对任何爱的纽带所蕴含的风险的审视,最终变成劝

明智的君主永远不要以爱为基础建立统治的建议。无论君主从其臣民当中赢得了怎样的爱戴,只能让他依赖于他们和他们心血来潮的想法。一位君主必须始终以属于自己的东西、以自己能控制的东西为根基,而臣民们的爱戴至少在这一章中并不是真正属于他的东西。①

人们会奇怪,马基雅维利如何以及能否将这些观点与他在第二章中所写的世袭君主及其臣民之间的天然爱戴统合起来。世袭君主们也面临爱戴所依靠的"恩义纽带"的风险吗?如果没有,这就是新君主和世袭君主相区别的差异所在吗?世袭君主享有的自然的爱戴还基于某种"恩义纽带"之外的东西吗?如果是这样,这将[212]意味着存在两种爱戴:一种是不必赢取的、天生具备的(此所谓"自然的")爱戴,另一种则必须靠承诺、同意和恩义获得,获得这种爱戴是不稳定的,要面临与自利的臣民们达成协议带来的各种风险。在这种情况下,依靠爱戴而统治的新君主是危险的,主要是因为他必须赢得这种爱戴。

当我们试图理解马基雅维利关于爱与政治的假设,第二十一章中的一段话使得这种理解复进一步复杂化了。马基雅维利提出,采取中立道路的优柔寡断的君主更容易走向毁灭,他认为公开

---

① 近来瑞布霍恩强调马基雅维利建议君主避免陷入爱的陷阱和女人带来的威胁,参见 Wayne A. Rebhorn, *Foxes and Lions: Machiavelli's Confidence Men*, Ithaca, N. Y.: Cornell University Press, 1988, pp. 116-117, 170-183。皮特金(Pitkin, *Fortune Is a Woman*, chapter 5, pp. 109-137)也强调了这一点。胡里翁则给出了不同的意见,他认为马基雅维利要求他的君主"在公共领域应有清教徒式的行为但在私人领域则不必如此"(Mark Hulliung, *Citizen Machiavelli*, Princeton, N. J.: Princeton University Press, 1983, p. 128, and generally chapter 4, pp. 99-129)。也见多蒂对于第十七章的解读,他认为这一章对爱戴与畏惧的讨论的重要一面在于"将讨论拉回到社会实践语境之中",也将这一章的方法论步骤同"人类激情的分析……(在这里马基雅维利同其他方面一样展现出其洞见的敏锐性)"联系起来(Ugo Dotti, *Niccolò Machiavelli: Ia fenomeriologia del potere*, Milan: Feltrinelli, 1979, p. 96)。

选择冲突中的一方要更好一些。"如果你追随的一方获胜的话,尽管胜利者是强大的,你要受他支配,但他对你仍然负有一种恩义,同你有一种友爱协议。"这里又一次像第十七章一样将恩义和爱结合起来,明确认可这种纽带的协议维度。但是,马基雅维利又声称,这种恩义的确可用来保证爱:"人们也绝不会如此下作,作为这样明显的忘恩负义的例子压迫你"①——恰好翻转了他在第十七章中的观点:在第十七章中,所有人类恶劣品性的头一个就是忘恩负义,这些品性会让人们切断恩义纽带并摧毁爱。当然,一处讨论的是君主和臣民,另一处则是君主和其他结盟的君主(或国家),这两种情况的不同结论或许取决于是在向谁寻求爱以及在何种环境下寻求爱。但是,马基雅维利并没有说明这一点,这一段只能加深一种印象,即他关于爱与政治之间关系的理解存在不确定和冲突。

到目前为止,第十七章仍然是《君主论》对这一主题的最详尽阐述,这一章的结论——君主应当依靠他们自己和他们自己所能控制的,因此不能依靠臣民们的爱戴——总体上与马基雅维利给君主的其他建议是相容的。而他在第二十一章中给出的反对中立的观点——恩义能够产生和维持可靠的爱——相对于他总体的建议方向是一个例外。当然,第二十五章中君主与"机运女神"的关系几乎与赢得爱没什么关系。所谓她是"年轻人的朋友"从而想必会对年轻人们友好些,这一论断中只有些许暗示。但是,那种关系主要是一种关于强力和暴力的关系,没有提及基于恩义、协议或感激的爱。机运女神对年轻人的友好只能被视为一种盲目的预先倾向,与他们可能做些什么去赢取它并不相关。因而,在君主的世界中,几乎没有什么爱的位置,在新君主强加其意志给时刻警惕的臣民们的过程中,爱是完全不存在的。

---

① *Opere*, p. 292a.

[213]或者,至少看起来是如此,直到在《君主论》最后一段中马基雅维利非常意外地指出要在救赎者/君主和他被拯救的臣民之间建立深度的情感纽带:

> 因此,这个机会不应当错过,因为意大利在经过如此长时间之后,终于看到她的救星出现。我无法表达:在所有那些饱受外国蹂躏的地区,人们将怀着怎样的爱戴,带着报仇雪耻的渴望,执著多么顽强的信仰,抱着虔诚,含着热泪来欢迎他!什么门会对他关闭?哪些人民会拒绝服从他?怎样的嫉妒会反对他?哪个意大利人会拒绝效忠于他?

"……人们将怀着怎样的爱戴……信仰……虔诚……热泪?"最终,君主赢得的不仅仅是爱戴,还有一种充满激情的、强烈的爱,能够慷慨地提供顺服和崇敬,绝不会反对他;还有一种狂喜的彻底服从和忠诚的爱,能够同时超越世袭君主享有的自然的爱戴和马基雅维利在第十七章中所拒斥的协议的、恩义的爱。随即,这一段就产生了一种同时具有完全的爱与完全的权力的图景,两者相互依存。似乎一个君主能追求的最大的权力——臣民的彻底忠诚、家家户户的欢迎、顺服、不嫉妒、崇敬——乃是其人民给予他的爱的必然结果。但是,这种爱也是一种对于君主救赎性力量的自发服从:对他改天换地的无限神力的认可或者顺服。诚然,这当中并不存在明确的协议;如果存在的话,在呼唤持续的爱与权力的过程中,马基雅维利首先想要避开的就是任何协议的概念,以及此类协议的不安全性质。不过,正是因为人们向君主给予爱以回应君主救赎事业带来的效果,也因为他们在长期痛苦之后("在所有那些饱受外国蹂躏的地区")才这样做,人们只能设想,一旦救赎行动得以完成、痛苦终结,这种爱和君主的权力会发生些什么。马基雅维利并没有提到这个问题,但还记得第十七章批评爱戴的读者们在读到第二十六章的时候是不会忽视这一问题的。[214]在马基雅维利自己的定义中,即使政治救赎的结果是持久的,政治救赎也不可能是常态的,救赎本身属于某一时刻——属于时机。如果它实现了自己的目标,那些渴望救赎之人的痛苦也将终结,相伴终结的还有爱戴、信仰、虔诚和热泪的基础,或者似乎是这样。如果从一开始就是人民的苦难带来了君主所赢得的爱与权力,那么当这些苦难消失,爱与权力又如何存在?甚至在这种热烈的、彻底的爱当中也隐含着某种交换(quid pro quo)。因此,救赎者/君主的权力到头来或许并不比第十七章描述的君主(他依靠"恩义纽带"维持的爱戴进行统治)更少依赖于他不能控制的环境因素。

马基雅维利要寻求没有极限的权力,先是试图设想无限的知识来作为这种权力的基础——一种发现真理且能极其清楚地表达的能力,超越了俗常论述的缺陷。当机运和变化的难题——韦托里的观点——变成了一条死胡同,马基雅维利又转入其作品试图严格压制的爱的主题,实际上是要将无限的爱当作有效的、持久的和完全的权力的一种替代性源泉。但是,他又停了下来,没有去追问,当把那种权力和君主必须从受苦的臣民身上赢得的爱连接起来的时候,他是不是悖论性地让他的新君主比以往更加依赖于那些臣民了。终极的权力不也是终极的依赖,因而是其自身毁灭的根源吗?弗朗切斯科·韦托里将在他们的通信重启之时帮助他思考这一问题。

第六章 盖塔与"古人"
(1513年12月10日信)

"但我们只能听天由命"

[215]韦托里知道将会发生什么吗？马基雅维利在8月的信中的语气和风格应该已经清楚地表明，他正在进行写作或正在准备写作。关于这位前国务秘书具体在做些什么，韦托里可能是从他们的共同朋友菲利波·卡萨韦基亚那里知道的，马基雅维利给后者看了《君主论》①的第一稿，后者也在那年秋天的某个时候向韦托里谈起了这本书(韦托里本人则在12月24日的信中告诉了马基雅维利这件事)。② 无论如何，韦托里最终在11月23日打破了为期三个月的沉默。③ 他"久未写信"以致不知从何说起：韦托里这样说意味着，如果他们要继续通信，那么他们就得写点别的了。

事实上，这整封信就是在拒绝接续之前他们中断的内容。他坦陈自己弄丢了马基雅维利的上一封信，只记得那是一封"以狮子和狐狸的故事(novella)开篇"的信。但是，他之所以不回复则另有原因。"事实上，"他解释道：

---

① *Opere*, p. 1160a; *Lettere*, p. 427; *Lettere a FV*, p. 195.
② *Opere*, p. 1163a; *Lettere*, p. 433; *Lettere a FV*, p. 207.
③ *Opere*, pp. 1157a–1158b; *Lettere*, pp. 419–423; *Lettere a FV*, pp. 187–191.

第六章 盖塔与"古人"(1513年12月10日信)

我当时没有及时回复是因为我担心，有时发生在我和潘扎诺身上的事，会发生在您和我身上：我们开始打肮脏的旧牌，并派人去取新牌，等信使带着新牌回来时，我们两人中的一人已输得精光了。同样，我们过去讨论在这些欧洲君主之间缔结和平，他们却继续在打以前的牌局，我担心当我们耗费笔墨为他们说和，他们中有人已经输光了。我们上次通信以后，发生了许多[新的]事件。牌局尽管尚未结束，不过看起来有些沉寂了；我认为在它再次开始之前，最好别去谈论它吧。

[216] 他是为了一张烂牌而放弃了整场牌局。对于这种谈论政治、和平与君主们的游戏，玩家总是需要一个新鲜的和得到更新的牌库，从而不会在事件不断洗牌的过程中找不着北。但是，因为君主们一直在出牌，既不关心也不会等等看新牌中会有什么，政治的游戏局势总是超出写作政治的游戏。韦托里在此玩弄 carta [纸牌/文书] 和 comporre [说和/写作] 具有的双重含义。显然，"牌库" (carte) 指的是他们的信件因此也指写作，而不那么明显却更有意思的是，comporre 表示解决争端、调停，因而也就是达成和平，同时也表示写作。因此，当韦托里写下他们"耗费笔墨为他们[君主们]说和"时，他的文字也可以被理解为他们耗费笔墨"写君主们本身"，似乎君主们只存在于他们的信件之中。这个玩笑让人联想到他在8月5日信中关于路易国王走霉运的笑话。但是，这样的玩笑传递出一种信息，即他们的"牌库"——他们互相写给对方的信件——总是被发生的事件搞得毫无意义，在它们送达目的地之前就已经过时了：因此，韦托里其实是在委婉地要求，他们的"牌局"要告一段落了。

韦托里的信剩下的部分简短地描述了一下作为大使在罗马的主要的私人生活，同样有力地表达了同样的观点。他搬去了一个更小的新寓所,并且"就不再像去年夏天那样,住处附近有那么多粉头了"。但是,现在他的住所紧挨着教堂,"从房子去教堂十分便捷,我有多么虔诚您是知道的"。从教堂出发他可以进入一座花园,从那里可以到雅尼库隆山,他会在那里独自漫步良久,"据那些古人说"此地曾是尼禄的囿苑所在。韦托里打算在自己的新住所中过上一阵子更为简单的生活,不再像以往那样举办晚宴聚会,甚至把他借的银质餐具归还给了一些未写明姓名的人,他们借东西给韦托里是希望他能向教宗为他们讨些好处。他希望摆脱这些银质餐具和无法满足的请求。每隔两三天,他会去和教宗、朱利奥枢机主教说上几句话,或者跟朱利亚诺、皮耶罗·阿尔丁盖利(很快就会成为利奥的私人秘书)说上几句话,或者跟驻教廷的个别大使聊聊,但均无关宏旨。除了偶尔与朱利奥枢机主教吃顿午饭,他多数情况下都在家同家里的佣人们一起吃午饭,[217]或者和几个客人一道,比如萨诺先生(我们稍后会看到更多关于此人的事)、"塔兰托来的托罗马索先生"(韦托里与马基雅维利1507—1508年间在塔兰托执行过外交任务)、乔瓦尼·鲁切拉伊(利奥教宗的表兄①,贝尔纳多·鲁切拉伊的儿子,皮耶罗·索德里尼的主要政敌之一),以及乔瓦尼·吉罗拉米(枢机主教索德里尼在法国宫廷的私人代表)。② 当马基雅维利读到这份名单时,他可能会略带醋意地想到,韦托里仍然与旧时佛罗伦萨政治藩篱的两边都保持着联系。

下午,韦托里会在花园中散步,或者在乡间骑马。夜晚用来阅读:"我搞到一批历史书,尤其是罗马人的史书"。他不嫌麻烦地提到了至少11位历史学家,有罗马人也有别的,包括:李维(这是马基雅维利和韦托里通信中第一次提到李维)、萨卢斯特、普鲁塔

---

① Inglese, in *Lettere a FV*, p. 191, n. 17.
② Ridolfi, *Vita di NM*, p. 184; H. C. Butters, *Governors and Government in Ettrly Sixteenth-Century Florence*, 1502–1519, Oxford: Clarendon Press, 1985, pp. 147–148.

第六章 盖塔与"古人"(1513年12月10日信)

克、塔西佗、苏埃托尼乌斯,以及其他"写到罗马历代帝王"的人。①"我用这些史书来打发时间;我在思索,曾让世界发抖的罗马,这个可怜的城市,忍受过多少皇帝的暴政啊,所以若它[罗马]还容忍了像最近这样的两位教宗,那也毫不奇怪",他这里指的是亚历山大六世和尤利乌斯二世。大约每四天他会给在佛罗伦萨的十人委员会写一封信,还是像他在教廷的谈话一样,他表示这些报告只包含一些"无聊的、不重要的新闻,您想必能理解,我没什么可写的"。他在傍晚吃饭,和朱利亚诺·布兰卡奇与焦万·巴蒂斯塔·纳西讲故事。韦托里在自己罗马日常生活描述的结尾处,像开头一样同时提到宗教与女人。每逢圣日,他就去参加弥撒,

> 不像您,有时就不去了。如果您问我,我有没有狎妓,我会告诉您,我刚来的时候,就像我以前跟您说的,确实有几个相好;但后来,我被罗马夏日的空气吓坏了,所以戒掉了。不过,我有一个熟识的相好,她经常自己前来这里。她相当漂亮,与她交谈十分愉快。这个[新]地方虽说僻静,但我也有一位女邻居,您绝对不会认为她没有魅力;尽管她出身于贵族家庭,但她可从来闲不住(fa qualche faccenda)。

他对这位邻居的这一评价到底是什么意思[218]并不明确,但这里可能是在指他人与她发生性关系很容易,无论她是不是个妓女。

为什么韦托里要写这些?从这封信的最后一段可以清晰地看出,他对罗马生活的描写具有某种针对马基雅维利的策略性目的。

---

① 那三个"写到罗马历代帝王"是希罗狄安、阿米亚努斯·马塞利努斯和普罗科皮乌斯。其余三个分别是阿庇安、(艾利乌斯·)斯帕尔提安以及(艾利乌斯·)兰普里狄乌斯。

但是,同样明显的是,马基雅维利在12月10日的著名回应中戏仿了韦托里的这一策略,也就是将他对马基雅维利的一系列评判隐藏在大量日常生活的琐事当中。如果我们假定,韦托里对于1513年秋马基雅维利书桌上正在成型的东西有着相当清楚的认识——这可能是从菲利波·卡萨韦基亚处了解的,那么11月23日的这封信中的很大一部分便开始像是一种对《君主论》先发制人的偏离:警告它将不会像马基雅维利所期望的那样被接受。且不说韦托里对正式的特别是写出来的政治论述的可能性的一般性怀疑,他在第一段话中关于玩牌与下注的扩展性比喻就是在强调,对美第奇家族的任何进言都完全是徒劳的。即使当他真的和他们说话的时候,他也只能"和教宗说上二十句话,和美第奇枢机主教说上十句,和朱利亚诺殿下说上六句":就是这位马基雅维利希望进献《君主论》的家族成员恰好与韦托里的话最少,或许韦托里的意思是,朱利亚诺正是那个最没有兴趣倾听的人。

这一发生在教廷中漫无目的谈话的图景,从属于韦托里更高一层的对比:一方面是公共舞台上政治的严肃与拘谨,另一方面则是单纯却愉悦的私人生活。如果在教廷中的谈话实际上并不存在,如果他写给十人委员会的信只不过是讲述一些"无聊的、不重要的新闻",那么,丰富其生活、填补其空虚的就是与朋友们——无论男女——的谈话。即便是韦托里对罗马历史的阅读,也印证了他关于政治之粗鄙的看法。韦托里对"这可怜的罗马"的皇帝们的总体性指控仅仅是一个巧合吗?还是他可能已经了解到《君主论》中最长的一章(第十九章)恰恰是在致力于区分这些皇帝们的优点与错误?关于韦托里对亚历山大和尤利乌斯两位罗马不得不"忍受"的教宗的蔑视,我们或许也可以提出同样的问题,因为马基雅维利(在第十一章中)赞扬他们采取了大胆且前所未有的行动"壮大教会的势力"。当然,还有关于归还银质餐具以便摆脱向教宗讨好处的要求、摆脱居间调和照应他们的义务的言论:"不过我就是说了,对他们也没什么帮助;所以我决定不去管这个闲事了,省得惹恼或麻烦任何人,也免得自己被他们惹恼或麻烦。"[219](韦托里把用服务或者好处换取礼物说成是他不想继续下去的肮脏的"闲事"[faccenda],同样这个词在下一段结尾处也用在了邻居太太的身上,这当然使得这一用法多了某种色彩。)

这是在警告马基雅维利,不要再让自己向利奥或者在罗马的其他美第奇家族成员说情了,也不要带着期望向自己寄送任何东西,以为韦托里会更有意愿代表他去接触美第奇家族,或者他们会更有意愿倾听。就算马基雅维利在他的"牌库"(carte)中写入这样一个情节(scenario),它也不会出现在韦托里的牌库里。但是,我们怎么可能不将韦托里的警告与《君主论》的献辞——无论它写于什么时候——的第一段联系起来呢?马基雅维利在其中说道,不像那些习惯于向君主进献如骏马良驹、名剑奇甲、金缕衣、宝石以及其他装饰品等奇珍异宝以获取一位君主恩宠的人,他认为要获取恩宠,在"我所有的东西里面"没有什么比自己"通过对现代事务的长期经验和对古代事务的持续研读而获得的关于伟大人物之行动的知识(cognizione)"更为宝贵了。① 马基雅维利将这种知识说成是他所有"东西"的一部分,就是在回应韦托里的警告:他有比银质餐具更好的东西,它们是如此珍贵以致他可以直接进献给君主,不需要经过中间人。当然,事情的结局并不是那样,但这里的关键在于,即使是《君主论》献辞的第一句话也受到了他与韦托里之间依旧紧张的对话的影响。

在这封信的最后一段中,韦托里转换了自己的策略,用一个愉悦的图景来诱惑马基雅维利。"尼科洛,我的朋友,这就是我邀您来过的生活;您要是来了,我会感到高兴,然后我们一起回去。在这里,您除了游览风景,然后回家戏谑欢笑之外,什么也不用做。"

---

① *Opere*, p. 257a.

他不希望马基雅维利认为他真的过得像个大使,"因为我总是坚持无拘无束"。他拜访的枢机主教只有朱利奥·德·美第奇和贝尔纳多·多维齐·达·比比埃纳。人们爱怎么说就怎么说吧,"他们[即韦托里在佛罗伦萨的上级]要是对我不满意,让他们把我召回吧。无论如何,我打算回去一年攒点儿钱,卖掉所有昂贵的衣服和马匹;我要尽可能地不花自己的钱"。他承认他没有非常努力地在罗马工作,不过教廷总是熙熙攘攘,难免和很多人会面、交谈。"实际上,很少有人让我感到满意,我没发现任何人,像您那么能谋善断。"韦托里表达了他对罗马生活的不满,想要过一种更为私人化的简单生活。[220]在含蓄地希望得到马基雅维利而不是那些在外交和政治场合不得不打交道的人的陪伴之后,他用于聊以自慰的塞涅卡的老话肯定会刺激到马基雅维利:"但我们只能听天由命。"①

韦托里的退隐之意既是针对他自己的不幸也是针对马基雅维利的,因为在接下来的几行中,他又说到了那些与他交谈以及通信的人的平庸,他表示对于"他们竟然取得了如此重要的地位"大为吃惊,并且认为构成这些人地位和声誉的除了"客套、谎话、传说"之外什么也没有。这段话对比了虽然平庸但仍身居高位的人和虽然极为"能谋善断"但却在野的马基雅维利。韦托里又说:"他们中极少有人出类拔萃",但是这次他举出了一个罕见例外:贝尔纳多·达·比比埃纳。此人是一位具有影响力的教宗顾问、外交家,

---

① 改编自《道德书简》的第 107 封信,那里塞涅卡声称这是译自克莱安西斯的一段话("命运引导自愿之人,拖着不愿之人"[Ducunt volentem fata, nolentem trahunt]),但之后被认为是塞涅卡自己的话(vol. 3 of the Loeb edition, ed. Richard M. Gummere, Cambridge, Mass.: Harvard University Press, 1925; reprinted., 1962, pp. 228-229)。韦托里可能是希望马基雅维利看看塞涅卡这一"译文"后面的评论:"让我们就这样地生活和说话吧,让命运发现我们已经做好准备、保持机敏。这就是你的伟大灵魂,把自己交付给命运。另一个人,软弱而堕落(pusillus et degener),在挣扎着、毁谤宇宙的秩序,要去改造神明而不是他自己"(ibid)。

一位刚刚成为枢机主教的作家。他的喜剧《卡兰德里亚》(*La Calandria*)刚刚开始流行和成功。① 这部戏已经在乌尔比诺演出过,并即将在罗马上演。韦托里对比比埃纳的赞赏表明他熟悉这部戏:"一个思想敏锐的人,富于机智,眼光四射"。但是,他也提到了比比埃纳过度操劳以及令人担忧的身体状况,并将他用作一个不同的例子:"我们常常费心劳力地想获得休息,却并不成功。所以,我们及时行乐吧,无论结果如何。"韦托里对于比比埃纳的欣赏潜在地提出了一个建议:马基雅维利在经历过所有操劳和失望之后,或许能在另一种写作中找到宽慰和愉悦,写一些更类似于流行的《卡兰德里亚》的作品,而不是正在圣卡夏诺成型的阴沉严肃的著作。

[221]韦托里11月3日的信使马基雅维利面临一个两难窘境。韦托里仍然是他在放逐中与政治世界的联系,马基雅维利正是希望通过他去赢得美第奇家族的关注与好感。在某种程度上,他让这位大使成为了自己的恩主。韦托里拒绝了这一角色,并始终坚称他能为老朋友做的微乎其微,他对美第奇家族的影响力只是马基雅维利所想象的一小部分而已。到1513年秋天,马基雅维利可能明白了,韦托里与利奥、朱利奥或者朱利亚诺说过的话或将来可能说的话是无法为他带来他梦寐以求的东山再起的。从这一点出发,决定写作《君主论》是表示,马基雅维利不借助韦托里的斡旋、试图直接求助于美第奇家族:用自己的话来替代他没什么用的恩主的话。但是,如果《君主论》是宣示要独立于(或缺少)韦托里的恩主保护,那么,正如我们已经看到的,这本书其实同样也是他们之间对话的产物。这部作品与一系列问题密切相关,这些都

---

① 关于比比埃纳,参见 Carlo Dionisotti, "Ricordo del Bibbiena," first published in *Rinascimento* 20, 1969: 51–67, and reprinted in his *Machiavellerie*, Turin: Einaudi, 1980, pp. 155–172。这一戏剧的最新版本见 Bibbiena, *La Calandria*, ed. Paolo Fossati, Turin: Einaudi, 1978。

是在韦托里本人帮助下得到界定并印入马基雅维利的意识中的。尽管马基雅维利希望《君主论》自成一体,但没有韦托里就不会有《君主论》。因此,马基雅维利的部分窘境在于,他试图克服对韦托里依赖的写作计划却在一开始就与韦托里牵扯不清,远超其他人或事。此外,也只有通过韦托里,《君主论》才有机会被送至美第奇家族手中。若失去了韦托里的赞美之词,这本书可能会泥牛入海。因此,《君主论》的写作更为突显出马基雅维利依赖于韦托里的窘境:马基雅维利在这时比以往更加需要的,不仅仅是韦托里的关注,还有他的认可与赞赏——最起码得到无害证明(nihil obstat)*使得这篇论著能够被传抄和阅读。但是,正在这个时候,韦托里说他不想再多谈政治;韦托里用几个词——"但我们只能听天由命"——否定了马基雅维利整个事业的根本,也拒绝了任何马基雅维利期待他在其中可能扮演的角色。

盖塔大师和他的新"知识"

那么,马基雅维利要如何告知韦托里《君主论》的事情呢?① 这就需要他丰富自己为什么要写作此书的阐释,从而就要回顾充满灾难、孤独以及紧张的这一年,这种紧张现在甚至有可能使他与[222]韦托里分道扬镳。1513年12月10日那封重要的信件② 就

---

* [译注]教会审核某书内容与教义无碍后签发的一种许可。
① 以下关于马基雅维利将自己与喜剧人物盖塔相比的论述,概括自我对这一部分背后的文学议题更详尽讨论的某些部分,参见"Machiavelli and Geta: Men of Letters," in *Machiavelli and the Discourse of Literature*, ed. Albert Ascoli and Victoria Kahn, Ithaca, N.Y.: Cornell University Press, 1993。
② *Opere*, pp. 1158b–1160b; *Lettere*, pp. 423–428; *Lettere a FV*, pp. 192–196. 里多尔菲称其为"意大利文学中最著名的一封信"; *Vita di NM*, p. 238。对尼诺·博尔塞利诺来说,这封信是"自传体叙事的杰作,自然也是他最美的与友人书和日常写作"; *Machiavelli*, Letteratura Italiana Laterza 17, Rome: Laterza, 1986, p. 56. 有关1513年12月10日信的批判性评论与文献汗牛充栋,源源不断。最近最有 (转下页)

第六章　盖塔与"古人"(1513年12月10日信)

是马基雅维利努力应对这些问题的产物：在他们的通信中，马基雅维利第一次将他阐释能力的力量用到自己身上。他将这封信呈给"恩主和赞助人……弗朗切斯科·韦托里阁下"。他以前使用过这一表述，同样的用法出现在4月16日的信中，而在8月10日的信中他只是将韦托里称为"恩主"。尽管在1514年初(1月5日和2月4日)，马基雅维利将两次称韦托里为"赞助人"，12月10日的信则是马基雅维利最后一次将韦托里称为"恩主"。马基雅维利以彼特拉克《胜利》(*Trionfi*)中的话作为信的开头："神的恩宠来得永不为迟"①，围绕"恩主"概念的讽刺性便浮现了出来。他自己对这句引文的注解部分地解释了他为何使用这句话："我这样说，是因为看起来我已失去了——不，毋宁说错待了——您的恩宠；您好久没有给我写信了"。因此，在某种层面上，他似乎暗示韦托里的"恩宠"(gratia)——他的关照、善意、写信的意愿，可能还包括他的友谊——就像"神的恩宠"(gratie divine)一样，总是准时的和受欢迎的，因此也是永不为迟的。但是，马基雅维利也在隐含地对比神与人的"恩宠"，因为韦托里的关照，不同于神的关照，确实来迟了并且明显被错

(接上页注②)价值的贡献几个是：Giulio Ferroni, "Le 'cose vane' nelle *Lettere* di Machiavelli," *La Rassegna della letteratura italiana* 76, 1972: 215-264, esp. pp. 231-237; Giorgio Bárberi Squarotti, "Narrazione e sublimazione: le lettere del Machiavelli," first published with the title "Il Machiavelli fra il 'sublime' della contemplazione intellettuale e il 'comico' della prassi," *Lettere italiane* 21, 1969: 129-154, now in his *Machiavelli o Ia scelta della letteratura*, Rome: Bulzoni, 1987, pp. 63-95, esp. pp. 65-69; the opening pages of Franco Catalano's "Scorci machiavelliani," Nuova rivista storica 49, 1965: 529-570; and Werner Gundersheimer, "San Casciano, 1513: A Machiavellian Moment Reconsidered," *Journal of Medieval and Renaissance Studies* 17, 1987: 41-58。也参见拙文："Machiavelli and Geta: Men of Letters," in the volume cited above, n. 10。

① *Triumphus eternitatis* 13.

待了。① 恩主的关照来得太晚，或根本没有出现，[223]使得恩主失去了他的被保护人。在第一段的结尾，马基雅维利宣称"想投桃报李"，他要描述他在圣安德里亚的生活。一个想要"投桃报李"的被保护人正在消解恩主的权威。

即使如他所说，韦托里最新的来信恢复了他似乎曾经失去的"恩宠"，马基雅维利对韦托里否认恩主的责任与能力还是讥讽地评论道："我万分高兴地获悉，您是多么有条不紊、沉着冷静地履行您的公职；我支持您这么继续下去。因为，谁若是为了别人的利益而放弃自己的利益(commodi)，只会自蒙损失，从别人那里得不到任何[对他所做之事的]感激"——这似乎是说，如果他所做的微不足道又姗姗来迟就尤其如此。马基雅维利又讥讽地支持韦托里决定置身事外的智慧："由于机运女神无所不欲，她希望人们由着她任意作为，保持淡定，不给她找麻烦。"但是随后，紧接着这句，在以自己复杂的机运概念挑战韦托里的"但我们只能听天由命"之后，马基雅维利又补充道："[她想让我们]等候她允许人们做些事情的那个时刻到来。那个时刻对您来说，意味着更加努力工作，更加情绪高涨，对我则意味着离开农庄，宣布'我来了'。"

这一段与《君主论》第二十五章（无论这一章节是否已经写完）的联系是显而易见的。这两段文本都阐述了那些理解机运女

---

① 所引彼特拉克诗句的前几句加强了这一解读的合理性，在其中诗人与自己的内心进行了一番对话。他问他的心："你信仰谁？"他的心回答说："信仰主，主从来没有辜负对任何信奉之人的承诺。"但是，心说世界都在嘲笑他，他现在看着时间飞逝想责备但又不知道去责备谁。因此，他得出结论说这是他的问题，他应该尽早睁开双眼而不是一直等下去，"因为说实话，我已经等了太久。但是神的恩宠来得永不为迟"(Francesco Petrarca, *Triumphi*, ed. Marco Ariani, Milan: Mursia, 1988, pp. 391-392)。有意思的是，这句话是在一个对话中说出的，人的拖延与神之救赎的及时也的确形成了对照。但是，这也是一个内心里的对话，人们也会考虑这是不是马基雅维利在自责。

神的人，必须根据时机变换自己的策略，了解何时该让她任意作为（或者不干涉她），何时该走上前去抓住主动权，而韦托里是不了解她的。在这一基础上，马基雅维利倒置了韦托里邀请他去罗马的意涵。他会去的，或者至少他会离开他的农场，但并不是去分享这位大使的闲暇与退隐，只是因为行动的时机成熟了。但是，这一时机尚未到来。为了"投桃报李"，马基雅维利所能做的很有限——因为韦托里所做的很有限，只能论述一下"我的生活是什么样子"——这正是韦托里在11月23日信中使用的词语，"您若觉得[我的生活]可以与您的相当，我会非常乐意交换一下"。这里的责备是明白无误的：如果韦托里真的想要知道什么叫听天由命，那么他就应该从马基雅维利的角度[224]来思考；就算他认为在罗马他的生活充满了挫折，马基雅维利也很乐于去过那样的生活，即使它几乎不会提供什么行动的机会（当然要等待时机）。与韦托里交换处境的想法不过是换了一种方式来表达结束对韦托里依赖的愿望。

这封信的中间部分是马基雅维利在圣安德里亚"乡间"生活的著名描述。其中交叠着的深层故事，掩盖在马基雅维利对圣安德里亚日常生活描述的表面之下，用对这一年里的放逐和政治论述的丧失与重建，以及对写作《君主论》的阐释的讽喻，交织出他对韦托里信件的发难和戏仿。

费罗尼清晰地展示了马基雅维利的信如何在韦托里11月23日信的基础上"直接改造和完全承袭了论述的某些部分"：

> 他对在"陋室"（Albergaccio）生活的描述，源自对回应韦托里罗马生活描述的需要，他要用另一幅图景回应他的朋友所呈现的他自己和他的生活：因此，我们就有了一幅[马基雅维利生活的]素描，在某些方面与它所回应的情景有显著的相似之处，而在其他方面则有意地保持距离，但无论是哪种情

况(无论是相像的地方还是不同之处),它都是本身的镜像,反向投映出韦托里所描绘的生活片段与时刻,却蕴含着完全不同的意义。马基雅维利想要强调他的生活和行为[与韦托里]有不同之处,但也只能接过韦托里给出的日常生活模式的一个个线索。①

马基雅维利戏仿韦托里的方式是描述他典型的(或普通的)日常生活,从早说到晚,提及韦托里提到过的相同的主题与活动:几个月前享受过但现在失去的消遣、晨间的谈话、家中的午餐、游戏、独自散步、爱情、对古人的阅读和沉思,当然还有写作。对于每一位阅读过这两封信的读者来说,这些段落和主题的呼应是显而易见的。马基雅维利在他所进行的与韦托里所喜好的种种消遣、谈话、阅读和写作之间建立起连续的对比。在这一精心雕琢的对位描述里,马基雅维利的目的与语气不太明显。他对圣安德里亚日常生活的描写何以铺垫了对写作《君主论》的宣告呢?除了与韦托里的对比之外,内嵌于这些描述的其他故事、暗示和意图又是什么呢?[225]为了理解这些问题,我们一定要仔细阅读马基雅维利论述的细节与结构。

生活描述的第一段(书信的第二段)提到了他的两种活动:捕鸟和贩卖他的森林里的木柴。他对韦托里说:"迄今为止,我一直在亲手捕捉画眉鸟。"天不亮他就起床,准备好粘鸟胶,背上一串鸟笼出门,每天回来时能够捉到2到6只画眉鸟。他整个9月(根据里多尔菲的看法也可能是11月,他注意到托斯卡纳的画眉只有在10月才开始迁移——这一说法的确有助于理解马基雅维利的说法:他"迄今为止"[infino a qui]一直在干这个)都在从事这一

---

① Giulio Ferroni, "Le 'cose vane' nelle *Lettere* di Machiavelli," pp. 231-320.

"消遣"(badalucco)。① 尽管他认为这样的消遣是"可鄙而怪诞的"(dispettoso et strano),但马基雅维利还是为这一活动的中止而遗憾。

然而,这一段中最引人好奇的莫过于马基雅维利说自己每天早晨背着鸟笼出门这一部分,"从而看上去就像是背着安菲特里翁的书从港口回来的盖塔"。马基雅维利这里是指一部15世纪早期的诗体故事《盖塔与比利亚》,这是当时方言文学潮流中著名的故事之一,这一潮流对于人文主义学术以及中产阶级社会的高端价值观颇为不敬。② 这一传统从《十日谈》中汲取灵感,上承萨凯蒂、波焦、布尔基耶洛,以及某些如《胖木匠的故事》(*Novella del grasso legnaiuolo*)等著作权归属有争议的作品,以密谋、欺骗、恶作剧以及身份错乱来取乐。《盖塔与比利亚》极有可能写作于1400年到1420年代,它是维塔莱·德·布洛伊斯创作于12世纪的新拉丁喜剧《盖塔》的托斯卡纳式"翻版",那部喜剧本身改编自普劳图斯的《安菲特里翁》。《盖塔与比利亚》风靡于15世纪晚期和16世纪早期,马基雅维利在世时至少有4个不同的印刷版本。③ 短暂地离题探讨一下《盖塔与比利亚》以及其中主人公的冒

---

① Ridolfi, *Vita di NM*, p. 515, n. 19. 最近两个版本的书信集都接受了里多尔菲的建议,用"11月"(novembra)替换了"9月"(settembre)(*Lettere*, p. 424; *Lettere a FV*, pp. 193 and 197, n. 11)。

② 关于这些15世纪文学(Quattrocento literature)的潮流,参见 D. Guerri, *La corrente popolare nel Rinascimento*, Florence: Sansoni, 1931; A. Lanza, *Polemiche e berte letterarie nella Firenze del primo Quattrocento*, Rome: Bulzoni, 1971; Renée Watkins, "Il Burchiello, (1404–1448) – Poverty, Politics, and Poetry," *Italian Quarterly* 14, 1970: 21–57; Achille Tartaro, *Il primo Quattrocento toscano*, Letteratura Italiana Laterza II, Bari: Laterza, 1981; and Marina Marietti, Danielle Boillet, José Guidi, and André Rochon, *Formes et significations de la "beffa" dans la littérature italienne de la Renaissance*, Paris: Université de la Sorbonne Nouvelle, 1975。

③ 关于《盖塔与比利亚》的写作时间与作者,参见 Gioachino Chiarini's introduction to his anthology of *Novelle italiane: il Quattrocento*, Milan: Garzanti, 1982, pp. xi–xiv; 关于这一作品的流行程度,参见 Joachim Rolland, *Les origines*　　(转下页)

险[226]可以阐明为什么马基雅维利会将自己比作盖塔,也可以揭示马基雅维利在应对告知韦托里《君主论》写作所面临的窘境时的一个重要维度。

在《盖塔与比利亚》的开头,安菲特里翁告知他郁郁寡欢的妻子阿尔梅纳,他要离家去雅典学习哲学:"直到我彻底地懂得了哲学,我才会回来"(5)。① 他带走了他们两位仆人之一的盖塔一起去雅典,给阿尔梅纳留下了比利亚。盖塔丑陋畸形(12),却性能力超强、性欲旺盛:"他充满了罪恶,他炙热癫狂好似一头被情欲征服的猪"(13)。但安菲特里翁能容忍他,因为他有着不渝的忠诚与敬爱:"他对他的主人有着十足的忠诚和巨大的敬爱"(15)。在"追求真正的理性"的7年里,安菲特里翁在学习中遇到了很多困难,他决定回家并命令盖塔准备出发(31—32)。然而与此同时,朱庇特则对阿尔梅纳痴迷不已。借着安菲特里翁回家的机会,这位众神之首化作安菲特里翁的人形并让他的儿子阿拉卡斯(墨丘利)变作盖塔。朱庇特/安菲特里翁出现在阿尔梅纳的门口,受到她对丈夫(她也相信是在对自己的丈夫)的热烈欢迎。朱庇特要求阿拉卡斯看门,当他和阿尔梅纳在一起的时候,不让任何人进来。

比利亚是阿尔梅纳和安菲特里翁的另一个仆人,被描绘成"懒惰的亲兄弟……睡眠之父以及厨房看守"(16)。在朱庇特到来之前,阿尔梅纳派遣比利亚去港口接安菲特里翁和盖塔。比利亚不情愿地出发了,对阿尔梅纳满腹怀疑,但他主要是担心盖塔让

(接上页注③) *latines du théâtre comique en France*, *essai bibliographique*, Geneva: Slatkine Reprints, 1972, pp. 95-96. 维塔莱的《盖塔》在15世纪时仍被用作学校教材,参见 Rino Avesani, *Quattro miscellanee medioevali e umanistiche*, Rome: Edizioni di storia e letteratura, 1967, esp. pp. 7-17。感谢布莱克在这一点上指引我去读阿韦萨尼的著作。

① 文本来自基亚里尼(Chiarini)的选集(见前注,pp. 32-85)。文章按诗节引用,诗节号在文后圆括号中给出。

第六章　盖塔与"古人"（1513年12月10日信）

他背安菲特里翁从雅典带回来的那些书。因此，当他看到盖塔背着书从对面走来的时候，他藏进一个洞穴，希望盖塔就这样走过去（72—75）。故事中的这一刻就是马基雅维利在他给韦托里的信中引用的：此时的盖塔背着安菲特里翁的书从港口而来，看到了比利亚，希望他能接过书，但随即发现比利亚为了逃避背书躲进了洞穴。马基雅维利与盖塔类似的第一层意思在于，他同样有一本书想要给他的朋友或者（前）[227]仆人同伴；同样与盖塔相似的是，他知道，在他张嘴之前，韦托里已经不愿接受它了。

接下来盖塔对比利亚的繁复的说服工作使得这一有趣的类比延续到了信的下半部分，马基雅维利同样敦促韦托里（并通过他，力劝美第奇家族）接受他的书。盖塔走近比利亚的洞穴，假装没有看到他，抱怨起他所经历的苦难、哀叹比利亚的缺席："让我死了好了；/我必须生活在这种折磨之下吗，/我的生活是如此的烦恼，/而这时比利亚正安坐在家里，好吃好睡？"（75）。盖塔接着说了一大通哀叹自己命运的话，满是夸张的自伤自怜，希望以此让比利亚产生负罪感。他说："在希腊遭受的悲伤与折磨，没有片刻闲暇"（78）。他抱怨安菲特里翁几乎不给他面包吃，常让他饿肚子。"但是，"他补充道，提到他的主人用哲学的面包滋养他："我所学到的使我快乐，因为我的名字将广传于世界；我是逻辑大师，从而可以用证据展示如何证明一头驴是一个人。因此，对于每一个活物，我都将通过三段论展示它们如何改变自己的形式与名称，每一个都与其最初的状态不同，并且我还要如此处理所有的颜色、植物与水果。因为比利亚既懒又烂，我希望他变成一头驴，这样我就能[把安菲特里翁的书放]到他的背上了"（79—80）。比利亚仍旧藏在洞穴里，对自己嘟囔着："你永远不能将自然给予我的东西夺走。无论你用诡辩术还是假证据告诉我任何言之凿凿的东西，盖塔，我都会指着鼻子告诉你：我是一个真实的人，这是为朱庇特所悦的"（80—81）。

但盖塔越发自信与自得地说:"我精通许多精微之物和更新潮的方法。一旦我这样的人学到了什么,便谁也无法剥夺这种知识"(81)。盖塔因此相信他自己承载着远道而来的新知识:这是一种关于万物名称与形式的强大知识,一种抵得上他过去所有痛苦的新知识(scienza),这让他脱胎换骨、名垂千古。尽管这种知识具有力量,但他却不能说服比利亚甚至得不到他的尊重,比利亚这时仍然藏在洞穴里没好气地疑心重重,担心盖塔给他的重负。当然,诗歌已经揭示盖塔的新知识和——值得注意的是——盖塔说服比利亚的方法的愚蠢,盖塔想让他帮忙背书回家,这迫使他夸大了这一知识的深刻与力量。比利亚实在是一个好的倾听者,他抓住了盖塔的[228]矛盾之处。当比利亚嘟囔着"事情或许的确能以奇怪的方式发生变化,但脱离世界是永远不可能的;因此我将一直都是比利亚[而不是一头驴]"时,盖塔太过关注"一直"这个词的字面意思,自命不凡地提醒比利亚是会死的:"他是能永生,只要他的这个想法不是无效的;不过看来他忘记了这点",之后他用更大的声音说:"我为人终有一死而苦恼!伟大的苏格拉底博士和柏拉图也死掉了,离开了这凄惨的生活;我这样一个充满智慧的人也是如此,而我的名声将永为流传"。比利亚打断这一矛盾的论证评论道:"我看他才是记性不好的那个,他现在想起死亡会带走我们所有人了,而就在刚才他却证明没有人会死"。(82—83)

由于自己的话对比利亚不起任何作用,盖塔决定逼他出来。他捡起了一块石头并用尽全力扔进了洞穴,但石块只滚落到了比利亚身旁(87)。比利亚冲出洞穴咒骂盖塔:"盖塔,你哪儿来的胆子,竟然用石头砸藏起来的人?你的傲慢在我看来实在是太过分了"(90)。盖塔派比利亚去港口,等在那里的是一摞更沉的书;盖塔自己则向家走去,期待着阿尔梅纳以及左邻右舍必然会给他英雄般的欢迎:"一旦他们知道有多少知识让我的脑袋变得灵光,他

们就一定会叫我盖塔大师啦。"(94)

然而,当盖塔走到家门口发现大门紧闭而阿尔梅纳不知去向时,他既感到困惑又觉得失望。他问:"为什么你们不出来接待我?为什么你们不出来聆听我盖塔说话?"(97—98)。盖塔又一次因为自己言词的无效而受挫,("盖塔滔滔不绝说了半天而没有得到任何回应")[99]这让他又捡起一块石头,这一次是向门砸去。他听到一个声音从门里传来——那是阿拉卡斯的声音,但是听起来却像他自己——告诉他安菲特里翁(当然他实际上是朱庇特)正在和他的妻子云雨,而说话的人正是盖塔,主人隐私的卫士。"是什么样的幻觉(fantasia)让你来这里说你就是盖塔的?"(101)接下来盖塔和阿拉卡斯进行了一系列对话。当盖塔听到自己的声音从另一个人身上传出来时,他对自己身份与名姓的确定性荡然无存,他问道:"除了盖塔本人,谁能够使用盖塔的声音说话呢?""这怎么可能呢?然而我知道,逻辑允许两个有相似嗓音的人存在。而且,两个人有同样的名字也不是稀罕事"(103)。但当盖塔/阿拉卡斯就像亲身经历过一样叙述起自己与比利亚的会面,[229]完美地把"自己"说成是盖塔,并且准确地讲出了盖塔和安菲特里翁在希腊期间的诸多细节的时候,盖塔再也搞不清自己到底是一个完整的人、两个人,还是半个自己抑或根本什么都不是。盖塔确信自己不再是盖塔之后,他在想是不是"道德哲学"已经将他变成了"柏拉图或者其他希腊人",他是不是与自己的灵魂分了家。如果是这样,那他怎么还活着呢?因为盖塔相信自己知晓变形学(metamorphosis)的"逻辑"——一切生物与物体的形式与名称如何变化,他对于自己莫名地失去名姓和本质而深感困惑与绝望。他归罪于逻辑,并咒骂那些告诉他逻辑乃"学问之花"(140)的人。他为了重新成为自己,丢弃了逻辑以及那些"不实运用的证据"(141—142)。深感愧疚与耻辱的盖塔最终在安菲特里翁看到他并向他打招呼时重新获得了自己的身份,但是他们永远不知道到底发生了什么。即使是阿尔梅纳,看到安菲特里翁,听盖塔讲起他令人困惑的故事,也相信自己和丈夫的第一次"团圆"只不过是一场梦。这时,比利亚站在一旁偷笑,认为他们肯定都疯了(178—179)。

一旦我们了解了盖塔的故事——显然马基雅维利认为韦托里也是了解的——我们就能发现,在他们的通信中这是马基雅维利第一次在思考自己的处境时带有反讽乃至自嘲。① 像盖塔一样,他也准备宣称自己耗费数年时间、付出很大代价学习了一种技艺(arte)和知识。像盖塔一样,马基雅维利强调他多年来服务于难伺候的主人,以及这一服务和服务带来的困难是如何改变了他。像盖塔一样,马基雅维利尝试过并会继续尝试说服他疑虑重重的朋友和同事,他的知识具有力量。弗朗切斯科·韦托里则如同比利亚——像马基雅维利所担心的——对日常的舒适而不是能够改天换地的知识更感兴趣,与马基雅维利保持着距离。盖塔的两段长对话构成了《盖塔与比利亚》的核心:第一段是和一个分开一段时间且疑虑重重的朋友,第二段则是和一个莫名其妙的他者/自我(other/self),那个声音既是他又不是他。在这两段对话中盖塔都没有达成自己的目的,他不能够理解神明对他的欺骗,部分原因是他自己[230]为说动比利亚而对其逻辑学进行了夸张的编造。马基雅维利是否在暗示,在他和韦托里的漫长争论中,他的自我认知——以及他对于神明在他身上的所作所为的理解能力——面临着某种危机? 这一问题的另一个表述则是:他是逐渐意识到因而

---

① 瑞布霍恩评论道,马基雅维利在这部分信中描述的活动几乎全是有辱身份的,而"当他说起捕捉画眉这种可被视为高贵的活动时,他也毫不意外地将自己描绘成像是滑稽地身负重担的盖塔……对马基雅维利来说,狩猎或者打理自己庄园事务说到底都是掉价的,沦为仆人及农民的层次"(Wayne Rebhorn, *Foxes and Lions: Machiavelli's Confidence Men*, Ithaca, N.Y.: Cornell University Press, 1988, p. 245)。就目前来讲,这是足够正确的,但是,盖塔之所以成为这样一个特别的仆人,乃是他幻想凭自己的新"知识"能够提升地位,成为一个受人尊敬的"大师"。

第六章 盖塔与"古人"(1513年12月10日信) 291

取笑这种促使他滋生得救之错觉的"代入"(transference)心理吗？发明这种"新知识"首先是为了打动韦托里吗？提到盖塔和他背着的书引出一个问题：马基雅维利如何像盖塔一样去为他的知识寻求承认，他为何如此笃信乃至有时狂妄地笃信他的知识、那本如鸟笼一般试图获得并展示这种新知识的书？他自比于盖塔，表明12月10日的信是一个寓言故事，讲述了他"放逐"的一年，以及他现在担心，即他带着《君主论》的"回归"可能是令人失望的。

"我完全代入了他们"

在捕鸟季节结束之后，马基雅维利的生活有了不同的开始。他每天早上花2个小时在他用来砍伐木柴出售的小树林里，检查前一天的工作，听一听伐木工关于彼此和邻居们的哀叹与抱怨。"关于这片树林，我能告诉您发生在我身上的无数趣事。"但是，实际上他说的是这个生意让他陷入与前来购买木柴的人之间无休无止的琐碎争吵之中：这些人有弗罗西诺·达·潘扎诺，巴蒂斯塔·圭恰尔迪尼，菲利波·吉诺里和托罗马索·德尔·贝内。这些令人烦恼的朋友兼顾客值得仔细研究一下。弗罗西诺·达·潘扎诺就是那个和韦托里一起玩牌的潘扎诺，他与马基雅维利关于木柴价格的争吵也来源于一场牌局："付账时又想[从木柴账单上]克扣我10里拉，说这是4年前在安东尼奥·圭恰尔迪尼家里玩克里卡牌(*cricca*)时他赢我的。我恶从心生，打算把……车夫(el vetturale)当做贼去告发，但后来乔瓦尼·马基污维利[Macchiavelli，原文如此]*来插手，让我们和解了"。鉴于当年是乔瓦尼·马基

---

* [译注]根据维罗利的说法，马基雅维利的朋友们给他取绰号il Machia，"显示了他诙谐、玩世不恭的天性"(维罗利著，段保良译：《尼科洛的微笑》，上海人民出版社，2008年版，第8页)。Machia近似意大利文macchia，意为"污秽、弄脏"(有的研究认为此诨名就是"il Macchia"，比如Paul Strathern, *The Artist, the* （转下页）

雅维利、韦托里与菲利波·马基雅维利一道交了 1000 弗罗林的保证金保证马基雅维利在一年内不离开佛罗伦萨领土,①马基雅维利在这里拿韦托里的名字开涮的可能性大增。

其他马基雅维利"承诺"销售木柴的朋友有巴蒂斯塔·圭恰尔迪尼[231],他在 1512 年秋天马基雅维利被解职时是普拉托的行政长官②,还有托罗马索·德尔·贝内,他至少从 1503 年起就是十人委员会的秘书和信使,因此他们都是马基雅维利政治生涯中的同僚。③ 他们也是亲密的朋友:在马基雅维利与韦托里之前的通信中,他两次把德尔·贝内称为"帮"(compagnia/brigata)里杰出的一员;在 4 月 16 日的信中他讲了托罗马索在晚餐聚会上的滑稽故事(这牵扯另一桩财产纠纷)。④ 在 12 月 10 日的信中,马基雅维利与德尔·贝内因为卖木柴发生的争吵使得他放弃了整个生意。他说他运了很多木柴给托罗马索,但是当托罗马索一家将他的木柴堆成了密密匝匝的一堆——就像屠夫加布拉(Gaburra)在星期四捆牛一样——时木柴变得就像只有原来的一半了。马基雅维利想到如果其他人也这么做的话他就会赔钱,因此他违背了

(接上页注*)*Philosopher, and the Warrior: The Intersecting Lives of Da Vinci, Machiavelli, and Borgia and the World They Shaped*, Random House Publishing Group, 2009, p. 40)。因此,这里马基雅维利应该不只拿韦托里的名字(Vettori)和车夫(vetturale)做了文章。

① 参见本书第二章,第 92 页(原书页码)。
② Franco Gaeta in *Lettere*, p. 425, n. 19(但是没有指出这一信息的来源)。亚科波·圭恰尔迪尼在 1512 年 9 月 3—4 日在西班牙写信给弗朗切斯科,讲述了对普拉托的进攻,并且提到在普拉托遇袭期间,"巴蒂斯塔·迪·布拉乔是行政长官和军事专员"(Batista di Braccio era podestà e commissario),当这座城镇被西班牙人攻破之后,"我们的巴蒂斯塔……在战斗中撤离[普拉托],却被骑兵抓住关了起来:他们索要 1000 弗罗林的赎金、虐待他并用锁链捆着他"(*Carteggi di Francesco Guicciardini*, vol. 1, ed. R. Palmarocchi, Bologna: Istituto Storico Italiano per l'Età Moderna e Contemporanea, 1938, pp. 95-96)。
③ 在 1503—1504 年间,往来于十人委员会和他们的特使(包括马基雅维利)之间的通信中数次提到过此人(*Legazioni e commissarie*, 2: 635, 716, 735, 812)。
④ *Opere*, pp. 1130a, 1133a; *Lettere*, pp. 364, 370; *Letterea FV*, pp. 105, 112.

第六章 盖塔与"古人"(1513年12月10日信)

自己的承诺告诉他们没有木柴了。他们都对此感到十分恼火,尤其是巴蒂斯塔·圭恰尔迪尼,他把这件事也算进他"在普拉托的灾祸之一"。这样看来,马基雅维利"清晨"的林中角色都指向他过去的政治生涯,都指向具体的个人,他们或是曾与他长期共事的同僚,或是在关键时刻发挥过重要作用,亦指向那些曾与他共同分享过充满吵闹、商谈以及争辩的热闹日常生活的人。尽管马基雅维利会愉悦地回忆起这些,但是他这个挤满生意(negotium)的早晨带着大难临头的气氛,从伐木工们的"一些不幸的故事"到"普拉托的灾祸"——这些无疑都是在指1512年秋天马基雅维利被解职,他的政治生涯也终结了。

在下一段中,马基雅维利离开了小树林到泉水边独处,之后去他的鸟舍(uccellare)读诗:"我在胳膊下夹一本书,或是但丁的,或是彼特拉克的,或是某个二流诗人的,诸如提布卢斯、奥维德等类。"这一诗人名单基本上不可能是任意选择的。① 彼特拉克已经

---

① 尚不清楚为什么马基雅维利会称奥维德和提布卢斯是"二流诗人"。他的意思是指他们在文艺复兴时期作为必读作家(curriculum authors)相对受到忽视,他在讽刺出于教学目的将作家分为"一流"(maiores)和"二流"(minores)的老旧分类吗?关于人文主义教育中对奥维德关注的减少,参见 Paul F. Grendler, *Schooling in Renaissance Italy: Literacy and Learning, 1300-1600*, Baltimore: Johns Hopkins University Press, 1989, pp. 254-255。关于将作家分为"一流"和"二流"的起源(有可能来自昆体良以及12世纪希尔绍的康拉德的《关于作家的对话》[Conrad of Hirsau, *Dialogus super auctores*]),参见 Ernst Curtius, *European Literature and The Latin Middle Ages*, tr. Willard R. Trask, New York: Harper and Row, 1963, pp. 465-467。或者他是在指,奥维德偶尔会被选入给初学者使用的较为传统的作品集里,而这实际上等同于"二流作家"?阿韦萨尼对其中一种传统作品集的研究在这方面是特别有趣的。梵蒂冈图书馆的《奥托博尼拉丁文库》(*Fondo Ottoboniano Latino*)的手稿3325是一份14世纪早期的选集,是由一位来自斯蒂亚的律师在卡森蒂诺用托斯卡纳语抄写的。他说,1414年自己正受雇于普拉托的行政长官佛罗伦萨人弗朗切斯科·迪·帕拉·斯特罗奇大人担任公证人,选集当中(起码)前9篇文章是那时抄写的。根据阿韦萨尼的研究,这份文集肯定是用于教学的,其中就收录有奥维德的《爱情三论》(第三卷第五歌)、维塔莱·德·布洛伊斯的《盖塔》和《伊索选集》(*Liber [A]esopi*,被认为是沃尔特·安格理克斯翻译的　(转下页)

在这封信中[232]引用过了,后面会有再次提到但丁。我们也同样知道,马基雅维利选择阅读奥维德,是要将我们的注意力转回盖塔,这既是因为盖塔"掌握"了变形的"知识",也是因为奥维德被放逐到了盖塔人(Getans)的土地上。这4个诗人中有3个是放逐诗人。彼特拉克是从他父亲的佛罗伦萨离开的自愿放逐者,而但丁和奥维德则是最伟大、最知名的放逐诗人。正如我们将要在接下来的章节中看到的,阅读奥维德对于1514年的马基雅维利来说至关重要。在鸟舍里阅读放逐诗人又在以另一种方式暗指盖塔:将书籍与捕鸟相结合,使得马基雅维利将捆紧笼子(其中放着诱捕来的画眉鸟)的自己比作背着安菲特里翁的书的盖塔。这里,我们再次看到了相似的书籍与被捕的鸟儿的并置,但这一次发生了转变:马基雅维利自己和他的鸟儿待在笼子里,而书指的是诗人的作品。

诗歌与诱捕的结合必然让我们想起马基雅维利自己曾求助于诗歌,在1513年晚冬身陷囹圄时他向朱利亚诺献上了两首十四行诗。随即或者之后不久,他又向朱利亚诺献上了第三首,在诗中马基雅维利送给他几只画眉做礼物,希望朱利亚诺身边那些喜欢乱咬人的家伙能够通过这些小鸟获得满足,不要再去害别人。[233]这首十四行诗继续道,如果朱利亚诺发现这些小鸟不够肥美,担心他身边的人不会去吃它们,那么马基雅维利提醒朱利亚诺,他自己可也是瘦巴巴的,但他们还是在他身上一通"好咬"(buon bocconi)。在鸟舍中读诗的这个时刻,以其诱捕、封闭和孤

(接上页注①)菲德若的《伊索寓言》),参见 Rino Avesani, *Quattro miscellanee medioevali e umanistiche*, pp. 16-17, 38-46。

可能还有很多其他这类选集都包含着相同或者相似的文本,如果奥维德情诗的选段(这正是马基雅维利说他在鸟舍阅读的)普遍出现在这些教学用的选集之中,这可能就是马基雅维利揶揄地称其为"二流诗人"的原因。奥维德、维塔莱的《盖塔》和伊索都出现在这一托斯卡纳手稿中,马基雅维利便很有可能知道它,或者其他类似的选集。伊索和维塔莱的《盖塔》都是这种集子的钟爱之选。

① *Opere*, p. 1004.

第六章 盖塔与"古人"(1513年12月10日信)

独的意象,对马基雅维利遭受酷刑的暗指,再现了那场政治灾难,它导致马基雅维利被放逐、加入流亡诗人的行列。与前一段中满是马基雅维利真实朋友与同僚的名字不同,关于放逐的这段除了死去的诗人的名单之外没有别的名字。这一刻,他从政治行动和公共生活中退出,进入沉思与诗人为伴,这是享受激情(passione)与爱(amore)的时刻:"我阅读他们爱的激情和他们的爱情,想着自己的,这些遐想让我得到片刻的快乐。"这段话让我们想起了4月9日的信,其中马基雅维利类似地解释了他因为放逐和念兹在兹(但却不可靠)的激情而无法从事生意。*

随后,与无名氏们为伍,平白与通俗的口语替代了诗意的独处和书面语。在这封信中有两处非常不同的"代入",第一处几乎是一种口误,不慎失言泄漏了后面的更为戏剧性的代入。在这第一处中他说:"我沿着道路走向客栈,跟过路的人聊天,请求他们讲讲村子里有什么新闻,听听五花八门的事情(varie cose)。我观察人类,观察他们形形色色的爱好和想象。"这里,马基雅维利渴望得到新闻与信息,面对事和人的变化(variazioni),只有通过乞求才能获得他想要的。乞讨的意味——在下一句的贫瘠/微薄概念中得到强化——呼应了他和韦托里通信的早期阶段,那时马基雅维利从罗马打听政治新闻,并且几乎是在乞求韦托里为他的"事情"(caso)帮忙。

他中断聊天回去与家人吃午饭,他吃"一些这个贫瘠的农场和我微薄的家产所能提供的食物"(盖塔也抱怨主人给他的面包少得可怜)。在吃完午饭之后,他回到客栈,与邻居的工匠们为伍,他"在一天余下的时光里,自甘下流(m'ingaglioffo)",玩"克里卡牌"和"特里塔棋"(triche-tach)。后者可能是西洋双陆棋

---

* [译注]应该是指1513年4月9日信中的名言"我既不懂丝织和毛纺之事,也不懂赢利和亏损之事,我只能谈论国家(政治)",但政治又让他身陷囹圄、出狱后谈论政治也安全。

(backgammon)的一种,而"克里卡牌"如我们所知是一款流行的纸牌游戏。由于韦托里把他们的政治通信比作玩牌,他在读到马基雅维利提起这样的游戏时就不可能想不到同样的比喻。实际上,正像夏日的信件记录了他们之间的[234]紧张、明确的分歧乃至指责(尤其是在"自然的情感"[naturale affectione]一事上),马基雅维利同样将他下午的牌局说成是造成了"数不清的争吵和无休止的谩骂",即使他们绝大部分的争吵都只是为了一点点钱,他们的吼声在圣卡夏诺都能听得到。如果说到目前为止,马基雅维利都是在讲他们之间通信的寓言,那么接下来的几行可以看成是一种申辩或者解释:"沉溺在这些虱子(pidocchi,肯定是指这些游戏,因此也指那些有争议的政治论述,而不是那些和他一起玩游戏和说话的人)里,我让我的头脑远离一成不变,任由我的命运释放恶意;我甘心受这种欺凌,就是想看看,命运如此待我,会不会觉得羞愧。"换句话说,他需要这些吵闹和争论以保持他人脑活跃,这部分地也是对他自己的命运与不幸进行羞辱的一种策略:将任由"我的命运释放恶意"当作某种测试,看看它究竟能达到什么程度。如果我们假设这延续了对他们之间通信的类比,并且这种假设是成立的,那么马基雅维利正在告诉韦托里的事情对韦托里而言已经十分明显:在他们的"牌局"里,贯穿一切"争论",马基雅维利实际上一直被困在与自己内心的魔鬼、"我命运的恶意"的斗争之中。

马基雅维利第二次离开客栈返回家中。放逐与漫步的寓言现在变成了回归的寓言,言语与写作之间的轮转现在回到了后者。他进入自己的书房(他的"书桌"[scrittoio]——写作的地方——暗示着即将到来的是什么),脱下了沾满尘土的白天工作服、换上朝服、重整威仪,进入古人所在的往昔宫廷,在那里他受到他们的热心款待:

我在只属于我的精神食粮中汲取营养,这是我天生就适于食用的。在那里,我毫无顾忌地和他们交谈,问他们出于什么理由而做出那些行动,他们亲切地回答我的问题。在 4 个钟头里,我丝毫不感到疲倦,我忘记了一切烦恼,我不怕穷,也不怕死:我完全代入了他们。

[235] 庄严与反讽在这里融为一体。马基雅维利的"一天"的高潮在于一个变化的想象:一个相互无条件彼此爱护的理想兄弟会,可以毫无顾忌地在其中发言或提问,所有的问题都将得到答案。① 在这个完美的共同体中,他可以尽情地提问,他的对话者也愿意向他揭露他们行动的理由。一切事情的潜在含义都能得到平静与通透的表达。这是一场梦,可理解性(intelligibility)能够畅行无阻——没有模糊的语言,没有费解的变化(variazioni),没有恩主与被保护人之间复杂的不对等关系。马基雅维利与古人之间庄严的、齐整的对话与这封信前半部分所刻画的滑稽的、充满冲突的言语交流产生了鲜明的对比。如果说,这些言语的交流为我们描绘了政治中的马基雅维利、放逐中的马基雅维利,以及与韦托里通信中的马基雅维利,那么他的晚间幻梦则代表了数月间他转向内在的、完全与自己进行的"对话"。《君主论》是 1513 年最后几个月

---

① 在对这封信这一部分解读的一项重要贡献中,贝克展示了马基雅维利在何种程度上运用了与古人或他们的书神交的传统主题,这一传统主题古已有之,在文艺复兴时期又流行起来。尤其是,贝克发现,在马基雅维利与古人(或他们的书)的对话和彼特拉克的类似段落之间有着惊人的相似。在《诗韵信》(*Epistole metrice*)(第一卷第六封信)和《友人信》(第十五卷第三封信)里,以及在《论孤独的生活》(*De vita solitaria*)中,彼特拉克也用食物的比喻来表示阅读的愉悦。贝克追溯了这一主题的丰富成果,考察了介于彼特拉克和马基雅维利之间的多位不同作家,诸如薄迦丘、乔瓦尼·莫雷利、圣贝尔纳迪诺和阿尔贝蒂等,参见 Christian Bec, "De Pétrarque à Machiavel: à propos d'un topos humaniste, le dialogue lecteur/livre," *Rinascimento* 16, 1976: 3-17; Italian translation as "Dal Petrarca al Machiavelli: il dialogo tra lettore ed autore," in Christian Bec, *Cultura e società a Firenze nell'età della Rinascenza*, Rome: Salerno editrice, 1981, pp. 228-244。

的成果,在浪漫地描述了他与"古人"(antiqui huomini)的对话之后,马基雅维利立即表明《君主论》已经写就,从而结束了这个寓言:

> 但丁说过[《天国篇》第五歌第 41—42 行],已知道的东西不等于知识,除非把它记录下来;他们的谈话对我大有助益,我记下了一切,写成一本小册子《论君主国》(*De principatibus*)。在这本书里,我尽我所能专研这个主题,探讨君主国是什么,它们有哪些类型,如何获得、如何维持以及为何丧失。

于是,马基雅维利将《君主论》说成是那些理想谈话的成果,是在谈话后对他所记住的东西的记录。[236]在创造出他如何写成《君主论》的著名故事之后,马基雅维利就将注意力集中在他自己所渴望已久的论述的力量上,借由它,政治行动的理由能够变得豁然开朗、清晰明了。无论是在《君主论》中还是马基雅维利想象的与古人的交谈中,马基雅维利都在寻找一种能够传达出政治的潜在之可理解性的语言。这也正是他与韦托里产生分歧的根本所在。乍看上去,这个故事的目的在于宣告马基雅维利在独处中与古人的对话成功地得到了那种可以被视为知识的对事物的非凡理解,而他与韦托里的通信则不能做到这一点。还是在这一巧妙的设置中,马基雅维利将这一刻作为与日常生活("我脱下了沾满尘土的白天工作服")、与"数不清的争吵和无休止的谩骂"的日常言论的分道扬镳。所有的烦恼、担忧、无聊、贫穷,甚至死亡在他每天进入冥思的这 4 小时中都被一扫而空。

只有当我们意识到,马基雅维利在多大程度上、多么自觉地将这一突破视作皈依和救赎,这一切当中的反讽才会体现出来。马基雅维利用以描述自己梦境的语言是宗教仪式性的,几乎就是弥撒程序本身用到的语言:改换衣装,准圣餐式地食用"只属于我的

第六章 盖塔与"古人"(1513年12月10日信)

精神食粮",词语的治愈性力量——似乎对古人而言"交谈"(conversatione)作为皈依就足够了,而用弥撒用语讲就是"只要说一句话,我的灵魂将得痊愈"——摆脱死亡与焦虑,终极地、神秘地走向天主从而获得新生。① 正如韦托里告诉我们的,这些对于一个很少去教堂的人来说是令人惊讶的。但是,他对梦境的叙述乃是一个更大的故事的一部分,梦境在其中的功能是"我命运的恶意"的解药,而他所写的书则是他努力捕捉这一梦境的成果,或者像任何梦境一样,至少是那些他所能记住的部分。这里,他的故事已经与梦境拉开了一段距离,对梦境的回忆是在第二天"早晨"的清醒中进行的,我们马上就会看到,这将马基雅维利重新带回了商谈、争辩与焦虑之中。这是在说,他这位前国务秘书仅仅是一位抄工,负责抄下古人对他问题的回答。这同样地在梦中的马基雅维利(作为故事主人公的马基雅维利)与站在背后试图去理解梦的起源和结果的马基雅维利(作为作家的马基雅维利)之间拉开了距离。②

[237]如果我们回到这封信的著名比喻,马基雅维利将他的"交谈"拔高比作精神食粮("我在只属于我的精神食粮中汲取营养,这是我天生就适于食用的"),其丰盛和营养与前一段中提到

---

① 冈德斯海默颇有成效地讨论了这封信的这一方面,Gundersheimer,"San Casciano 1513: a Machiavellian Moment Reconsidered"。
② 斯夸罗蒂对马基雅维利与古人对话这一核心场景的解读同样强调了它的仪式化特征:"脱下'沾满尘土的白天工作服'换上'朝服'具有一种仪式感(充满了与《新约》的呼应:例如,婚礼礼服的故事)。"但我不能同意他的如下解读,他认为在这封信中"对马基雅维利的英雄而言,重要的在于……他将自己划定在……崇高的领域"(参见 Bárberi Squarotti, "Narrazione e sublimazione: le lettere del Machiavelli," in his *Machiavelli o la scelta della letteratura*, pp. 63-95, but esp. pp. 65-69)。马基雅维利"将现实激进地划分成两个领域"(p. 64),并且偏爱沉思和理性领域的崇高,他在这一领域已然"祝圣"(consecrated)(p. 65);这两种看法似乎很难与马基雅维利在梦境之外的超然、斯夸罗蒂没有讨论的反讽要素、盖塔这一喜剧形象的徘徊相容,盖塔不仅徘徊于日常粗俗的活动之中,同样也徘徊于神秘性的代入时刻。

的他那贫瘠的农场所提供的粗茶淡饭("一些这个贫瘠的农场和我微薄的家产所能提供的食物")乃有云泥之别,那么我们便会想起盖塔,他也同样将主人给他的少得可怜的面包与逻辑和知识的哲学食粮相对比,后者使他满怀欣喜地渴望获得"逻辑大师"(sommo loico)的美名。正像盖塔一样,梦中的马基雅维利需要并且寻找着比真实食物更有营养的东西。但是,不同于那个在梦中的角色,在12月10日给韦托里写信的那个马基雅维利记得盖塔自称掌握了新知识的自负的愚蠢,也一定在嘲笑自己吃着"只属于我、我天生就适于食用的精神食粮"时那一本正经的样子。

马基雅维利与古人进行对话这一令人着迷的情节,让我们想起老一代人文主义者,他们自信于运用书信的力量来了解世界(并且,如果恩主们和君主们原意倾听这种知识,也能够改变世界)。但是,在这封信中,马基雅维利也强调了他、盖塔以及所有那些去雅典——追随古人及其传说中的智慧——的人在这一角色中面临的危险:边缘化甚至被孤立、自己陷入知识人作为英雄的幻觉当中、对于恩主们与读者们的依赖,以及任何自我观念所具有的一切困难重重的麻烦,使与古人"对话"成为可能的"代入"需要这样的自我观念。总之,这封信本身就包含着戏仿的子版本,它的一再出现反讽地消解着深入事物形式与名称的纯粹理解和无畏思索的严肃性。我大胆猜测,这封信反讽地超然于它所讲述的故事之外,标志着马基雅维利隐约地意识到[238]自己所具有的、在1513年初的信里已经相当明显的倾向:他会将自己"代入"或投射进自己创设的拥有权力和知识的形象(斐迪南、利奥以及瑞士人)、那些他为之耗费巨大精力的东西。现在,马基雅维利似乎发现自己一直在自己创设的东西中,在他对理解、控制和取悦的需要中,在他文字上的幻想中丧失自我。因此,紧接着的下一句话(在他对自己的"小册子"[opusculo]内容总结之后)就将这本小书称作一种"奇思妙想"(ghiribizo)——一种异想天开的推测、一种想入非非的幻想、一种论述的观念,与4月9日信中的"臆测"(castellucci)相去不远。正如许多作者会回顾自己热情高产的时期,思考是什么支配、控制着自己,马基雅维利这时似乎也在思考,在1513年(或许更早)是不是有什么东西控制和驱使着他:一种他几乎一无所知的力量,这种力量由于被他忽视而更加强大。"我完全代入了他们"是对于这种力量的承认,除了弗朗切斯科·韦托里之外没有人更能理解这些话的含义了。

一旦马基雅维利承认这种机制及其魔力的存在,它们就失效了,"知识"变成了"奇思妙想":"如果我的任何奇思妙想曾给过您快乐的话,那么这本书想必也不会令您失望。它还应该受到一位君主,特别是一位新君主的欢迎。因此,我要把它献给朱利亚诺殿下。"①马基雅维利将这一最新的"奇思妙想"与其他曾"取悦"过韦托里的那些联系起来,是在将《君主论》与1513年的信都归入异想天开的推测这一类。但这几句话给我们提供了第二个理由来解释我们注意到的那种超然:他担心韦托里和朱利亚诺都不喜欢他的书甚至不会去读它。这种以及其他恐惧支配着这封信的剩下部分。

至于韦托里到罗马去的建议,马基雅维利担心他与皮耶罗·索德里尼之间的任何联系都可能会使自己在新政权下陷入麻烦,因为索德里尼当时也在罗马。因此,在最后一段,他回到了他的"小册子"如何会被接受的问题上。他已经同菲利波·卡萨韦基亚讨论过将这本书直接或者以其他方式进献给朱利亚诺是否明智。他担心,如果他不直接进献,朱利亚诺可能根本不会去读它,其他人可能会将其据为己有,[239]尤其是教宗的秘书皮耶罗·

---

① 因格莱塞也从类似的角度来解读这一片段,他将其视作从前一段高度的庄严性上退却:"他后退了一步,需要注意的是,并没有退到政治实践上,只是到《论君主国》(*On Princedoms*)这样的小册子的程度就足够了。一旦它成为圣餐的外在表现,[书信的]语言就有了新的转向,产生了距离感"(*Lettere a FV*, p. 27)。

阿尔丁盖利之流。此外,"除了我希望美第奇家族的这些统治者们能够起用我——就算他们让我从滚石头干起也行,驱使我把它献出去的必然性在于,我已经日渐亏损,现状已经难以为继,我很快就会因为贫穷而受人蔑视"。

雷蒙迪已经阐明,在这一重要的、貌似单纯的词句背后,有着多层复杂的互文关系。"滚石头"的形象让我们想起西西弗斯的神话以及他永无止境的挫折,马基雅维利可能熟悉泰伦提乌斯和奥维德作品中的相关段落,他自己的"滚石头"似乎在与之呼应。根据雷蒙迪的研究,最重要的是,在卢克莱修的《物性论》中西西弗斯的故事尤其具有政治意味。对卢克莱修来说,"西西弗斯被当作一心梦想过公共生活的人,到头来在无谓的权力追求中一再失望"。卢克莱修将所有政治行动和野心都"必然徒劳无功"的意味注入石头这一象征。在雷蒙迪看来,对于马基雅维利而言,这一形象具有双重的和矛盾的含义:一方面与卢克莱修一样,它表示挫折和对永远的无能为力的恐惧;但另一方面,它又表示永不言弃、无论如何都不可抑制地坚持从头再来、坚持不懈地在政治中一再保有希望和信心。雷蒙迪的解读令人耳目一新地表明,甚至在马基雅维利用到的口语和俗谚表述中都可能潜藏着多层次的文学与古典文化。①

正如我们所看到的,盖塔还多给了我们一个层次,当他没能用言语引来任何回应而感到挫折时,他便捡起石头,第一次将比利亚逼出了洞穴,第二次则是为了破门而入或者单纯为了发泄自己的愤怒。马基雅维利既表达出他担心朱利亚诺可能根本读不到《君主论》,也表达出极其渴望美第奇家族无论如何都会起用自己,"就算他们让我从滚石头干起也行",因此,这便融合了关于石头

---

① E. Raimondi, "Il sasso del politico," in his *Politica e commedia*, Bologna: Il Mulino, 1972, pp. 165-172, esp. pp. 168, 171-172.

这一意象的喜剧的和严肃的意味。

雷蒙迪也会同意,石头仍然代表着一种面临挫折时的顽强意志,但是可怜的盖塔所隐含的文学意义再一次表明,马基雅维利是在消遣自己存在主义式的严肃性。反讽在调节着真实存在的且不断增长的担忧:就像盖塔一样,马基雅维利担心自己的话完全是对牛弹琴,或者干脆不会被他们听到。他解释说:

> 到时候[美第奇家族的人读过了这本书]我若不能获得他们的眷顾,我就只好怨自己了。通过它[《君主论》],他们若是读了这本书(quando la fussi letta)就会发现,15 年来我既没有睡大觉,也没有混日子,[240]而是一直都在钻研国家的技艺,谁都会乐于接受一个能够从他人失败的代价中汲取丰富经验之人的效劳的。

马基雅维利的恐惧现在占了上风。他现在要让《君主论》承载起他的过去的全部意义,包括将来可能得到的任何机会的意义。"他们若是读了这本书"表示:只要美第奇家族的人读了他的书,他就至少有相当大的机会去赢得他们的青睐,这样他们很有可能就会起用他。马基雅维利对他们能够这样做寄予了极大的希望,为他们滚石头都心甘情愿。他害怕一切成为泡影,无视他 15 年的辛劳,不理会他的话,不给他任何机会,这让马基雅维利陷入自伤自怜的乞求之中:

> 至于我的诚实,应该没问题吧!因为我一直保持着诚实,所以现在也不会去毁掉它,况且像我这样一个 43 年来一直保持诚实和良善的人,是不会改变自己的天性的;而作为我的诚

实与良善的见证的,正是我的贫穷。①

盖塔同样诚实并忠于主人,但是到了这封信的末尾,人们可以感觉到马基雅维利笑不出来了。阐释自己的过去,并在其中拿自己取乐是一回事,但思索自己不确定的未来则是另一回事。最终,他是否会落得盖塔的下场,为神明所戏弄、深感困惑与挫折?这完全取决于,或者说马基雅维利相信取决于,让正确的人去阅读自己的"小册子"——朱利亚诺、其他美第奇家族的人,当然还有弗朗切斯科·韦托里。

因此,12月10日的信以对其没什么用的恩主的讥讽和超然心态开始,却终结于一连串的担忧,又回到了依赖甚至乞求的状态之中。实际上还有一种不断加剧的恐惧,它将《君主论》当作救赎的关键:首先是救赎他放逐的一年,其次是救赎他15年的政治生涯,最后是救赎到他被驱逐下野时的43年的人生。他向韦托里请教该如何处理《君主论》一事,以此作为这封信的尾声,他一贯清楚必须如此。无论他多么想凭借他的书来摆脱对韦托里的依赖,他仍旧需要后者的认可。某种意义上讲,只有韦托里/比利亚能够将他从盖塔的不幸命运中解救出来,因为就算再超凡不俗的言语,只要它想获得力量,也需要愿意聆听的倾听者、读者和恩主。

---

① 马尔泰利认为"43岁"应该改为"45岁"。因为他正确地注意到,1513年末马基雅维利大概在44—45岁之间("La logica provvidenzialistica," p. 295;这一建议为因格莱塞所接受,*Lettere a FV*, p. 201, n. 70)。也许是吧。但是,马基雅维利也可能指的是他在1512年结束政治生涯时的年纪,那时他的确是43岁。

第七章 "一场荒唐的变形记"

"有哪种作家可能不被批评吗?"

[241]马基雅维利1513年12月10日的信是如此复杂,一口气说了如此多的事情。他既宣称要脱离韦托里的恩主权威,又重申了对他和美第奇家族的近乎行乞般的恭顺,对他那本饱含痛苦的书展现出超然、焦虑和不切实际的希望等情绪。韦托里想必是不知要从何说起。我们能够想象,他读到这封信的最后一节时会有些沮丧,为他自己和马基雅维利感到尴尬。他知道美第奇家族是不可能关注到马基雅维利的,更别说帮助和同情了——无论有没有《君主论》都是如此。他已经搜肠刮肚,用了最好的论述,试图以怀疑、策略性的沉默、罗马悠闲生活的图景来让马基雅维利断了幻想和推理的念头,但是马基雅维利又来了。他虽然从盖塔身上领悟到了一些关于自身的东西,却仍旧向那些他认为应当聆听的人坚持着、恳求着、竭力主张着他的新"知识"。

仅仅在9天之后的12月19日,马基雅维利又写了一封信,提醒韦托里他可在期待着一个回应。① "8天或10天前,我对您上月23日来信做了回复,向您说了我去那里[罗马]的顾虑。我等候您

---

① *Opere*, pp. 1160b-1162a; *Lettere*, pp. 429-431; *Lettere a FV*; pp. 201-204.

的看法,然后会按照您的建议去做,无论是什么建议。"他该不该去罗马的问题现在关系到他与索德里尼家族的关系这一老问题以及他该不该向朱利亚诺进献《君主论》的新议题。因此,在他渴望得到韦托里关于访问罗马的意见的背后,乃是在焦急地期待着韦托里对那本"小册子"的反馈。

这封信余下的很大一部分讨论了韦托里如何、何时,或许要通过有权势的秘书皮耶罗·阿尔丁盖利去接触朱利亚诺,代表多纳托·德尔·科尔诺送一封信,后者一直试图让自己的名字加到佛罗伦萨政府职位补缺的候选人名单当中。① 马基雅维利第一次[242]请韦托里帮这个忙是在前一年8月②,他现在旧事重提,巨细靡遗地申述韦托里可能采用的干预方式。马基雅维利认为,这类事情的成功全在于时机,在于把推荐信在正确的时间送到正确的人面前。马基雅维利回想起他们先前为多纳托之事不成功的努力,给韦托里讲了一通庇护制的游戏规则,指出此前那封信没有产生任何结果:"根据我们对先前情形的了解,除非这里有人到时会提醒[收信人信件的存在],否则这种信件就是一项无效的吁求。"在这些信里,自始至终在通过韦托里请求朱利亚诺(或者他的兄长教宗)的关照的当然是马基雅维利。这次充当中间人让他有机会给韦托里一些指点,从而在讨朱利亚诺·德·美第奇欢心上得到最好的结果。其结果是主体立场(subject positions)的某种不稳定,因为哀告的被保护人又成了自己恩主的顾问。

在信的结尾马基雅维利似乎是闲扯了一段,这或许是为了避

---

① 巴特斯注意到,1512年8月索德里尼政府的最后几天里,被逮捕的美第奇家族同情者名单中有一个"多纳托·德尔·科尔诺·梅尔卡诺",并且根据编年史家乔瓦尼·坎比(Giovanni Cambi)的说法,德尔·科尔诺家族在美第奇家族复辟后不久即谋得了几个重要职位的候任资格(H. C. Butters, *Governors and Government in Early Sixteenth-Century Florence, 1502–1519*, Oxford: Clarendon Press, 1985, p. 164 and n. 193)。

② 参见本书第四章,注释20[即本书213页注释①]。

免整封信全是在寻求关照的尴尬。他讲述了两段故事,似乎与替多纳托·德尔·科尔诺提出请求和马基雅维利期待自己的书得到某些回应并无关系。不过,还是有一个潜在的主题将这两个幽默故事和那些更为严肃的议题联系起来。第一段故事与一封信有关,显然这封信是韦托里写给多纳托·德尔·科尔诺的,其中他加了"四句诗文"(quattro versi),是关于一名年轻男妓里乔的。4月的时候,马基雅维利曾经告诉韦托里说多纳托非常享受一群年轻小伙的陪伴,特别是似乎他从来没有对里乔发过脾气①,这表明多纳托和里乔至少一度是情人。所以韦托里关于里乔的"四句诗文"大概是在善意地调笑多纳托与这位人见人爱的小伙之间的欢愉。马基雅维利告诉韦托里,他和某个菲利波(不是菲利波·卡萨韦基亚,他当时在罗马)戏弄了一下乔瓦尼·马基雅维利(我们还记得是他帮着交了马基雅维利的保证金),他们把韦托里关于里乔的诗文背给乔瓦尼听,用他的名字替换了韦托里所写的"某个马基雅维利"(Machiavello)和"佩拉港的"(del Pera)。[243]乔瓦尼·马基雅维利颇为尴尬和沮丧,纳闷韦托里怎么会知道他和谁为伴(原话是"他触碰的是谁"[chi tocchi])。马基雅维利评论说"菲利波和我对此开心极了"。韦托里诗文中的"某个马基雅维利"当然指尼科洛,似乎韦托里的那一段是在开马基雅维利的玩笑,说他与里乔过从甚密,而马基雅维利实际上又把同样的玩笑用到了乔瓦尼身上。

马基雅维利讲的第二段故事是关于前一天发生在佛罗伦萨的狂热布道,他称佛罗伦萨是一块"吸引世界上一切骗子的磁石",

---

① *Opere*, p. 1133a; *Lettere*, p. 371; *Lettere a FV*, p. 113. 马基雅维利的外孙朱利亚诺·德·里奇在他的《梗概》(*Priorista*)中将多纳托·德尔·科尔诺描绘成"一个风度翩翩、家境殷实的人"(uomo piacevole e facoltoso),并记载很多人包括马基雅维利("是他的好友")在内时常在他的生意场所聚会(*Lettere a FV*, p. 115, n. 13)。

布道者是著名的方济各会修士弗朗切斯科·达·蒙泰普尔恰诺。① 马基雅维利带着明显的讽刺评论说,这个弗朗切斯科"为了成为一个更为可信的布道者,声称自己是先知"。于是,"昨天清晨在[方济各会]圣十字[教堂],也就是他讲道的地方,他说到了'许多重大而奇妙的事'",预言了一系列灾难:教会将发生新的分裂,产生一位对立教宗,一票假先知和假枢机主教,法国国王会"灰飞烟灭",意大利的阿拉贡家族会取得胜利,佛罗伦萨将陷落和被焚毁,瘟疫、饥荒盛行,两百万魔鬼被放出来进入死人的尸体,世界到处都是假先知和假牧师,人们都会相信他们,因为都认为他们能够起死回生。马基雅维利不正经地说:"昨天这些事情可把我吓得够呛,以致我今早本该去拜访里恰小姐的,都没去成。但我不晓得,如果我本来是去看望里乔的话,我还会不会在意[这位布道者]。"他补充说,他并没有真的去听那场布道,"因为我从不参与这种事",但佛罗伦萨到处都在谈论它。在信的最后他请韦托里转达对正在罗马的"那位卡萨"即菲利波·卡萨韦基亚的问候,告诉他除非他在罗马的行事方式与在佛罗伦萨不同,不然他就会"在那边失信于那些小伙们(garzoni),一如他失信于这里的那些一样"。在韦托里的接下来的两封信中我们会知道,卡萨韦基亚对于"小伙们"有着特别的钟爱。

信任(credit)——及其获得与丧失,以及获得它的多种情景——或许就是连接起这封[244]脱节和散漫的信的主题。马基雅维利告诉韦托里,就在1512年夏天美第奇家族回归佛罗伦萨之

---

① 里多尔菲搜集了关于这位修士的信息,发现了马基雅维利提到的12月18日布道词的一份复件,参见:"Del Machiavelli, di un codice di Lucrezio e d'altro ancora," *La Bibliofilia* 65, 1963: 249-259, esp. p. 257; also *Vita di NM*, pp. 515-516, n. 21。关于弗朗切斯科·达·蒙泰普尔恰诺及其在那些年里盛行的"天启式布道"现象中的地位,参见 Ottavia Niccoli, *Prophecy and People in Renaissance Italy*, tr. Lydia G. Cochrane, Princeton, N.J.: Princeton University Press, 1990, pp. 98-103。

第七章 "一场荒唐的变形记"

后一天,多纳托·德尔·科尔诺便主动送给朱利亚诺·德·美第奇 500 达克特免息无偿贷款,他现在仍旧是朱利亚诺那笔钱的"债权人"(creditore)。

马基雅维利给出这样一个显然没有公开过的、韦托里也绝不可能知道的信息,从而这位大使"可以看看多纳托是否该被算作最为显赫的美第奇家族的忠诚仆人",并且他会"办起此事来更有劲头"。马基雅维利写下这几句话的时候不可能不带有讽刺。凭他自己的努力,他的一切"知识"和"经验"都没有让他被算进美第奇家族可信赖的仆人之列,而他却在这里充当了一个中间人,自己为了别人劳神费力地说服韦托里,而此人博取的美第奇家族的"信任"本质上不过是一场贿赂。因此,毫不意外的是,就在几行之后,马基雅维利便说佛罗伦萨是"吸引世界上一切骗子的磁石",嘲笑那个方济各修士的预言,说他一个布道的为了"更为可信"要把自己说成是先知。马基雅维利是在玩弄"信任/贷款"和"可信的人/债权人"(creditor)的双重含义。当他讲述那一预言——将来假先知们为了"让人们相信"(essere creduti),会哄骗世人以为他们能起死回生——时,这一点就变得越发明显。当然在最后还有卡萨韦基亚失"信"(credito)于佛罗伦萨的小伙们。

这样马基雅维利就指出了三种语境:政治的、宗教的和情欲的,信任则是其中成功的精要所在,但也常常要靠欺诈得到。在第一个语境中,信任是拿钱换来的,第二个则是靠谎言。他没有明说卡萨韦基试图靠何种"方式"(modi)试图赢取佛罗伦萨小伙们的欢心而没有成功,但他暗示了在这三个语境中都存在着欺诈和伎俩。考虑到《君主论》和 12 月 10 日信的某些部分曾谋求建立马基雅维利与美第奇家族之间的信任和可信性(基于此他认为自己应当被相信和信任),他又怪异地评论各类信任的基础往往是虚假而不稳固的(特别是在一个堪称吸引全世界骗子的磁石的城市里),这可能说明马基雅维利打算以某种幽默和反讽的距离感来反省自己的观点。①

[245]从这里开始,他们的通信发生了一个明显的改变。或许是受到韦托里关于里乔的"四行诗文"的启发,马基雅维利在这封信中引入一系列问题,韦托里将对此照单全收,并在接下来的几封信中针对在1513年的信和《君主论》中出现的马基雅维利政治论述的统摄性前提和结构,以更为复杂的形式、以策略性的目的敦促马基雅维利做出回应。从1513年12月末到1514年2月末,马基雅维利和韦托里通了6封信,他们一起默契地搁置了政治和所有他们在过去一年里无法达成一致的难题。② 韦托里从没有大谈《君主论》。

12月24日,韦托里在一封信的中间位置以一种漫不经心的方式承认"您来信说,而且菲利波[·卡萨韦基亚]也告诉过我,您写了一部关于国家的作品。倘蒙寄赠,我将不胜感激。虽然我不是权威,但我认为我来评判您的东西是相宜的;至于学识的缺乏,就让友爱和信任来弥补吧。收到之后,我会就是否应当呈给朱利

---

① 这封信里关于信任的评论需要结合《君主论》第六章的主题进行解读。在第六章中马基雅维利强调让人民相信和通过任何手段建立"信任"(credito)之难。他说,引入新秩序的诸多困难之一,便是"人类不轻易信任的心理:除非他们对此取得牢靠的经验,否则他们是不会真心相信新事物的"。他说,当人们自己不再相信的时候,新君主必须要有某些方法通过武力迫使人民相信:"事情必须以这样一种方式做出安排:当他们不再相信的时候,能够用武力迫使他们相信。"萨沃纳罗拉的倒台正是因为"他既没有方式使那些信仰的人坚定信仰,也没有方式使那些不信仰的人信仰"(*Opere*, p. 265a-b)。第六章给出的答案是德能混合着偶尔为之的暴力。但是在12月19日的信里,对"信任"的追求与德能(以及"知识"和"经验")无关,人们(美第奇家族、佛罗伦萨人、小伙们)在不诚实的信誓旦旦面前似乎全都是脆弱的。世人并不像第六章认为的那样多疑。关于"信任"和轻信的主题,参见 Wayne A. Rebhorn, *Foxes and Lions: Machiavelli's Confidence Men*, Ithaca, N.Y.: Cornell University Press, 1988, passim, but esp. pp. 127-128 and 200-201。
② 这几封信使得马基雅维利最勤勉和最敏锐的解读者们无所适从,从里多尔菲相信这几周里"韦托里的每一封信对马基雅维利而言都是新的失望"(*Vita di NM*, p. 245)到马尔泰利断言这一组信"在很多方面完全是无法理解的"(per molti aspetti decisamente indecifrabile, "La logica provvidenzialistica e il capitolo XXVI del *Principe*," *Interpres* 4, 1981-1982: 295-296, n. 46)。

亚诺殿下,告诉您我的看法"。① 这封信明确地提出了新的议程。到1月中旬,他已经读了一些,告诉马基雅维利他非常喜欢他读过的章节,但是他补充说,直到他读完余下的部分,他才会发表看法。② 就这样,韦托里完全搁置了[246]这个主题。他没有就这本书向马基雅维利提供任何进一步的反馈,也完全没有给他关于进献给朱利亚诺的意见。

就在12月24日这封信③的开头,韦托里说他不打算回答马基雅维利在12月10日信里摆在他面前的难题:"如果我未及时回复您10日的来信——或许即使是现在我也并不是真的在回应它——那是因为卡萨韦基亚和布兰卡奇搅得我心神不宁,他们时刻提醒我注意国家的尊严,提醒我注意行事应与自己的身份相称。"卡萨韦基亚就是马基雅维利曾在19日信末开他对待小伙"方式"玩笑的那个菲利波·卡萨韦基亚,也是告诉韦托里《君主论》的消息的那个菲利波。现在韦托里所说的那个人,更多地是指那个喜欢小伙的卡萨韦基亚,而不是那个曾与马基雅维利"讨论"(ragionato)过那部"小册子"的卡萨韦基亚,这强烈地暗示着韦托里更愿意回复马基雅维利19日的信而不是10日的那封。

韦托里开始假模假式地哀叹卡萨韦基亚和朱利亚诺·布兰卡奇总在谴责他,因为人人都看到大使在罗马的个人和社交生活中有诸多不当之处:"您知道,我总是享受与美女为伴的快乐④,不为

---

① *Opere*, p. 1163a; *Lettere*, p. 433; *Lettere a FV*, p. 207.
② *Opere*, p. 1167a; *Lettere*, p. 441; *Lettere a FV*, p. 217.
③ *Opere*, pp. 1162a-1164a; *Lettere*, pp. 432-435; *Lettere a FV*, pp. 205-209.
④ *Opere*, p. 1162b. 因格莱塞提出(*Lettere a FV*, p. 209, n. 2),韦托里的话呼应了普尔奇《魔干特》第四歌第48节里的一句话:"里纳尔多说过:——我不谋求王国;/我的家乡有7个我都弃之不顾;/[但是]我与美女们一起实在快乐"。因格莱塞猜测这也可能是个巧合,但基于两点我认为韦托里很有可能就是在暗指这一段:第一,在这几句中里纳尔多反对由政治动机寻求快乐,而他在美女的陪伴中得到了快乐;第二,《魔干特》是马基雅维利最喜欢的诗歌之一。

别的,就是想和她们待在一起谈天说地(cianciare)而已,因为我现在除了说话,别的也干不了什么。您也知道菲利波有多讨厌女人。"韦托里说他常常招待几个本地妓女来访,她们来"参观教堂以及和我住的房子连着的花园",也乐得自由穿梭于他的各个房间。

有一天,卡萨韦基亚和韦托里正在韦托里卧室聊天,一位女士径直走进来坐下,"就像在自己家里一样"。韦托里无法把她赶走也没法在卡萨韦基亚面前遮掩,后者"用惊讶和轻蔑的眼神盯着她看"。午饭后这位女士离开,卡萨韦基亚就起了一个长篇大论的头。他说,"大使阁下,请不要介意,从小时候起,我就……";但是[247]韦托里打断了他,表示"从寥寥数语里已懂得他的意思",并且既不想为自己辩解,也不想听他责备。因为他总是活得自由自在、无所顾忌,实打实地想就这么过完自己的余生。卡萨韦基亚这才勉强住嘴,赞成这些女人可以随时来访。

然后就是朱利亚诺·布兰卡奇带给韦托里的"烦恼"(perturbatione),因为韦托里常常与某个萨诺先生会面,此人因为同性性行为"名声很坏"(è huomo infame),但是韦托里声称和他只有生意上的来往。布兰卡奇警告韦托里,镇上几个名誉良好的商人曾打听过他们做的是什么生意,他建议韦托里避免"那种行为"。韦托里说完了他的窘境,问马基雅维利的意见:"所以我的同道,瞧我处于怎样一种处境呀,对于我说了什么,以及来和我谈话的人,我都要加以说明。我希望您告诉我您的看法:谁更有理由责备我,菲利波还是朱利亚诺,不过这两人我都喜欢。"

韦托里这是在干什么呢?无论他的目的和意图如何,马基雅维利又会如何理解这些话呢?要回答后一个问题我们得看看马基雅维利是如何回复的。至于韦托里的意思,我们不必纠结于卡萨韦基亚和布兰卡奇的故事多少是真、几分杜撰的问题。大概兼而有之。他的《日耳曼之旅》就展现了一位非常惯于将历史情境、真实人物名姓同修饰的、夸大的故事相混合的作家,某些情况是有文学先例可循的,而其他的则肯定是他想象的产物。① 无论如何,马基雅维利认识卡萨韦基亚和布兰卡奇,无疑可以非常容易地分辨出韦托里在12月24日信里的叙述有多少为真、有多少为假。韦托里的目的或许就是要使马基雅维利注意到,这封信在事实与虚构之间刻意为之的模棱两可状态,让马基雅维利注意到它提出可信度问题的方式——它本身的可信度和它主要角色的可信度——来回应和戏仿马基雅维利12月19日信里关于多纳托·德尔·科尔诺、方济各会修士和菲利波·卡萨韦基亚的"信任"的玩笑。卡萨韦基亚和布兰卡奇都质疑韦托里的可信度,而韦托里[248]故意将他们俩彼此冲突的批评放在一起,这就降低了这两位批评者的可信度。

马基雅维利似乎是想从欺骗和腐化的角度提出问题,但韦托里却把重点放在自我欺骗上。卡萨韦基亚和布兰卡奇同时在审视同一个人,但是每个人只看到了他们想看的,或者说各自声称不想看到的。他们对韦托里批评的理由与他们对他的评论并没有什么关系。构成其意见的根基和动机反倒是杂糅了各自私密的欲望、恐惧和想象出来的混乱的非理性。另外,由于后来韦托里在信里评论说,卡萨韦基亚和布兰卡奇彼此常常发生争执,这个故事也在暗示,他们对于韦托里矛盾的、同样错误的看法更多地与他们自己之间冲突不断的、紧张较劲的友谊有关,而不是出于什么"国家的尊严"以及韦托里在职期间行为之不当的考虑。因此,关于卡萨

---

① 关于将《日耳曼之旅》当作一部文学作品,参见 Raffaello Fornaciari, "Francesco Vettori e il suo 'Viaggio in Alemagna'," *Nuova antologia di lettere, scienze ed arti*, 5th ser., 206, March-April, 1906: 78–90; Ezio Raimondi, "Il segretario a teatro," in his *Politica e commedia*, Bologna: Il Mulino, 1972, pp. 187–197; and Giuseppe Giacalone, *Il Viaggio in Alamagna di F. Vettori e i miti del Rinascimento*, Arezzo: Università di Siena, Facoltà di Magistero in Arezzo, Istituto di Letteratura e Filologia Moderna, 1982。

韦基亚和布兰卡奇的这个故事所呈现出的样子,是对大约一年来韦托里和马基雅维利之间发生的事情的滑稽戏仿。韦托里和马基雅维利无法就斐迪南、路易和瑞士人达成一致,就如同卡萨韦基亚和布兰卡奇无法在对于韦托里的看法上达成一致。韦托里似乎是在说,因为一个人对事物的观点很大一部分来自内在的需要和冲动,来自界定了我们本身并限制了我们客观看待世界能力的习惯和口味,某些差异是永远不能通过诉诸权威、理性和证据加以解决的。因此,问他们当中谁关于斐迪南或者瑞士人的看法是对的,就像在问卡萨韦基亚和布兰卡奇谁对韦托里的看法更对一样,都毫无意义。

韦托里再度尝试劝说马基雅维利考虑理性(ragione)和有条理的知识(scienza)的非理性基础,只是这一次发生了与以往不同的转变。韦托里头脑中一定在思考一些东西,既是一般性的也是针对马基雅维利的,都源自他的《日耳曼之旅》第二卷开头几页。我们不知道他什么时候创作的《日耳曼之旅》,即使某些部分完成于1507—1508年出使德意志之后的一年或者几年内,也完全没有办法知道他是否以及在多长时间内一直在往里添加故事和修订他已经写好的内容。① 但是,《日耳曼之旅》给读过马基雅维利与韦托里通信的[249]读者的一个强烈印象是,其中很大一部分要么预见了要么对应着1513—1514年间他们的对话。这一点在第二卷的导言中体现得尤为明显②,它点评了各类作家的动机和错觉。韦托里在开头讲:某个自称"文人"(letterato)的人,看到《日耳曼

---

① 尼科利尼简要地讨论过这一问题(Vettori, *Scritti storici e politici*, pp. 370-373),他认为许多故事似乎是在指1511—1512年间的事件或者情况。雷蒙迪将很大一部分文本归入1510—1515年,他提出一个假设:第四卷的短剧(Atto scenico)可能源自韦托里与马基雅维利在1514年初的通信(Raimondi,"Il segretario a teatro," in *Politica e commedia*, pp. 190-193)。

② Vettori, *Scritti storici e politici*, pp. 40-42.

之旅》第一卷的草稿，惊讶于韦托里"会把时间花在写这些不正经的事情、故事和传说上"。因为这位批评者"是一个固执己见的人，不会向理性低头"，韦托里简单地答复他，解释说他写这些故事是为自己开心的不是讨好批评者的，而且"人人都有自己的想象力，无论把它用在什么地方都是恰当的"。韦托里认为，作家们应当自由地、无所拘束地遵循他们的"趋向"，永远不要让自己被批评吓倒，任何一类作品都会遭到批评：

> 于是我对我自己说，人们给他们自己所做的事情强加了多少束缚啊。因为他们担心这个或那个人可能会说些什么，他们常常抑制自己不去写想写的东西。有什么主题或者哪种作家可能不被批评吗？

韦托里举的第一类必定会被批评但却仍旧继续写作的作家，肯定会讨好马基雅维利：

> 神学家们对于我们的宗教而言是最为重要的人，他们已经写了很多书并将继续写下去，他们进行过许多辩论、推理和精妙的论证并将继续进行下去。这些不仅填满了书店，书商的所有店铺里的也都是这些。但是，我们的救世主耶稣基督在福音中说："你要尽心、尽性、尽意爱主——你的神。其次也相仿，就是要爱人如己。这两条诫命是律法和先知一切道理的总纲。"那么，这么多关于道成肉身、三位一体、复活和圣餐的争论有什么必要呢？——我们基督徒依照信仰必须相信这些，相信这些我们会得到功德，在这些事上理性毫无助益。但是，我们能以此为由谴责那么多德高望重的博士们、那么多敏锐且博学的可敬之人吗？当然不：我们反而会说，他们这样做[250]是出于良善目的，他们有这样的内心趋向。

哲学家们是第二类:"他们说过多少空的、假的和虚的,但我还是让那些读过的、会比我更好地判断他们的人来评判吧。"法学家也写了很多无用的评注和意见,"还有那些演说家,他们用语言的精巧迷惑可怜和无知的群众,用花里胡哨的演说颠倒黑白"。①

当他说到诗人的时候,韦托里想到了贺拉斯《诗艺》(Ars poetica)里的名句——"诗人的愿望应该是给人益处和乐趣,他写的东西应该给人以快感,同时对生活有帮助"②——并将其化约为一句简单的事实陈述:"诗人……在贺拉斯看来,既是有益的也是有趣的。"他问道:"但是除了虚构和传说,他们写了什么?他们却还享有盛名。"接下来韦托里论述的是一组"分类模糊"的作家。他列出的名字有:普林尼、奥卢斯·盖利乌斯、马克罗比乌斯、阿普列乌斯,还有"一些当代人"波利齐亚诺、蓬塔诺和[彼得罗·]克里尼托。他们"学问很大,但其中混杂着许多疲弱、虚假和低级的东西。不过他们读起来很有乐趣、很受认可"。这是一个有趣的单子,理由有如下几个。阿普列乌斯是或者可能是马基雅维利《金驴记》的主要灵感来源。蓬塔诺在这首诗的写作当中也有着重要影响,而且我们将会看到,韦托里在1514年的某个时间在读潘塔诺关于机运的论述。克里尼托是波利齐亚诺的追随者,是波利齐亚诺的希腊化人文主义在16世纪早期的延续者。克里尼托曾是保罗·达·龙奇廖内先生的学生,这位先生也教过年少时的

---

① 在《君主论》的献辞里马基雅维利用了同样的语言宣称,他不会在自己的作品里填满诱人的花言巧语或者不相干的修辞:"我没有对这本著作加以装饰,也没有像许多人在叙述和润饰他们的主题时惯常做的那样,使用谄媚的字句、浮华而瑰丽的辞藻,以及任何奉承讨好的话语或者炫人耳目的修饰"(*Opere*, p. 257b,强调部分为引用者所加)。

② The Loeb Horace, *Satires, Epistles, and Ars Poetica*, tr. H. Rushton Fairclough, Cambridge, Mass.: Harvard University Press, 1929; reprinted., 1961, p. 478([译注]中译文采自杨周翰译本《诗学诗艺》,人民文学出版社,1962年版,第155页)。

尼科洛·马基雅维利,也有可能教过韦托里。① 选择这些例子[251]进入"模糊的"分类,表明韦托里写这些的时候头脑中想的是马基雅维利。我们可以说,马基雅维利是《日耳曼之旅》(或者至少它一部分)的未点破名姓的对话者,正如我认为韦托里是《君主论》中未点明身份的对话者一样。

韦托里的最后一类作家是历史学家,"他们当然广受赞誉,因为他们提供了关于过去的信息从而人们可以通过这样的事例了解该如何规制和管理自己"。他对"历史学家"的批评综合了两点:他们与政治权力的危险关系,以及暗示在受到权力的诱惑之中,"激情"发挥了某种重要的作用。

> 但是,他们写了多少虚假的东西,又写了多少用于奉承和谄媚大人物的东西?我们会有[历史学家们的动机是不是永远都是阿谀奉承]这样的想法,是因为我们看到我们这个时代书写历史的,有多少人都因为激情、疏忽和阿谀奉承偏离了正途。因此我们相信,古人也是如此,因为他们同样也是人。

这是重要的一段,并不是因为它的原创性或深刻性,而是因为它直截了当地批评了一系列根本假定,这些假定统摄着马基雅维利1513年写的信、《君主论》以及1513年12月10日信中那段想象中的自己与"古人"谈话的描述。我们不知道马基雅维利是不是读过《日耳曼之旅》,不过,考虑到他自己对德意志和讲故事都有兴趣,很难想象他没有读过。但是,马基雅维利在《李维史论》第二卷开篇段落中回应了韦托里对历史学家们的批评,这一点不

---

① 参见本书第二章,第74页(原书页码)。关于克里尼托,参见 Carlo Dionisotti, "Machiavelli letterato," in *Machiavellerie*, Turin: Einaudi, 1980, pp. 242-243。

也是足够明确的吗？在那一段中他承认作为那些书写过去的人之一，虽然他想要使其有关古代之优越、今世之堕落的判断保有基本的有效性，但他仍然面临奉承的诱惑和想要处于历史冲突的赢家一方的诱惑。这里不打算分析《李维史论》那些复杂的内容（关于那些内容我将在本书的结语中简略评论）。我这里提到它们只是想表明，韦托里在《日耳曼之旅》中关于历史学家的段落肯定不止被[252]马基雅维利读到了——而且我猜这大概是介于写作《君主论》和《李维史论》之间——而且还构成了一种挑战，他必须在某个时间有所回应。

马基雅维利当然没有像称《李维史论》那样称《君主论》是一部"史书"。但是，《君主论》的基本假定之一便是包括古代和晚近在内的过去的事情，构成了一个"事例"的仓库，用韦托里"赞扬"历史学家们的那句话说，这些事例能够向人们展现"如何规制和管理自己"。《君主论》的文本反复使用"事例"（esempli）和拉丁文短语"例如"（in exemplis）（快速地数一下至少出现了23次）。在某些情况下，马基雅维利将他挑选出的某个人、某个地点、某一群人或者某项制度当作有用的事例（例如，第二章："例如，在意大利我们有费拉拉公爵"；第三章："我想只要举希腊这个地区为例就足够了"；第四章："在我们的时代里，这两种不同的政体类型的例子就是土耳其苏丹和法兰西国王"；第五章："例如，斯巴达人和罗马人"）。① 在另一些情况下，某个人或某项行动的典范性在于某种值得称赞或模仿的特性，而不仅仅是因为它典型（例如，第六章的"最伟大的"[grandissimi]和"显要的范例"[sì alti esempli]，或者第二十一章："没有什么比从事伟大的事业和做出罕见的范例[或榜样]更能使一位君主受人尊

---

① *Opere*, pp. 258a, 260a, 262b, 263b.

敬了")。① 在第十四章中,马基雅维利断言:"为了训练心智,一位君主应该阅读历史,思考历史上[描述的]卓越人物的行动,[他必须]看看他们在战争中是怎么做的,考查他们胜利与失败的原因,以便能够避免后者而仿效前者,最重要的是,[他必须]像过去某个卓越人物那样做。"②韦托里在自己论历史学家的段落中强调这种典范的观念并以如下观点反对之:历史学家们尽写些假话,他们这样做是为了奉承有权势的人,而那些古人不过也是人,也同样这样做。在这些对历史学家的批评[253](隐含着对所有那些对自己所写宣扬过高的人的批评)中,有一种观念认为历史学家们犯此类错误乃是出于"激情"。

韦托里对其观点加以概括。哪种作品也不会逃避开某种形式的批评,但人们总是写他们想要写的,而不担心"那些无谓的意见",他也是这样做的。韦托里改写了《十日谈》的"结语",为其故事集乃是教授不道德的指控而辩护:

> 如果有人要说,这些爱情故事做了一个坏榜样……③我要回答说,如果这样的理由成立的话,那么就应该像躲开某些剧毒的蛇一样避免阅读行为本身,因为没有几本书不能从中揪出坏例子来的。《圣经》里就不满是色情的故事了?在《列王纪》里没人坠入爱河,没有通奸、私通、欺诈、抢劫和谋杀

---

① *Opere*, pp. 264a, 265b, 291a,更多例子见291b。一项关于《君主论》中事例这一主题的出色讨论认为马基雅维利既重申又贬低了"以史为鉴理论",参见 Timothy Hampton, *Writing from History: The Rhetoric of Exemplarity in Renaissance Literature*, Ithaca, N.Y.: Cornell University Press, 1990, pp. 62-79。也参见 John D. Lyons, *Exemplum: The Rhetoric of Example in Early Modern France and Italy*, Princeton, N.J.: Princeton University Press, 1989, pp. 35-71,它同样揭示出在马基雅维利的文本中"基于举例修辞之论述的无效性"(p. 71)。

② *Opere*, p. 279b。

③ 参见薄伽丘的"作者结语":"你们当中的某些人或许会说,我在写这些故事的时候太过放肆了"(*Il Decamerone*, ed. Angelo Ottolini, Milan: Hoepli, 1960, p. 677)。

吗?但这书还是被人们甚至是小姑娘们捧在手上。我不是赞扬我书里含有的邪恶之事,实际上我是谴责它们的。有了它们,[读我书的]人们就能够保持警惕不会像我写的那些人一样堕入同样的深渊。

韦托里以一种假装的悖论总结对他的写作类型的辩护:尽管(或者由于)历史学家们有着高尚的目的,想要用过去伟人的事例教授恰当运用权力的教训,但他们常常成为自己曲解过往以取悦权势之趋向的受害者,相比于他们,那些写些明显轻浮或色情的作家实际上更接近于人类经验的真相,实际上或许更能够帮助其读者认清和规避危险。无论如何,他们不会像历史学家们那样自我欺骗。最终的辩护落脚在这样一种观念:从神学、故事、诗歌到历史的所有写作形式都源自作者的"内心趋向"——源自那一内在的、私密的"想象"内核,其恰当奖赏不是权力、影响力和名声,而是快乐。总的来说,马基雅维利和他1513年的议程受到了挑战。

"我认为它值得讲给一个君主听,比之我今年听到的任何事都毫不逊色"

无论韦托里是在与马基雅维利通信之前、期间,还是之后写了这些内容,都无关紧要。关键的一点在于它们[254]从属于这场对话,有助于我们理解韦托里在1513年12月底的几天里推动通信转向"轻浮的故事"的方向时头脑里在想什么。在这一推动的背后,存在着一项关于作者、文本、政治和权力等关键问题的议程,它邀请马基雅维利一同思考。在1月5日,马基雅维利回复韦托里关于卡萨韦基亚和布兰卡奇的信的方式表明,他清楚韦托里在

第七章 "一场荒唐的变形记"

做什么。① 他写道：

> 大使阁下：人们对于他们有罪的事情是多么视而不见，对于他们没有的那些罪过，他们批判起来又是何等犀利，想想便觉得太妙了。要是国内最近的例子（exempli domestichi et freschi）不够，我可以援引希腊人、罗马人、希伯来人和迦勒底人为例（in exemplis），甚至可以去萨菲、祭司王约翰的土地上为您找出这方面的例子。

这几句话的第一句表面上是在说卡萨韦基亚、布兰卡奇和他们各自的盲目性。但是，如果我的猜测是正确的——韦托里是把讲给马基雅维利听的他们这两位朋友的故事比作他们两人之间困难重重的对话，那么，那些普遍对他们内在本性（尤其是他们的弱点）视而不见的"人们"必然也包括马基雅维利本人。果然，第二句话表明马基雅维利直接将这个玩笑开在了自己身上，因为它明显在拿《君主论》中用起"事例"没完没了寻开心，同时暗示他最好不再将世界和历史强行归入他的事例和典范人物之下。他也需要更多关注国内（domestich）的事情，一些卡萨韦基亚和布兰卡奇的

---

① *Opere*, pp. 1164a–1165a; *Lettere*, pp. 435–437; *Lettere a FV*, pp. 210–212. 费罗尼对这封信进行了很好的解读，参见 Ferroni, "Le 'cose vane' nelle *Lettere di Machiavelli*," *La rassegna della letteratura italiana* 76, 1972: 242–245。他将这封信视为一种方式的示例，在这种方式中，"打趣的空间"（lo spazio comico）允许马基雅维利界定"他的人类学的某些关键要点"（p. 242），包括"疯狂"（pazzia）的概念："[对马基雅维利而言]所有的偏颇都是疯狂的，任何拒绝吸纳和理解其对立面的'意见'都是盲目的。疯狂用各式各样极度片面的和偏执的'意见'统治着这个世界，每一种意见都声称要将自身加诸他人之上，成为绝对的和独一的规范。那些了解这个世界的人、理解人类'意见'的冲突会永无止境的人，都是'明智的人'"（p. 244）。我同意这种解读，除了一点：在我对这一对话的理解中，这个观点是韦托里一直在向马基雅维利力陈的，而在这封信中马基雅维利第一次表现出乐于倾听的意愿。

盲目性和固执的、被误导的信念能够向他揭示的事情。

马基雅维利嘲笑卡萨韦基亚和布兰卡奇相反又互补的盲目性。他认为,如果是萨诺先生"年复一年地"到韦托里家去,那么卡萨韦基亚就不会认为有什么问题,实际上他可能会认为韦托里与这样一个人来往很符合一位大使的需求,因为大使身上背负着由其职位带来的"无穷无尽的束缚",需要时不时地找些乐子。①卡萨韦基亚[255]"会称道您的审慎,把您的这种选择吹捧到天上去"。另一方面,就算"瓦伦西亚的所有粉头都在您的住宅招摇穿梭,布兰卡奇也不会责备您;反倒会因此对您大加赞扬,即使听到您在教宗面前雄辩滔滔,胜过德摩斯梯尼,他的称赞也不过如此"。马基雅维利建议韦托里,如果他想要"这一推断的证明",他应当装作赞成卡萨韦基亚和布兰卡奇,愿意遵循他们的建议把女人们和萨诺先生都拒之门外,并且"退回到一种严肃的、沉思的生活方式"。马基雅维利预测,不出4天,卡萨韦基亚就要念叨感慨萨诺先生哪儿去了,敦促韦托里继续请他来。马基雅维利又开玩笑说,他倒是不确定布兰卡奇会不会像卡萨韦基亚思念萨诺先生那样挂念那些女人,然后,他给出了自己帮助韦托里摆脱困境的方法:

> 更明确地说吧,我如果在您心情如此沉闷时必须过去[罗马]一趟,我作为一个一心扑在女人身上的人,一搞清楚那里的状况,我便会说:"大使先生,您怕是有病吧,我想您是

---

① 实际上,关于常年不断的政治生活期间偶尔的放松与消遣的问题,卡萨韦基亚给过马基雅维利类似的建议,参见他1509年6月17日和7月2日的信(*Opere*, pp. 1108a—1109b, and *Lettere*, pp. 308—310)。我自己的评论,参见:"The Controversy Surrounding Machiavelli's Service to the Republic," in *Machiavelli and Republicanism*, ed. G. Bock et al., Cambridge: Cambridge University Press, 1990, pp. 115-116。

不容许自己有任何消遣了;这里没有小伙,也没有小妞;这他妈算什么房子?"

马基雅维利又一次"篡夺"了韦托里的"角色"。1513年"心情如此沉闷"的明明是马基雅维利,他还创造了一个无比庄重和严肃的君主形象。韦托里曾经敦促他从那种紧张中放松下来,更多关注愉悦和肉体的需要。现在,马基雅维利创设了一个小小的场景,其中他倒成了愉悦之必要性的说教者,对象则是一个纯粹假想的、过分严肃的韦托里。这种对其实际角色的转换是玩笑式的,但也完全是深思熟虑的,这表明马基雅维利最终愿意思考韦托里一直以来所说内容的隐含含义。

在同一封信的最后一段,性愉悦的主题引领他思考效仿、模仿和声誉问题,[256]倘若我们不曾在《日耳曼之旅》第二卷开头几页中见到过,则这一结合或许看似不合逻辑和莫名其妙。马基雅维利是这样将三者结合起来的:

> 大使阁下,在这个世界上,除了疯子之外别无所有,没几个人了解这个世界,也没几个人知道,谁若试图遵循他人的方式行事,最终将会一无所获,因为您绝找不出有谁的意见会完全一样。这样一些人不知道,谁若在白天被人视为明哲,夜里就不会被人视为疯子;谁若被人认为值得敬重、品行高洁,那么他无论做任何为了振作精神、开心生活的事,都只会招来赞誉,而不是责难;人们不会说他是个鸡奸者或嫖客,而会说他是个技术全面的人、总是跃跃欲试的人,是一个好的伴侣。他们也不知道,这样的人总是给予,而不向他人索取,他就像烧开的未发酵的葡萄汁一样,只会把自己的味道渗入发霉的壶罐,而不会把霉臭吸收进来。

这段耐人寻味的段落说的是疯狂,模仿典范的困难或不可能性,受尊敬者的夜里之事,此等人的实际情况和声誉之间的差距,还有在性愉悦以及其他欢愉形式上保持自主性。开始提到的我们都是"疯子"的观念,仍旧与卡萨韦基亚和布兰卡奇的古怪想法密切相关。随后又说还是有个别人了解这个世界的,从而稍稍地修正了这个想法。这少数几个人知道的东西便是,那些试图遵循他人的方式行事的人永远会一无所获(这大概也让他们免于成为"疯子"),这表明那些正在效仿他人的人既是疯狂的也是注定要失败的。模仿是不可能的,因为"绝找不出任何人会有着完全一样的想法"。这句话可以有两种解读,要么意味着人永远也找不到一个绝对合适并始终不变的典范模仿下去,要么意味着没有人,包括自诩为模仿者的人总能够坚持同一种意见或观点。无论是哪种解释,(无论是模仿者的还是典范身上的)不稳定性和不一致性都妨碍了效仿的成功。这几句话与下一句在修辞上的[257]关联更为扑朔迷离。"这样一些人"(cotestoro)——他们不知道谁若在白天被人视为明哲,夜里就不会被人视为疯子——与那些遵循他人的方式行事的人必定是同一些人。至少在这段话里,如何没有人"意见(parere)会完全一样"的首要例证,必定是白天之明智与夜里之嬉闹间的差别。正是"夜里"发生的事情——关涉欢愉、非理性和性欲的领域——消除了(自我的或"意见"的)统一性,也就消除了效仿和模仿的根基。但是——这一段的费解之处在于——如果人们白天的声誉永远不会受到夜里乖张之举的破坏,那么不知道这一点如何会鼓励效仿行为呢?无论如何,那些不"疯狂"的人似乎确实知道这一真理,他们意识到,无论人们得到了何种明智的声誉,他们在夜里实际上都是疯狂的,因而根本不适合那些想遵循他人的方式行事的人去模仿。总的来看,这一段话瓦解了典范和效仿的根基,而整个模仿(imitatio)的计划正是《君主论》相当一部分内容的根基。开心生活的人沉浸于欢愉而无所担忧,也从不试图"遵循他人的方式行事",他们将会保有其白天的明智声誉。这样的人绝不会模仿他人,只会将自己的某些东西渗入那些与之有联系的人当中,而不从他们那里吸取什么,正如烧开的"未发酵的葡萄汁(mosto)"(碾碎的葡萄的汁液、果肉和果皮)将自己的味道渗入发霉的壶罐却不会吸入一点霉臭味。于是,对模仿的贬低产生出一种关于自主的想象,其中一个人能够为所欲为而不必担忧任何其欲望目标给自己带来的危险。

马基雅维利继续扮演着韦托里顾问的角色,在信的结尾鼓励他不要担忧"萨诺先生的霉臭"和"斯梅丽亚太太(Mona Smeria)的肮脏"(以及在教廷及其周边的女人们)①要遵循他[258]自己的instituti——"遵循您自己的instituti"——我们可以把这个词在感觉和欲望的意义上翻译成"习性"(habits)、"偏好"(preferences)、"天性"(instincts),或者也可以翻译成"倾向"(inclinations)。这封信的反讽之处在于,当马基雅维利向韦托里大谈自主(但我们必须记得,这是一种玩笑式的说教)时,他同时也在将韦托里的观点变成自己的观点。韦托里始终强调,我们身上的非理

---

① 加埃塔(*Lettere*, p. 437, n. 12)和因格莱塞(*Lettere a FV*, p. 213, n. 23)都评论说在布尔基耶洛的十四行诗中"斯梅丽亚太太"也出现过,她向教廷提供性服务(in conclavi è col prete)。我猜想,布尔基耶洛是马基雅维利最喜欢的方言诗人之一,既是因为他针对官方虔敬的不恭,也是因为他常常将诗和政治结合起来。十四行诗"那些曾在雅典学习的人"(Questi ch'andaron già a studiare a Atene)嘲笑了书本知识的自命不凡,它和《盖塔与比利亚》一起,针对1513年12月10日信中的"饱学之士"(uomini litterati)很好地营造了一种讽刺的距离感和某种怀疑主义。关于布尔基耶洛这一首及其他十四行诗,参见 *Poesia italiana del Quattrocento*, ed. Carlo Oliva, Milan: Garzanti, 1978, pp. 23-31。关于布尔基耶洛,参见 Renée Watkins, "Il Burchiello, 1404-1448 — Poverty, Politics, and Poetry," *Italian Quarterly* 14, 1970: 21-57。关于马基雅维利对布尔基耶洛的呼应和在他与秘书厅的朋友和同僚的信中的呼应,参见 Giulio Ferroni, "Le 'cose vane' nelle *Lettere* di Machiavelli," p. 218 and n. 9。关于普尔奇和布尔基耶洛对马基雅维利语言的影响,参见 M. Puppo, "Machiavelli e gli scrittori italiani," *Cultuta e scuola* 33-34, 1970: 148-159。

性与无理性是真实存在的,"遵循您自己的倾向"这一建议仿照了这一看法。但是,这样一个建议出自《君主论》的作者便有点奇怪了,对他来说成功需要的是对本质和表象的理性掌握、恰当地选择模范加以模仿、超越传统并压制情欲。

马基雅维利鼓励韦托里"让布兰卡奇说去吧,因为他并不知道,他只是一只唧唧喳喳叫得最早的鹪鹩(wren),等来了猫头鹰,他会头一个被叼走。我们的菲利波就像一只秃鹫,如果当地没有腐肉,他会翱翔几百里寻找①;填饱嗉子后,他会坐在松树梢上,嘲笑雕、鹰、隼之类的鸟们,它们由于[只]吃鲜美的食物所以每年有一半时间饿得要死"。这一大堆鸟儿的比喻给出了世界全是"疯子"的另一个版本:这个世界里满是夸夸其谈而被其他更为精明和审慎之人侵吞的人、不择手段以满足自己口味(就卡萨韦基亚而言是喜欢小伙)的人,还有为了寻求更好的东西而永不满足的人。马基雅维利是那些"[只]吃鲜美的食物所以每年有一半时间饿得要死的雕、鹰、隼"中的一员吗? 这一段话重现并戏仿了马基雅维利(在1513年12月10日信中)吃着其农场生产的粗茶淡饭却在寻求着真正的营养,只不过是以阅读和与古人的谈话为"食粮"。

马基雅维利对于他们两人通信转向的反应显然让韦托里感到

---

① 在韦托里下一封1月18日的信中,他说卡萨韦基亚反驳道:"菲利波不赞成您说他纵情于腐臭,因为他说,他总是钟爱完美无瑕之物,来者不拒的恰恰是您"(*Opere*, p. 1167a; *Lettere*, p. 441; *Lettere a FV*, p. 217)。这似乎是一个很好的例子,有助于我们理解马基雅维利构建他满是"疯子"的鸟笼的想法。这个例子表明他的朋友圈子,特别是那些在秘书厅的以及以其他方式在政治上与他有联系的(比如卡萨韦基亚)人,常常热衷于玩笑地彼此骂来骂去,使用下流的言语相互攻击,不是性器官就是屎尿屁。费罗尼对这种现象有精彩的论述,参见 Ferroni, "Le 'cose vane' nelle *Lettere di Machiavelli*," pp. 215—221。有意思的是,马基雅维利从未与韦托里如此,尽管韦托里此次在卡萨韦基亚和马基雅维利之间充当着中间人的角色。卡萨韦基亚的反驳是值得注意的,它让我们知道,韦托里在1514年初的这几周里给他看过马基雅维利的信。

欣喜，韦托里想要确保势态继续在同一个方向上发展。[259]他在1月18日①写道："以前无论大事小事，我总是称赞您的智慧和判断。您在上一封来信里关于菲利波和布兰卡奇的那番论述，几天之内就真的言中了。"换言之，马基雅维利在1月5日想象的场景成真了。韦托里解释说，为了取悦他的朋友们并堵上他们的嘴，他让萨诺先生和女人们都躲得远远的。正如马基雅维利所料，没出几天，朱利亚诺·布兰卡奇就开始催促韦托里请某位邻居太太来赴晚宴，又说与邻人不善乃是粗鲁的表现。韦托里的信绘声绘色地详述了后续发生的宴会细节，我们再一次在这封信里看到了《日耳曼之旅》的语气与风格。就像《日耳曼之旅》，这封信以及它所描述的故事围绕着对语言和写作的评论展开。正如我们看到的，韦托里开头说马基雅维利关于卡萨韦基亚和布兰卡奇的"论述……真的言中了"，这等于是说尽管马基雅维利的"智慧"和"判断"总是很好的，这一次——不同往日——他的"论述"成功预测到"实际"发生之事而应验。当然，这恰恰是他们两人都担忧的、从未发生的事：在"论述"与事件之间的可以证实的关联，只是各自在1513年3—4月间的心境不同。韦托里曾在3月感叹"我的所有这些论述和推理都是无用的"，而马基雅维利在4月9日信的著名段落中表示同意：这成了讨论政治的苦恼之源，"因为人们常常发现，事件的发生总是外在于人们所形成的论述和概念"。因此，韦托里取笑马基雅维利的"论述"真的言中，这既是在提醒马基雅维利早先的那些担忧，也是嘲笑克服了这些担忧：他们终于发现了一种与现实有着可观察之关联的论述。

在第二段的开始，韦托里又将写作加入他的故事。为了让马基雅维利明白没了萨诺先生和女人们在宴会前生活变得多么无

---

① *Opere*, pp. 1165a-1167a; *Lettere*, pp. 438-441; *Lettere a FV*, pp. 213-217.

聊,他描述了那一周他与一位名叫多纳托·博西①的"长相严肃而又古怪"的语法学家的交谈。"他说的只有词语来源于何处,名词如何产生,动词能否置于从句的开头或末尾,以及诸如此类无关宏旨、令听者相当厌烦的东西。"韦托里决定容忍这些无聊的"传说"(favole),从而让卡萨韦基亚和布兰卡奇[260]"能够认识到他们的错误",不该坚持要求请走萨诺先生和女人们。韦托里将语法——以一定之规编排和收纳语言——用于惩罚那些忽视欢愉的人的观念,让人们想到伊拉斯谟借愚人之口所说的"黄金时代的质朴的民众",他们没有专门知识,"只靠天生本能的指引来生活。大家说的都是同样的语言,说话的惟一目的是使意见交流得以进行,还需要什么语法呢?"愚人说,语法和其他专门知识是随着黄金时代的纯洁无邪日趋消逝而由魔鬼创造出来的,她总结说:"的确,仅就语法一科而论,就足以使人一生苦恼绵绵。"②韦托里很可能对1511年出版的《愚人颂》很了解,而他知道托马斯·莫尔及其《乌托邦》让这一点变得更加可能。③ 无论如何,关于语法之沉闷的玩笑属于一些老旧的忧虑,特别是为人文主义者所强调,他们常常从自然或自发的日常言语与古板僵硬的学术或正式写作之间对立的角度表达这些忧虑。在《论其自身及众人的无知》(*De sui*

---

① 因格莱塞(*Dizionario biografico degli italiani*, 13:308)称,是有一个叫詹·阿尔贝托·迪·多纳托·博西(Gian Alberto di Donato Bossi)的人,大约生于1460年,著有一本名为《语法原理》(*Institutiones Grammatice*)的书(*Lettere a FV*, p. 217, n. 1)。

② Erasmus, *Praise of Folly*, tr. Betty Radice, Baltimore: Penguin, 1971, pp. 112-113(中译文采自许崇信译本《愚人颂》,辽宁教育出版社,2001年版,第36—37页)

③ 在韦托里的《意大利简史》中,他断言所有的政府形式或多或少都是暴政。他能想到的唯一可能的例外是柏拉图"所写的和想象的"政府以及莫尔的乌托邦:"我认为,任何人想要建立一个柏拉图所写和想象的共和国,或像英国人托马斯·莫尔所言在乌托邦中发现的共和国——人们或许可以说它们不是暴政(Vettori, *Scritti storici e politici*, p. 145)。琼斯引用过一封1529年的信,其中韦托里表示对伊拉斯谟的作品感兴趣(Devonshire Jones, *Francesco Vettori*, p. 8)。

ipsius et multorum ignorantia)中,彼特拉克自己偏爱"与友人随意的、使用简单句子的谈话方式(或者说也许对于事物也没有最终定论)","对知识和一切其他东西毫无保留、无所嫉妒地可信分享"成就了这一言语方式,他将这一方式和有些人比如奥古斯都皇帝的过分小心相对比,他对元老院和人民甚至对自己的家人都字斟句酌,"以便不让一个肤浅或愚蠢的词偶然溜出嘴"。① 彼特拉克用皇帝为例清楚地表明,这种更为小心的言语方式和创造与保有权力——在这个例子中既包括政治权力也包括在家庭中的权力——之间有着重要关联。在整个15世纪,人文主义者们都绞尽脑汁试图解决一个难题:他们应当在多大程度上模仿[261]古代作家(并且用拉丁文写作),还是改用方言写作,后者通常被认为可以有更大的空间来体现个人才情或具体城邦的文化传统。这些复杂的议题从15世纪一直争论到16世纪,韦托里和马基雅维利毫无疑问完全清楚,枯燥的语法学家玩笑背后更高层次的智识上的分歧与冲突。

要弄明白韦托里是如何将这些写作和语言的议题纳入这封信的,我们就需要看看他对宴会的叙述。韦托里说,他必须先告诉马基雅维利一些关于邻居太太的信息,从而解释卡萨韦基亚和布兰卡奇是"出于什么目的"都力主要邀请她。她是一个好人家的寡妇,一直都是一个"好的伴侣"(buona compagna),并且"尽管她青春已逝,但她有一个20来岁的女儿,极为漂亮,已经初通人事。她还有一个14岁的儿子,彬彬有礼,教养很好,具有和这个年龄相称的良材美质"。因为他们两家是近邻,花园彼此相通,"所以不和

---

① Francesco Petrarca, *Opere latine*, ed. Antonietta Bufano, 2 vols., Turin: UTET, 1975, 2: 1060(英译文采自 Francesco Petrarca, *On His Own Ignorance and That of Many Others*, in The Renaissance Philosophy of Man, tr. E. Cassirer, P. O. Kristeller, and J. H. Randall, Jr., Chicago and London: Phoenix Books and University of Chicago Press, 1948, pp. 72-73)。

这个太太有点交往是绝不可能的"。实际上,她常常来找韦托里请他帮忙从教宗或其他政府机构求取这样或那样的好处。"我已尽力帮她了",韦托里又假模假式地补充说,他这样做是"因为[帮助]孤儿寡妇是我们义不容辞的责任"。布兰卡奇一直念叨不请这位女士便是无礼,菲利波·卡萨韦基亚则按捺不住对那个小伙子的心思,他"举了亚历山德罗·纳西的例子",说此人在罗马的时候总是在冬夜享受着某位友邻的陪伴,韦托里心软下来告诉他的朋友们会照他们的意思办。

不用想也知道,就在那晚他们请来了邻居。韦托里回到他的书房写信给佛罗伦萨负责外交政策的十人委员会——他的上司们,马基雅维利也曾担任这一机构的秘书多年。韦托里中断了关于其朋友和邻居的故事,开始评论他在给十人委员会写信上面临的困境:"我一直在想,我怎么才能把信写得既不向他们[十人委员会]透露我们的主人[教宗]的全部计划因为我不知道他们会不会喜欢它们,又不那么苍白让他们觉得我在这儿不是懒惰或愚笨就是没把他们当回事,尤其他们还是咱们城里在各方面拔尖儿的人物。就在我反复思考这个问题的时候",邻居太太和她的两个孩子以及她的兄弟突然到访。韦托里热情地欢迎了他们——他说那热情程度[262]远超他通常的风格。因为他现在有客人要招待,而且有对付他那两个古怪朋友的计划要实施,他"草草了结了[给十人委员会的]书信,说他们若希望得出一个看法,有必要等待瑞士人在主显节[当天的联邦]会议上的决议"。当然,无需向马基雅维利解释或说明的是,大使或秘书决定要向其政府汇报什么有时是很微妙的,他自己就在多年前被批评在委派的任务上汇报得不够频繁也不够细致,他所担心的恰恰就是韦托里现在所说的。实际上,此处关于政府书信写作之难的延展段落本身的框架就是"想象"(fantasia)和"奇思妙想"(ghiribizo),它似乎是用来突出想象的作用和伪善的危险,这些牵涉到讨国内政治家们开心、让

第七章 "一场荒唐的变形记"

他们自我感觉良好的必要性。考虑到马基雅维利和韦托里在1513年夏对瑞士人的问题分歧严重,韦托里诉诸瑞士人之重要性仅仅是为了草草了结书信并开始宴会,这可能会让马基雅维利感到又好气又好笑。

朱利亚诺·布兰卡奇一门心思全在年轻的科丝坦扎(韦托里自始至终没有说她母亲和弟弟的名字)身上,同样,卡萨韦基亚则在打那个小伙子的主意。为了给他们行方便(也让他们更露丑),韦托里把这位寡妇和她兄弟请到房间的另一端,一直在和他们聊一桩他们牵涉其中的案子。但是,尽管韦托里在和他们聊天,但他还是忍不住时不时地听听朱利亚诺和科丝坦扎说了些什么,"说的是些世上最美的甜言蜜语,赞扬她的高贵、漂亮、谈吐优雅,以及一个女士身上任何可赞扬的优点"。与此同时,卡萨韦基亚已经不满足于假装正经地询问小伙子的师傅和学业,而是问他是不是和师傅睡过了,这让小伙子屡屡尴尬得低头不语。欢乐的晚宴过后,他们都围坐在火炉边,"我们在那里消磨时光,讲讲故事、笑话和有的没的"。

现在,我们应当想到,韦托里不是按照马基雅维利的建议接受了这些快乐,就是他的计划与马基雅维利的建议不谋而合;并且,他这样做一方面是想取悦他的朋友们,另一方面也是想让他们面对由各自的弱点和偏好带来的各自的盲目性。我们可以换句话说,韦托里对自己的定位,不是在谋求成为马基雅维利的新君主,号称看得到别人看不到的东西,抓得住行动和情势内在的或潜藏的、为常人由于停留在表象的肤浅层次(其平常的、肤浅的论述也是如此)通常所误解的真实性。[263]马基雅维利对布兰卡奇和卡萨韦基亚的建议和嘲弄(beffa)说明他们看不到自己的真实动机(《君主论》认为大多数人也是如此),所以被韦托里操纵,而在到目前为止所讲述的故事中,韦托里既比朋友们更了解他们自己,又完全控制着自己的动机、反应和和情绪——这同样是其成功的关键。但在故事的末尾,韦托里说自己恰恰就缺乏自知和自控,他成了自己游戏的受害者,陷入其计划未曾预料到的结局:"尼科洛,我忍不住要向您抱怨,由于想使我那两个朋友高兴,我几乎变成这个科丝坦扎的囚徒了。"别的女人只不过给他带来一些想象,他对她们没有什么深的情感。他说科丝坦扎不一样,虽然他还是用传统的女人美丽、男人迷恋之类的词汇来表达:"容我冒昧说一句,您绝对没有见过如此美丽、如此诱人的女子。其实我以前已见过她,不过是遥遥相望。自从她走到跟前之后,我对她是多么喜欢啊,我心中想的念的只有她。"韦托里随后补充说,他会竭尽所能打消这些情感,特别是考虑到他了解马基雅维利在类似情形下有过的"激情":"因为我知道您恋爱过好几次,也听说您为此吃过不少苦头,所以我打算从一开始就尽量抗拒;我不知道我是否足够强悍,而我担心我没那么强悍。"

就这样,韦托里道出了他的情感困境以及他担心由此会带来什么,用到的词汇——"情感"(affectione)、"想象"(fantasia)、"激情"(passione),乃至"抗拒"(resistentia)——令人想到1513年他们关于政治的通信中某些关键且尴尬的时刻:马基雅维利(在4月)决心不再"带有激情地"欲望任何事物,他(在8月)指责韦托里关于法国在伦巴第目的的观点受到了一种"自然的情感"的驱使,韦托里(在7月和整个一年里)坚持认为政治和政治论述包含有很大成分的"想象",马基雅维利(在《君主论》第二十五章中)试图以力量和抗拒捕捉机运与德能的动态变化。甚至连对"遥遥相望"和"走到跟前"看到的科丝坦扎之美貌的不同印象似乎都在戏仿马基雅维利(6月20日)的观念:审慎之人的本分在于总是"未雨绸缪"。韦托里自然是没有很好地未雨绸缪,结果他现在就面临着危险,而他所了解的危险性——这里[264]讽刺的是——来自马基雅维利类似困境下的麻烦遭遇。这样他便提醒马基雅维利,虽然他有一大套关于君主自控和自主的说教,但说教者本人却常常为自己的情感所累。

韦托里是打算用他对自己的迷恋困境的叙述作为一种类比,意在请马基雅维利重新思考他关于君主行为以及普遍的人类行为的假定吗? 马基雅维利本人在 2 月 4 日的回信中告诉我们,他就是从这个角度理解韦托里的信(及其目的)的。① 他表示很享受韦托里的"故事",他写道:"我从头到尾仔细思考了他们[即卡萨韦基亚和布兰卡奇]和您的故事(historia)——老实说,若不是因为我丢失了我的笔记卡片②,我真会将它插入现代编年史——我认为它值得讲给一位君主听,比之我今年听到的任何事都毫不逊色。"这明显又是在拿《君主论》寻开心。这个玩笑开头隐含地假定韦托里的故事甚至能够媲美《君主论》值得君主的注意。从某种角度看,这是对韦托里故事的极高赞扬,但是同时它将《君主论》拉低到一种与一个故事相比较的关系中,这个故事大谈"情感""想象"还有"激情",以及非理性的意外胜出,因此也在是在谈控制的虚幻。另外,将故事插入"现代编年史"这一措辞呼应着《君主论》献辞(原本是献给朱利亚诺的)里的一句名言,马基雅维利在其中表示他"关于伟大人物之行动的知识"来自"对现代事务(cose moderne)的长期经验"和他对古代事务的研读。《君主论》

---

① *Opere*, pp. 1167a–1168b; *Lettere*, pp. 441–444; *Lettere a FV*, pp. 218–221.
② 因格莱塞有一个很有意思的假说,他认为这些我将其译为笔记卡片的"零碎"(bazzicature)指的是收录马基雅维利在秘书厅时收集和编辑的文档复件的笔记本或文件盒,或许还得到过朋友们和同事们的帮助,这明显是在为写近当代史作品做准备。他进一步猜测,马基雅维利可能的确在他被解职时丢失了这些材料,很有可能是最近几年的一部分,而这一损失便可以解释为什么《十年纪·第二》(*Decennale secondo*)本该涵盖 1504—1514 年,实际上却只写到 1509 年,这一观点的概述,参见 *Lettere a FV*, pp. 221–222, n. 3。里多尔菲分析了马基雅维利笔记本中存留下来的内容(*Vita di NM*, pp. 472–474)。这当然是可能的,但我们应该如此仅在字面意义上理解他所说的"零碎"和他丢失了它们吗? 我想特别是结合它所处的这种玩笑的语境,无论这个词指的是一种精神上的档案还是对他记忆的记录,在这样一个暂时退出政治论述的时段,它们都必须被当成是一种久远的遗失之物。

一直在他们的通信中忽隐忽现,一直是一个偶尔会简短提及或暗示的主题却从未有过实质性的讨论。在 1 月 18 日这封信的末尾,[265]我们会看到,韦托里漫不经心地提到,他已经"看了大作的几个章节"并且很喜欢,但是在没有全部读完之前他不打算做出任何确定的判断。这只会增加 2 月 4 日马基雅维利对韦托里"故事"的评论乃是意在反讽地指《君主论》的可能性:他说韦托里的故事"值得讲给一个君主听,比之我今年听到的任何事都毫不逊色",明显是要突出他的朋友一直在拒绝对那本论君主国的小书做出类似的判断。

或许马基雅维利也开始意识到,尽管大多数现代的书信读者们都不曾意识到,韦托里不愿称赞《君主论》既不是出于"自然的情感"也不是出于智识上或政治上的胆怯,而是因为他对马基雅维利作品中未经检验的假定有着精微的批评,也因为就文本与他们想要理解和控制的"事物"之间的关系而言,韦托里本人有着全然不同的路径和方法。马基雅维利于是将韦托里对情欲的论述——我认为韦托里希望他这样做——理解、转换为一种关于写作之情欲的论述。他 2 月 4 日信的余下部分主要是幽默地重述了韦托里 1 月 18 日"叙述"的同一场景。马基雅维利对他想象中可能发生的宴会情景加以润色,几乎像是他在谋划着一部戏剧的走向①,马基雅维利让他思维的眼睛追随着卡萨韦基亚和布兰卡奇展现自己傻劲时的姿态和言语的场景,也在创造这种场景。"我仿佛看见,布兰卡奇蜷在一把椅子上,坐得低一些以便更好地凝视科丝坦

---

① 雷蒙迪将这部分信归纳为"到目前为止处于一种戏剧性模式中"(ormai da palcoscenico)并认为几个月来的信都呈现出一种"剧场气氛"(aria di teatro),通过这一点他猜测,《曼陀罗》的构思(尽管未必实现)可能已经在马基雅维利的头脑中成型了(Raimondi, "Il segretario a teatro," in *Politica e commedia*, p. 196)。类似有关这封信的戏剧性维度的观点,参见 Ferroni, "Le 'cose vane' nelle *Lettere* di Machiavelli," pp. 255-257; and J. R. Hale, *The Literary Works of Machiavelli*, London and New York: Oxford University Press, 1961, p. xviii(但把这封信的日期搞错了)。

扎的脸,通过言语和动作,通过手势和讨好的话,通过嘴巴与眼睛的躁动,表明科丝坦扎的话语、叹息、眼神、芳香、温柔以及女性聪敏的样子令他垂涎三尺,如痴如醉。"现在,情欲改变了文本本身,突然转向一首三行诗,用的绝对是但丁的韵脚:

> 右转身,我看见了我们的卡萨[韦基亚],
> 现在离目标也就是小伙更近了,
> 自负满满,脑袋剃得亮堂堂。
> (Volsimi da man dextra, et viddi il Casa
> che a quel garzone era più presso al segno,
> in gote un poco, et con la zucca rasa.)

[266]马基雅维利"看见"卡萨韦基亚的动作,身体重心变来变去,当他从小伙子那里得到简短且尴尬的回答时便摇头晃脑。他"看见"他相继代入很多角色:父亲、老师,还有情人,搞得小伙子更加困惑于他对自己有何"目的"(fine)。他"看见"韦托里与寡妇和她兄弟聊天,但只有一只耳朵在听,嘴上在重复着他们说的每句话的最后几个词("就像回声一样"),同时另一只耳朵在听卡萨韦基亚和布兰卡奇说些什么,自始至终一只眼睛放在科丝坦扎身上另一只眼睛放在小伙子身上。(马基雅维利这里想象出一个绝技:韦托里的双眼在盯着两个事物,耳朵则听着至少三场谈话。)马基雅维利在这一段里有14次"看见"或者"似乎看见"了这个或那个场景的细节:"我似乎看见布兰卡奇""我看见卡萨""我看见动作""我看到了您大使先生""我看到您在回话"等。诚然,他在某种程度上也承认写作不足以表达他思维画面中的全部丰富细节,他写道:"我要是会画画,我会把他画下来给您看,因为他的某些特有的动作,他斜眼看人的方式,他倨傲的姿态,是无论如何无法用文字来表达的。"马基雅维利这里乃是在展现写作自身无法满

足的欲望。

当马基雅维利想象韦托里被情欲捕获的场面时,他诉诸文学传统来控制他的写作,这一举动或许表明单纯的写作是不够的。"最终,我看见了在战车前戴着锁链的朱庇特"——这句话略有改动地引自彼特拉克《爱的胜利》(Trionfo d'Amore)的最后一句。为什么偏偏在这里提到爱的力量时引用了文学作品?《爱的胜利》讲述的是爱神/丘比特引领下的胜利过程的某个版本或某种梦想,丘比特被描绘为"无往不利、至高无上的领袖",身后跟着数不清的他的囚徒,首先便是恺撒、奥古斯都、尼禄和马尔库斯·奥勒利乌斯几位皇帝。这首诗突出的不仅是爱的力量,还特别指出爱的力量的政治本性超过了政治权力的其他形式,实际上战胜了最强大的政治力量:罗马帝国。① 马基雅维利继续道:"我看见您因爱情而激动不已。就像蔓延过绿色树木的火焰烧得格外猛烈,您内心的火焰也燃烧得更加激烈,因为它遭遇到了更强大的抗拒。"这种爱情会因为韦托里试图抗拒而更加猛烈的观念颠倒了马基雅维利在《君主论》第二十五章中宣称的力量和抗拒的动态关系,他在第二十五章写道,"当德能没有准备好抵抗她时,机运就展现她的威力"。

大概是想要突出韦托里抗拒的无效,[267]马基雅维利评论说:"在这里,请允许我和泰伦提乌斯的那个人物一起呼喊:'天啊,地啊,尼普顿海神啊'(O coelum, O terram, O maria Neptuni)"——这是《两兄弟》790行中德梅亚极为戏剧性的感叹。我们再一次要问:这一刻马基雅维利为什么会想到这个文本?或许他记得,几行之后,德梅亚变得更平和、更能接受现实,并断言从未有人把人生谋划得足够好,从而让事件、时间的流逝还有经验不曾

---

① 马基雅维利所引的句子来自 Triumphus Cupidinis I. 160,关于爱的描写见 I. 13-15;关于几位给囚徒领头的皇帝,见 I. 88-102(Francesco Petrarca, Triumphi, ed. Marco Ariani, Milan: Mursia, 1988, pp. 81, 95-97, 105)。

第七章 "一场荒唐的变形记"　　　　　　　　　　　　　　*337*

引入变化和带来新的教训。① 这几句话呼应了韦托里在1513年夏天一直敦促马基雅维利的话。马基雅维利接着说:"我看见您在与自己交战",这又转到了奥维德的《变形记》第二卷第846—847行:"'因为庄严与爱情无法并行不悖,也不会在同一栖身地久留',现在您宁愿变成一只天鹅,这样就可以在她膝上下一颗蛋了,或是变成金子,让她把您装在她的衣兜里,或是变成一头动物,或者其他东西,只要您不必和她分离。"引自奥维德的这几句话来自朱庇特诱拐欧罗巴的那段,他带着她化身为一头公牛,藏匿入牛群,又赢得了阿格诺尔国王女儿的芳心。② 最伟大的神明委屈自己化为一种动物只为逢迎合爱的力量,而这一行为又将一位凡人国王的女儿带走了。马基雅维利是在取笑韦托里想要模仿众神之首从而情愿将其职位的"庄严"或尊严弃之不顾。他想象着韦托里的每一个行动、姿态和愿望,在爱的愚蠢中暴露自我的丧失。朱庇特也曾为了占有他想得到的女人化身为天鹅、金雨,以及我们不要忘记,还变身成为过安菲特里翁,马基雅维利文学想象中的韦托里同样体验着欲望驱使下的身份错乱。

通过重写和呈现韦托里对宴会的叙述,辅以文学手法的帮助,马基雅维利从一个我认为对他而言是全新的角度处理了欲望的困境:使求爱者发生转变的爱的力量(或者爱的对象)。现在马基雅维利关注的是欲望的自我挫败的一面:这种欲望的目的在于控制它的对象,而其终结不是被其对象控制就是被其对象转变。欲望在菲利波·卡萨韦基亚和朱利亚诺·布兰卡奇身上是自我挫败的,他们试图改变韦托里,随后又引诱科丝坦扎和她的弟弟。欲望

---

① *Adelphoe*, The Brothers 855-857, in the Loeb Terence, tr. John Sargeaunt, vol. 2, Cambridge, Mass.: Harvard University Press, 1979, pp. 306-307(泰伦提乌斯的文本实际上是"o terra",而不是"terram")。

② The Loeb *Metamorphoses*, tr. F.J. Miller, 2 vols., Cambridge, Mass.: Harvard University Press, 1984, 1:118-121.

在韦托里身上也是自我挫败的,韦托里[268]以为他能用科丝坦扎和她的家人来羞辱卡萨韦基亚和布兰卡奇,而他如今却在"与自己交战",正如我们所见,他不能实现也不能放弃欲望。让我们回想一下韦托里所写的,他与欲望战斗是因为他知道马基雅维利在恋爱中有多痛苦。因此,毫不意外的是,马基雅维利从对欲望力量进行转变和迷惑的角度重述了韦托里的故事,落脚在对他自己"事例"的思考,他称给内心之战画上了句号,找到了一个不在爱神的手中受到折磨的方法:

> 想起爱神之箭对我的伤害,我的事例(exemplo)使您望而却步,我不得不告诉您,我是如何靠他规管自己的。实际上,我曾任他恣意而为,我追随他穿过溪谷、森林、悬崖、田野;我发现他对我的爱抚多过他对我的折磨。因此,请卸下包袱,扯掉笼头,闭上眼睛,说:"爱神啊!往前走吧,带我向前走;若结果美好,愿你受到赞美,若结果不妙,愿你受到责备;我不过是你的奴隶(servo)。你折磨我,不会多得什么,反而会吃亏,因为你是在折腾你自己的东西。"就凭这样的话就足以穿透一堵墙,用这样一些言语,您就可以博得他的怜悯。因此,我的主人,开心点儿!不要害怕,直面机运女神吧,请遵循周而复始的天道、时代和人们的境况在您面前指出的道路,切勿怀疑,您会冲破一切藩篱,克服一切障碍。如果您要给她唱小夜曲,我愿意带上我优美的乐曲前去,这乐曲会让她坠入爱河。

这里特别值得注意的是,在马基雅维利与爱神的对话中,明显地插入了政治性语言。这一段表明了在面对欲望力量的时候策略和谈判的必要性。马基雅维利在这里成为自己的一个"事例"——爱神会对他的受害者造成伤害。马基雅维利作为这样一个受害者,

第七章 "一场荒唐的变形记"

有一些建议告诉他人如何能够躲过他所遭遇的事情,他以自己如何学会靠伤害自己的力量"规管"自身来构建建议。在总结中用机运女神替代了爱神,我们大体可以得出《君主论》中的伤害与建议也有同样的关系,或者是这一关系的戏仿。在这两种情况下,都是马基雅维利遭受的痛苦令他强大,成就了他建议的价值。但是,这位教导自主之绝对必要性和控制时势与机运之绝对必要性的君主顾问,现在提出了一种非常不同的对付爱神的策略:只要放弃一切控制爱神的企图,就能对爱神伤害他的力量加以限制。他任由爱神做他想做的,追随爱神去往各处,[269]结果相较于爱神曾经对他的折磨,爱神对他更加温柔了。所以,他决定不要试图束缚爱神,而是实际上成为爱神之马的被动的骑手/仆人,并且同样建议韦托里。这段小小的对话揭示出,爱神一度折磨过这位骑手,后者宣布自己属于爱神从而说服了这位强大却不怎么聪明的主人停止折磨他。

但是,马基雅维利说这些臣服和顺从的话"足以穿透一堵墙"[1],令爱神怜悯他,便重新引入通过欺骗和诡计来平缓进而控制爱之危险的欲望。这是此阶段通信所开启的悖论的另一面:如果欲望和控制的意愿常常是自我挫败的(要么是因为欲望的对象不让自己被控制,要么是因为即使被控制住它也会让控制者臣服于它),臣服反倒在实际上成了一种力量来源。马基雅维利直接将这一悖论应用在他曾无法解决的《君主论》第二十五章中的难题,他建议韦托里:"直面机运女神吧,请遵循周而复始的天道、时代和人们的境况在您面前指出的道路。"能否、如何以及何时调整自己的行为以适应或对抗机运,或者与历史和时势相一致,以便"掌握自己的星宿和命运"(如他1506年在给焦万·巴蒂斯塔·

---

[1] 这可能是在呼应洛伦佐·德·美第奇的诗歌《巴贝里诺的南恰》(*Nencia da Barberino*)第五节第1—2行:"那双眼睛如此迷人,足以带他穿过墙壁"(感谢格拉齐尼博士对这一点的提醒)。一个最近的版本见 Lorenzo il Magnifico, *Poesie*, ed. Federico Sanguineti, Milan: Rizzoli, 1992, pp. 57—63(所引部分在第58页)。

索德里尼的"奇思妙想"信中所写),这个问题让马基雅维利从他最早的政治著作开始就感到困扰乃至着迷,在与韦托里通信的这一年里更是达到顶峰。《君主论》第二十五章的重要性就在于它见证了他的欲望,以及他无法寻得一条出路。现在,在 1514 年 2 月 4 日的信中,马基雅维利似乎承认了欲望和挫败是必然相连的,如同在一场可能轻易变得暴烈的游戏中相互支持的玩家一样。通过臣服(或佯装臣服)、通过既不在爱神(或机运女神)不想让步的地方有所奢求也不在爱神(或机运女神)决意俘虏他时有所抵抗,人至少可以躲开暴力和伤害。

马基雅维利既在充当着他在《君主论》中扮演的顾问角色,也在仿写他在书中给出的建议。这封信实际上以玩笑收场,说他在自己朋友们当中"顾问"(huomo di consiglio)的声誉正在衰败。① 他告诉韦托里,他担心自己已经[270]成了多纳托·德尔·科尔诺和里恰小姐的烦恼。他作为"顾问"的声誉让他得到前者的招待和后者的亲吻。但是,他觉得他所享有的来自他们的好意并没有持续多久,"因为我给他们两人的一些小小建议均未见成功"。他听到里恰小姐对自诩的智慧分发者的抱怨:"这些聪明人啊,这些聪明人,我不知道他们的脑子里有什么。依我看,他们似乎会把任何事情都弄得乱七八糟。"于是信的末尾呼应了某些对于失去朋友和好处的旧的担忧,如今又混杂着他的"顾问身份危机"和他对于自己作为一个"聪明人"总把事情搞乱的担心。

韦托里在 2 月 9 日回信时②,回到了抗拒爱的主题上。他向马基雅维利保证,并不是庄严(maiestas)与爱情(amor)不可兼得让他想要抗拒:"我感觉我在佛罗伦萨当普通人时,比如今在这里当大使更为庄严。"他想到自己已经 40 岁了,有妻子和 3 位女儿,

---

① 关于此段的评论,参见 Ferroni, "Le 'cose vane' nelle *Lettere* di Machiavelli," p. 246。
② *Opere*, pp. 1168b—1170a; *Lettere*, pp. 444—447; *Lettere a FV*, pp. 223—225。

他的金钱还是都用在她们身上更为"合理"一些,这些抑制住他陷入爱河,他担心自己的金钱和情感都会被榨干。抑制他的还有"听任自己被欲望(voluptà)征服是一件多么可耻的事情"的念头,这里的欲望特指被性愉悦和性欲征服。由于科丝坦扎年轻、貌美、火辣,韦托里担心"正如我喜欢上了她,别的与我类型不同的人也会喜欢她,所以我不会享有她很长时间,反而会陷入不断的醋意之中"。因此,他决定将她抛在脑后。

但是,韦托里更高一层的观点在于抗拒的不可能性,他迅速地补充说,他连着两天抱持自己已经从欲望中得以解脱"这种想象",直到科丝坦扎和她妈妈来访。为了全面展现他的失败,他自己从彼特拉克《爱的胜利》中选了一段来对应马基雅维利所引用的。彼特拉克在这一段中认为自己被劳拉俘获和困住,他写道:"我曾发誓,保卫自己如全副武装之人,却为莺声燕语一颦一笑所俘虏。"①科丝坦扎的妈妈来谈点事情(di sua faccende),她是来求韦托里帮忙影响一下那桩案子吗?然后她将韦托里一人留在科丝坦扎身边——是诱惑还是报答?无论如何,韦托里的抗拒崩溃了,他忍不住去摸她:"我以前所下的一切决心早已抛到九霄云外了,我决定将把自己[271]献给她,任由她随意摆布。"韦托里接着谈论花费(比他的担忧要少)、焦虑和享受科丝坦扎美貌与魅力的快乐。卡萨韦基亚和布兰卡奇都就他的迷恋向他提出过某种"责难,或者让我们说,充满深情的劝诫",而韦托里回应说:"如果您知道,一个人意识到他的行为是错误的,那么就无须对他加以指责;因为这样只会刺激他的激情(passione)而不会挽回他或者让他改正自己的错误。"另外,卡萨韦基亚自己刚刚在罗马因为某个小伙失去了理智,小伙愤怒的(显然也是嫉妒的)雇主威胁要对他

---

① *Triumphus Cupidinis* 3. 91-93, in Petrarca, *Triumphi*, ed. M. Ariani, p. 148. 彼特拉克原文用的是"示意"(cenni),韦托里写作了"动作"(atti)。

进行人身伤害。所以——也是这番叙述所暗示的——谁也不用告诉韦托里不受控制的激情有多危险。至于里恰小姐愤怒地指责"聪明人的建议",韦托里并不意外。但是,他绝不相信这会令其减少对马基雅维利的爱。换言之,马基雅维利为了得到爱不必成为一个成功的顾问。

文本中的欲望

要证明两人的通信在1513年12月末至1514年2月末之间兜圈子的重要性,最重要的文本莫过于马基雅维利2月25日写给韦托里的信,①这是这一组信的最后一封,它明确地承认他们之前两个月的通信将他引导到语言和写作的议题上。2月25日的信实际上根本不算是一封信。用马基雅维利在开头的话说,它乃是一个"故事",或者说是一封承载着"故事"的信或将自身转变为一个"故事"的信。自始至终,评论这封信便是在讲述这封信。在他们通信中的这一刻,马基雅维利放弃了过去那种能够控制语言的幻想,他承认语言就像爱情和欲望一样,是不可预料的、曲折迂回的,甚至是危险的。

马基雅维利说他推迟回复韦托里9日的信是因为他想"更清楚地了解一则故事的真相,下面我将[272]向您道来"。马基雅维利这

---

① *Opere*, pp. 1170a-1171b; *Lettere*, pp. 447-450; *Lettere a FV*, pp. 226-229. 关于这封信,尤其参见:Giovanni Bardazzi, "Tecniche narrative nel Machiavelli scrittore di lettere," *Annali della Scuola Normale Superiore di Pisa*, 3d ser., 5, 1975: 1443-1489; G. Ferroni, "Le 'cose vane' nelle *Lettere* di Machiavelli," pp. 253-255; G. Bárberi Squarotti, "Narrazione e sublimazione: le lettere del Machiavelli," in his *Machiavelli o Ia scelta della letteratura*, Rome: Bulzoni, 1987, pp. 82-84。简短但有益的评论也参见 Bruno Basile, "Gtotteschi machiavelliani," *Convivium* 34, 1966: 581-582; and Luigi Russo, "Machiavelli uomo di teatro e narratore," first published in 1937 and now in his*Machiavelli*, Rome and Bari:Laterza, 1975, p. 130。

里是在玩弄"novella"的双重含义:一是作为故事(文学类型),一是作为新闻、报告或者传言,并且抛出并悬置它与"真相"(il vero)之间的关系问题。他进一步把事情复杂化,说"最近发生了一件有趣的事"——这表明他要叙述一件真实发生的事情——又说这件事"用正确的名称称呼,乃是一场荒唐的变形记,值得录入古代的编年史"。称呼事物的准确名称乃是《君主论》的一项主要执念,极力主张固定性质和稳定分类。在这里,相比之下,变形记这个"正确的名称"有着使马基雅维利准备叙述的"事物"或事件状态丧失稳定的效果:这件已经发生的"事件"的结果是一种形式的变化、一个转变的过程,因此也是一件荒唐之事。马基雅维利的信却也宣称其本身是一种不稳定的形式。它的类型界定是不明确的,徘徊在书信和故事亦即事实与虚构之间。另外,它也隐藏了自己的叙述策略,或者至少声称要这样做。马基雅维利告诉韦托里:"由于我不希望得罪任何人,我要以隐喻的形式向您讲述。"这封 2 月 25 日的书信/故事于是开启,以一种戏谑试验和故意模糊的心态对待其名称、形式与意图,包括任何外在于自身之外的东西——无论是它"叙述"的这件传言故事,还是它提到的人物(或者其他可能"得罪"的人)。

故事是关于朱利亚诺·布兰卡奇的——就是那个韦托里罗马故事中的布兰卡奇——只不过从一开始我们就被警告,有可能这只是马基雅维利创造的一个角色冠以朱利亚诺·布兰卡奇的名字,自然还是"以隐喻的形式"。第一次提到布兰卡奇的名字是在一个插入语 verbigrazia 后面,它表示"举个例子说""比如说"或"我们可以说"。这就表明朱利亚诺·布兰卡奇只不过是数个可用于此处的名字之一。① 关于这个朱利亚诺·布兰卡奇,我们知道的第一件事是,他在最近的一个晚上"急着想进入灌木丛"

---

① 我喜欢黑尔对开头这几句的译法:"Someone, let's say Giuliano Brancacci, was eager to go a-hunting"(Hale, *The Literary Works of Machiavelli*, p. 146)。

(vago di andare alla macchia),吉尔伯特的译法是"想要去抓鸟儿"①,这是在"隐喻"他要去做些什么(虽然在故事明面上没有提及)。但是,[273]alla macchia 字面含义是"进入灌木丛"或"进入森林",因此也有"暗中"或"秘密"之意。书信很快就揭示出,布兰卡奇从事的所谓"抓鸟儿"着实需要对身份进行某种谨慎的掩饰。但是,马基雅维利这里也是在用自己名字的双关,因为他常常被人称诨名"马基污"(Machia)。② 抓鸟儿和身份的混乱或掩饰的结合必定也是在提醒我们想到 1513 年 12 月 10 日的信,其中马基雅维利外出诱捕画眉鸟并称自己像不幸的盖塔,后者给比利亚下套失败且搞不清楚自己是谁了。另外,直到最后我们才知道,2 月 25 日书信/故事中的"布兰卡奇"是一个善讲"故事"的人。总而言之,文本中的诸多元素强烈地表明,朱利亚诺·布兰卡奇抓鸟儿就是象征着马基雅维利写作。两者都被欲望危险的游走而控制、捕获和暴露。

在一个月黑风高的夜晚,风渐渐大起来,还下着小雨(马基雅维利说"每个迹象都表明有望抓到鸟儿"),朱利亚诺·布兰卡奇"系好他的鸟笼",拿上他的捕鸟网、铃铛和鸟拍,穿过卡瑞拉桥(Pontealia Carraia),从奥特拉诺区(Oltrarno district)走向阿尔诺河北边朝残曲街(Canto de' Mozzi,应该就是今天被称为帕廖内街[via del Parione]的那条窄窄的街道),穿过圣三一广场(piazza Santa Trinita)进入圣阿波斯托洛镇(Borgo Santi Apostoli)。他在镇中心的小巷子里一阵"鬼鬼祟祟"之后没找到一只待捕的鸟儿,

---

① *The Letters of Machiavelli*, tr. Allan Gilbert, Chicago: University of Chicago Press, 1988, p. 155; also *Chief Works*, 2:939.
② Ronald L. Martinez, "The Pharmacy of Machiavelli: Roman Lucretia in *Mandragola*," *Renaissance Drama* 14, 1983: 41, n. 114; Ridolfi, *Vita di NM*, p. 328.里多尔菲引用了一封 1525 年菲利波·德·内利写给弗朗切斯科·德·内罗的信,此信发表在 P. Villari, *Niccolò Machiavelli e i suoi tempi*, 3d ed., Milan: Hoepli, 1914, 3: 433-434。

又向上走到教宗宫殿(palace of the Parte Guelfa)穿过新市场(Mercato Nuovo),取道毛织品公会街(via Calimala)去了比萨凉廊(Tetto de' Pisani),他在那里把犄角旮旯细细地找了个遍,终于找到一只小画眉鸟。这些地方不可能是(过去也不可能是)能找到鸟儿的地方,这已经在提醒我们想到这是一个玩笑,想到"鸟儿"(uccello)在口语里的意思。布兰卡奇是在寻觅小伙,找到了他的"小画眉"(tordellino)之后,他将其引至一条小巷,"发现它温顺可人,他亲了又亲,捋了捋它尾巴上的两根羽毛,最后如大多数人所讲述的,将它收入了他身后的鸟笼"。

只有在这一刻,马基雅维利的玩笑已然说破,他宣布去掉这层隐喻,"因为雷暴的缘故,我被迫走出藏身之所,寓言就显得不适当了,这种隐喻失去了用处"。布兰卡奇想知道这位小伙是谁,后者"告诉他,我们就说(verbigrazia)他是米凯莱吧,孔西利奥·科斯蒂的孙子(nipote,也可能是侄子或外甥)"。叙述者通过去掉隐喻,在这一刻揭示出了这段文字的体裁以及布兰卡奇欲望对象的身份,而此时故事中的布兰卡奇自己的身份却藏了起来,因此在某种意义上他又"进入了灌木丛"。因为他告诉米凯莱说他是菲利波·卡萨韦基亚,并请他天亮之后到他的店里收取相应的服务费用。第二天米凯莱派人将账单送给菲利波·卡萨韦基亚,后者自然抗议说他对此事全然不知。随后,米凯莱亲自去见卡萨韦基亚,还没有意识到此人不是他昨夜服侍过的那个,威胁他除非付账不然就毁掉他的声誉。卡萨韦基亚向米凯莱保证他被耍了,劝他不要操之过急,容自己花些时间将事情理清楚。由于此事"奇异"(novità)——出人意料又无法解释——卡萨韦基亚"心烦意乱,没了法子,心情不定似比萨的海浪"。他从三种可能的行动方式中每一种所含危险的角度分析了自身的困境。如果他忍气吞声付钱给米凯莱,他便成了这小伙的"葡萄园"(vignuola)和"债务人",也就无法再自称无辜。

如果他否认指控又不找出事实真相,他与小伙各执一词,他便需要在众人面前为自己辩护。如果他试着查明真相,他就要指控某个人,有可能会出错,这样就会树敌还未必能让自己撇清关系。①

卡萨韦基亚决定查明真相,因为这是"最不糟糕的一个选择"。"机运女神对他真是太好了",他很快就猜到是布兰卡奇,他清楚此人是个"诡计多端之人(macchiaiuolo),在别的场合也曾捉弄过他",这桩"缺德事"(villania)必定是他干的。当米凯莱被问及能否辨别出那个自称菲利波·卡萨韦基亚之人的声音,并且被带到一处名为圣伊拉里奥(Santo Hilario[Saint Mirth])的地方时一切便真相大白了,朱利亚诺·布兰卡奇"正坐在一大群人中间讲着故事"。米凯莱走近他,布兰卡奇突然扭头看到了他,意识到自己的事情败露,便跑掉了。事情解决了,卡萨韦基亚的名誉得到澄清,布兰卡奇蒙羞,"在这个狂欢节里,佛罗伦萨的人们都在说:'你是布兰卡奇,还是卡萨?'"

马基雅维利用来自奥维德《变形记》(第四卷第 167—189 行)里的一句话来结束自己的故事[275],那句话是关于战神马尔斯和爱神维纳斯偷情的。维纳斯的丈夫火神伏尔甘为了惩罚他们,做了一张细密且隐形的铜锁链网,放在床上抓捕正在偷情不曾察觉的恋人。伏尔甘打开门请众神见证这对不正当恋人的可耻行为,"有一位爱说笑的天神说,他也情愿丢这种丑。天神们一阵大笑"——接下来便是马基雅维利所引用的——"这在天上是最有

---

① 巴尔达齐独具特色地分析了卡萨韦基亚"思考"(ragionamento)其困境的几种方式,它们是在戏仿马基雅维利向政治领袖们建议的理性、客观和仔细"算计可能的策略"(Giovanni Bardazzi, "Tecniche narrative nel Machiavelli scrittore di lettere," pp. 1460-1467)。我同意该观点,但想补充的是,马基雅维利在做这一类比的时候带有强烈的反讽。

名的故事"。① 他随后补了一句宛如他在秘书厅时说出的官方的和官僚的话:"我想您已听过别人的报告,不过我想更详细地讲给您听,因为我感到有责任这样做。"马基雅维利仍旧像那个爱说笑的神那样笑着,一如他过去常常做的,从讲述事实转到了给出建议和判断。他鼓励韦托里:"您应该纵情享受爱情,有花堪折直须折。若事情依然如您所写的那般,那我羡慕您甚于羡慕英国国王。请您追随星宿的指引,不要把好事错过了,哪怕只错过一点点。我现在认为,过去一直认为,将来还会认为,薄伽丘说得对:做了再后悔总比后悔不做好。"②

[276] 1514 年 2 月 25 日的书信/故事挑明了许多前几个月的

---

① The Loeb *Metamorphoses*, I: 190-191(引文英译出自 *The Metamorphoses of Ovid*, tr. Mary M. Innes, London: Penguin, 1955, p. 99;中译文采自杨周翰译《变形记》,人民文学出版社,1958 年版,第 70 页,有改动)。

② 参见《十日谈》第 3 天第 5 个故事。于利斯强调他所认为的马基雅维利对薄迦丘令人意外的忽视。他注意到这是马基雅维利唯一一次在书信里提到薄伽丘,他猜测对此的解释可能要到当时对于故事这种文学形式的普遍态度中寻找,它是微末的,是"一种社交娱乐而非一种需要耕耘的文学领域。这或许就解释了为什么马基雅维利有可能成为一名故事作家而未果"(Georges Ulysse, "Machiavel conteur inachevé: Notes sur la correspondance," in *La correspondance*, édition, fonctions, signification, vol. I, Acres du Colloque franco-italien, Aix-en-Provence, 5-6 October 1983, Aix-en-Provence: Centre Aixois de Recherches Italiennes, 1984, pp. 54-55)。于利斯这里无疑点出了某些重要的事情(即便马基雅维利的确在《佛罗伦萨史》第二卷第四十一章还提起一次薄迦丘,不过只是提到了对瘟疫的著名描述[*Opere*, p. 690a]。对于那些相信《关于我们语言的论述或对话》[*Discorso o dialogo intorno alla nostra lingua*]出自马基雅维利之手的人来说,这部作品中还有 4 次)。他说马基雅维利从未对故事这种文体持有多大兴趣,这当然是对的,正如这封信和《贝尔法哥》证明的,他在写故事方面有充分的才情。但是,如果于利斯将这种情况归结于 16 世纪早期的普遍态度的看法也是对的,那么必须要说的是,弗朗切斯科·韦托里乃一个明显的例外。他的《日耳曼之旅》就是薄伽丘及其追随者传统中的一部故事集。马基雅维利在与韦托里的通信中对这种故事的形式表现出兴趣,这或许也证明了,通信推动马基雅维利对写作和文学形式产生了某种试验心态。无论如何,正如雷蒙迪表明的,我们必须从《曼陀罗》中寻找马基雅维利对薄迦丘的兴趣和他对《十日谈》的了解(Raimondi, "Il segretario a teatro," in *Politica e commedia*, pp. 178-182)。

信中一度暗示、暗指的关于语言的内容:用语言进行隐瞒和操控的尝试,语言自身强行点破隐瞒之事的方式,语言自身暴露隐瞒和操控行动本身的方式。马基雅维利作为叙述者先是用了"隐喻",然后又表示放弃了它们,既由于"雷暴"强迫他"走出藏身之所",又因为他为了控制其故事受众反应的这些"隐喻"最终显露出并不足以完成这一任务。他的布兰卡奇角色也有类似的伪装,先是进入夜间城市的"灌木丛"中,接着又隐瞒自己的身份假称是菲利波·卡萨韦基亚。但是,最后他在向一群人讲故事的时候被自己的声音暴露,他在一个自己无法控制的故事里成了一个可笑的角色。① 于是,马基雅维利的信就将自己转变为一个故事:讲故事的人,无论他们的隐瞒和控制策略多么高明,也只有在用自己的故事揭露和讲述其本身上是成功的。所有这一切让我们回到了盖塔,回到了身份的困惑或丢失:欲望会惩罚那些沉溺于运用语言作为权力或支配工具的人。这个故事嘲笑了一切将语言驯服为工具的想法,语言的变形常常挫败那些试图控制它、通过它控制世界的人的目的。想一想马基雅维利为其故事设定的时节,正是论述与观念的狂欢化(carnivalization)将语言的力量仅仅理解为达成目的的手段。文本自身已经成了一场"荒唐的变形记",成了一个只能呈现眼前的欢乐却无法对未来或者对关于任何外在于自身的"事物"的看法做出承诺的故事(fabula):这正是弗朗切斯科·韦托里在《日耳曼之旅》第二卷开篇几页里对于作者和他们的故事的看法。

---

① 巴尔达齐说得好:"尽管布兰卡奇认为他能够涉足叙述者的身份,但实际上他是那个'被叙述'的人,也成了这个'故事'的主要内容"(Bardazzi, "Tecniche narrative nel Machiavelli scrittore di lettere," p. 1472, n. 49)。

第八章 "长达一千年之久"

"这些君主都是像您和我一样的人"

[277]在马基雅维利和韦托里差不多有两个月未通信之后，马基雅维利在4月16日打破沉默，宣称他又要开始政治写作了。他开篇的第一句话表现出与他们早先谈论政治的通信之间的距离感，也表现出对于他所要求的重新开始的不确定感。① "过了一千年之久，给您写信谈一些故事之外的东西，是不是一件该受到指责的事情呢？"毕竟，他们最后一次给彼此写信讨论君主的行动和政策还是去年8月份的事情了。② 但是，[278]真正制造出距离感的

---

① 按照托马西尼在他关于朱利亚诺·德·里奇《抄本》分析中的评论(Tommasini, *La vita e gli scritti di NM*, I: 637-638)，以及因格莱塞的解释(*Lettere a FV*, p. 235)，里奇最先看到并抄写了这封信的一份草稿，后来找到了最终版本并记录下了两者之间的重大差别。马尔泰利(*Opere*, pp. 1172a-1173b)和加埃塔(*Lettere*, p. 452-454)出版的是重新搜集到的最终版本。因格莱塞分别发布了草稿(pp. 236-237)和最终版本(pp. 232-235)。

② 我这样讲并不是没有注意到所有版本的书信集都将一封信(可能是一封信的残篇)归在1514年2—3月间，那封信是马基雅维利写给韦托里的，赞扬了洛伦佐·德·美第奇在佛罗伦萨的行为，让人们回想起了他祖父时代的"幸福回忆"和那个时代的华贵与大度，佛罗伦萨人对他既不会傲慢也不会过分亲近而不敬，对他充满了爱与敬意而非恐惧(*Opere*, p. 1172a; *Lettere*, p. 451; *Lettere a FV*, pp. 231-232)。里多尔菲找到了这封信的真迹原件(in Archivio di Stato di　　(转下页)

(接上页注②)Firenze, *Carte Strozziane*, II, 86, c. 32),从而确定了这封信的"真实性",并认为最可能的写作时间是1514年年初,因为马基雅维利2—3月间在城里,而1513年的夏末或秋天如此评价洛伦佐就有些早了,他在1513年8月才取代其叔叔朱利亚诺成为佛罗伦萨政权的领袖(*Vita di NM*, p. 525, n. 36)。

我认为从多个角度看这个问题似乎还有待商榷。这封信有没有可能写于更早的时间?我们必须注意到这封信的语言,与1512年9月的一份"致一位贵妇(*gentildonna*)"信中的内容何其相似,马基雅维利写道:"如今这座城邦已相当和平,希望在[回归的美第奇家族]帮助下,按照最幸福的记忆,人民能够享有不亚于他们的父辈'宽宏者'洛伦佐统治时代的荣耀"(*Opere*, p. 1128a-b)。在这份日期不明的残篇中,他同样说小洛伦佐"令整个城邦充满美好的希望,人人似乎都在他身上找到了对他祖父的幸福回忆"。如果马基雅维利在1512年9月新政权建立的两周内便对它有如此乐观的判断(这个判断或许是朱利亚诺要求他做出的[本书第二章第89页,原书页码]),那么我们为何不能想象,他会在1513年8月初就在洛伦佐抵达佛罗伦萨获得统治权几周之后也写下类似的对洛伦佐的乐观看法呢?

结合最近的研究,认为马基雅维利需要时间来酝酿对洛伦佐做出判断的观点的问题在于,洛伦佐的实际行为与残篇中描述的大相径庭,参见斯蒂芬斯的分析(J. N. Stephens, *The Fall of the Florentine Republic, 1512-1530*, Oxford: Clarendon Press, 1983, pp. 73-95),他的结论是:"洛伦佐1513年一抵达佛罗伦萨,便给接手过来的私人义务、友谊、联盟、需求和偏见等这些美第奇家族的政治资产带来了极大紧张。1512年之后,美第奇家族犯了许多错误,让贵族们离心离德,尤其是由于疏忽、轻率和愚蠢,伤害了那些得到过洛伦佐承诺的人们"(ibid., p. 93)。巴特斯给出了一些详细情况,就在1514年2—3月间的佛罗伦萨,对洛伦佐的不满日渐高涨,有越来越多的抱怨传到罗马,称其新政权依赖与佛罗伦萨贵族们的合作而他在与他们打交道时"失当"(H. C. Butters, *Governors and Government in Early Sixteenth-Century Florence, 1502-1519*, Oxford: Clarendon Press, 1985, pp. 237-246)。简而言之,1514年上半年对马基雅维利而言似乎是最不可能写出他对洛伦佐意见的时间,因为他肯定知道一些完全相反的看法,有些非常愤怒的人在那时正在接触教皇。

基于这些原因,并且在这几个月里,韦托里自己的信从未认可或提及马基雅维利对洛伦佐的看法,我认为没有理由继续像近来书信集的编者们那样,认为这份残篇写于1514年初。我认为马基雅维利更有可能在1513年8—9月或再晚一些写了这封信,或许就在他将《君主论》改献给洛伦佐的时候。因格莱塞也如此认为(*Lettere a FV*, p. 232)。讽刺的是,里多尔菲尽管相信这封信写于1514年,却提到了这份残篇与新献辞的关系(*Vita di NM*, p. 257)。但是,就本书目的而言,重点在于,我认为在解读1514年马基雅维利与韦托里的书信往来时,可以稳妥地将这份残篇排除在外。实际上我们不能确定这封信是否寄给了韦托里,甚至是否打算要寄给韦托里:这封信中没有提到他和任何地址。

第八章 "长达一千年之久"

与其说是时间,不如说是不同写作类型构成的插曲。马基雅维利表示,正是那些他们用于思考欲望的愚蠢的和神秘的"故事",让他感觉好像过去了"一千年之久"。他是在说,讲故事的那段时间改变了他或者改变了他的写作?还是在说,这些话表示他想要继续按被韦托里的怀疑论打乱的路径谈论政治?马基雅维利本人或许都不确定,但是,他4月16日信开篇的这句夸张的设问隐含地表达了一个更深层的问题:这几个月的"故事"试验意味着什么,或者说对于政治写作而言意味着什么。

他们的政治讨论是在一年多以前从斐迪南及其与路易十二让人费解的和约开始的。所以,虽然不是必然的但或许可以预料的是,当马基雅维利决定要重谈政治,他的注意力又重新回到了那位仍旧神秘莫测的西班牙国王身上。斐迪南刚刚[279]又续签了一年和约①,于是这便为与韦托里重新开始对话再次提出了同一个议题。在几乎整整一年后重新回到相同主题的过程中,马基雅维利可能一直在释放信号,希望能回到他们开始通信的地方,这一次会采取不同的做法,重新建立关于政治的对话,不再有1513年春夏通信中标志性的紧张和分歧。实际上,1514年4月马基雅维利提到的这个斐迪南,和1513年4月他创造并且呈现给韦托里的那个斐迪南几乎没什么两样。在1513年4月29日的信末和《君主论》第二十一章中占有一席之地的斐迪南是"一个活跃的开端制造者",总是令人们对他那炫目的辉煌及其快速的、接二连三的超常行动感到惊奇,而他本人从来都不怎么在意在自己的行动和目的之间建立起任何特定的相关性。这个斐迪南非常戏剧化并且大

---

① 圭恰尔迪尼(Guicciardini, *Storia d'Italia* 12.4, p.1159)记载,除了再次确认1513年同意的条款续期一年之外,新和约规定路易不得"干涉米兰的政权"(molestare lo stato di Milano)。尽管这本是一个秘密补充条款并且路易也照办了,但斐迪南还是在西班牙张扬了出去,"从而人们难以确定哪个更为真确:是一方[路易]的否认,还是另一方[斐迪南]的承认"。

胆敢干,像韦托里这样试图根据通常君主行为来理解他的人都被他甩在身后,以此令人们总处于猜测之中,维系住了自己的名声和权力。

1514年4月,马基雅维利隐隐提到这位斐迪南,认为他从开始执行对意大利政策之日起一直都是"造成基督教世界动荡的肇因"。但是,如今他发现斐迪南"已陷入许多困难之中",没有一目了然的解决之道或者出路。马基雅维利说,意大利当前的局面特别是教廷和瑞士人的力量,都与这位天主教国王的利益相悖。欧洲北部正在进行的战争也是如此,因为僵局不可能无限延续下去,也因为不管法国人是胜是败,斐迪南都无法得到安全。除非某些完全意外的事件发生,因斐迪南惹上如此多麻烦的各方会转而反对他,"因为我们必须认为,西班牙国王的骗局已经是众所周知的,它们已开始在他的朋友和敌人的心目中制造反感和仇恨了"。同样的行动与方法,马基雅维利曾经将其阐释为斐迪南之巨大声望、威信和权威的基础,是斐迪南给所有关注着他的人[280]带来惊诧与惊叹的根源,如今却成了骗局(tranelli):完全缺乏神秘与才智的可鄙伎俩,只能带来憎恶与敌意。①

因此,斐迪南别无选择,只能为了自己的利益和更大的安全,主要通过将瑞士人赶出米兰,尝试着有所改变。但是,他在这里也遇到了"困难",即没有法国人的帮助他基本上不能将瑞士人赶出米兰,他也没理由相信路易会施以援手而不打破承诺、把米兰占为己有。就算斐迪南成功地将瑞士人赶出了米兰,他要将这座重要的城市给谁呢?马基雅维利认为,他是不可能以自己的名义控制这座城市的,同样也不可想象他会将其托付给教会或威尼斯,甚至不会给他的年轻外孙(根特的查理),因为那就相当于把米兰给了皇帝马克西米利安,重新点燃帝国对意大利的野心。于是便出现

---

① 关于斐迪南的"骗局"的段落并不见于草稿。

了传言,说他有意将米兰给另一个外孙哈布斯堡的斐迪南大公爵(Archduke Ferdinand of Habsburg),这一计划将包括后者与路易十二女儿的婚事。这一计划没有成为现实,但马基雅维利相信,与其他选项一样,它也无助于促进斐迪南在伦巴第和意大利的目标,主要是因为西班牙和帝国能够放在伦巴第支持大公爵的军事力量无法与瑞士人匹敌。马基雅维利(在马里尼亚诺之战一年以前)认定,只有法国人才能对瑞士人构成实实在在的威胁,因此瑞士人才一直对法国保持强硬的敌对状态,而"藐视其他任何人"。①

按照这种阐释,斐迪南不止有一个在意大利贯彻其意志、达成其目标的可行选择。每一个可能的行动路线似乎都面临着远大于回报的困难、危险和风险。他的困境其实相当类似于菲利波·卡萨韦基亚在2月25日书信/故事里面对的情况:同样是"没了法子"[281]并且面临危险,无论他怎么选择都是如此。斐迪南和卡萨韦基亚一样,似乎都听命于事件而非其主人。这种斐迪南的形象更加接近于韦托里的一般认识:君主们和政治活动是令人困惑的;而非《君主论》中的观念:选择和制定战略决策是清晰的。马基雅维利在对斐迪南的境况做出分析之后,问韦托里是否愿意接受他的假设(presupposti),如果接受的话,韦托里又能给出怎样的解决之道。接着他又说:"而您若想听听我的,我很乐意写信详尽告知。"显然,马基雅维利对待韦托里是小心翼翼的:这次没了可

---

① 这段关于为什么瑞士人并不惧怕传说中将米兰送给大公爵的计划的分析也不见于草稿,草稿中有另外一段在终稿里被拿掉了,说的是斐迪南必须要做些什么才能改变阿尔卑斯山以北的局势。马基雅维利说,他必须通过停止敌对法国同时又不能撤掉针对路易的战争威胁,如此才能够扭转战争的局势。他说:"我不知道怎样才能做到这一点,我知道做到这一点有着无尽的困难,因为……有必要用一根线(legato per un filo)将法国国王、皇帝和瑞士人捆在一起,当他[斐迪南]说'停'的时候,他们便统统老老实实,而当他说'开火'的时候又一齐开火。现在,如果有谁要问我:你觉得他会怎么做? 我会回答说我不知道,而如果我要猜到些什么,我也不想告诉他"(Lettere a FV, p. 237)。这就是马基雅维利决定不将这段话给韦托里看的原因吗?

能冒犯或惹怒大使的"虹鱼"。他想要重新开始他们的对话,于是就需要韦托里的回应,而那是整整一个月后的事情了。但如果他也在寻找一个恰当的时机,说出他对斐迪南困境的"解决之道"(resoluzione),那么韦托里回应中的某些内容就使得他不愿这样做了。马基雅维利不仅从未说出他的"解决之道",他更是没再提到西班牙国王斐迪南的名字,而且直到12月份都没有在信里再说一句有关政治的内容。

韦托里5月16日从罗马发回他的答复。① 按照加埃塔和因格莱塞的说法,里奇略去了这封信的开头部分,所以这部分现在佚失了,在里奇看来,这部分是关于"韦托里的一段风流韵事",大概还是放不下对科丝坦扎的迷恋。佚失段落中的某些趣味或许可以在马基雅维利8月的评论中窥得一二,他说韦托里关于其在罗马爱情生活的"快报"(avvisi)让他"感到精神振奋,从心中排除了无穷的苦恼"。② 但是,韦托里这封长信的余下部分就全是正经事了。这封信分为两个部分:在第一部分中,他明确讲了他哪些地方同意马基雅维利最近关于斐迪南的看法、哪些地方不同意;在第二部分中,他概述了斐迪南在意大利自1494年以来的政策和策略简史,该分析的主要结论是,斐迪南年复一年地从一个错误走向另一个错误,而这位老国王没有遭遇灭顶之灾的唯一原因就是马基雅维利自己曾经说过的,他的运气强过智慧。

韦托里说道:"您的有些假设我完全赞同,有些则和我的想法(fantasia)存在分歧。"他完全同意马基雅维利的如下意见,即斐迪南是意大利20年来总是遭受战乱之苦的罪魁祸首。韦托里认为,"斐迪南感觉对那不勒斯王国的占有总是不稳",他总是想要削弱[282]任何他认为比自己强大的人。但是,韦托里并不认为,斐迪

---

① *Opere*, pp. 1174a–1177a; *Lettere*, pp. 455–461; *Lettere a FV*, pp. 238–244.
② *Opere*, p. 1178b; *Lettere*, p. 465; *Lettere a FV*, p. 250.

南现在需要像在米兰被法国人占据时惧怕法国那样惧怕教宗或者瑞士人。总的来说韦托里同意马基雅维利的看法,对于阿尔卑斯山以北的战争斐迪南是并不在意的,而且他乐于见到瑞士人被逐出米兰。但是,韦托里比马基雅维利更为重视那个传闻的可能性:斐迪南或许会通过其外孙哈布斯堡的斐迪南与路易十二女儿的联姻来控制米兰,路易十二女儿的嫁妆将包括对于这座伦巴第重镇的古老的王朝统治权利,以及她父亲派兵驱逐现任公爵的承诺,现任公爵不过是瑞士人的傀儡而已。在韦托里看来,斐迪南相信,小斐迪南的爷爷马克西米利安皇帝会接受这一计划,而一旦该协议广为人知,则会有一场不流血的政变将公爵赶出城去,将10岁的斐迪南和他的西班牙导师兼管家扶上位,便不需要法国的军队了。过去的公爵要花钱打发瑞士人,新来的公爵也将如此。在韦托里看来,斐迪南计划的关键在于,小斐迪南已经被养育和教育成为一个西班牙人,他会采用一群西班牙顾问从而避免被皇帝操纵的危险,同时他也将得到法国的照顾因为他娶了路易的女儿。

　　这是对马基雅维利在4月16日信中驳斥过的假说的详细论述。马基雅维利当时的论证是:其一,除非路易十二是个无药可救的傻子,不然他不可能遵守一个实际上让他自愿放弃对米兰权利的协议;其二,就算路易做出了这样一个承诺,斐迪南肯定也不会相信它。当韦托里结束信的第一部分内容时,针对马基雅维利关于米兰问题出路的反对意见,他的看法是,如果马基雅维利想问他这些关于斐迪南的观念是否"合理"(ragionevoli),他会说不。他继续说道:"不过就像我记得您一年前给我来信说的那样,就他所取得的一切进展而言,我认为这位'天主教徒'陛下与其说是明智,不如说是幸运。"

　　正如韦托里所言,在1513年4月29日的信中,给出关于斐迪南的这个看法的正是马基雅维利本人,但他没有提醒马基雅维利的是,这只是那封信中关于斐迪南的三种不同阐释中的一种,也不是马基雅维利在《君主论》第二十一章中阐述的那种。另外,韦托里的"我记得"所指的显然是马基雅维利对斐迪南阐释的多样和混乱。为了为自己的阐释辩护——虽然它与马基雅维利[283]的第一种看法相容,但无疑与《君主论》中的观点矛盾——韦托里花了几页的篇幅来回顾斐迪南的政治生涯,以此表明这位西班牙国王的成功确实要更多地归功于幸运而非审慎或精明:"为了更好地了解这一点,我们要研究一下他的外交政策,暂且不论他在西班牙以及他对摩尔人所进行的动作,因为我没有这些方面的可靠情报,我们要说说您和我都记得的事情。"这显然是在针对《君主论》的第二十一章,马基雅维利以君主如何获得尊敬为题认为,最好的方法就是从事伟大的事业(le grandi imprese)和做出罕见的范例(dare di sé rari esempli)。然后这一章便引入斐迪南作为基督教世界首屈一指的国王,请读者"想想他的行动"——"全都是非常伟大和超乎寻常的"。其中马基雅维利尤其强调的是,斐迪南进攻格拉纳达、拉拢和操纵卡斯蒂利亚诸侯们的方法,以及对犹太人和摩尔人的驱逐。马基雅维利认为这一驱逐是残酷而伪善的,但也是令众人惊叹、赢得尊敬之行动的另一范例/例证。实际上,第二十一章中只有短短的一句话提到了斐迪南在非洲和意大利的对法战役。① 这样一来,《君主论》论述斐迪南的内容恰好集中在韦托里打算存而不论的方面:斐迪南在西班牙以及他对摩尔人所进行的动作。韦托里更愿意基于他(和马基雅维利)有更多直接了解和经验的事情来评价斐迪南,这便主要是这位西班牙国王1494—1514年的意大利政策。

韦托里总结说,这一政策就是一件由许多被撕毁的约定和愚蠢的错误组成的令人遗憾的事情。在1494年,斐迪南粗心大意地与法国的查理八世订约,让法国在那不勒斯坐大。当他意识到他

---

① *Opere*, p. 291a-b.

犯下大错便撕毁约定,与皇帝、教宗(亚历山大六世)、米兰还有威尼斯结盟,将法国赶出了意大利。但他还是没有想到他的盟友会单独媾和,让他去面对战争的危险,而事情后来的发展正是如此。他的好运救了他,查理八世死了。但是,当新国王路易十二再次想要得到米兰的时候,斐迪南没做任何事情阻拦他。在路易拿下米兰这一那不勒斯的"门户"、教宗"在罗马横行霸道"、"瓦伦蒂诺〔切萨雷·博尔贾〕毁灭和劫掠意大利"的时候,他袖手旁观。这一严厉且多少有些无来由的对博尔贾的评论,直接反对的是马基雅维利在《君主论》第七章中的观点:瓦伦蒂诺认为罗马涅处于混乱中决心"给它建立一个优良的政府"。① 当路易决意[284]取得那不勒斯时,斐迪南便同意给他一半,显然毫不在意自己又在帮助法国势力的增长,这会把自己彻底赶出意大利。法国人的错误和斐迪南将领的军事才能造成了相反的结果,而斐迪南则"用诡计、欺骗和诺言,他对法国国王做了对方无法对他做的事情"。但是,当斐迪南让路易取得了热那亚,在第二年支持反威尼斯同盟的时候还是没有想到,无论法国人还是威尼斯人获胜,都会处在能够对他造成巨大伤害的地位上。

当法国人取得胜利时,斐迪南终于意识到他们带来的危险(如果本来就有危险那便使其更加严重),他把教宗尤利乌斯牵扯进来却又不给他足够的兵力与路易作战,这在战争中造成了盟友间的不快。斐迪南在1511年加入反法神圣同盟,当他的军队在拉韦纳被法国人打得惨败时,要不是机运对他的"眷顾"他就要丢掉那不勒斯了。(韦托里没有费心去详述马基雅维利肯定非常清楚的事情,也就是瑞士人的入侵掠夺了法国人的胜利果实、保住了斐迪南在那不勒斯的统治。)似乎斐迪南的险还没冒够,尽管他在千里之外"和他那颗更适宜卧室而非战场的脑袋在一起",但他却将

---

① *Opere*, p. 267b.

自己的军队交给总督雷蒙·德·卡尔多纳,此人不是一次而是两次置军队于巨大险境,一旦他被击败则西班牙在意大利将无法立足。在韦托里看来,1512年8月的普拉托之战就是这样一种情况。这位总督为了一个并非与斐迪南利益相关的目标——让尤利乌斯的代理人枢机主教乔瓦尼·德·美第奇在佛罗伦萨重新上台——冒了极大的风险。最后韦托里总结道:"[斐迪南]去年签订停战协定时,他难道不是再次把意大利交到法国国王手里吗?……人们若仔细考虑他的行动(——几乎重复了马基雅维利在《君主论》中的原话),就会认为他是幸运的,一切事情最终都变得对他有利了,但任何理智健全的人都不会认为他是出于审慎发起了那些行动。"

对斐迪南错误和反复的看法让韦托里得出了一个关于君主的一般看法,这一看法不仅削弱了《君主论》中决意将斐迪南的行动当作"罕见的范例"以及将国王本人当作想要搞晕和操纵他人的"活跃的开端制造者"的看法,实际上更是削弱了整个《君主论》的谋划。相比于马基雅维利想象的新君主能够超越普通论述的局限,超越表象和情感阐释事物"有效的真理",[285]以其对真实的强烈自觉而超越其行动的表面目的和效果,韦托里强调的是,在任何有效的对君主行为的理解中,准确识别这些局限的必要性:"我的同道,我知道这个国王以及这些君主都是像您和我一样的人,我知道我们做许多事是出于偶然,哪怕其中许多事对我们来说是极端重要的。因此,我们必须认为他们也像我们一样行事。"

当韦托里解释他所说的"出于偶然"(a caso)的君主行为观的时候,他又提到了斐迪南为其外孙获取米兰的计划。在韦托里看来,这便是一个情感超越理智政治的例证:"这个西班牙国王极喜爱他的外孙斐迪南,他大概想给他一个意大利的国家,他的意愿让他如此沉迷,以致他看不到他身处的一切危险。"韦托里在信的末尾又强调了关于斐迪南的这一看法,他说这位国王"一直对他的这个总督[雷蒙·德·卡尔多纳]关爱有加",以致斐迪南从未"因他所犯的错误而惩罚他,反而使他变得更加强大"。韦托里说,甚至有人猜测这位总督就是斐迪南的儿子,斐迪南"想象着让他成为那不勒斯国王",韦托里认为这一计划完全与斐迪南在米兰扶植其外孙的另一个计划相冲突。爱、欲望和想象:韦托里认为,君主们和政治活动不仅不会不受它们的影响,而且如果不能意识到存在着欲望(volontà)削弱且挫败自身、想象产生矛盾且选择与目标冲突的手段、爱遮蔽眼界且干扰理性(ragione)等过程,君主们和政治活动实际上就是不可理解的。韦托里接着又"想起了斐迪南的另一个错误",他让乔瓦尼·德·美第奇在1513年成为教宗而不再是他自己派系中一个弱小的枢机主教——这个错误又进一步加深了,因为斐迪南与路易签约而没有知会这位在他帮助下当选的教宗,于是便失掉了因利奥对他有所亏欠而带来的优势。"若有人继续来仔细地研究这件事,那么他或许会发现我在此时没有想起来的其他一些[错误]。"韦托里认为斐迪南支持利奥当选教宗是"错误"的,这非常类似于马基雅维利在《君主论》第七章中关于切萨雷·博尔贾的著名观点。在盛赞了博尔贾在多种情境下做出的行动之后,马基雅维利说人们能指责他的唯一一件事便是尤利乌斯的当选,他本应阻止此事的。韦托里当然记得第七章的这段内容,他认为斐迪南10年后犯了同样错误的看法,[286]这是在拿马基雅维利的文本来支持他自己一直以来试图得出的一个一般性观点:君主们是盲目的、非理性的。

韦托里信的余下部分又列出了一些理由来说明为什么斐迪南令其外孙与路易女儿联姻的计划不仅不会让他得到米兰,反而要么导致法国人重新占领它,要么导致意大利人和瑞士人联合起来把斐迪南彻底赶出意大利。他认为光是这样一个联姻的流言就已经"让整个意大利惊骇"。韦托里接下来提出的观点显然针对的是《君主论》最后一章,他说就算"意大利没有任何德能可言,但它还不至于缺乏重骑兵和金钱去雇佣一支 6000 人的能够迅速集结起来的瑞士人军队,来击败这支实际上不超过 3000 步兵和 600 长矛骑兵的西班牙军队。这支[西班牙]军队若被消灭了,要赶[斐迪南]出[那不勒斯]去就很容易了,对此斐迪南也无能为力。法国国王会部署好军队站在一边,笑嘻嘻地看着这场游戏"。当然,马基雅维利在《君主论》第二十六章中曾经论述过,瑞士步兵可以也将会被西班牙人打败,西班牙步兵又无法抵挡法国人的骑兵,而意大利人作为第三支力量是有可能战胜骑兵和步兵的,只要有一位杰出的君主知道如何把握时机。这里韦托里不仅反对马基雅维利的瑞士人弱于西班牙步兵的看法,而且也反对《君主论》最后一章的基本前提:意大利缺少集体的军事德能,它需要一名救赎的君主能够统合起各邦国(membra)的分散德能组成一支能够驱逐一切外国人的军队。韦托里不像马基雅维利,他从未对意大利的军队彻底失望,对一位救赎的君主化极弱为无敌的想象也没什么兴趣。不管意大利有几分德能——韦托里清楚地表明马基雅维利使用的这个术语对他来说没什么意义——意大利人有兵有钱,通过与瑞士人结盟就能够把斐迪南和他的军队从半岛南部赶出去。虽然不完全是马基雅维利的伟大梦想,但也很接近它;却和一位救赎的君主没有一点儿关系。

韦托里 1514 年 5 月 16 日的信平和但系统性地反对了《君主论》的许多根本性假设和观点。这是一年多以后他自己的一条虹鱼:证明他不愿再做任何努力去支持《君主论》以便为马基雅维利求取利奥或者朱利亚诺的青睐。从马基雅维利下一封 6 月 10 日的信①来看,这封信针对的是这几周里他收到的另一封韦托里现已佚失的信,在那封信里去罗马拜访的可能性[287]明显提高又跌落了。马基雅维利表示收到"您的两封信"并说他已经对两封

---

① *Opere*, p. 1177a-b; *Lettere*, pp. 461-462; *Lettere a FV*, pp. 246-247.

信都作了答复，但到城里时将它们落在了圣安德里亚，他承诺改日即送出去。眼下，他只是简单地说，"因为您现在已经向我解释清楚的那些理由，我尚未去到那里[罗马]，其实我自己也明白了"。马基雅维利一定再次保持着期待，希望在罗马有机会接触美第奇家族，着实希望韦托里能够对他关于斐迪南困境的"解决之道"感兴趣从而重建他们之间的对话，也重燃韦托里代表他去向美第奇家族说情的意愿。对马基雅维利而言，韦托里5月16日的信最让他感到失望的或许在于，韦托里根本没有问他的"解决之道"是什么。韦托里对马基雅维利许诺的阐释没有丝毫的兴趣，他抓住机会不仅概述了他自己关于斐迪南的看法，还在同时明确表明他与《君主论》的分歧。韦托里5月份第二封佚失的信很可能明确地给出了建议：不要将这本"小册子"献给朱利亚诺或者在罗马的任何人。韦托里对这本书的不赞同以及关于美第奇家族未必会看好它的预测，或许就是韦托里"现在"已经解释清楚的那些"理由"的核心，它们劝阻了马基雅维利到罗马去。马基雅维利说他也明白了，这或许是强颜欢笑，或许的确如此。

"唯独对我来说，特洛伊好像还没有灭亡"

直到现在马基雅维利才真正明白《君主论》没能达到他的希望，他的回复里满是1513年春天里抑制住的痛苦和自伤自怜。如果去罗马和东山再起的道路受阻，那么，他告诉韦托里，[①]"我要留下忍受这些虱子，无法找到任何记得我的效劳（servitù）或者认为我有一技之长的人"。但是他预测，他不会保持这样的状态太长时间：

---

① 还是1514年6月10日那封信。

> 因为我在一天天衰朽,而且我能想见,若上帝不加倍垂怜,总有一天我会被迫离开家门,去给某个警察局长当当幕友或秘书;若别的事我干不了的话,就到某个偏远的地方教小孩子读书,留下我的家人在这里,让他们以为我死了。没有我,他们会活得更好,因为我老花他们的钱,[288]大手大脚。……我给您写这些,不是想让您为我去惹麻烦或者为我担心,而仅仅是想吐吐苦水,再也不写信提起这事,因为它要多讨厌有多讨厌。

愤怒与痛苦充满了最后一段,这一定是马基雅维利在回应韦托里5月16日信中遗失的那部分。"至于您的爱情",他说道:

> 我要提醒您,爱神只折磨在他飞入他们怀抱时想剪断他双翼或束缚他手脚的人。因为对他们来说,他是个青春年少、喜怒无常的男孩,他会挖掉他们的眼睛和心肝。但对那些享受他的到来关心他、当他飞走便任他飞走、当他回来便欣然迎接他的人,他是尊敬和爱护的:在他的指挥下,他们将百战百胜。所以,我的同道,请不要想着去限制一个会飞翔的人,不要想着去剪断他的翅膀,他损失一个又会长回一千。您会幸福的。

马基雅维利这里将自己的愤怒本身关联到毁坏和限制的意象上,这让他想到了自己在1513年冬遭遇的监禁和折磨。显然,他对韦托里感到气愤:他同时建议他平静地接受爱神的不稳定,又恐吓他爱神的残酷报复也一点儿不弱。他建议韦托里不要去规制爱神的自由活动,从这一告诫中不可能读不出一种代入的、对韦托里的憎恨情绪,他破灭了马基雅维利去罗马的计划。想"飞走"并冲破一切韦托里摆在其面前的阻碍的人正是马基雅维利,他无法这样做,便将爱神的愤怒混入自己的失望情绪。有那么一刻,在"隐喻"的掩护下,这一段释放出一种想法:要给这位带来坏消息的朋友施以惩罚和痛苦。或许在潜意识里,马基雅维利认同这个"不稳定的"小男孩,他想让每个人都渴望也真的渴望得到他,但他也会残忍地伤害那些为了自己试图控制他或限制他自由的人。① 但是,爱神的这种梦魇般形象不也是一个他笔下的新君主[289]形象吗?他们都年轻、大胆,激烈地保护着自己的自主性,能够制造突然且恐怖的残酷,但其终极欲望是建立一种"统治"(imperio),在此之下那些愿意给予他们完全自由的人将享有荣耀、分享他们的胜利。如果弗朗切斯科·韦托里(以及美第奇家族)拒绝这位新君主的青睐,那么这位新君主的另一个自我或许会发动可怕的报复。

通信陷入了僵局。韦托里拖到 7 月 27 日②(此时他又收到了一封现已佚失的马基雅维利写于 7 月 22 日的信)才写信说他没有回马基雅维利 6 月 10 日的信,是"因为我正在等您说落在农场的那封信",韦托里肯定知道马基雅维利从未寄出甚至从未写过这封信。他接着写出了沉默的真正原因:"此外,在我看来您似乎过分地为此而苦恼,我无法按照我本来能够和我想要的方式安慰您,因为没有什么负担、麻烦或烦心事是我不能为您担负的。"关于马基雅维利去往罗马一事,韦托里并没有躲闪,他承认他不赞成这个主意,但他现在故作马基雅维利能够自行决定此事:"尽管我已在信[显然是 5 月份佚失的那封信]中向您解释过,我对于请您到这里来的担心,但我还是要在这封信中告诉您,您要是认为前来就可

---

① 这里或许是在呼应奥维德,很有可能出自《爱情三论》第一卷第二歌第 17—18 行:"相比那些自己承认自己奴役地位的人,爱神对那些不愿承认的人的攻击更为痛苦和猛烈",文本和英译见 the Loeb edition, *Heroides and Amores*, tr. Grant Showerman, Cambridge, Mass.: Harvard University Press, 1971, pp. 322-323。我们马上就会看到奥维德在马基雅维利 1514 年下半年的阅读当中占有多么突出的地位。

② *Opere*, pp. 1177b-1178b; *Lettere*, pp. 462-464; *Lettere a FV*, pp. 247-249.

达到您的目的,那么您无须在意[我的担心],就像回自己的家一样随便来吧。因为,尽管我比任何人都惴惴不安,但我不愿冒犯任何人,无论结果如何。"然而,韦托里的确冒犯且伤害到了马基雅维利,现在让他自行计划到罗马去已经于事无补。余下的信是对他过去一年里代表多纳托·德尔·科尔诺所做之事的总结和辩白,回应了马基雅维利22日佚失的信对此事的某些评论。这里的问题仍旧是,韦托里既发挥着恩主的实际作用,又想要让自己代表朋友的利益。无论马基雅维利写了什么,韦托里的要点都在于,他已经做了所有能做的,并且仍旧会为德尔·科尔诺竭尽所能。

[290]马基雅维利在8月3日回信①,没有提到斐迪南、多纳托·德尔·科尔诺以及去罗马的事,因为他对这些事已没什么可说了。我们现在能够清楚地明白,他称韦托里关于其在罗马爱情生活的快报(avvisi)让他"感到精神振奋"并且从心中排除了"无穷的苦恼"(infinite molestie)有多么讽刺。实际上,韦托里从2月起便没怎么涉及过这个主题,或许只有5月16日信的开头有一些评论(现在已佚失)。但是,马基雅维利宣称"机运女神着实带领我走到一个地方让我可以给予您恰当的回报",就韦托里给他的失望而言,这听起来可不像好话。机运女神带领他走到的"地方"是爱:他遇到了一个"极优雅、极有教养、极高贵的尤物,我的赞美和爱情永远无法配得上她"。他先是成了一个俘虏。爱情抓住他陷入"维纳斯编织的金网,它们如此轻软、如此柔和,纵然一颗粗野的心可以将它们折断,我也不愿这样做。有一段时间我沉醉其中,直到那柔软的丝线变硬,扭作无法解开的结"。了解到"平常的手段"(modi ordinarii)不足以抓住他,爱神用了"许多非常的手段,对于这些手段,我一无所知,亦不懂得如何抗拒"。马基雅维利自夸说,虽然已经年近半百,"但骄阳的炎热不能使我痛苦,坎

---

① *Opere*, pp. 1178b—1179a; *Lettere*, pp. 465—466; *Lettere a FV*, pp. 250—251。

坷的路途不能令我疲惫,黑暗的夜晚不能让我畏惧",通过这些意象他将求爱者面临的艰难与士兵们的艰难相提并论,这让我们想到奥维德在《爱情三论》(第一卷第九歌)中关于求爱者和士兵的著名类比。① 由于他既是俘虏又是一名尽职的士兵,控制着他的欲望并不属于他自己。"一切在我看来都很平静,而对于每一种欲望,无论它们跟我的欲望多么不同甚至相反,我都顺从"。

传记作家们都在猜测马基雅维利的新欢是谁。② 但重要的是,这封信避开了[291]哪怕是最轻微的对身份的确定。对欲望对象的描写用的是现成的抒发对爱人赞美的套话,只说那是一个"极优雅、极有教养、极高贵的尤物"。马基雅维利不仅略去了名字,而且也没有提到任何让人觉得这是一个真实存在的人的突出特质或者性格。这一"尤物"还停在欲望的类型化、抽象化对象的层面,在提过一次之后,马基雅维利基本上在信的余下部分再也没有提到他的这个"尤物"。他反而将读者的注意力从这个模糊的对象转移到欲望本身的结构上,转移到爱情如何捕获他,如何强迫他忍受骄阳的炎热、坎坷的路途、黑暗的夜晚,以及他如何产生自己顺从"每一种欲望"的意愿,哪怕这些欲望与他本应有的是相反的。于是,控制着他的欲望是与他相区别的、分离的,甚或不相容的,无论如何都不会被他认为是属于自己的。他将自己置于这种

---

① 马基雅维利在《克莉齐娅》第一幕第二场也化用了这一段(这一端开头的句子是"每一个求爱者都是一名士兵,丘比特与其同宿,相信我阿蒂斯,每一个求爱者都是一名士兵"[Militat omnis amans, et habet sua castra Cupido;/Attice, crede mihi, militat omnis amans]),见 *Opere*, pp. 894b–895a。奥维德的文本见 *Heroides and Amores*, pp. 354–358,版本参见前注释 12[即本书 363 页注释①]。

② 里多尔菲相当肯定他知道她是谁(*Vita di NM*, pp. 248–251)。就此他补充说:"这当然不是那些通常的文学里爱情的一种,都是假的。马基雅维利不喜欢一切事情——我想,首先就是爱情——中的文学创造"(R. Ridolfi, *The Life of Niccolò Machiavelli*, tr. Cecil Grayson, Chicago: University of Chicago Press, 1963, p. 159)。里多尔菲认为这不是"虚构的爱情"(finto amore)或许确实是对的,但他给出的理由却让我觉得这是他关于马基雅维利写出的最奇怪的话。

欲望和它的目标之间，置于这些他要去适应的、与他不相容的"欲望"和爱情让他想要的"尤物"之间。他将自己想象成一个旁观者，看着爱情征服自己、在自己身上造成矛盾："虽然我陷入极大的痛苦，但我在内心深处仍然感到十分甜蜜，以致我不会想要让自己远离它，就算我无论如何能够如此，也是因为那优雅（raro）、温柔的容颜带给我了些什么，因为我抛开了一切痛苦的记忆。"

1513年4月马基雅维利曾以不同的术语处理过欲望的难题：欲望被当作某种他能够训练自己不去感受或者不带"激情"去感受的东西。他那时似乎认为能够控制欲望，真的认为它是属于自己的，能够培养或拒斥之。1514年8月的信却有一种悖论的效果，既在疏离又在接受欲望。这里欲望成了一种作用于他身上的他者，抓住他、改变他。他感受到的欲望可不是温和的，它是强令的、强迫的和强加的。正因为无法逃避、躲避和抵抗它，所以无论高兴与否都要接受它。这封信在遭遇欲望时没有伤感，但也不装作要移除欲望本身。它与欲望拉开了距离但没有否认它的存在或它的力量。这种疏离与接受的结合创造出一种实施新的策略和思索的空间，不会因为可能丧失甚至得不到欲望对象而产生痛苦或创伤。就是在这里，就在对他化"极大的痛苦"为"十分甜蜜"这种策略的思索中，马基雅维利重新将欲望的难题、政治论述和与韦托里的对话连接了起来：

[292]于是，我放弃了对伟大而重要事务的思考。我不再因阅读古人之事或讨论今人之事而兴奋，它们全都转变为甜蜜的谈话，对此，我感谢维纳斯和塞浦路斯的一切。所以，您若是想来信说那个女士的一切，那就写信来吧；至于别的事情，请和与此相适合、更懂的人去讨论吧。它们在我看来有百害而无一益，而这些[我所拥有的关于爱的事情，我认为]总是美好和快乐的。

在 8 月 3 日信的这个结论中,马基雅维利所做的是他过去从来没有做过的:他在打断通信,实际上是告诉韦托里他不想再谈政治了。之前,他们对话的中断全部都是韦托里迟迟不愿回复的结果。但这一次叫停的是马基雅维利。上面引用的段落的意思是,他已经将一种(之前的)乐趣置换为了另一种乐趣,将旧的欲望对象——阅读古人之事、讨论今人之事,总之是与韦托里讨论政治——换作新的欲望对象。这便是书信开头承诺的"恰当的回报"(iusto ricompenso)。其中的这种"转变"("全都转变为")在于承认政治论述确实是(虽然他放弃了,但仍然是)一个欲望、迷恋、圈套和矛盾的领域(如果不只是欲望对象的话),是一个他自愿被超越理性和有效的真理的各种力量所引向的那个"欲望"(appetiti)的领域。如果在这一领域中有什么是欲望的真正目标的话,那便是《君主论》,或者是书中所想象的新君主/拯救者,也就是美第奇家族。这封信似乎是承认,在马基雅维利对"极优雅的尤物"的迷恋中存在着一种欲望的三角结构,意味着"他的"欲望完全不属于他,而毋宁是某种作用于他、为他制造和选择欲望的力量。① 但是,这封信也在指一种对(现在据说已经放弃的)政治论述之快乐与欲望的类似理解。没有韦托里的干预、出场和力量,离开这位朋友/[293]竞争对手/恩主触及众多马基雅维利无法触及的东西,政治讨论就绝不会成为这样一个如此紧张的领域,充满欲望、期待的欢愉和失望。没有韦托里,新君主/《君主论》就不会成为这样危险的欲望的目标。既然他认识到了这一危险,那么他就需要与韦托里保持距离。有 4 个月,他们之间没有通信。

---

① 这里我想到了吉拉德的"欲望三角结构",讨论参见 René Girard, *Deceit, Desire, and the Novel: Self and Other in Literary Structure*, tr. Yvonne Freccero, Baltimore and London: Johns Hopkins University Press, 1965; reprinted., 1988, pp. 1-52, chapter 1. 正如前面简单提到的和我在下一章将要详述的,激发马基雅维利思考这种欲望结构的乃是奥维德。

~ * * * ~

引人注目的是,在这段漫长的沉默以及导致这场沉默的紧张和失望过去之后,马基雅维利和韦托里几乎同时决定恢复联系。在 1514 年 12 月 3 日韦托里给马基雅维利写了一封信,第二天马基雅维利也给韦托里写了信,信中没有提到正从罗马寄来的这封信。马基雅维利 12 月 4 日的信①是代表一位朋友尼科洛·塔法尼请韦托里帮助解决一场家庭纠纷。塔法尼的一个姐妹被丈夫抛弃了,后者来到罗马居住。马基雅维利请韦托里试着劝说他要么回到妻子身边要么归还嫁妆并正式解除婚姻。有意思的是,马基雅维利通篇用拉丁文写了这封信。在信末他说,如果韦托里想了解他的消息,带着这封信前往罗马的塔法尼可以告诉他"我生活的全部内容",韦托里从中自然会发现:

> 您若还像从前那么爱我,那您不会不感到愤怒,我的生活是多么悲惨和屈辱。而令我的痛苦和折磨更强烈的是,我注意到,那显赫的家族和我们的城市享有那么多、那么大的幸福,唯独对我来说,特洛伊好像还没有灭亡。

最后几个字("唯独对我来说,特洛伊好像还没有灭亡")来自奥维德《变形记》第十三卷第 507 行赫卡柏的哀叹,她知道女儿被杀作为献祭后悲痛欲绝。战争结束了,"伟大的特洛伊大败",民众的灾难结束了,但是王后的"哀伤"没有尽头:"我的痛苦还在滋长"。② 特洛伊在她的记忆里仍然存在,只有她感觉得到,它成了一个充满痛苦、暴力和死亡的地方。当赫卡柏说出这些话并打算

---

① *Opere*, p. 1180a-b; *Lettere*, p. 468; *Lettere a FV*, pp. 254-255.
② 文本和英译见 the Loeb edition of Ovid, *Metamorphoses*, tr. Frank Justus Miller, 2 vols., Cambridge, Mass.: Harvard University Press, 1984, 2:264-265。

清洗她女儿的尸体时,她还没有遭受终极的不幸:她发现了自己儿子波吕多洛斯(Polydorus)残缺不全的尸体,他被色雷斯(Thrace)国王所杀。她被愤怒和疯狂吞噬了,她杀掉了杀害儿子的凶手,变成了一条嚎叫着的狗。[294]赫卡柏说出"唯独对我来说,特洛伊好像还没有灭亡"的那一刻,虽然感到痛苦,但尚能有尊严地接受痛苦,而后面的痛苦是无法忍受的。

但是,在12月4日信中,奥维德不仅出现在《变形记》赫卡柏的这句话中:"那显赫的家族和我们的城市"所享有的那么多、那么大的幸福,和他自己的悲伤与内心的折磨之间的对比修辞,呼应的是奥维德《哀怨集》(Tristia)和《黑海书简》(Epistulae ex Ponto)当中许多放逐诗作最爱的主题。奥维德屡屡向皇帝请求宽恕,恭维和祝贺奥古斯都拥有健康、成功、权力和他整个家族(domus)人丁兴旺(《黑海书简》第二卷第二歌第67—84行,特别是第74行:"奥古斯都家族其他人均得康健";或者是《哀怨集》第四卷第二歌里那场想象中的胜利,将统治世界的就是这个家族,第10行:"这个家族将永远统治世界")。① 马基雅维利的"那显赫的家族享有的幸福"就是在呼应放逐诗作中的众多段落,这些段落加在一起凸显了奥维德不体面地依附于恩主、最终是皇帝的权力。奥维德的生活在更为一般的意义上就是马基雅维"悲惨和屈辱"的生活,在这一状况下马基雅维利又像奥维德一样,很明白他那些尊贵的朋友们不感到"愤怒"是不会去思考的。简言之,这封信的最后一部分到处都是来自奥维德的主题、惯用语,当然还有直接的引用,内容如此丰富以致不可能不让人注意到签名前面的"来自佩尔库西纳"(Ex Percussino),马基雅维利告诉我们他正在佩尔库西纳的圣安德里亚,分明是在模仿奥维德的"来自黑海"(Ex Ponto)。

---

① The Loeb Ovid, *Tristia*, *Ex Ponto*, tr. A. L. Wheeler, second edition revised by G. P. Goold, Cambridge, Mass.: Harvard University Press, 1988, pp. 328, 166.

马基雅维利用拉丁文写成此信是因为他现在沉迷于奥维德吗？实际上到目前为止，在很长一段时间里已经多次与这位伟大的放逐诗人相遇了。大概在一年以前，在1513年12月10日的信里，马基雅维利告诉韦托里他正在读奥维德的爱情诗。两个月后他戏谑地称他关于朱利亚诺·布兰卡奇的小故事是一场"荒唐的变形记"并在信末引用了《变形记》里的一句话。阅读奥维德或许与他在4月的感受有关：写作"故事"让他远离自我"长达一千年之久"。马基雅维利在1514年6月的信里抱怨自己一天天衰朽，并且消沉地预测他要到某个遥远的地方找份教孩子们读书的工作，这也在暗指一个典型的奥维德式主题。在放逐途中的书信/诗歌里，奥维德持续哀怨本都的居民不懂得拉丁文，"愚蠢地嘲笑拉丁文字"（《哀怨集》第五卷第十歌第38行）。这些黑海边上的粗野之人是盖特人（Getae）或盖塔人，他们无法阅读他的诗歌，他也不懂这些人的语言。奥维德不止一次表示担心，自己周围都是这些野蛮人又没有[295]说拉丁文的同伴，他正渐渐遗忘拉丁语并在他的诗歌里吸收进盖塔语言的元素（《哀怨集》第三卷第一歌第17—18行、第三卷第十四歌第43—52行）。① 马基雅维利在"佩尔库西纳"的放逐中"看上去就像是"盖塔，以及奥维德担心在本都的托米（Tomis）渐渐变得、写作都像盖塔人，又为我们解读1513年12月给韦托里的信中关于盖塔的部分增添了另外一层含义。它也表明，在决定用拉丁文写作1514年12月4日的信和之前6月份的信里哀叹可能要远走他乡教孩子们"读书"——这在马基雅维利的时代当然意味着教拉丁文——之间存在着关联。这两封信都在指出一种恐惧：放逐与孤立可能会改变一个人的语言（lan-

---

① The Loeb Ovid, *Tristia*, *Ex Ponto*, tr. A. L. Wheeler, second edition revised by G. P. Goold, Cambridge, Mass.：Harvard University Press, 1988, pp. 248-249, 100-101, 154-157. 关于对该主题的一个精彩讨论，见 Sara Mack, *Ovid*, New Haven, Conn.：Yale University Press, 1988, pp. 45-52.

guage)和言谈表达(speech),甚至可能连写作的语言都会变。放逐中的奥维德至少必须学习一点盖塔语,并且打趣说要像盖塔人那样写作。同样,马基雅维利将这份小小的拉丁文作品寄送给韦托里,或许也是在开玩笑说,自己就像这位陪伴他很久的放逐诗人一样写作。他与这位说拉丁文的"古人"在一起待了这么长时间,对马基雅维利语言的改变或许就如同奥维德那些年在本都所谓的改变一样。在放逐中,连自己的语言都会变得陌生;而被放逐的人则成了一个孩子,必须从头来学习阅读和说话。

"又征召您去玩那陈旧的游戏"

马基雅维利很快便会更明白、更直接地让韦托里了解到阅读奥维德对他来说是多么重要,但他在这样做之前——或者是促成他达到此目的——韦托里曾让马基雅维利又体验了一遭关于政治的欲望与失望的轮回。韦托里在12月3日①——自7月以来第一次——给马基雅维利写信,提供了一个他认为算是马基雅维利长期渴望的接触美第奇家族的机会。马基雅维利是否、何时、如何能够得到美第奇家族的垂青,以及作为中间人、恩主和谈判人的韦托里在马基雅维利期待已久的和解中又会发挥何种作用,凡此种种在过去差不多两年的时间里都在他们之间造成了相当多的沮丧和紧张,以致韦托里不首先承认他愧对马基雅维利之前几个月的心灰意冷,便无法就此事重新开口。他引用了贺拉斯的第一封信开头几句话暗指这次机会。在信中贺拉斯这位罗马诗人将自己比作一个退休的角斗士,已经得到木剑(wooden foil)这一免除现役的象征,抵制恩主梅塞纳斯让他重新[296]为一些公共事件写诗的要求。贺拉斯坦率地说,梅塞纳斯为"我在最早的诗作里称赞过

---

① *Opere*, pp. 1179b-1180a; *Lettere*, pp. 466-468; *Lettere a FV*, pp. 252-253.

的人",现在却"又想征召我去玩那陈旧的游戏,哪怕我已经出场够多并被授予木剑"。① 韦托里隐含地将马基雅维利比作这位已然退休不愿工作的诗人-角斗士,而将自己比作梅塞纳斯,他在信的开头请求他的"同道"不要感到意外,如果——这里韦托里颠倒了贺拉斯诗句中的主体立场——"我又想征召您去玩那陈旧的游戏,哪怕您已经出场够多并被授予木剑"的话。

我们会想,是不是韦托里觉得,通过与贺拉斯对比,马基雅维利会感到高兴和有趣;因为贺拉斯给梅塞纳斯的第一封信通常被理解为宣示其独立于恩主,并决心摒弃过去那种应他人要求而作的诗歌,转而投身于哲学,即便说出这些事情本身还是在给他的恩主写诗。② 把贺拉斯说自己的话用在马基雅维利身上,在某种程度上就是承认马基雅维利是一个诗人和一个文学家,也相当于一个常与他为伴的古罗马诗人。但同时,韦托里也是在确认马基雅维利确实已经不再工作。在信的后面部分,韦托里说他期待着在应其要求的回复中有一些引人注目的内容,他说"虽然您离开本行已两年之久,但我不认为您把本事都忘光了"。这也是在暗示,重新服役或许是不可能的,但马基雅维利在"陈旧的游戏"上的技能或"本事"的一个样本或许会以另外一些方式对他有益。韦托里称他唯一的动机就是"看看我能不能帮到您"。他明白,马基雅维利有充分的理由怀疑:"您可以对我说,长期以来,您从我这里听了太多没有相应实效的言论",对此他给出的"轻易的借口"是他哪怕对自己的处境也做不了什么,更别说是马基雅维利了,但无论如何他从来都不缺乏"好意"。韦托里又是在[297]劝说马基雅维利接受痛苦

---

① The Loeb Horace, *Satires, Epistles and Ars Poetica*, ed. H. Rushton Fairclough, Cambridge, Mass.: Harvard University Press, 1929; reprinted., 1961, p. 250, *Epistles* I. I. 2-3.

② Ross S. Kilpatrick, *The Poetry of Friendship: Horace, Epistles I*, Edmonton: University of Alberta Press, 1986, pp. 1-7.

的现实:虽说有最好的心意,但"言论"常常达不到预期的"实效"。

韦托里请马基雅维利写一份备忘录分析一下,在路易十二将要发动的收复米兰的战争中,教宗有哪些可能的选择,马基雅维利认为教宗应当站住法国一边还是站在反法同盟一边。韦托里请马基雅维利在写的时候假设自己的备忘录会被教宗看到。韦托里一直小心翼翼,因为就算表示马基雅维利的备忘录可能会送到利奥那里,他还是担心这会再次燃起他的希望而又使之破灭。他在这封信里没有点明的是,要求马基雅维利写些什么以赢取教宗青睐的主意来自教宗的堂弟朱利奥·德·美第奇,他最近刚刚成为枢机主教并在教宗家族中颇有影响。但即便是朱利奥也不能保证利奥愿意重新考虑马基雅维利的事情。所以,韦托里暂时装作这是他的主意,说将由他自己来判断该如何处置这份他请马基雅维利发来的备忘录。他又预料到马基雅维利可能有些怀疑乃至不信任:"请不要认为我会用您[写的关于教廷政策的备忘录]为自己捞取荣誉,我向您保证我会以您的名义呈上去,只要我认为合适。我从不喜欢夺取别人的荣誉和利益,特别是您的,因为我就像爱我自己一样爱您。"马基雅维利真的会像这段话暗示的那样,以为韦托里有可能窃取他的思想据为己有去教宗面前邀功吗? 马基雅维利在1513年12月曾经担心教廷秘书皮耶罗·阿尔丁盖利可能会这样做,但完全没对韦托里有这样的怀疑。是有什么人告诉过韦托里马基雅维利在这一点上的忧虑,并且因为《君主论》明显地湮没无闻而使这种忧虑在1514年越加强烈了吗? 还是说韦托里想到了马基雅维利一年以前的担忧,而自己的负罪感和无力感将这些担忧转移到了自己身上? 不管是哪种情况,韦托里都需要给出这样一个保证来表明,现在任何试图帮助马基雅维利的努力都背负着沉重的紧张和可能的误会。

韦托里给马基雅维利设下如下的"假定"作为马基雅维利推荐给利奥的外交政策的基础:第一,教宗想要维持并且如果可能的话还要扩大教会"在精神领域和世俗领域的威严"和"控制权";第二,路易十二决定武力收复米兰,而威尼斯人仍将是其盟友;第三,皇帝马克西米利安、西班牙国王斐迪南[298]、瑞士人将会团结起来保卫米兰对抗法国。在这一基础上,韦托里想要马基雅维利分析一下,与双方之一结盟或者保持中立政策有何潜在的利益与风险。韦托里提出该问题的方式暗示了,利奥可以自由地、同等地在所有三种可能的行动方案中做出选择。但实际上,利奥一直暗中运作了数月,鼓动一方对抗另一方。在8月份帮助路易和英国国王亨利八世达成和约后,教宗担心英国退出战争会必然导致法国人入侵伦巴第。于是,他准备与路易秘密磋商,以便讨得他认为在即将到来的战争中会赢的一方的欢心,或许还盘算着,一旦斐迪南被赶出意大利,他便能将弟弟朱利亚诺安置到那不勒斯去。① 但是,15天过去了路易也没有回应罗马的提议,于是利奥掉过头来在9月21日和西班牙国王斐迪南签署了一个秘密条约,主要目的是阻止法国再次夺取米兰、热那亚和阿斯蒂。② 他随即迅速地又和路易签了一个条约,但是在1514年秋,利奥逐渐采取了抛弃法国的政策,以致到12月份他积极地试图拆散威尼斯和法国的联盟关系,既承诺将恢复威尼斯丢失的领土也威胁若他们继续与法国联盟,将面对西班牙、瑞士人和意大利各国——包括教廷——的联军攻击。③ 利奥向威尼斯主动示好的消息泄露了出来,我们将会发现马基雅维利给韦托里回复时是知道这些消息的。但我们不清

---

① 圭恰尔迪尼概述了利奥在英法和约之后的两面行为,说他"一肚子阴谋诡计和虚情假意"(pieno di artifici e di simulazioni)(*Storia d'Italia* 12.6, pp.1169-1170)。
② Butters, *Governors and Government*, p.244. 关于利奥与斐迪南之间的条约,参见 Baron de Terrateig, *Politica en Italia del Rey Catolico, 1507-1516*, 2 vols., Madrid: Consejo Superior de Investigaciones Cientificas, 1963, I:549-580。
③ 教廷特使(威尼斯人)彼得罗·本博向威尼斯传递了这一压力,关于此人的任务记录,参见 William Roscoe's *The Life and Pontificate of Leo the Tenth*, 5th ed., revised by Thomas Roscoe, 2 vols., London: Henry G. Bohn, 1846, I:385-387。

楚的是,马基雅维利知道了多少、对于余下的利奥与两边进行的最机密的交易又知道多少。佛罗伦萨显然在"一段时间"内不清楚9月份与斐迪南的条约,甚至在政权内部也是如此,直到11月份流言才开始散布,称将会产生一个包括利奥、佛罗伦萨人、斐迪南、皇帝、瑞士人和米兰人在内的联盟。①

这一切的重点在于,当马基雅维利被要求为教廷的政策提供建议时,他显然不是很清楚教宗已经在很大程度上倒向了反法联盟。很明显,[299]在已经存在一切秘密条约和许诺的情况下,利奥不可能保持中立,而到了12月份甚至在9月份的时候,虽然路易努力想得到利奥的支持,利奥也已经不可能选择亲法政策了。②总而言之,这个时候完全不是一个论证支持与法国联盟的好时机,但马基雅维利恰恰——可以想见——论证的就是这个。韦托里和枢机主教朱利奥都不可能合理地想到,马基雅维利会不再坚持1513年非常坚定地表达过的、14年来服务亲法的佛罗伦萨共和国期间所支持的观点了。马基雅维利给利奥的备忘录根本没有希望,我们只能设想韦托里和马基雅维利一样也没有意识到这一点。韦托里本人对利奥在1514—1515年间的政策的描述也强调其混乱、缺乏连贯性并且表里不一。③ 像很多别的人一样,韦托里或许错把这种混乱当成了教宗真的有意愿根据各种可能性本身通盘考虑。无论如何,韦托里相信他提出了一个难题只是可能没有说得太清楚,但是他相信马基雅维利的"审慎、才智和经验"将使得马基雅维利更好地理解他所能表达的内容。

---

① Butters, *Governors and Government*, pp. 245, 248.
② Guicciardini, *Storia d'Italia* 12. 9, pp. 1180–1182.
③ *Sommario della istoria d'Italia*, in Vettori, *Scritti storici e politici*, pp. 156–159.

几天之内，马基雅维利完成了回应。① 这份超过 3000 字的备忘录中的"您/你们"（voi）有时指韦托里，有时则指——或者说似乎是指——佛罗伦萨政权的统治者们。他在开头说道，过去 20 年里没有什么问题比这个更严重（più grave），"我也不知道那些过去的事中，有什么像这件事这般复杂而难以阐释，暧昧而难以判断，危险而难以处理和解决"。一位君主想要知道参战双方将有怎样的"机运"就必须知道如何度量双方的"力量"（forze）和"德能"。先说法国这边，对马基雅维利而言，关键问题在于英国会不会像韦托里猜想的那样足够害怕法国势力在意大利的增强，以致打破 [300] 最近刚刚结成的联盟。如果英国自行其是或者回归到联盟中来，那么法国将在即将爆发的战事中毫无胜算。但是，马基雅维利相信，亨利对斐迪南在去年春天与法国人单方面媾和愤恨不已，而其妹玛丽与路易的婚事又加固了联盟，因此他将站在法国一边。马基雅维利也没有像别人那样倾向于强调"英国[人民]和法国[人民]之间自古以来的敌意：因为君之所好，民必从之，而不是相反"。因此他认为，哪怕威尼斯出不上什么力，法国和英国之间联合起来也可能会有非常强大的实力。他猜测，只要时间充足，他们就会在勃艮第集结起 20000 兵力对抗瑞士人，去打米兰的人

---

① 尽管真迹原件的抄件上有 1514 年 12 月 20 日的日期，但是里多尔菲（*Vita di NM*, pp. 250 and 520, n. 21）和大多数书信集的版本（包括马尔泰利版 *Opere*, pp. 1180b-1185b，加埃塔版 *Lettere*, pp. 469-478，以及发表这份真迹原件的抄件的马尔尚版）都将这封信的日期确定为 1514 年 12 月 10 日，主要是因为我们马上会看到韦托里在 15 日写信说他"昨日"收到了这封信。因格莱塞认为，在它送达罗马之前看不出有什么理由一定要将其日期定在 10 日而不是其他日期，于是他审慎地将其日期定为 12 月 3—14 日之间（*Lettere a FV*, pp. 256-265）。马尔尚发表了一个考订版，基于马基雅维利自己制作的抄件，应该是在原件寄送给韦托里后供自己保存的（J.-J. Marchand, "Contributi all'Epistolario machiavelliano: la lettera al Vettori del 10 dicembre 1514 nel testo originale inedito," *La Bibliofilia* 72, 1970: 289-302）。加埃塔版和因格莱塞版复制了马尔尚的版本，因此优于马尔泰利版基于《里奇抄本》的文本。

会更多些,在纳瓦尔对付斐迪南的军队又会更多些,此外还有攻打热那亚和那不勒斯的庞大海军。

另一方面,他判断瑞士人能够集结起两支各超过20000人的军队,一只派往伦巴第,一只去往意大利。但是,斐迪南、皇帝、米兰还有热那亚全加在一起不会有超过15000人投入战争,西班牙和热那亚的海军最多也就是在各处牵制住对手。双方之间的真正差别在于英国和法国的国王有大量金钱可以拿来打一场持久战,而另一方则"太穷",完全拖不起。马基雅维利认为"意大利一方"——这是他对反法同盟的奇怪称呼,除了意大利各国还包括瑞士人和西班牙国王斐迪南——是能够赢得一场快速的战争的。但是,如果战争旷日持久,那么法国人和英国人将取得胜利。他插入一段题外话评论说,根据某些传言,瑞士人希望在山区与法国人作战从而获得一场速胜,迫使法国人要么在山区作战要么撤退。马基雅维利说,尽管只有山地战的专家才能判断这是否可行,"但我必须说,我从古代人的作品中从未见有人成功地守住这些关隘"。

马基雅维利随后提出了一个不同的但更为戏剧性的可能。法国当然会赢得持久战,但也可能会在一场快速的战争中获胜,尤其是如果路易将军队派到

> [301]利古里亚或托斯卡纳,他们一旦进入那里,伦巴第全境就会站到法国那边。许多其他地方人会冲过去加入法国人的队伍,或是因为胆小怕事,或是因为[对瑞士人的霸权]心怀不满;这样一来,法国人发现他们是受欢迎的,他们就能把瑞士人玩弄于股掌之间,将他们消灭殆尽。

因此,马基雅维利总结道:"如果教宗不得不选边站",那么他对反法同盟的支持不会带给同盟足够的力量挑战法国人在军事上的优

势,他加入的是较弱的也是极有可能输掉的一方。但是,如果他选择法国,"只要他能够小心行事,便能够在没有危险的情况下等待法国人[将军队开进意大利],那么我认为胜利就有把握"。然后利奥就可以用他的海军将教廷和法国的军队送往托斯卡纳,从而达到激发亲法势力起事的目的,马基雅维利——第二次——假设这一点是冲突的关键:"这样一来,立即就会……在伦巴第引发一场巨大的骚动,瑞士人和西班牙人无法抵挡两支军队从两翼发起的进攻,也无法镇压那时突然爆发的人民起义以保卫自身。"

我们能够想象利奥对这些内容的反应。就在两年前,西班牙军队刚刚将利奥及其家族送回佛罗伦萨,清除了亲法的、曾将美第奇家族放逐18年之久的平民共和政府。现在,马基雅维利建议利奥不仅要转而支持法国,还要支持制造伦巴第乃至托斯卡纳的"人民起义"。马基雅维利没有明说除了伦巴第他认为还有哪里会爆发起义,但缺乏安全的利奥大概最不愿意听的就是他在确保法国人获胜时还要激起民众起义,特别是起义可能发生在托斯卡纳。他可能会没好气儿地想到,相比于马基雅维利所认为的英国和法国的人民会温顺地追随他们君主的决定,意大利的"人民"可是在等着机会把大事掌握在自己手里。

马基雅维利之后又给出了另外一个思考:如果利奥选择了反法联盟并且后者获胜了,那么利奥将会遭受什么。这样的话他将完全被瑞士人掌控,他们会收取贡金、令所有意大利小国成为他们的附庸。马基雅维利采用了一种类似于1513年8月的信的天启式语言,他预测只要瑞士人取得了一个意大利的国家:

> 意大利的自由就会全部完蛋(这里他用了一句拿腔拿调的拉丁文来强调其预测的严峻性:actum erit de libertate Italie),因为他们天天会在各种名目下征收贡金,[302]他们会掠夺其他国家、改变那里的政权。任何他们认为还不能做

的事,他们会等待时机以后去做。任何人都不应寄希望于他们想不到这点,因为他们一定会想到,就算他们想不到,则事情的发展也会使他们去想,正所谓得陇望蜀。

现在马基雅维利不再小心地和清醒地评估军事实力和策略,而是在做一种情绪驱使下的预测:如果反法联盟胜利了,瑞士人将不可避免、无可撼动地成为意大利的主宰——他和韦托里在1513年夏天就在这个问题上争执不下,也正是这个问题导致了通信的中断。他说瑞士人从不彻底拿下米兰没什么好奇怪的,因为"就像他们在国内的统治方式不同于其他地方,他们在国外的统治方式亦然——在古代历史中,这种情况比比皆是"。将来他们会把意大利人变成附庸和纳贡者,不需要直接统治,只在战争中从他们身上拿钱让他们在自己一边即可。"凭借这种方式,如果他们赢得了胜利,他们很快就会向你们、教宗以及意大利的其他一切君主颁布法律"。"你们"指谁呢?是美第奇家族吗?还是包括弗朗切斯科·韦托里在内的佛罗伦萨权贵们?

马基雅维利夸张的情绪化力量导致他忽视了他在一开始架构这一论证的条件。他现在不再强调,这一切发生的条件是,当且仅当反法同盟获得胜利。现在他暗示的是,这些事情很快就会发生,无论如何都是迟早的事情,而如果瑞士人赢了战争那么这一切就会来得更快。马基雅维利再一次并不是非常合逻辑地认为,瑞士人不可避免地成为意大利霸主就是反对他们的理由。但是,在他看来,任何想要团结起意大利人来反对瑞士人的想法却又是"再一次失误和再一次欺骗",因为创建和维系联盟是非常困难的事情。"如果众人协力反对之人有足够的德能,那么,这个人就不会像威尼斯人那样瞬间成为泡影,他将始终能够在[那些反对他的人的]不团结中找到解决办法。"不像威尼斯人,"瑞士人总能找到一些办法,或与法国、或与皇帝、或与西班牙、或与意大利诸势力一起,使其他势力难以联合,而即使联合了,他们也能瓦解他们"。在这一点上,马基雅维利肯定[303]想起了韦托里对这一切的怀疑,于是他补充说:"我知道许多人会以为这个想法荒诞无稽,但我对此[瑞士人的霸权]深信不疑并且充满恐惧,如果瑞士人能够阻挡[法国人入侵的]洪流(flood)*,如果我们还能够再活6年,那么我有望到时提醒您注意此事。"这句话承认要说服弗朗切斯科·韦托里还有别人接受这种对意大利未来的黯淡看法是非常困难的,于是,一个条件从句——"如果瑞士人能够阻挡洪流"——在句子里又出现了。

但是,马基雅维利并没有被吓倒。"您想知道,我认为若教宗是瑞士人的盟友,而瑞士人胜利了,那么教宗必须担心瑞士人什么",他警告说:

> 我已得出结论说,他必须担心紧接而来的一些贡金,他必须担心在不久之后他自己以及整个意大利为瑞士人所奴役,没有任何拯救的希望,因为[瑞士人]拥有一个共和国,一个在武力方面罕有其匹的共和国。

1513年8月那些信里的激烈语言在这里又发挥作用了。瑞士人又成了一支可怕的威胁着意大利的奴役力量,他们的敌人无法与之匹敌,他们是德能的典范,他们支配其余一切的意志就寓于事物的秩序之中,一群武装起来的人民胜过任何君主。参照一年前他所写的内容,一位君主身上所缺失的乃是集体德能的人格化。但是,曾经引出新君主的创设、关于瑞士人力量的天启式观点,差不多得到了完整的重现。马基雅维利是否注意到,这份备忘录中冷

---

* [译注]马基雅维利还曾用"洪流"来指英—法—皇帝的联军和瑞士人,参见本书第四章中"瑞士人和'统治的甜头'"一节。

静、慎重评估双方联盟军事实力的头几页,与迅速忘掉语境几乎成了末世论预言("……奴役,没有任何拯救的希望")的论述瑞士人的部分之间存在着不协调?他是否意识到,他在开头论证过,法国有可能战胜瑞士—西班牙—帝国联盟,若战争旷日持久则这是必然之事,但他现在却又声称瑞士人是不可战胜的?

这两种看法虽然在逻辑上不一致乃至矛盾,但是它们都共存于马基雅维利的思考之中,因为它们都让马基雅维利得出了利奥应当站在法国一边的结论。概述两个观点如下:其一,瑞士人是不可战胜的,他们会蹂躏包括同盟、朋友在内的所有人,所以利奥应当加入法国一边,避免这种可怕的命运;其二,法国人由于军力强大且有打持久战的更大能力,因此利奥自然应该与法国一起分享胜利的果实。这里,马基雅维利可能[304]意识到他正在沿着两个相互排斥的方向论证却得出了同样的结论,为了弥合两个观点之间的距离,他说"无论最终胜者是谁,我料定教会都要受人摆布",比较明智的做法是选择接受那些"较为通情达理的而且以前熟悉的人"——当然是法国人——的摆布,而不是那些不熟悉的因而其目的也不甚明了的人。法国国王将尊重并且也需要教会的尊严。如果教宗选的一边最终输了,无论他和谁一起输掉,他的处境都是悲惨的。这样的话,他会发现自己"陷入一种极端的必然性之中"(in ogni extrema necessità),包括逃离罗马以及召开教会的大公会议——这是文艺复兴时期教宗们的梦魇。但是,与法国一起输掉"痛苦会少一些",因为利奥还能够将教廷带到阿维尼翁——被马基雅维利称作教宗"自己的家"——去。如果他"与其他人结盟"输了,那么他将被迫"逃到瑞士去挨饿至死,或者逃到德意志成为笑柄,或者在西班牙去被敲骨吸髓"。不可思议的是,马基雅维利设想的净是会触怒利奥的几种场景。

在信的末尾,马基雅维利谈论了另外两件韦托里询问他意见的事。第一个,他认为中立政策有百害而无一利,理由与他在《君主论》中给出的如出一辙。"一位君主"应当竭尽全力避免被臣民、邻国和同盟既憎恨又蔑视,但是,如果必须要在这些危险中做出选择,那么他更愿意招来憎恨而非蔑视。马基雅维利举了一个例子,也出自《君主论》,它暗示了一个可能还是不会讨好利奥的对比:"教宗尤利乌斯二世倘若为人所畏惧和尊敬,他就从不介意自己遭到憎恨;正是凭借这种畏惧,他把世界搅了个底朝天,使教会有了今日的地位。"中立既会招来失败者的憎恨又会让胜利者看不起,使利奥成为一个"无用的朋友和虚弱的敌人",人们对这样的人会毫不犹豫地施加伤害和百般羞辱,失败者这样做出于复仇的欲望,而胜利者只要发现有利可图就会这样做。最后,关于韦托里问的利奥如果选择西班牙人、皇帝和瑞士人,那么是否应该害怕斐迪南背叛他而应该与法国单独求和的问题,马基雅维利的判断是,虽然路易眼下不打算与斐迪南媾和,但后者的确曾经向路易提出过各种各样的秘密协议,这些都会对西班牙的盟友们造成极大伤害。"因此,就与西班牙结盟而言,我相信教宗有理由感到担心,而与法国结盟他则可以安心。"

马基雅维利又追加了一段话,显然是受到改换阵营之可能性的[305]启发,他承认如果威尼斯背叛法国与西班牙、瑞士人以及其他人结盟,那么法国当然会在战争中面临更大的困难。但他不认为这真的会发生,部分是因为他猜测威尼斯人从法国那里得到了"更好的条件",部分是因为威尼斯自法国人时运不济时便忠于法国,如今法国人蒸蒸日上威尼斯似乎"没有理由"如此。他猜测那些说他们将会如此行事的传言,多半是威尼斯人自己蓄意散布出去的,以增强他们讨价还价的地位。有些出人意料的是,马基雅维利总结说,如果威尼斯真的这样做了,那么利奥就应该与反法同盟结盟,除此之外,基于以上他已详述的全部理由,与路易为伍才符合教宗的最佳利益。

就这样,马基雅维利只有到了这份长备忘录的最末尾,才表现出他知道在 1514 年 12 月威尼斯与法国结盟期间,利奥试图拉拢威尼斯人背叛法国。实际上,极有可能的是,他是在已经写完备忘录中那些苦心孤诣地论证应该支持法国、坚信瑞士人的威胁的部分之后,才既了解到谈判的情况又清楚教宗接触威尼斯人时的提议的,以及在多大程度上利奥已经与斐迪南和瑞士人结盟对抗法国了。当他开始写作的时候或许并不清楚自己的观点与教廷的政策的分歧是何等巨大,特别是如果他对利奥与斐迪南在 9 月份的秘密条约一无所知的话。但是,当利奥向威尼斯主动示好的消息在 12 月份泄露出来以后,马基雅维利或许才意识到他的一切努力都是毫无意义的。他那条只要威尼斯人加入斐迪南和瑞士人一边利奥便应加入的建议,与其说他相信这样无力的结论还不如说他现在已经清楚了利奥的计划,他只能无奈地接受。在信靠前的地方他还说威尼斯人的兵力"少而弱"(poche e deboli),而一个弱小共和国的政策反转就足以改变整个大局从而为一个全然不同的教廷外交政策辩护,这样的建议毫无说服力。

在马基雅维利没有得到罗马的任何消息之前,他对于这份备忘录及其命运的担忧在接下来 12 月 20 日的信中显露无疑。①"既然您惹起了我的谈兴(in zurlo),若我写的内容让您觉得讨厌,那么请说:'自作自受吧,谁叫我先给他写信呢。'"zurlo 表示自由自在又反复无常的兴奋,某种与年轻相关的兴高采烈、顽皮的嬉笑,甚至有些癫狂,还有性兴奋的意味——这些都是马基雅维利使用这个词汇的可能含义,用来描述他重新开始论述政治而产生的情绪以及重新论述带来的希望和期待。[306] 在兴奋和紧张之余,他现在担心在备忘录里关于两个主题没有说清楚:中立性和利奥如果与输家结盟对赢的一方须担忧些什么。这封信的许多内容重复了备忘录文本中已有的部分,这或许表明他后来将第二封信

---

① *Opere*, pp. 1186b-1188a; *Lettere*, pp. 480-484; *Lettere a FV*, pp. 272-275.

中的某些部分整合到了第一封信的抄件中。① 但如果他真的是在重复、重述那些十几天前写过的东西,这或许是另一个他感到紧张和焦虑的表现。他渴望做一切能做的来确保他的观点能够被接纳和得到正确理解,这明显说明他对于被忽视和被误解是多么担忧,并且,如我们所见,他也极有理由这样担心。但是,奇怪的事情在于,在写了更多几页关于中立性的危险——这几页的内容与他在此论题上说过的没有实质性不同——之后,马基雅维利宣布他对另外一个主题没有什么更多可说的了,"因为我前面都说过了"。显然,写第二封信的必要性并不在于(关于中立性以及利奥若处于输家一方有何风险这两个议题的)补充建议的急迫性。

只有在这封信靠后的部分才能看出这封续作的真实原因。也许是因为马基雅维利现在知道了他的亲法观点由于与利奥的政策不一致,已经毫无希望,而他无可否认自己对法国有所偏爱,他感到有必要对这一偏爱的暗含之意为自己辩护。

> 我相信您会觉得,从前面我写给您的那封信来看,我偏向法国,而读了该信的人或许会担心,我持这一立场,在很大程度上是情感(affectione)作用。这种怀疑会让我难过,因为我始终努力使我的判断完整无缺,尤其是对于这些事的判断,不像许多人那样,让它为无益的竞争所败坏。而且也因为,我虽然有点偏向法国,但我并不认为我受到了欺骗;我想再次向您展示能说服我的一些话[观点],也可以算是对我所写内容的一个回顾。

马基雅维利相信他没有让自己的判断受到"无益的竞争"(vana gara)的恶劣影响,那么"无益的竞争"是什么呢? 这里的重要线索

---

① 因格莱塞就是这样猜测的(*Lettere a FV*, p. 266)。

第八章 "长达一千年之久" 385

当然是那个(他设想他的读者可能会对他提起的)指控,认为他被"情感"、被不是基于理性和判断的热烈迷恋引入歧途。马基雅维利自己在 1513 年 8 月用"情感"一词指在他看来属于不可化约的[307]固执,他与韦托里在法国人重新占领米兰的可能性上各自固守己见。当时他以这一概念质疑韦托里在 1512 年之前的是否诚实,也以此暗示他们永远都无可救药地处在分歧的对立两边。这使得韦托里做出了颇为激动的回应,表示他一直忠于共和政府的亲法政策,直到某些具体情况的出现改变了他的想法。就是提到"情感"的这个时候引发了他们两年通信里最尴尬的时刻之一,这一刻和其他尴尬时刻同样揭露出在他们友谊底层中存在着竞争和对抗,交流让位给了好斗和敌对,"判断"(giudizio)在说服对方、为自我辩护的强烈欲望下发生了偏折。表面上看,马基雅维利或许是想说,一般而言他不会让自己的判断受到无谓的固执的侵蚀,但这句话的言外之意是这种现象就发生在他们的通信也就是他们的友谊中,这种现象也确实发生过(或者韦托里担心可能会发生)。现在,马基雅维利强调的是他不会允许他的"判断"受到控制着他们关系的复杂力量干扰。但是,就算是否认,他还是提到了这种可能性。

韦托里 15 日写的信①寄到的时候,这封对长备忘录的补充还在马基雅维利的案头。在信中韦托里说他两天内收到了马基雅维利的三封信:第一封现已佚失,是有关索要一些羊毛衣物的;第二封是拉丁文写的关于尼科洛·塔法尼姐妹及其婚姻难题的便条;第三封里是"您对我问的问题的回答"。直到这时韦托里才告诉马基雅维利,是枢机主教朱利奥·德·美第奇决定要找他问一些问题的(el quale mi commisse ve li facessi),不过他还没有把马基雅维利的回复给他看。"我认为他会满意的,因为它也令我满意;

---

① *Opere*, pp. 1185b-1186b; *Lettere*, pp. 478-480; *Lettere a FV*, pp. 269-271.

我拿给他看过以后,会向您告知他对我说了什么。"马基雅维利大概从这段简短的收悉说明中猜得出韦托里又要让他失望了,下一段就强化了这种怀疑。韦托里换了拉丁文来写,或许是为了仿照马基雅维利4日信的方式,他说他同弟弟保罗多次谈到马基雅维利,"他十分爱您"。保罗即将返回佛罗伦萨,马基雅维利很快就会从他那里知道"我是多么尊敬您,多么关心您。但是,请相信我,我们是受命运驱使的"。韦托里这是在以略有不同的方式重新提到那句关于命运的格言,他第一次对马基雅维利说它[308]是在1513年11月的信里,在那封信中他拒绝再谈政治,而是描述了他在罗马的生活,包括他读了什么书。他也邀请马基雅维利加入他的行列,即便不是真的去罗马,至少在思想上处于一种退隐至无可改变之物中去的态度。现在这个循环又自我重复起来。针对马基雅维利引用奥维德怅然的哀叹"唯独对我来说,特洛伊好像还没有灭亡",韦托里用了塞涅卡式的慰藉作为回应。"我们是受命运驱使的"(Sed fatis agimur)这句话虽然不太明显,但呼应的是1513年11月的"我们只能听天由命"(sed fatis trahimur),塞涅卡声称他译自克莱安西斯的诗句:"命运引导自愿之人,拖着不愿之人。"①

韦托里说他正在读蓬塔诺的《论机运》(De fortuna),他认为这本书证明了人类运数是受到"命运驱使的"。在韦托里看来,蓬塔诺"清楚地证明,当命运不济时,无论天赋、审慎、勇气,还是别

---

① 参见本书第六章注释8[即本书278页注释①]。我想韦托里完全自觉地重提这一塞涅卡式主题来回应马基雅维利的哀叹。关于分别围绕着奥维德和塞涅卡文本的凄凉与慰藉的文学传统,参见 Randolph Starn, *Contrary Commonwealth: The Theme of Exile in Medieval and Renaissance Italy*, Berkeley: University of California Press, 1982, especially chapter 5, "The Voices of Exile," pp. 121-147。关于塞涅卡文本在文艺复兴的慰藉技艺中的重要性,现在可以参见 George W. McClure, *Sorrow and Consolation in Italian Humanism*, Princeton, N.J.: Princeton University Press, 1991。

的德性,全都没有用处"。韦托里提醒马基雅维利,罗马充满了"卑鄙无耻、目不识丁、毫无天分却占据高位之人",这就是命运力量的明证。尽管很难说韦托里公正地总结了蓬塔诺处理机运问题的复杂性①,但是,他可能的确读到了《论机运》的某些段落,其中机运不公正地、不可理解地将地位、权力和财富滥施于那些无耻、懒惰和邪恶之人,同时又对善良和无可指摘之人降下了各式各样的麻烦包括奴役②。韦托里向马基雅维利点明,蓬塔诺将这部写于1500—1501年的作品献给了著名的西班牙将领贡萨洛·德·科多巴,意大利人称其为孔萨尔沃。马基雅维利非常熟悉孔萨尔沃,此人组建了西班牙军队,为斐迪南在南意大利赢得了一场又一场胜利,包括1503年那场将法国人赶出那不勒斯的关键战役,后来作为总督管理雷尼奥(Regno),但这不过是1506年斐迪南将其解职的羞辱。③ 实际上韦托里在他的《日耳曼之旅》中有一个角色[309]大骂斐迪南对孔萨尔沃忘恩负义,后者"如今被雪藏在西班牙的一个偏僻角落里"。④ 韦托里是想让马基雅维利思考一下这一题献当中无意的讽刺,蓬塔诺在1500—1501年自然不会有这样的念头。孔萨尔沃以及蓬塔诺对他进献《论机运》,都成了韦托里证明命运具有不可理解和反复无常的力量的例子。不管蓬塔诺想就机运谈些什么,现在人们在读他的书的时候肯定都会想到围绕其题献的讽刺性。或许韦托里这里想说的更高一层的意思是,命

---

① 关于这一点,参见 Victoria Kahn, *Rhetoric, Prudence, and Skepticism in the Renaissance*, Ithaca, N.Y.: Cornell University Press, 1985, pp. 67-75。

② 例如,桑托罗(Mario Santoro, *Fortuna, ragione e prudenza nella civiltà letteraria del Cinquecento*, Naples: Liguori, 1967, p. 38)引用的那段。

③ J. H. Elliott, *Imperial Spain, 1469-1716*, New York: Mentor, 1966, pp. 131-132, 137.

④ "当西班牙国王还在国内时,孔萨尔沃战胜了法国人(他得到的回报便是立刻被国王猜忌,被免除了一切职务。如今他被雪藏在西班牙的一个偏僻角落里)"(Vettori, *Scritti storici e politici*, p. 126)。

运掌控下的事件运数也控制着他人对文本的反应与文本的含义，无论作者如何谋划、有什么意图：马基雅维利最近这次对政治的论述也将有如此遭遇。

韦托里的命运概念[*]和它那无法撼动的力量比起蓬塔诺来似乎更接近古罗马的斯多葛派传统。韦托里在这里无意强调命运的灵活性和多变性，也无意强调审慎的概念。蓬塔诺在《论机运》中将审慎的效果和运用作为人类借助机运掌握自己的方法。这就太接近马基雅维利自己有关运用积极的和适时的策略对付机运的理论了①，而韦托里在这封信中悲观的用意（如果有的话）在于弱化马基雅维利的谈兴、降低他的预期，提议退隐和慰藉才是更好的选择。无论命运做什么，"我们都必须接受，尤其是您，知悉邪恶、饱经忧患，就更应当接受。上帝会终结这一切的"。瑞布霍恩注意到②，韦托里在这里从《埃涅阿斯纪》第一卷的演说中借用了一些语言，最后一句是逐字逐句借用的。埃涅阿斯请他的同伴在面对艰难时要坚持住："同伴们，在此之前我们不是不了解邪恶，我们也承受过比这更为沉重的，神会终结这一切的。"他向他们保证命运正在将他们引向拉丁姆，引向平静，[310]引向特洛伊的重生："历经了众多不幸，历经了太多冒险，我们在向拉丁姆前进，命运将那里安排为歇息之所。在特洛伊王国注定在那里重新崛起"。在诗的开头，维吉尔说这一队特洛伊人"在命运的驱使下"（acti

---

* [译注]这里上下几段中混用了"机运"与"命运"的两种译法。马基雅维利的"fortune"概念可以容纳人对机运的挑战甚至成功，而韦托里的"fortune"概念显然更强调命运对人的控制的强大作用，他也一直在用这样的概念安慰或劝说马基雅维利接受现实。

① 卡恩将蓬塔诺关于机运的看法与《君主论》的观点相比较："正如马基雅维利在《君主论》中指出的，要在人类事务这一多变的领域内取得绝对的成功，就要像机运女神本人那样灵活而多变"（Kahn, *Rhetoric, Prudence, and Skepticism*, p. 70）。

② Wayne A. Rebhorn, *Foxes and Lions: Machiavelli's Confidence Men*, Ithaca, N.Y.: Cornell University Press, 1988, p. 241.

fatis)放逐。①

关于有必要顺从命运的建议呼应着塞涅卡在同一封提到命运拖着不愿之人的信中的另一段话。塞涅卡说,宇宙的自然进程和事物的秩序构成了一种"法则",根据这一法则"我们的思维必须进行调整……发生了任何事情,我们都应当假定它必须发生……对于你无法改变的你最好接受,顺从神而不要抱怨,万事万物在神的权威下发展着"②。于是,韦托里对应马基雅维利的奥维德式哀叹给出了斯多葛派的、基于《埃涅阿斯纪》和塞涅卡书信的宿命论回应。韦托里表示自己已无欲无求,并附加了两条有关其在罗马生活的评论:第一,虽然他自认为享有教宗和其他美第奇族人的关照,"不过,我对他们一无所求";第二,"我从爱情中解脱了,重新喜欢上了读书和打牌"。他又换成托斯卡纳语写完了信,简述了一下他最近为多纳托·德尔·科尔诺出的力。

马基雅维利一收到这封信就写了一张便条,时间也是12月20日③,他将其封入同一天早些时候所写的信一起寄出。开始他说,他将"只就与多纳托有关的内容作出答复",但他又不能自已地加上了一段关于他们最近这次又没得到美第奇家族赏识的话。他感谢韦托里的一切努力和为他着想,深感自己无以为报,"因为我认为,无论对自己还是对他人,我都百无一用了"。如果"机运女神想让美第奇家族再次起用我,无论是担任公职还是处理他们的私人事务,我均会感到满足。不过,我并没有对自己完全丧失信心。哪一天我真的完全失望,丧失了自我,我会为自己感到悲伤;

---

① 引用的文字均来自《埃涅阿斯纪》第一卷(按顺序分别为)第198—199行、第204—206行、第32行,文本及英译来自Loeb Virgil, tr. H. Rushton Fairclough, rev. ed., 2 vols., Cambridge, Mass.: Harvard University Press, 1960, I: 254-255, 242-243。
② *Epistulae morales* 107. 9; in the Loeb edition, tr. R. M. Gummere, 3 vols., Cambridge, Mass.: Harvard University Press, 1925; reprinted., 1962, I: 226-229.
③ *Opere*, pp. 1188b-1189a; *Lettere*, pp. 484-485; *Lettere a FV*, pp. 277-278.

但就让一切顺其自然吧"。他表示赞同韦托里说的蓬塔诺所写内容,他在信的末尾说:[311]"机运女神想将我们推来搡去,她要么给我们带来立刻获益的希望,要么带来即刻的恐惧,或者二者都给我们。我认为这两种可能性,是我在信中所坚持之立场的大敌。"换句话说,教宗和他的顾问们在任由自己被虚假的希望和恐惧欺骗、误导。同时,韦托里可能会好好想想,这些话是不是也在批评他对美第奇家族的"恐惧",尤其是他不愿对马基雅维利寄给他的东西表示支持。

接下来的两封信都来自韦托里。12月30日他寄出一封短信①带来一条消息:

> 教宗还有比比埃纳和美第奇两位枢机主教都看过了您对我提的问题的答复,他们都对信中的才智和判断力感到惊叹。虽然他们除了语言上称赞之外,什么也没有给予,这既因为运气不佳,也因为我不懂得如何帮助朋友;但是,得到大人物的称许,总归对您大概是有益的。

这一消息简直不能更糟了。马基雅维利的想法终于上达教宗利奥和枢机主教朱利奥,但是他说的话到头来得到的"只有语言"。他期待了差不多两年的倾听机会来了又立刻消失。韦托里让他相信利奥和朱利奥对他所写的东西赞赏有加,但他要么是不想让朋友知道真相要么就是自己被美第奇家族误导了。几周后,1515年的2月,枢机主教朱利奥特意让教廷秘书皮耶罗·阿尔丁盖利警告朱利亚诺·德·美第奇,不要与马基雅维利有任何来往。有传言传到罗马称,朱利亚诺接纳马基雅维利为其服务,朱利奥简直不敢相信,他想确保朱利亚诺明白这样做"无助于他和我们的需要"。

---

① *Opere*, p. 1189a-b; *Lettere*, pp. 485-486; *Lettere a FV*, pp. 279-280.

朱利奥猜测这整个念头不管是事实还仅仅是一个提议,肯定是保罗·韦托里的"创意",他要求阿尔丁盖利"代表我给他[朱利亚诺]写信,我要求他不要管尼科洛的闲事"。① 显然,朱利奥(肯定还有利奥)[312]对马基雅维利的真实看法并不是韦托里在12月30日的信中所说的那样。很难相信他们对他的敌意不是来自他12月10日那份备忘录(或因之而加强):它对法国充满同情、对瑞士极端恐惧、将教会在欧洲诸势力中贬低为二流;并且,它在利奥及其前任之间多有比较,而毫无疑问马基雅维利认为前任更值得仰慕。多年之后,枢机主教朱利奥对马基雅维利的观点有所软化,他作为教宗克莱门特七世担保马基雅维利得到佛罗伦萨大学的任命,撰写一部《佛罗伦萨史》。1525年他正式接受了马基雅维利题献给他的这部书。但是,在1514—1515年冬天,同样是这位朱利奥决定美第奇家族不会启用马基雅维利,无论是在罗马,还是在佛罗伦萨。

---

① 托马西尼出版了这封信(*La vita e gli scritti di NM*, 2: 1064),相关的论述也参见 Ridolfi, *Vita di NM*, p. 254, in Inglese, *Lettere a FV*, p. 287, n. 34,以及下面引用的克拉夫文章的第59页。关于朱利亚诺和/或保罗·韦托里可能想要马基雅维利从事哪些服务的猜测集中于两个可能:其一,在(没能实现的)使朱利亚诺成为包括帕尔马、皮亚琴察、摩德纳和雷焦在内的新国家的领主的计划中担任某种顾问(这一点更多与下一章有关,与马基雅维利1515年1月31日的信有关),关于这一点参见 Cecil H. Clough, "Machiavelli Researches," *Annali: sezione romanza* of the Istituto Universitario Orientale of Naples 9, 1967: 75-77;其二,或许还是在重建的佛罗伦萨国民军中发挥顾问的作用。这两种可能性并不彼此排斥,但是都没有导致马基雅维利最终得到雇用。无论如何,马尔尚发现的两份关于军事问题的作品残篇手稿,强化了保罗·韦托里试图说服朱利亚诺在重组国民军问题上利用马基雅维利的经验的假设,这两份残篇之前没有确定日期,实际上是写于1515年上半年的同一篇备忘录的部分,参见 Marchand, "I 'Giribizzi d'Ordinanza' del Machiavelli," *La Bibliofilia* 73, 1971: 135-150。里多尔菲接受这一日期认定,支持这一假设,即备忘录是保罗·韦托里要求并呈送给他的;但他又补充说,即使是这一获取美第奇家族欢心的努力也没有成功(*Vita di NM*, pp. 252-253 and 521-523, n. 26 bis)。

第九章 诗歌与政治

圣卡夏诺的科里东

[313]马基雅维利或许从来都不曾知道阿尔丁盖利给朱利亚诺写过信,也不知道他的备忘录到底在教廷惹来多大的负面反应。但是,韦托里12月30日的信至少让他明白,一切到此为止了。韦托里在表达了被大人物称许"总归"对马基雅维利有益这样微弱的慰藉之后,又说:"我想过要反驳您的某些意见,以消磨时日并给您问题让您去写。"但是,他说在忙别的事情使得他将已经开始写的信搁在了一边,"我改日或许会写完,然后给您寄来"。他从未寄过。信末,他更为肯定地说,多纳托·德·科尔诺提升其候选资格的要求已经得到了洛伦佐·德·美第奇的积极回应。韦托里说,洛伦佐给出了承诺,"因为您是了解我的,您可以相信,若是他没有向我承诺过,我就不会这样说了,让朋友抱有无益的希望并不是我的作风"。这些话当然也针对马基雅维利的境遇。韦托里是在暗示他,就像处理多纳托·德·科尔诺这件事一样,12月初的时候他也没有让马基雅维利抱"无益的希望",以此来自辩。像这样的事情,美第奇家族的人是做了承诺,可没人能保证他们会信守承诺。哪怕是这次洛伦佐对德·科尔诺的承诺,韦托里又补充说,"事实将表明他将来会不会真的这样做"。

第九章　诗歌与政治　　　　　　　　　　　　　　　　393

在这封信的开头,韦托里用拉丁文写了两句诗,未曾被确定为引文(虽然它们呼应着奥维德的《爱之良药》[*Remedia Amoris*]),所以应当被认为是他自己写的:

> 看哪,欲望再次对我展开猛烈的战斗,
> 同道,请看那新的战火再次将我折磨。

[314]第一句话也可以被理解为是在说丘比特,那个小男孩爱神、维纳斯之子在向韦托里展开猛烈的战斗,但是不管做何种理解,韦托里又在自称为爱的受害者。假如就在15日之前他还说自己从爱情中"解脱"了,现在又怎么会这样呢?这是什么意思呢?紧接着的就是用托斯卡纳语评论说:"奥维德说爱情源于清闲,说得真好。我无事可做了就会像锡耶纳的米诺那样行事,所以我一直忙着这事,本该给您写信却没有这样做。"真是非常奇怪,就在这样几句开场白之后便是那条消息:教宗和枢机主教朱利奥看过并称赞马基雅维利的信,但没什么别的可指望了。这两行拉丁文诗句是什么意思?它们与奥维德关于爱情和清闲的理论有何关系?锡耶纳的米诺又是谁?为什么韦托里现在要回到爱情和欲望的主题上?

这两行拉丁文诗句从古罗马爱情诗的传统角度谈了欲望的重现:爱情是残忍的欲望(或者丘比特)在求爱者身上发动的战争,爱情也折磨和消耗着求爱者的欲火或者激情。① 这些传统风格在普罗佩提乌斯、提布卢斯和奥维德的爱情诗中尤其突出,而我们应当记得,马基雅维利在一年前的1513年12月告诉过韦托里,他每

---

① 关于这些传统风格的两个有益的导论,参见 Sara Mack, *Ovid*, New Haven, Conn.: Yale University Press, 1988, chapter 3 和 R. M. Ogilvie, *Roman Literature and Society*, New York: Penguin, 1980, pp. 129-141(论普罗佩提乌斯和提布卢斯), pp. 162-168(论奥维德)。

天早晨都读普罗佩提乌斯、提布卢斯还有但丁和彼特拉克的"爱的激情和……爱情"。韦托里的诗是一首挽歌,格律是奥维德在他所有的爱情诗包括《爱之良药》中都用到的,韦托里关于爱情和清闲的评论就化用自这里。正如题目所示,《爱之良药》将爱情视为一种疾病,请它的读者学习如何得到治愈。在这部作品的开篇,丘比特看到了标题,说这是要向他开战("爱神读到了本书的书名页,说道:/"啊,战争,我明白了,这是要向我开战呀!")。韦托里的这首挽歌突出了丘比特(或者欲望)倾向于将每一场与求爱者的遭遇都当作是战争,哪怕后者只是采取纯粹防御性的措施。但是,诗人抚慰着怒冲冲的小男孩爱神,提醒他自己是丘比特自己的诗人,他奉行爱神的标准,教他人如何赢取爱神的青睐,让自己得到爱也继续去爱。诗人解释说,他的目的不是要劝阻那些幸福的相爱之人远离欢愉,而是要将那些不幸福的人们从身陷不幸灾难的可怕后果中解救出来,将单相思的人从常常导致自我毁灭的痛苦中拯救出来。丘比特明白了[315]并告诉他继续写他打算写的书。书中提到的一味良药是不要"清闲"(otia),它是"这种欢愉重疾的根源和营养"。① 诗人说去除清闲,丘比特的弓便没了神力。爱情在工作面前会弱化,那些想要停止去爱的人应当忙起来——奥维德给出了几种可行方式——去法庭用法律为朋友辩护,担任公职或者去服兵役。几行之后提到的乡间的生活以及耕种也能使人饱受爱情纷扰和折磨的精神得到抚慰和放松。奥维德将捕鸟也算作是在乡间的放松娱乐的一种。

韦托里解释说自己没什么"事情"(faccenda)可做,所以没有机会施用奥维德建议的良药,他继续说因此他会"像锡耶纳的米诺那样做"。不太确定韦托里指的是谁,但是最可能的猜测包括

---

① *Remedia Amoris*, ed. A. A. R. Henderson, Edinburgh: Scottish Academic Press, 1979, lines 135-158, p.7(第138行的英译文采自 *The Love Books of Ovid*, tr. J. Lewis May, New York: Rarity Press, 1930, p.187)。

薄迦丘《十日谈》第 8 天第 8 个故事里的泽帕·迪·米诺(Zeppa di Mino)、弗兰克·萨凯蒂《故事三百篇》第 84 个故事里的画家米诺,他们都来自锡耶纳。① 薄迦丘的泽帕·迪·米诺发现他的妻子与他最好的朋友通奸,于是他说服她把朋友引进一个柜子,然后和朋友的妻子在柜子顶上做爱。这两个男人觉得扯平了,还继续做朋友并共享两个妻子。"他们四人一起进餐,气氛和谐举世无双。从那时起,这两个女人各有两个丈夫,这两个丈夫各有两个妻子,从不因为共享彼此而有任何争吵或纠纷。"②萨凯蒂的米诺是一个制作耶稣受难像的画家,他也获悉自己的妻子有了外遇,不过他没能抓到现行,那个男人躲在米诺店里的一个耶稣受难像上面然后跑掉了。米诺感到失望又耻辱,他咒骂和谴责他的妻子,大发雷霆并追打她。但是,她更强壮一些狠狠地揍了他一顿。最后,他认为自己最好平静接受这一切。他自己对自己说:"我是有多蠢啊?我过去有 6 个耶稣受难像,现在还是这 6 个。我过去有一个老婆,现在还是这一个。要是一开始就没她该多好!如果我过于纠缠这一切,我只会像刚刚那样在伤口上洒盐。要是她想要做坏女人,那全世界的男人也不能把她扭过来。"③

虽然韦托里或许确实想要以薄迦丘笔下泽帕·迪·米诺[316]的方式解决问题,但韦托里身上的斯多葛成分肯定对萨凯蒂笔下的米诺感到更亲切:受到打击,学习教训,接受自己不能改变的一切。所以,韦托里可能是想对马基雅维利说,当他无所事事,爱的苦痛和为科丝坦扎争风吃醋的感觉就会再度泛起,由于没有什么正经事情能让他的思绪远离这些,他最多只能顺从那无法

---

① 加埃塔认为指的是薄迦丘的故事(*Lettere*, p. 485, n. 1),因格莱塞认为指的是薄迦丘和萨凯蒂的两个文本(*Lettere a FV*, p. 280, n. 3)。

② *Il Decamerone*, ed. Angelo Ottolini, Milan: Hoepli, 1960, pp. 519-523.

③ Franco Sacchetti, *Il Trecentonovelle*, ed. Antonio Lanza, Florence: Sansoni, 1984, pp. 166-172.

触及的欲望目标和挥之不去的欲望。

不过,无论他怎么说自己,他想要指出的和提醒马基雅维利的是,欲望本身具有重复性。他那两句诗中重复出现的"看"(ecce iterum)就是在强调欲望是会重复的。韦托里又是在向马基雅维利提供慰藉,但也是在建议马基雅维利用长远眼光来看待自己的做法:韦托里倾向于任由欲望向马基雅维利开战,并且(用马基雅维利自己的话说)惹起他的"谈兴",而当结果未能达到预期,依照事物本性便只能忍受痛苦、愤怒和苦涩。韦托里见证过马基雅维利完成了欲望的循环,回顾它,与它保持距离,又投身其中,再次循环。这一次,韦托里没有拿出斯多葛主义,而是以奥维德本人的观点或毋宁说是其观点之一来对抗马基雅维利奥维德式的对恰当宽慰与和解的拒绝——他拒绝特洛伊的灭亡。他用《爱之良药》的奥维德对抗马基雅维利用到的放逐信里的奥维德和《女杰书简》的奥维德:这位40岁的良医所要治疗的人,是一个懂得针对巨大激情和绝望中的放逐者/求爱者如何安抚和操纵欲望/丘比特的人。如果马基雅维利借助奥维德能够看清并接受欲望的重复性结构,那么或许他就会像锡耶纳的米诺那样意识到,欲望越强烈,它想要占有和控制的事情就会有越发强烈的抵抗,因而欲望也就越不可能得到满足:简言之,欲望的自我挫败带来欲望的自我膨胀。①

---

① 对《女杰书简》的精彩解读以及对女英雄们的书信关注"欲望、引诱和背叛的重复性结构"方式的精彩解读,参见 Linda S. Kauffman, *Discourses of Desire: Gender, Genre, and Epistolary Fictions*, Ithaca, N.Y.: Cornell University Press, 1986, pp. 30-61, and especially pp. 42-43。其中考夫曼写道:"奥维德的女英雄如此自觉和热切地寻找重复的规律,尤其是试图以阐释其他女英雄的经验来阐释自身的经验。这一技巧突出了文本的对话性,因为它与奥维德的其他文本、其他作家对这些女英雄的处理形成了有趣的对比。"考夫曼下一段的开头,在很大程度上抓住了我认为的弗朗切斯科·韦托里在最近几封信里试图传达给马基雅维利的一种精神、一种必要之修正(mutatis mutandis):"这种互文性与精神分析的步骤极为相似,后者同样包括阐释的努力、对重复的解释、评定欲望的结构。某种程度上,对于某一封单独的信[考夫曼这里还是在谈《女杰书简》,但我认为她的观点可以适用 (转下页)

第九章 诗歌与政治

[317]马基雅维利暂时沉默了。韦托里在1515年1月16日①又写了一封信，更深入地思考了12月30日信的开篇几行仅仅有所触及的议题。现在他开诚布公地谈，虽然他明确表示这样做并不容易："我读任何他人的信都不如读您的信开心，而且我能在信中对您说我知道不能在信中说的许多事情。"考虑到他接下来所说的内容，简直不能想象还有什么是他不能放进给马基雅维利的信里的。他承认自己拖了一段时间才说出下面要说的话，由此也让他对于该如何说出他必须说的话感到不适和不自信。"过了几个月我才完全懂得您是以何种方式在爱，我本想对您说：'科里东啊，科里东，你陷入了怎样的疯狂？'"这句话出自维吉尔《牧歌集》(*Eclogues*)第二卷，牧羊人科里东在哀叹自己对男孩亚历克西斯(Alexis)单相思。当科里东不再相信某种统一着自然界与人类的关于真实欲望的一般性原则能够自圆其说的时候，他自言自语称自己的激情为疯狂。科里东向不在场的、他渴望着的亚历克西斯倾诉，他建立起自然欲望的链条：狮子捕狼、狼捕山羊、调皮的山羊吃开花的三叶草："而我科里东追求你亚历克西斯，人人都受到自己快乐的指引。"科里东将自己的激情——无论它怎样的徒劳——比作动物的本能欲望，并将其整合进一种想象的、受到快乐

(接上页注①)于马基雅维利与韦托里的书信]的分析不能不考虑它乃是引诱、背叛、遗弃这种重复性结构的一部分。因此，菲莉丝所做的……既是在阐释一种重复也是在重复阐释的创伤。奥维德文本中的每一位女英雄都做着这同样的事情。她执着地回到她背叛的原因与结果，试图追溯回去给她过去的经验施以秩序和一致，而当时她缺乏预见性。《女杰书简》的结构不停地反复着同一种模式：每一位女英雄都从否认自己背叛的现实走向怀疑自己爱人的意图，然后又走向嫉妒、愤怒和失望。另外，她常常因为不够谨慎而生自己的气也生爱人的气。"在一个注释里考夫曼补充说，她的书的标题是"有意识地试图保留弗洛伊德和拉康的痕迹，因为在'谈话疗法'和书信写作之间有许多相似性。"

① *Opere*, pp. 1189b-1190b; *Lettere*, pp. 486-488; *Lettere a FV*, pp. 280-282.

控制的、自然的事物秩序。① 他被爱情"灼烧着"带有反问意味地问,怎样才能为爱情设置限制或边界呢。但随后,像是从不受控制的想象中清醒过来,他自责并问道:"科里东啊,科里东,你陷入了怎样的疯狂?"科里东的疯狂(dementia)是没有希望的激情,而没有结果的欲望会产生幻觉并忘却现实。② [318]诗的结尾,冷静下来的科里东重新开始他刚刚忽略的工作,告诉自己还会找到别人的:"如果这个亚历克西斯对你不屑一顾,你还会找到另一个的。"③

到这里,韦托里告诉马基雅维利,长期以来他都想用科里东的责备语气批评马基雅维利身上的那个科里东,后者用一种理想化的自然欲望秩序的观点来为自己的激情辩护。但是他又说,他决定不这样做,因为"我心想,世界没有别的只有爱情,或更明白地说,只有肉欲。我在琢磨,人们心中所想与口头所讲差得多么远"。韦托里几乎是承认他错了,他的怀疑论的、斯多葛主义的对于激情危险的警告从未产生什么效果,现在也没有什么效力,甚至对他而言也是如此,他承认爱情或者肉欲的力量是无所不在的。这里的隐含之意是,韦托里的科里东必定是那些无法自己"说明白"、无法以肉欲(foia)这一正确名称称呼爱情的人之一。本着说明白的精神,韦托里在信末说,在一个方方面面都很郁闷的世界里,"人必定会努力想一些愉快的事",他"不知道还有什么事情比性交令人想起来和做起来更爽";这便促使他在这一点上重新表述他刚刚关于言语和想法之间差距的想法:"让每个人按照自己

---

① 关于《牧歌集》第二卷的这些主题,参见 Eleanor Winsor Leach, Vergil's Eclogues: Landscapes of Experience, Ithaca, N.Y.: Cornell University Press, 1974, pp. 146 - 153。
② Michael C. J. Putnam, Virgil's Pastoral Art: Studies in the Eclogues, Princeton, N.J.: Princeton University Press, 1970, pp. 82 - 116。
③ 出自 Loeb Virgil, 2 vols., tr. H. R. Fairclough, rev. ed., Cambridge, Mass.: Harvard University Press, I 960, I: 14 - 15(韦托里的引文在第 69 行)。

想的高谈阔论吧,因为这才是绝对的真理。对于这一点,大家都心知肚明,却很少有人会说出口。"

虽然韦托里在那"几个月里""抑制"自己不去指责马基雅维利疯狂,但他现在说了出来,自然是在一个决定不这样说的故事里把它讲了出来。他的思维发生了变化,不是因为他从马基雅维利爱的"方式"中再也看不出混乱和危险,而是因为他现在认为非理性的和自我欺骗的激情是如此普遍以致全"世界"实际上"没有别的只有爱情,或更明白地说,只有肉欲"。但是,相比于科里东从自然的甚至本能的事物秩序中论证自己的激情,韦托里将这一恶疾与他所谓"不良的教育"(pessima educatione)联系起来,男孩们(包括他自己和马基雅维利)是在这种不良的教育下成长的,更多关乎文化和社会实践而不是自然本性。他说,每一个父亲都说他想将自己的儿子养成体面的[319]和有道德的(honesto)人。但是,他们后来雇佣的师傅"成天和他儿子待在一处,可以对他为所欲为,让他读些能让人起死回生的玩意儿"。在韦托里看来,母亲们同样有问题:她们竭尽全力让自己的儿子们标致迷人,给他们有单独入口的一间屋子以及各种便利条件,"从而他们能够为所欲为把任何他们喜欢的人带进去"。韦托里谴责的腐化作用——师傅、图书、允许年轻人自由进出与自己喜欢的人为伴的自由——全都被允许了,甚至被有些溺爱孩子的父母引入孩子们的生活中。他评论道:"我们无不如此,那些自以为掌控一切的人,也是那些犯下最大错误的人。"由于所有这些"不良的教育",难怪"我们的年轻人荒淫无度(lascivi)"。他总结说,"您和我虽然老了,但在某种程度上仍留有我们年轻时习得的作风,这也是无可救药的事"。

韦托里这里回到了一个过去他曾敦促马基雅维利讨论的主题,即我们之为我们是因为那些内在于我们的行为模式和习性,早在我们能够理解它们对我们所具有的塑造和决定力量之前,它们就存在了。若按这种说法,这种一直拖着我们前行的力量并不像命运那样神秘,就算变得熟悉和友善,它也威力不减。韦托里的结论是,马基雅维利和其他人一样,是无法自救的:"这也是无可救药的事。"科里东为他得不到的亚历克西斯而火急火燎(ardebat),不断地回到树林里伴着无果的思念吟唱着构思拙劣的诗歌(incondita)。就像科里东跳出了抓住他的疯狂,马基雅维利试图让自己同欲望的力量保持距离。但是,也正如那个总能找到另一个亚历克西斯的科里东,圣卡夏诺的这个牧羊人也不会停止吟唱。

韦托里以祝愿他们能够很快并经常有机会谈话结束这封信:"我在考虑,若是情况允许的话,我春天会去看您,我们一起聊聊这个事以及其他事情。"

文本中的变形记

马基雅维利1515年1月31日的信①把这两年里反复出现的主题都归拢了起来:爱情、诗歌、[320]变化、欢愉、权力,还有君主。他们漫长通信的最后一封信分为两个部分,第一部分关于爱,第二部分关于政治。将它们连接起来的是一个著名的段落,马基雅维利在这一段里回顾了他们所有的书信往来、指出他们的信在"沉重"和"轻浮"之间的跳转,并且决定是时候让这种"变化"在同一封信中显现出来了。爱与政治会在这封信中同时出现,但是正如我们将看到的,对爱的讨论承认了爱的权力和暴烈,而论政治的部分则突出了爱在巩固权力方面的作用。这样一来,这封信的结构既建立起爱与政治、欲望与权力之间的边界,同时又在质疑这一边界。不过,架构起这封信的是两首小诗:开头是一首十四行诗,马基雅维利称是他写来回应韦托里"关于肉欲那封信"的;最后的两句诗融合了路易吉·普尔奇《魔干特》第一歌(cantare)里

---

① *Opere*, pp. 1190b—1192a; *Lettere*, pp. 488—491; *Lettere a FV*, pp. 283—286.

的很多部分。

让我们从结尾对普尔奇的改写开始,它是这封信的终结也是整场通信的终结:

> 那傲慢的恶棍倒下时,
> 依然忘不了他的先知(Macone)。

马基雅维利在这里结合了 3 个诗节中的部分,这 3 个诗节讲的是奥兰多杀掉了摩尔人巨人帕萨蒙特(Passamonte)和阿拉巴斯托(Alabastro)。在第一个诗节里,奥兰多杀掉了帕萨蒙特,"那傲慢和邪恶的人倒下了,他仍虔诚地呼唤先知"(I. 35. 5-6)。随后奥兰多发现阿拉巴斯托在将一块巨石从地上挖出,大叫道:"你这个恶棍,你想投掷那块巨石吗?"(I. 37. 6)巨人拿起投石器向奥兰多发射巨石,他用剑杀掉了巨人,"巨大的蠢货倒地而死,依然忘不了他的先知"(I. 38. 7-8)。[1] Macone 是欧洲文学传统中常常被用来替换"穆罕默德"的名字之一,这里普尔奇似乎接受了广为流传的观念:穆斯林相信先知是成圣的。因此,第一和第三节的意思是,巨人们即使在倒地而死的时候仍旧忠于他们的信仰。但在马基雅维利改写的这两句话中,Macone 显然也是在指他自己的名字。

因为这封信的第二部分处理的是已经讨论过很多次的朱利亚诺·德·美第奇在北部意大利谋取一个国家(以及有可能[321]保罗·韦托里会在那里担任重要职务)的计划,有些评论家们就把"先知"的诗句阐释为,马基雅维利这是在表达希望甚至期待,他终于得到了重返政治舞台的机会——这一刻"先知"不曾被忘

---

[1] Luigi Pulci, *Morgante*, ed. Franca Ageno, Milan and Naples: Ricciardi, 1955, pp. 15-16.

记。① 这种阐释将皮耶罗·阿尔丁盖利在 2 月中旬给朱利亚诺的信作为证据,认为在 1 月底的时候,朱利亚诺或保罗·韦托里雇佣马基雅维利担任某个职位的计划还是非常可能的。这样的计划的确可能存在过,而且如果真的是这样,马基雅维利有可能是知道的。但是,用"先知"诗句来庆祝美第奇家族和/或保罗·韦托里不曾忘记自己这一事实或希望却是一种非常奇怪的方式。马基雅维利会以哪怕是开玩笑的方式称朱利亚诺或者保罗·韦托里为"傲慢的恶棍"吗?他说的"倒下"又会是什么意思呢?马基雅维利这里极有可能是在指自己,他才是那个"傲慢的恶棍"②,就算已经倒台也还忘不了先知,也就是他自己。但是,他如何"倒下"的呢?他在这封信中又是如何"忘不了"自己的呢?"倒下"可能指的是 1512—1513 年间的政治事件,但是那些事情现在看来已经很遥远了,而且显然没有必要提醒弗朗切斯科·韦托里发生过那些事情。如果我们是在寻找政治上的"倒下",那么去年 12 月的失望,他最近一次试图劝说利奥和朱利奥听他进言似乎是更好的选择。但是,如果按照刚刚表明的,"先知"诗句是围绕这封信主体的诗歌框架的一部分,那么或许我们应该到十四行诗以及它和后面书信开头内容的关系中去寻找这所谓的"倒下"。

这首十四行诗是以第一人称写的,叙述的是爱情征服了某个特别顽强的人,此人在成功地抵抗了许多根爱神之箭后终于被一支特别猛烈的、抽取自独特的箭筒、用独特的弓射出的箭征服。此人哀叹自己的伤口,"承认和接受了"爱神的力量(potenza)。马基雅维利在信的主体部分开头评论说:"我不知道除了用这首十四

---

① 加埃塔似乎就是这么理解的(*Lettere*, p. 491, n. 16)。
② 根据阿杰诺(F. Ageno)的看法(参见 Pulci, *Morgante*, p. 16),"恶棍"差不多等于"流氓"(ribaldo),这个词是阿拉曼诺·萨尔维亚蒂(Alamanno Salviati)1506 年用在马基雅维利身上的,见比亚焦·博纳科尔西 1506 年 10 月 6 日给马基雅维利的信,*Opere*, p. 1087a, and *Lettere*, p. 253。

行诗回复您上一封信中关于肉欲的话之外,还有什么别的方式更为恰当;从这首诗中您可以体会到,爱神这个小偷为了用他的镣铐把我束缚,究竟有多么执着、用了怎样的技巧。"这些锁链非常坚固,他对自己获得自由感到失望,不知该如何让自己解脱。就算侥幸或依靠机巧逃了出去,他或许也不会接受:"[锁链]对我而言时而非常甜蜜、非常轻便,时而非常沉重,它们将这些加以混合(mescolo),[322]从而我相信没有这种生活,我会活得毫无乐趣可言。""因为我知道这些想法会让您快乐,您在自己的生命中也体会过类似的事物的秩序,所以我遗憾您不在这里和我一起笑,时而笑我的悲叹,时而又笑我自己的笑声。"所有这些假如韦托里在场将得到的乐趣现在都给了:

> 我们的多纳托[·德尔·科尔诺]和我前面写信给您提到的那位女性朋友。他们是我这艘小船唯一的港湾和避难所(unici miei porti e miei refugii ad il mio legno),我这帆船因无休止的狂风暴雨而失去了舵与帆。就在不到两夜之前,我发现自己正好可以像福玻斯对达佛涅那样对她说:

> 啊!诗人仙女,停一停!我追逐你,可不是你的敌人,
> 停下来吧,仙女。就像羊逃避狼,鹿逃避狮子,
> 鸽子颤抖着翅膀,逃避鹰的追逐,
> 每一种动物都逃避它的敌人。

这几句诗出自奥维德《变形记》第一卷第 504—507 行[①]的阿波罗(福玻斯)和达佛涅的故事。这几句话几乎是逐字引用的,只

---

① 文本见勒布文库版(*Metamorphoses*, tr. F. J. Miller and revised by G. P. Goold, 2 vols., Cambridge, Mass.: Harvard University Press, 1984, I:36-39)。

有一处不同于奥维德的文本的地方特别有趣:奥维德称达佛涅为河神珀纽斯(Peneus)的女儿(nympha, precor, Penei, mane["姑娘,珀纽斯的女儿,停一停"]*),马基雅维利将恰当的形容词Penei换作了Petreia。这可能是记忆出错或者笔误,但若果真如此的话,这便是一个奇怪的错误。Petreia也可能是Pieria的变体,来自九缪斯的父亲庇厄洛斯(Pierus)。Pierus的意思或者是"对九缪斯是神圣的"或者就是简单的"有诗意的",而九缪斯自己则被称作Pieriae或者Pierides。如果马基雅维利本想写Pieria却写成了Petreia(拉丁文里确实有这个词,一个来自姓氏Petreius的形容词),那么他可能是在将它与"女诗人"(poetria)构成双关:这个词或许来自奥维德的《女杰书简》第十五卷第183—184行,其中萨福正在思考自杀,她写了几句诗,将刻在献祭给福玻斯的里拉琴上。① 有可能[323]马基雅维利所谓的Petreian仙女就是诗歌本身,如果我们回到奥维德的诗句,就会想到追求者正是诗歌之神福玻斯·阿波罗,逃跑中的达佛涅为了躲避诗歌之神炽热的拥抱,请求她父亲通过毁掉她的美貌来救她不要被抓,她父亲照做了,将她变成了一株月桂树。阿波罗没有得到最初的欲望对象,便将他的爱注入月桂树中,让它成了他所保护之物的符号,包括诗歌和罗马的荣耀。

在上面引用的话里还有一处提到了诗歌,马基雅维利告诉韦托里,他们共同的朋友多纳托·德尔·科尔诺和那未写明姓名的

---

* [译注]中译文采自杨周翰译《变形记》,人民文学出版社,1958年版,第14页。
① 文本见勒布文库版(*Heroides and Amores*, tr. Grant Showerman, Cambridge, Mass.: Harvard University Press, 1971, pp. 192-193)。萨福写的诗是:"啊,福玻斯!歌者萨福满怀激地带给您一架里拉琴:很适合我,也很适合您"(Grata lyram posui tibi, Phoebe, poetria Sappho:/Convenit ilia mihi, convenit ilia tibi;肖尔曼的英译文是"Sappho the singer, O Phoebus, hath gratefully brought thee a zither:/Token well suited to me, token well suited to thee")。

女性朋友(大概是里恰小姐①)是"我这艘帆船唯一的港湾和避难所"。这里的性隐喻是很明显的,但是 legno [木头/帆船] 也常用来隐喻诗歌。② 普尔奇常常用船舶的意象来指称他的诗歌,称它是他的"船"(barca)或"小船"(barchetta),也叫作他正在寻找自己"港湾"(porto)的"帆船":"我要和我的小船前行,直到水能载动这小船,带着任何我能想象出来的,我要给所有人带去快乐"(《魔干特》第二十八歌第 140 节第 1—4 行)。诗的最后部分"万福,圣母"(Salve, Regina)的第二节有"因为您将我的小船带进港湾,万福圣母,感谢您"。③ 但丁也用船舶的隐喻,包括用 legno 比喻诗歌,并且也直接与阿波罗和达佛涅的故事有关。《神曲·炼狱篇》开篇便是诗人的"才智"(ingegno)的"小船"(navicella)扬起帆来以便"在比较平静的水上航行"(第一歌第 1—2 行)。这一隐喻在《天国篇》的前两歌里也出现过。在第二歌开头,诗人警告那些"乘一叶扁舟,渴望听我叙述而一直尾随着我这只一面吟唱一面驶向深海的船前进的人们"回到岸上去,因为前面有广阔大海的艰险。他解释说:"我所走的海路[324]在我以前从未有人走过"(这一传统套话马基雅维利自己也会在《李维史论》第一卷前言中

---

① 在佚失的 1514 年 12 月的信里,马基雅维利向韦托里讲述了他在多纳托·德尔·科尔诺和里恰小姐的陪伴中找到了安慰和稳固的友谊。1 月 16 日韦托里对此评论道,他对于多纳托如此并不意外,"他是一个忠义之人[fede]"。但他开心地惊讶于马基雅维利会在里恰小姐那里也找到这样的"忠义"和"陪伴"(chompassione),因为"大多数情况下女人爱机运,而不是男人;因此当机运流转,她们也就变心了"。得知里恰小姐乃是此规律之例外,韦托里说:"虽然过去因为您的缘故我总是喜欢她(li ero per amor vostro partigiano),而如今我变成她的奴隶了"(Opere, p. 1190a; Lettere, p. 487; Lettere a FV, p. 281)。

② Ernst R. Curtius, European Literature and the Latin Middle Ages, tr. Willard R. Trask, New York: Harper Torchbooks, 1963, pp. 128-130.

③ Pulci, Morgante, ed. Ageno, pp. 1108-1109, 1114.

用到*)。但丁——作为诗人而不是旅人——敢驶入那片海域,是因为他受到智慧女神密涅瓦、诗歌之神阿波罗以及九缪斯的鼓励(《天国篇》第二歌第1—9行)。不过,但丁第一次提到阿波罗是在《天国篇》第一歌中,他请神使他配得上神"心爱的月桂树"(l'amato alloro)(第一歌第15行)。"如果你给予我那样大的援助,使我能把这幸福的王国在我脑海中留下的影子表现出来,你将看到我来到你心爱的树(diletto legno)下,把它的叶子戴在我头上,诗篇的题材和你的援助将使我配戴这些叶子"(第一歌第22—27行)。这里的"心爱的树"显然指的是阿波罗和达佛涅的故事,但丁同样将月桂树称为"珀纽斯之女的枝叶"(Peneian frond)(第一歌第32—33行)。① legno 对于但丁而言既象征着他的诗歌之"船",也象征着逃跑的达佛涅被他父亲珀纽斯变成的月桂树。

马基雅维利很了解但丁,他的 legno 就如同但丁的用法,必然是指他的诗歌,因为这两个文本中都有阿波罗和月桂树/达佛涅。但是,相比于但丁在呼求并果真被授予信任后(第二歌)向阿波罗祈求鼓励,马基雅维利的无舵且无帆的"帆船"则是将诗歌与愚蠢而倔强之欲望的滑稽挫败连接起来。在此意义上,比起但丁来,马基雅维利无疑更为接近奥维德的阿波罗与达佛涅故事的精神旨趣。巴纳德最近阐明了奥维德在对阿波罗的处理上,在她称为挫败伟大阿波罗的处理上的滑稽维度。② 奥维德的阿波罗在几个方

---

* [译注]马基雅维利写道:"受这种欲望的驱使,我下定决心进入一条还没有人走过的道路,虽然这可能给我带来辛劳和困难,但它也可能通过那些善意地看待我付出这些辛劳的目的的人,给我带来奖赏。"

① 文本与英译见 The Divine Comedy, tr. Charles S. Singleton, Princeton, N.J.: Princeton University Press, 1982, Purgatorio, pp. 2-3; Paradiso, pp. 14-15, 2-5. 也参见辛格尔顿关于《天堂篇》第二歌开篇几句的重要注释,在评注部分的第37页。

② Mary E. Barnard, The Myth of Apollo and Daphne from Ovid to Quevedo: Love, Agon, and the Grotesque, Durham, N.C.: Duke University Press, 1987, chapter I, pp. 19-43, and esp. p. 23.

面都有可能令马基雅维利于心有戚戚焉:他最初对丘比特的指责,他变成一个不屈不挠的傻乎乎的求爱者,在追逐中他像是一条咆哮的狗——这一形象将神祇降格到"滑稽漫画"的层次。他还有两次失败:第一次被丘比特之箭射中,第二次则是被达佛涅拒绝。① 马基雅维利引用的诗句就是在讲,阿波罗试图说服达佛涅,他追逐她并非如敌人或掠食者那样,她不必像羊躲避狼、鹿躲避狮子、鸽子躲避老鹰那样躲避他。实际上,他这样的说法并没有什么用处,却让自己沦为一个一边追逐逃跑的达佛涅,一边喊叫着各种请求和恳求的形象。在词穷之际,[325]极度的挫败让他尊严扫地,这时的阿波罗让我们想到了盖塔。愚蠢的欲望之力使得已经更像人而非神的阿波罗进一步从人贬低至动物,变成他恰恰声称自己不是的东西——一个穷凶极恶的掠食者。奥维德的阿波罗还有一点类似于盖塔,他也在对难以捉摸的欲望目标进行无益和愚蠢的追逐之中丧失了自我。

巴纳德表明,奥维德将阿波罗变成了一个受阻的求爱者(exclusus amator/shut-out lover)②,正是奥维德笔下的阿波罗的这一面提醒马基雅维利将自己比作福玻斯·阿波罗。作为一个政治上的放逐者,马基雅维利将自己看作是某种受阻的求爱者,他充满激情地做了多少滑稽之事,他的自我就会痛苦地损失多少。马基雅维利就像其他垂头丧气的求爱者一样,在放逐中无谓地吟唱着。将自己比作福玻斯·阿波罗恰恰是关注于其"诗歌"和"言语"的失败:就在引用过《变形记》之后马基雅维利(用拉丁文)评论道:"就像这首诗没给阿波罗帮上什么忙一样,同样的言语在这个正在逃避我的女子看来也毫无分量,百无一用。"但是,正如巴纳德所敏锐指出的,奥维德的阿波罗并不是仅仅在灰头土脸中接受了

---

① Mary E. Barnard, *The Myth of Apollo and Daphne from Ovid to Quevedo: Love, Agon, and the Grotesque,* Durham, pp. 26, 31.

② Ibid., pp. 42-43.

失败而已。那难以捕捉的欲望对象现在变形了,她成了无法被认出也不能被占有的月桂树,如今阿波罗用它当作一切以他之名获得的胜利——政治上的和诗作上的——的标志。因此,他接受了这一切失败的证明与象征,将其作为荣誉加在她身上,宣布古罗马的将军们在胜利时也当如此头戴桂冠。阿波罗说:"如果你不能成为我的新娘,你也应当称为我的树。"①奥维德的阿波罗将政治与诗歌都带入欲望的领域:都带上了受挫的和替代的欲望的印记。

我们现在可以回到马基雅维利的十四行诗上了。显然,作为这封信开头的这首诗——以及这封信以这首诗开头这一事实本身——不能与接下来的诸多关于诗歌的诸多暗指相分离,特别是内嵌于奥维德引文中的那个隐喻。传记作家们和评论家们已经表明,这首诗所指的就是1514年8月给韦托里的信所描绘的那个女人——"极优雅的尤物"。我们不必争辩马基雅维利的恋爱对象是不是一个实在的人。但是,将十四行诗的解读局限在生平传记水平上将阻碍我们认识文本中语言的修辞力量,也无法让我们在马基雅维利和奥维德这两首关于阿波罗和达佛涅的诗歌之间寻找联系,也无法让我们在这两首诗和信的余下部分所谈的有关诗歌与政治的内容之间寻找联系。十四行诗如下:

> [326]年轻的射手,多次企图
> 用他的箭,刺伤我的胸膛;
> 恶意待人,令他称心快意
> 他以伤害一切人为乐。
> 尽管没有金刚能够抵挡
> 他的残忍而锋利的箭镞,
> 它们却发现了这样一个顽固的目标

---

① The Loeb *Metamorphoses*, 1: 38-43, lines 525-567.

第九章　诗歌与政治

> 我对它们的力量不屑一顾。
> 因此,满怀着恼恨和愤怒
> 为了演示他精湛的技巧,
> 他换过了箭筒、弓和箭;
> 他以大力射出一矢,
> 我至今犹觉得伤痛,于是;
> 我承认和接受他的力量。

在最后一句中,被征服的伤者宣布自己决定"承认"爱神的力量,那便是这首十四行诗本身。诗歌发生于对欲望之力的承认,因此这首十四行诗不仅是在写一般意义上的欲望的活力,更为具体地是在写欲望与诗歌之间的关系。① 言说者/伤者吟唱出他自己的[327]转变/被击败,从不相信欲望之力转变为完全承认这是一种无可阻挡的力量,这种力量就是要攻克自己的抵抗、打消自己的怀疑、强令自己如此吟唱。但是,欲望在此过程中也发生了转变。年轻的射手意识到原来的箭的不足,便换了箭筒、弓和箭来完成这一更为艰难的征服。诗歌基本上是从近乎疯狂的、执迷的角度("满怀着恼恨和愤怒")描写了他"为了演示他精湛的技巧"的强烈决心。针对只是被动防御之人的气愤、恼恨乃至狂怒,丘比特用了不同的武器和更大的力量。于是,这首诗便把欲望以及它对疯

---

① 有关阿里奥斯托的欲望、语言和作品的主题的精彩讨论,参见 Eugenio Donato, "'Per selve e boscherecci labirinti': Desire and Narrative Structure in Ariosto's *Orlando Furioso*," first published in *Barocco* 4, 1972: 17-34, and reprinted in *Literary Theory/Renaissance Texts*, ed. Patricia Parker and David Quint, Baltimore and London: Johns Hopkins University Press, 1986, pp. 33-62; and Albert Russell Ascoli, *Ariosto's Bitter Harmony: Crisis and Evasion in the Italian Renaissance*, Princeton, N.J.: Princeton University Press, 1987, pp. 12-13 and passim。马基雅维利非常欣赏阿里奥斯托的《疯狂的罗兰》(1517年12月17日给洛多维科·阿拉曼尼的信,*Opere*, pp. 1194b-1195a)。

狂、暴力和伤害——包括诗歌——的否定联系了起来。

在奥维德关于丘比特、阿波罗和达佛涅的故事里,同样的过程也是很明显的。阿波罗也像马基雅维利十四行诗中的说话者/伤者一样,怀疑甚至嘲笑丘比特自称所拥有的力量。当然阿波罗本人也是一个猎人,也是弓箭之神("deus arcitenens",第一章第441行)。当阿波罗用自己的致命武器杀掉了皮同(Python),他看到丘比特在拉开自己的弓调整弓弦,便傲慢地问:这样一个欢蹦乱跳的小男孩(lasciver puer)拿着如此"强大的武器"(fortibus armis)能干什么呢?他嘲讽地建议丘比特老老实实安于爱情这种不太重要的事,不要插手那些留给阿波罗的荣誉。丘比特回答说:"福玻斯,你的弓或许能刺穿一切,但我的会刺穿你"(第一章第454—464行)。① 就像马基雅维利十四行诗里的"年轻的射手",奥维德的丘比特懂得这次需要特别的武器:他飞到帕纳索斯山(诗人的圣山)之巅,从箭筒里抽出两支箭,一支会让阿波罗爱得炽热,另一支会让达佛涅害怕并且逃避爱情(第一章第466—476行)。阿波罗的欲望和达佛涅对那种欲望的逃离于是被同时创造了出来,两者相互依赖。阿波罗被丘比特的诱爱之箭刺"穿骨头直至骨髓"(第一章第473行),立刻爱上了达佛涅:"他想得到他所欲求的,而他预言的能力却辜负了他"(第一章第491行)。他被爱情之火折磨得"整个胸膛燃烧着",他只能"以希望填补无果的爱情"(第一章第496行)。但达佛涅总是跑开,完全不顾追求者的话。正是在这里,在奥维德的叙述中,阿波罗/福玻斯说出了马基雅维利在信里引用的那几句诗(第504—507行的"啊!仙女"),在此之前他对韦托里谈到了他那无舵的"帆船",[328]在此之后他慨叹他自己的诗歌"在这个正在逃避我的女子看来"毫无用处,正如

---

① 这一段话里我用到的英译文来自 Mary M. Innes, *The Metamorphoses of Ovid*, New York: Penguin, 1955, pp. 41-42。

阿波罗的诗歌在追求达佛涅的过程中也是无用的。

马基雅维利的十四行诗因此显然是在暗指奥维德的阿波罗与达佛涅的故事,并将其中的重要元素整合了进来。一旦我们在信的三分之一处发现他真的引用了奥维德,则说明奥维德无疑也是存在于开头的十四行诗中的。正如阿波罗在追逐的最后只得到了月桂树,这并不是他想要得到的目标,马基雅维利也告诉韦托里,他在追寻那难以捉摸的欲望目标的过程中,认识到了自身欲求之物的扭曲力量,于是他走向了诗歌——不仅是指写诗(他过去当然也写过),而是将他(和韦托里)在他放逐的两年里写下的所有东西都理解为沾染了诗歌的印记:是一种他不曾理解甚至不曾意识到的力量催生出所写的一切,因此它们常常带有一抹疯狂的色彩,常常看似抓住了事物的本质或真相但又总是回到它内部的谜团之中,它们受制于他花了大力气想要控制却不成功的矛盾、反转和转变。现在,在这最后一封信的核心段落里,马基雅维利变成了他和韦托里两年来所写之文本的一个解读者和阐释者。他不仅宣布他打算接受这一文本的诸多矛盾,以及它对外部目标追寻的徒劳无功,而且他也承认,文本根本没有将对世界的"想象"理顺得井井有条,它们本身就遵循着某种不稳定性的自然法则。就在马基雅维利说他的"言语"和福玻斯的"诗歌"对于追求他们各自的欲望目标都没什么用处之后,他写道:

> 任何人要是看到我们的信,我敬爱的同道啊,看到它们的多样性,必定会大为惊讶。因为他们会觉得既然我们似乎都是严肃的人,注意力完全集中于重大事务,头脑中流过的任何想法,无不关乎庄重、笃实。不过翻到下一页,读者就会发现,我们,还是同一个我们,却变得猥琐、轻浮、好色,专爱干些荒诞不经的事。这种行为若在有些人看来是可鄙的,在我看来则是值得称道的,因为我们是在效法自然,多变的自然。任何

效法自然的人都不应当受到非难。尽管在不断通信的过程中,我们早已习惯了体现在不同书信中的这种多变性,但这次我想就在同一封信中也这样做,若是您翻到下一页读一读便会发现这一点。所以,清清喉咙,狠狠地啐上一口吧。

[329] 就在一年以前,变化(varietà 和 variazione)曾经是他论述的核心,是要抑制、控制和化解的敌人。现在,变化(或者多样性[diversità],我认为它在这一段里与变化同义)则是他的论述以及他们共同文本的核心要素。《君主论》认为的(或者说想要得到的)关于文本与世界的关系已经颠倒过来了。在《君主论》中(至少按照马基雅维利的意图)文本是要向现实世界殖民的,要建立起明晰可见的边界和层级、消除对立和不可预测性、在言语和事物之间创造出牢不可破的对应关系。现在,马基雅维利则说他们通信的文本的功能是承载变化,也象征着变化,不断跳跃和模糊着边界,产生出新的对立,随时打乱言语和事物之间刚刚建立起来的关联:"我们,还是同一个我们"似乎在这封信里是一个样子而在另一封信里又是另一个样子——同样,在这一页是一个样子,下一页又成了别的样子。文本就是要改变、转变、刷新"同一个我们",同一个曾经(至少马基雅维利是如此)宣称有能力控制文本从而理解和控制世界的他们。这种变化——文本的不明确性和不稳定性——通过文本中多重的和总在改变的观点扰乱了作者本身乃至作者这一概念本身。不仅这份文本的作者(马基雅维利和韦托里)构成一对对立关系,而且每一对不同概念中的任一概念在每一页上都被打碎和重新创造。①

---

① 关于这一著名段落,参见马尔泰利的评论(Mario Martelli, "Schede sulla cultura di Machiavelli," *Interpres* 6, 1985-1986: 303-306)。马尔泰利对那些浪漫化的阐释提出警告,他指出这些阐释将这一段当作是"通往马基雅维利内心存在的一扇窗,揭示出一个比任何人都向往变化多端且极其难以预料的突然转变的　　(转下页)

第九章　诗歌与政治　　*413*

当马基雅维利告诉韦托里,由于他们在模仿自然因而他们的变化是值得称道的,他实际上是在模仿(或说戏仿)科里东[330](从而在韦托里看来是他自己的一个观点),科里东同样在诉诸自然和欲望的普遍法则来为自己的行为辩护。但是,不同于科里东援引自然来辩护他的疯狂、无助的激情和对欲望目标的无果的追求,马基雅维利在解释中用到的"自然",不是韦托里在科里东的疯狂中看出的自然的"肉欲"(foia),而是那些催生"言语"和"诗歌"的自然的变化、变形和替代。他不仅完全承认欲望的力量而且也承认这样一个悖论:欲望依赖于它不可获得的目标。现在已经非常清楚了,这便是他能够重新进行政治写作的基础,即便他的言语对于(先前的)欲望目标而言"毫无分量,百无一用"。

我认为这对于马基雅维利来说是一个重大的解放时刻。他顽皮地命令韦托里翻到下一页啐上一口(Spurgatevi),传达出一种净化的因而也是新生的观念,宣布了政治论述的重生:马基雅维利用余下的篇幅(l'altra faccia)就传说中在北部意大利谋求一个朱利亚诺·德·美第奇领导的国家、保罗·韦托里有望在其中担任总督的计划做出了评论与建议。马基雅维利向朱利亚诺提出一些关于如何巩固对国家的控制的建议,其中一条强调,在朱利亚诺即将获得的领土上有必要存在一位强大的总督。马基雅维利得到解放的第一个标志就是他不再为自己谋求位置,不再为自己寻求任何好处和干预,不再哀伤自己被罢黜无法施展才华。最后他只是说,他与保罗谈过这些事情,保罗对马基雅维利所说的表示"喜欢",

---

(接上页注①)灵魂……在我看来,我不认为这一段与作者的本性或人格有任何关系。这里的重点在于他从文本多变性中得出的理解或者更多的是观念,它们成为了讨论的常规主题。"之后马尔泰利列举了几段来自波利齐亚诺、费奇诺、本博的段落,以此表明庄重和轻浮的对比乃是何其常见的文学手法。我承认,这种文学传统处于这段与诗歌有关的沉思的核心,并且浪漫化的解读没有什么益处。但是,提问马基雅维利为何要在这一特定时刻用到这一文学传统,仍然是重要的。

并且"会考虑如何加以利用"。他把这些讨论告诉弗朗切斯科·韦托里,"这样您就可以知道我们的讨论(ragionamenti)了。并且在必要的时候,您可以为此事铺平道路(即保罗被任命为总督一事)"。在这封信里找不到一丝痕迹能够证明这样的猜测:马基雅维利想要在刚刚详细讨论过的——却从未实现的——北部意大利的美第奇国家的保罗·韦托里政府里谋得一个职位,或是在求弗朗切斯科·韦托里帮他一把。

马基雅维利开始提到保罗·韦托里曾与他讨论过他想要担任总督。根据保罗的说法,朱利亚诺确实许诺过给他这个职位。在听说朱利亚诺的国家包括帕尔马、皮亚琴察、摩德纳和雷焦4个城市之后,马基雅维利的意见(应该告诉过保罗)是:它会是一个"良好的、强大的国家,只要从一开始统治得当"。为了好好地统治它,统治者必须洞明"臣民的品性"(la qualità del subbiecto)。这不仅是一个新的统治者治下的新的国家,而且还是一个保有它将带来[331]"无穷困难"的国家。它是一个"由许多歧异成分所构成"的国家,因为有两座城市(帕尔马和皮亚琴察)属于米兰而另外两座(摩德纳和雷焦)属于费拉拉。在马基雅维利看来,这样将显著地增加新生国家和新统治者固有的困难。① 谁要想成为这样一个"由许多歧异成分所构成"的国家的君主,必须试着"把它们统一成一个单一的身体",并且"尽快让他们承认一个单一的统治

---

① 萨索对1515年1月31日信的这一段非常关注(Gennaro Sasso, "'Filosofia' o 'scopo pratico' nel 'Principe'?" in his *Studi su Machiavelli*, Naples: Morano, 1967, pp. 81-109, and esp. 84-93)。他表明,本文中讨论的"新的国家"不应当与《君主论》第三章所界定的"混合君主国"混淆。萨索做出如此分析是为了反驳克拉夫的假设,后者认为1515年1月31日的信实际上是在谈论"混合君主国",从而揭示出《君主论》的"实际意图"是尝试为朱利亚诺如何建立这样一种国家提出建议。参见 C. H. Clough, "Yet Again Machiavelli's Prince," *Annali: sezione romanza* of the Istituto Universitario Orientale 5, 1963: 201-226; and "Machiavelli Researches," in the same series of *Annali* 9, 1967: 21-129, esp. 47-98。

者"。君主要做到这一点,或者要亲自生活在那里,或者要指定一个代理人,"他能够统治住这四座城市,从而使得这些臣民虽然来自不同城市,因不同的思维方式而不同,但却将会只尊重一个人,承认他是他们的君主"。马基雅维利猜到朱利亚诺会更喜欢在罗马生活,认为他需要"委派某个洞明事物本性和当地环境的人,为他的这个新国家奠定一个坚实的基础"。但如果他"为每个城市各委派一个首领",这个国家将会缺乏团结,从而损害君主的声望,臣民们也不会尊敬或者惧怕他。

到目前为止,马基雅维利给出的建议都在暗指他在《君主论》第六和第七章中已经写过的关于新的国家面临的困难。但是,现在他更多强调的是一位强大、明智和见多识广的代理人的重要性,此人能够团结所有不同的领土和城市,能够劝服所有的居民承认一个单一的君主。他这样做大概是由于为朱利亚诺谋划的这个国家的独特性质,为了支持保罗·韦托里成为朱利亚诺代理人的雄心。但是,他并没有突出一个明显的困境:一个强大的代理人如何能够说服臣民出于对一个不在场的、他们不认识的君主的尊敬和畏惧而不是因为他自己统一到一起?如果发号施令的人、洞明事物本性和当地环境的人就是这个代理人,为什么臣民们接受别人的统治权而不是他的?这里没有提到君主的德能,也没有提到君主的任何作为,甚至君主都不在场。就此而言,这里给出的新君主的形象,简直不能与《君主论》第六和第七章(当然还有第二十六章)中给出的富有德能的、英雄般的新君主形象有更多的不同了。[332]强调的重点完全转移到了君主代理人的技能、知识和权威上。

我们或许可以将这一切理解为是想奉承保罗·韦托里,从而夸大他所渴望的角色在筹划中的美第奇国家中的重要性。但是,马基雅维利下面的几句话恰好避开了这样的解读,表明他不仅意识到代理人在代表君主行事时面临着困境,也意识到有时可能会有可怕的命运在等着他们。后面的这几句话举了马基雅维利自己在《君主论》第七章曾经举过的例子（弗朗切斯科·韦托里自然会记得）：切萨雷·博尔贾和他的代理人雷米罗·德·洛德瓜。显然是为了支持他的单一强大代理人可以为君主统一一个国家的观点，马基雅维利写道：

> 由于瓦伦蒂诺公爵——我要是一个新君主，他的行事方式我在任何时候都会模仿——明白这样做的必要性，他任命雷米罗先生为罗马涅的总督；该决定把[那一区域里的]各地的人民统一起来，使他们害怕他的权威，赞同并信任他的权力：他们心中对他的一切爱戴，都是这一决定的产物，考虑到他的统治是新的，那么这种爱戴是相当可观的。

马基雅维利宣称，要说服人民接受"这种东西"（但是什么东西呢？）会很容易，他说"因为事实就是如此，这种情况[总督一职]要是发生在您的保罗身上，这将是重要的一步，他不仅会得到[朱利亚诺]陛下的认可，而且也会得到整个意大利的认可；[如果他担任了这一职务]在使陛下获得利益和荣耀的同时，他会为他自己、为您、为您的家族赢得声望"。

马基雅维利在此堆叠了一层又一层的讽刺。首先，他终于承认，爱戴、畏惧和政治权力都在以《君主论》中试图否认的方式彼此关联着。马基雅维利在这里对第七章和第十七章进行了简要的重写，切萨雷·博尔贾任命雷米罗·德·洛德瓜为罗马涅的总督，使得那一地区各地的人民对切萨雷的"权威"既感到畏惧又爱戴和信任他的"权力"。建构起第十七章的假设——畏惧和爱戴分别是君主统治的两个不同的基础——不见了。马基雅维利现在说的是，畏惧、爱戴和信任都源自那同一个行动，似乎这三种方式都在指向同一个最高的、将罗马涅诸人民同切萨雷·博尔贾连接起来的情感纽带。实际上,无论它如何变化,他都将这种纽带归结为"爱戴"。认为切萨雷·博尔贾在众多的君主当中应当被视作一个杰出的典范,其权力与统治基于情感、[333]信任和爱戴,这本身就是巨大的讽刺,因为马基雅维利自己在第七章和第十七章中对恐怖和畏惧的强调,就是受到了博尔贾必要的残酷的启发。

但是,这里特别的讽刺意味在于,马基雅维利为了证明聘请一位强大的总督是明智、有利的,竟然在保罗·韦托里有望成为谋划中朱利亚诺·德·美第奇在艾米利亚地区的国家总督时,举了博尔贾任命雷米罗·德·洛德瓜的例子。因为马基雅维利在《君主论》中写的最为精彩的部分便是切萨雷·博尔贾为了表示对雷米罗的谢意,"在一个早晨把雷米罗斫为两段,曝尸在切塞纳的广场上,尸体旁放着一块砧木和一把血淋淋的刀子"。① 在马基雅维利看来,切萨雷这样做是因为他"没有必要再授予这样过分的权力,因为他担心这会变得不被容忍[或者惹人憎恨;odiosa]"。他清楚"过去的严酷已经引发某种仇恨",希望"涤荡那里人民的怨气,并把他们完全争取过来;他希望表明,过去实施的任何残酷行为(crudeltà),都不是来自他本人,而是来自其大臣的残暴天性(acerba natura)","这一残忍(ferocità)的场面让人民感到既心满意足又惶惑不安(satisfatti e stupidi)"。《君主论》第七章和第十七章中的切萨雷·博尔贾通过牺牲掉一个不被人爱戴的大臣来赢取人民的满意和支持,同时又从这种行动的恐怖中获得了尊重,他代表的是一个其权力基于畏惧的征服者。虽然这种恐惧不会妨碍得到(相反还会产生)尊重以及某些"人民的心满意足",但它与爱戴截然不同,第十七章告诉我们爱戴是一种不安全得多的权力基础。

但是,1515 年 1 月 31 日信中的博尔贾却从其大臣的行动中

---

① *Opere*, p. 267b. 我这里用的是阿特金森的英译文(*The Prince*, Indianapolis: Bobbs-Merrill, 1976, p. 167)。

得到了爱戴(很显然这种爱戴由于混合了畏惧而充盈)。诚然,雷米罗赢得人民的爱戴乃是为了他的君主,这样一来便创造出一种欲望的竞争和三角关系,这封信却巧妙地避开了其惨烈的解决方式。① 这样一来这位大臣就隐含地成了君主赢取人民爱戴的竞争者。这种三角关系的不稳定性是显而易见的:人民爱戴他们的[334]君主,仅仅是因为其大臣,此人对于君主继续享有爱戴既是必要的根源也是最大的威胁。君主既依赖他又必须在某个时候除掉他。政治权力,如同爱情,总是掺杂着矛盾、错位和冲突,在其中对目标的获得(或者得到欲望目标)会自我颠覆。

当马基雅维利写道,一个"由许多歧异成分所构成"的新国家的君主必须试着"把它们统一成一个单一的身体(un medesimo corpo)",并将雷米罗·德·洛德瓜作为成功的总督的范例说他为切萨雷·博尔贾统一了罗马涅的诸人民时,马基雅维利带着讽刺和黑色幽默没有明说的是,雷米罗在被恐怖地"斫为两段",曝尸在切塞纳的广场上。君主们通过切碎人的身体——首当其冲的便是那些他所信任的、也过于轻信君主的代理人们——将众多不同的成分合为一体。这是在警告保罗·韦托里:不要如此执迷于通过服侍一位美第奇君主获得荣耀的希望,从而看不到自己太过成功的危险。马基雅维利是不是也在告诉弗朗切斯科·韦托里,事到如今,这位前国务秘书终于不再类似地指望自己会东山再起?"傲慢的恶棍"倒下了,但是他不曾忘记他自己。

---

① 格拉齐亚对这一省略有不同看法(Sebastian de Grazia, *Machiavelli in Hell*, Princeton, N·J.: Princeton University Press, 1989, p. 44):马基雅维利"略过了罗马涅这位总督的命运,这是他在《君主论》第七章中曾经讲过的。这一省略表明我们这位政治思想家多么迷恋于中部意大利有一个'美丽又强大的……统治权',它由一个佛罗伦萨君主经由另一个佛罗伦萨代理人进行统治,而有人或许会期待后者会向一个佛罗伦萨顾问咨询政事"。

结语　《李维史论》的诗人们

[335]在接下来的几年里，马基雅维利回到了政治论述，写下了他最伟大、最具雄心的作品《李维史论》(*Discorsi sopra Ia prima deca di Tito Livio*)。在现在这部关于马基雅维利与韦托里通信的研究中，我假定马基雅维利在1513年还没有开始写作《李维史论》，也可以说，他在1515年1月之前都没有写作《李维史论》。长期以来人们认为《李维史论》中的某些重要部分是先于《君主论》的，马基雅维利本人似乎在《君主论》第二章中也是这样说的，他说他"将撇开对共和国的探讨"，因为他"在其他地方已经详细探讨过了"。① 这里不打算梳理一遍几十年来人们针对某一假说提出的论证与反驳，该假说认为马基雅维利在1513年春天和夏天的某些时候写了一部论述共和国的著作的前十七或十八章，然后就从这里转入《君主论》的写作(按照这一假说的看法，《君主论》中关于君主权力的观念就来自于马基雅维利写作《李维史论》第一卷第十七和十八章时所遇到的难题)，然后才又回头完成了《李

---

① *Opere*, p. 258a.

维史论》。① 这一观点一直得到许多有影响力的学者的支持,②有的学者还认为,马基雅维利曾计划并开始写作一部关于共和国的著作,它一直没有完成,后来被整合进了构思和架构完全不同的《李维史论》当中③。但是,对其他一些批评者而言,这一传统理论已经没有什么说服力了,并且由于没能解决[336]文本和语境上的疑难——正是这些疑难造成了几十年的争论——很多学者现在倾向于认为《李维史论》写在《君主论》之后。④

无论还有什么理由能够拿来反对旧的假说,在我看来,与韦托里的通信就是马基雅维利是在《君主论》之后写作《李维史论》的最强有力的证据之一。马基雅维利在这段通信中没有一次哪怕是

---

① 几个世代以来关于这一议题的争论一直是马基雅维利研究的核心。关于 20 年来这一问题的状况,参见 Felix Gilbert, "Machiavelli in Modern Historical Scholarship," *Italian Quarterly* 14, 1970: 9-26。关于文献,参见克拉夫(Cecil H. Clough) 给《李维史论》英译本修订版撰写的导言(*The Discourses of Niccolò Machiavelli* by Leslie J. Walker, S. J., 2 vols., Boston: Routledge and Paul, 1975, I: xv-xlviii)。
② 支持这一观点的有:Ridolfi, *Vita di NM*, pp. 232-235 and 511-513; Bernard Guillemain, *Machiavel: l'anthropologie politique*, Geneva: Droz, 1977, esp. pp. 151-157; Sasso, *NM: storia del suo pensiero politico*, pp. 314-320。
③ 这种可能性的探讨,参见 Paul Larivaille, *La pensée politique de Machiavel: les "Discours sur la première decade de Tite-Live"*, Nancy: Presses Universitaires de Nancy, 1982, pp. 11-64; and by Francesco Bausi, *I 'Discorsi' di Niccolò Machiavelli: genesi e strutture*, Florence: Sansoni, 1985。
④ 支持这一观点的主要声音是巴龙,他有关于确定《君主论》和《李维史论》写作时间的一系列论文,主要是:Hans Baron, "Machiavelli the Republican Citizen and Author of The Prince," *English Historical Review* 76, 1961: 217-253, now in a revised and enlarged version in Baron's *In Search of Florentine Civic Humanism: Essays on the Transition from Medieval to Modern Thought*, 2 vols., Princeton, N.J.: Princeton University Press, 1988, 2: 101-151。斯金纳接受了巴龙论点的一般性框架,提出 1514 年"可能是"马基雅维利开始写作《李维史论》的年份,参见 Quentin Skinner, *The Foundations of Modern Political Thought*, 2 vols., Cambridge: Cambridge University Press, 1978, I: 154。波考克同样认为《李维史论》写于《君主论》之后,参见 J. G. A. Pocock *The Machiavellian Moment: Florentine Political Thought and the Atlantic Republican Tradition*, Princeton, N.J.: Princeton University Press, 1975, chapter 7, esp. pp. 185-186,但他并未涉及围绕两部作品写作时间的争论。

通过暗示提到过他正在进行这样一个写作计划,他在这段通信中唯一一次提到李维是在1514年12月20日的信中,引用了一段他在《君主论》中也写到过的话。① 另外,他和韦托里在1513年和1514年所讨论的政治议题基本上都是对外政策、外交事务和国际局势,并不涉及国内的政制、社会阶级等《李维史论》主要讨论的内容。② 但是,这段通信对于理解《李维史论》的重要性,并不仅仅在于甚至并不主要在于它们讨论议题的不同。就算马基雅维利在1513年之前的某个时候真的开始写作一本关于共和国的书,我认为,如果马基雅维利没有在这两年里经受过韦托里的质疑的挑战和挫败,没有重新思考论述本身存在的问题,《李维史论》也不可能是我们现在看到的这个样子。与韦托里的通信不仅仅在写作时间前后的意义上将《君主论》与《李维史论》区分开来。特别是在第二年的信里,马基雅维利考察了很多关于语言和权力的议题,而这些在他此前的政治写作——包括1513年谈论政治的信和《君主论》——中要么被忽视了要么被视作理所当然的。在这一过程中,《君主论》政治的和意识形态的架构背后的诸多关键性假设被马基雅维利拆解掉了:关于世界之可理解性的假设,关于君主具有超越表象和日常语言理解事物本质的能力的假设,关于自主性、权力和安全的假设。这段通信的成果并不主要[337]在于具体的有关国家和阶级的意识形态论述,以及其他马基雅维利在《李维史论》中处理的重大政治议题,而是更多关于马基雅维利已经转变了的语言和论述观念如何为他重新思考写作议程创造了条件,并使这种反思成为必要。在这篇结语中我将表明,在与韦托里两年间的通信中居于中心地位的,我们或许可以称之为"论述危机"的

---

① *Opere*, pp. 292a, 1187a;*Lettere*, p. 481;*Lettere a FV*, p. 273.
② 瓜里尼(Elena Fasano Guarini, "Machiavelli and the Crisis of the Italian Republics," in *Machiavelli and Republicanism*, ed. G. Bock et al., Cambridge:Cambridge University Press, 1990, p. 22)也注意到了这一点。

内容,在《李维史论》的关键篇章中留下了痕迹。在下面的内容里我主要想简要地举例说明,《李维史论》在哪些地方、以何种方式显现出与韦托里对话的痕迹,以及马基雅维利继续进行政治写作所采取的方法会产生怎样的结果。

这段通信的印记在《李维史论》前两卷的前言当中非常明显,这两篇前言讨论的都是 1513—1515 年通信的核心议题:第一卷的前言涉及马基雅维利研究古人的方法中的模仿与原创性之谜;第二卷的前言涉及时势、历史和由年岁与欲望引发的判断力扭曲等难题。我认为我可以表明,这两篇前言都与同韦托里的对话有关,某些段落甚至就在重现他的观点。它们也证明,马基雅维利同诗人们的对话——主要是在第二卷前言中与奥维德的对话——的重要性,与诗人们的对话对于提升他对从事政治和历史论述的意义的理解非常重要。

~ * * * ~

第一卷前言开篇就用到了一个著名的航海比喻,马基雅维利宣称寻找新的"模式和秩序"(modi ed ordini)就像寻找"未知的水源和土地"一样困难。人们通常认为这是在指马基雅维利一生都在进行的探索与发现之旅。但是,就像他曾在 1515 年 1 月 31 日用到过的船舶的比喻,这里也是在请我们从中找出实际上就在眼前的诗人。马基雅维利说,虽然比起赞扬他人的行动人们会更快地发出责难,但是,一种从事他认为有助于公共利益的"自然的欲望"(naturale desiderio)推动着他"进入一条还没有人走过的道路"(entrare per una via, la quale, non essendo suta ancorn da alcuno trita)。① 谜题立刻揭开:这句夸张的、孤单的、英勇的独行宣言

---

① *Opere*, p. 76a; translation from Niccolò Machiavelli, *The Discourses*, ed. Bernard Crick, tr. Leslie J. Walker, S. J., with revisions by Brian Richardson, New York: Penguin, 1970; reprint ed., 1986, p. 97.

实际上改写自卢克莱修《物性论》第四卷的第一句话:"我正在广袤荒芜的缪斯们的比埃里亚土地上走出一条路,从未有人涉足过那里。"(Avia Pieridum peragro loca nullius ante/trita solo)①马基雅维利用到的[338]不常用的"trita"(至少在表示走的意思上是不常用的),强烈地表明他脑海里想到的就是卢克莱修的这个用法——这也是合理的,因为《物性论》的文本在他的记忆中一定有特殊的地位。② 因此,马基雅维利所谓进入这条"还没有人走过的道路",是在追随自称穿过一个没人踏足却住有诗人的国度的诗人(如果我的猜测没错,那么马基雅维利所暗指的"缪斯们的比埃里亚"与1515年1月31日信中奥维德的引文构成了双关)。我们一看到"一条还没有人走过的道路"就会想到一长串诗人,他们当中自然包括但丁。正如我们所知,但丁在《天国篇》第二歌中说过"我所走的海路在我以前从未有人走过",包括奥维德借毕达哥拉斯之口所说的,也用到了航海的意象来表示他要讲授之学说的重

---

① Text from the Loeb Lucretius, *De rerum natura*, tr. W. H. D. Rouse, New York: G. P. Putnam's Sons, 1924, p. 248; translation from Lucretius, *The Nature of the Universe*, tr. Ronald Latham, Baltimore: Penguin, 1951; reprinted., 1964, p. 130.

② 吉尔伯特将马基雅维利的"还没有人走过的道路"比喻视作一种"经典习惯用法",认为卢克莱修的那句话正是"这一用法的……一种形式"(Felix Gilbert, *Machiavelli and Guicciardini: Politics and History in Sixteenth-Century Florence*, Princeton, N. J.: Princeton University Press, 1965, p. 158, note 19)。里多尔菲注意到第一稿手稿中是有"trita"一词的,后来的抄件换作了"pesta"(*Vita di NM*, p. 511, note 7)。关于前言的手稿及其有时是意义重大的修订版的讨论,参见 Carlo Pincin, "Sui testa del Machiavelli: la prefazione alia prima parte dei ' Discorsi,' " *Atti dell'Accademia delle Scienze di Torino. II: Classe di scienze morali, storiche e filologiche* 94, 1959-1960: 506-518; and, also by Pincin, "Le prefazioni e la dedicatoria dei *Discorsi* di Machiavelli," *Giornale storico della letteratura italiana* 143, 1966: 72-83。在这两篇文章中,平钦讨论了他(以及其他学者)所认为的马基雅维利在后来的修订版手稿中删除开头一段(手稿中有而在所有的现代版本中都不见了)这一决定的隐含意义。这是一个复杂的问题,但就我的目的而言,有一点是确定的:不管马基雅维利后来有怎样的意图,他在我们现有的某一稿中的确是化用了卢克莱修的话,用了"trita"而非"pesta"。

要性:"我登船漂泊于无边的大海,对着风张起满帆。"①

这便是《李维史论》的开篇,通过暗指诗歌,预示并陷入一个悖论当中:声称自主与原创本身就是古代诗人们的老生常谈和传统主题。前言余下的部分提出了建构起《李维史论》的最大悖论:人们同样强烈地渴望恢复和再造(至少也是模仿)古代,同时又意识到这是不可能的。马基雅维利在下一段的开头强调了在他的时代人们对古人赋予的"荣誉"。马基雅维利不谈"无数其他的例子",只是提醒他的读者们注意古代雕像的残片的高价,以及艺术家们为了模仿这些残片会竭尽全力地在自己的作品中重现它们。之后他将这一点与[339]人们对"各种历史"向我们呈现的"有德能的行为"的普遍忽视相对比,这些"有德能的行为"是文本中古代王国与共和国的事迹,是国王们、军事统帅们、公民们、立法者们以及所有那些为自己的国家鞠躬尽瘁的丰功伟绩。人们更"愿意钦佩而不是模仿"这一切,而这些也确实被完全忽视了(但若果真如此它如何得到钦佩?)以致"古代德能在我们身上踪迹(segno)全无"。马基雅维利认为这一点让他感到格外震惊和伤心,因为在许多其他的知识领域(例如法律与医药方面)古人的教诲极其高明。

马基雅维利相信,在政治上对古代"范例"的忽视主要是因为缺乏对"各种历史的真正了解"。历史的复数形式是很重要的,因为马基雅维利的观点并不仅仅是说人们没有恰当地理解历史,而是说他们不能理解各种历史作品,那些承载着古代"范例"的历史作品。换言之,这是一个解读和阐释的问题:人们"在阅读历史时,既没有从(这些历史)中获取其意蕴,也没有品味到(这些历

---

① The Loeb Ovid, *Metamorphoses*, 2 vols., ed. F. J. Miller, revised by G. P. Goold, Cambridge, Mass.: Harvard University Press, 1984, 2:376-377: "'Et quoniam magna feror aequore plenaque vends/vela dedi.'"

史)本身所具有的趣味"。这样一来,许多人读这些书、从了解其中记载事件的"变化"找些乐趣,但却"从来不曾想去模仿,他们断定这种效仿不仅困难,而且是不可能的,好像苍穹、太阳、各种元素和人类自身在运动,秩序和力量等方面已经发生了变化(fussino variati),已不同于往日似的"。

这一段似乎恢复了对于纯粹可理解性的渴望,一种对万事万物的、对自然界和人类社会中永恒的或持续性的东西的"真正理解",我们曾在1513年的信和《君主论》中读到过这些。但是,马基雅维利立刻承认,这些欲望既产生于文本也幻灭于文本,从而颠覆了隐藏在这种渴望里的谋划。是"各种历史"向我们"呈现"(mostrono)了所有那些古代的德能并创造出想要模仿它们的欲望。化用弗兰切斯卡(Francesca)向但丁解释的其欲望起源(《地狱篇》第五歌第137行)的说法:书籍和阅读都是这种欲望的加莱奥托(Galeotto)。马基雅维利表明,人们是有可能品尝从而享用深藏在这些书里各个角落(che le hanno in sé)的美味的,只要有人知道如何做到。然而,"无数"读者理解这些文本的方法是有不足的,这就使得模仿的计划遭遇了挫折。讽刺的是,正是"了解"这些历史当中包含的各类丰富事件得到的乐趣(piacere),阻碍了人们获取马基雅维利所希望他们得到的"真正了解"。

马基雅维利宣称,他的目的是"使世人摆脱这种错误",为此,他"断定对于未被时代的恶意所毁损的提图斯·李维的所有那些卷册,[340]有必要记下内容,根据我对古代和现代事物的了解,这些内容对于更好地理解[这些书]是有必要的;以便那些读我的这些评论的人能够更容易地从[李维的书]中获得助益,而这种助益正是人们必须力求了解历史的目的之所在"。① 这一意图之核

---

① 在沃克(Walker)的英译本中(*The Discourses of Niccolò Machiavelli*, 2:4, note 6),他将"未被时代的恶意所毁损的提图斯·李维的所有那些卷册"理解为,马基雅维利的意图是"只评论李维的第一次中断之前的前十卷书"。这是 (转下页)

心的悖论是,他所探究的目标——李维的书——属于那类不仅受到时代的影响还被时代弄得残缺不全的事物。就在他断言"苍穹、太阳、各种元素和人类自身"自古以来没有变化之后,马基雅维利平静却讽刺地插入一句评论说,李维的书倒的确是被改变了。渴望获得的关于古代的知识以及模仿古代典范的可能性于是便全在于文本,它的呈现形式与被假定无法触及的原貌没有多少相似之处。在这个意义上,李维的书更近似于那些古代雕像的残片,而马基雅维利对这些在前言的开头是不屑一顾的,不认为它们承载着现代法律和医药知识所依系的古人智慧。模仿古人的计划源自文本,又不可避免地受到同样这些文本的天然缺陷的阻碍、不够好的阐释策略的危险的阻碍,该计划从未能摆脱创造了它既而继续维持着它的文本性网络(network of textuality)。① 这篇前言暗示,过去的"知识"的存在全出于文本留存下来的偶然,也出于欲望与乐趣所影响和/或扭曲下的阅读习惯。

第二卷的前言②回到了一些类似的议题,有关于对古代的评价、此类评价所基于的历史著作,以及这些判断和著作常常被时势、年岁、欲望甚至爱所扭曲的方式。马基雅维利这里想要说的是,称赞古代谴责现代的一般趋势通常是但不总是错误的。为了解释这种称赞过去的趋势,他首先给出了一个理由,[341]这个理由将弗朗切斯科·韦托里的声音带入《李维史论》的篇章中:古代

(接上页注①)一种合理的推断,但是当然还可以有更为直接的方法表述这一意图,并且我认为像沃克尔这样理解的话就忽视了这句话带入前言里的讽刺意味。

① 曼斯菲尔德相当敏锐地对这几句话评论道:"时代的恶意假使再强一些,便会使得对古人的模仿更加不可能,哪怕苍穹、太阳之类仍旧不变。马基雅维利需要为此寻得一条补救之道"(Harvey C. Mansfield, Jr., *Machiavelli's New Modes and Orders: A Study of the Discourses on Livy*, Ithaca, N.Y.: Cornell University Press, 1979, p. 28)。马基雅维利没有找到补救方式,但是在第二卷第五章里他的确提到了更为糟糕的时代的问题,以致它们通过毁灭"诗人与历史学家们的著作"(le opere de' poeti e degli istorici)抹去了整个文明和语言(*Opere*, p. 154b)。

② Ibid., pp. 144a-146a.

的真相并不完全为人所知,因为"大多数作家如此地服从胜者的命运,以致为了使他们的胜利变得光荣,他们不仅夸大他们的英勇所为,而且提升敌人的行为;因此无论谁今后只要出生在这两个地方中的一个,无论是胜利的地方还是战败的地方,都有理由对那些人和那些时代感到惊奇,并且不得不极度地赞美他们和热爱他们"。正如沃克尔所言,这种对历史学家的批评可能在指波利比乌斯著作中的一段,① 但马基雅维利是从韦托里那里读过(或者听说过)非常类似的内容:"他们写了多少虚假的东西,又写了多少用于奉承和谄媚大人物的东西?"韦托里在《日耳曼之旅》中写过,古代的历史学家和现代的那些历史学家何其相似,任由自己"因为激情、忽视和阿谀奉承偏离了正途"。② 马基雅维利化用了这一批评,并将这种批评延伸至对这些历史著作对其读者和对古代的一般评价造成的影响。这就进一步强调了我们对于文本的依赖是不安全的。在第一卷的前言里,难题是文本留存方式的碎片化,并且它的读者也有许多不足之处。现在马基雅维利又补充说,历史学家也不可靠,他们和读者一样甚至比读者还严重地任由自己和自己的书受到激情和欲望的影响。

但是,马基雅维利还是认为,称赞过去并不总是错的,"因为有时候他们[即那些认为古代优于现代的人]有必要对真相做出评断"。从《李维史论》立意的层次上说,它的全部目标需要古代的优越性和典范性至少在"有时候"是真的,马基雅维利也需要建立起标准:一个人如何以及为何能够知道什么时候对古代的称赞

---

① *The Discourses of Niccolò Machiavelli*, 2: 92, note 1. 沃克尔引用了波利比乌斯(I. 14)关于两位历史学家的看法:"从他们的生平和原则看,我不认为这些作家在有意识地讲些假的东西。但是,我认为他们所处的精神状态确实类似于恋爱中的男人。偏袒和完全的先入为主腓里努斯认为迦太基人的所有行动都是出于智慧、荣誉和勇气,而罗马人则正好相反;法比乌斯的看法则完全与之相反。"

② 参见本书第七章,第 251 页(原书页码)。

是可以得到证成的,什么时候又是不可能的。为了达到这一点,他将他的注意力从历史学家的准确性和可靠性上,转移到了人想要做出对过去的判断的历史性时刻上。他给出了如下的解释:"人间事总是变化的,或者上升或者下降",而且任何关于过去的意见的准确性都基于当前的观察位置是在上升还是在下降。如果一个人活在[342]一个"总是变得向更好的方向发展"的"城邦"(città)或者"地区"(provincia),那么称赞古代比自己现在时代好就是错误的。但是,如果一个人生活的城邦或国家在走下坡路,那么称赞古代的意见便是正确的。

马基雅维利岔开了话题,去谈论某些城邦或国家上升而另外一些在下降的情况是如何发生的。"我认为世界总是保持同一个样子,并且我认为,在这个世界里善和恶一样多,只是这种善和这种恶会变化,在不同地区各有不同。"善恶的配比过去会、将来也会因地区而不同,"由于人们所知道的关于那些古代王国的情况,这一点明显可见,那些古代王国因为风尚的变动而从好变到坏或者从坏变到好;但是,世界仍然是同一个世界"。马基雅维利解释道,在古代,德能从一个民族移动到另一个民族,最终它来到了意大利和罗马。由于罗马的衰落,世界的德能分散到了很多国家,有时这个地方多一些,有时那个地方多一些。

马基雅维利这里又涉及他过去的大敌:变化。按照这个理论,他试图将两种在第一卷前言中没有调和起来的"真实"合并起来,即"苍穹、太阳、各种元素和人类自身"的稳定性和"时代的恶意"。在这里,他没有讨论而是接受了变化,但变化是处在一种总体性的静止和均衡之中的。马基雅维利这种理论的根源在哪里呢?沃克尔注意到普鲁塔克的《论罗马人的机运》(*De fortuna romanorum*)中有一段话与之有惊人的相似性。① 但是,在萨索最近的著名文

---

① *The Discourses of Niccolò Machiavelli*, 2:92, n. 4.

章里,他从古希腊到马基雅维利时代的哲学传统中考察了一些别的可能来源,与马基雅维利在《李维史论》第二卷第五章中的观点——关于在一个永恒不变的世界框架中文明的生与灭——非常相似(或者至少有关系)。萨索认为在这些文本中,卢克莱修的《物性论》(但它是反对世界的永恒不变的)和奥维德的《变形记》包含的段落与《李维史论》第二卷第五章①中的观点有着相当的可比之处,我们将会看到它们与第二卷前言的关系也是如此。

萨索指出的《变形记》里的段落出自第十五章毕达哥拉斯的长篇演讲,从这里努马[343]获得了重建和统治罗马的智慧。不管马基雅维利在《李维史论》第二卷第五章中对奥维德这首诗的这一段有怎样的用法(以及萨索认为这有怎样的可能性),毕达哥拉斯演说里的这些和其他一些诗句似乎都特别适合于第二卷前言中的德能在一个永远不变的世界中转移(translatio)的理论。相关的句子在萨索找到的段落里,是第十五卷的第252—258行:

> 万物的形状也没有一成不变的。总在创造的自然,
> 持续地创造出一个个不同的形状。
> 请你们相信我,宇宙间一切都是不灭的,
> 但事物会变化并采用一个新的形状。所谓"生"就是和旧的状态不同的状态开始了;所谓"死"
> 就是旧的状态停止了。虽然这个事物或许会变成那个样子,又变成这个样子,但是万物的总和则始终不变。②

---

① "De aeternitate mundi, *Discorsi*, II 5," in Sasso's *Machiavelli e gli antichi*, vol. I, Milan and Naples: Ricciardi, 1987, pp. 202-216(卢克莱修), and 224-233(奥维德)。

② 英译文见 Mary M. Innes, *The Metamorphoses of Ovid*, New York: Penguin, 1955, p. 341(我将英尼斯散文式的译文重新编排以对应于原文本)。The Loeb Ovid, *Metamorphoses*, 2:382。

这里的对比很有趣：马基雅维利的"我认为世界总是保持同一个样子"似乎呼应着奥维德的"请你们相信我，宇宙间一切都是不灭的"。马基雅维利的"只是这种善和这种恶会变化（variare）"和"那些古代王国因为风尚的变动而从好变到坏或者从坏变到（variazione）好"当中以不同形式重复使用变化（variare）一词，也是在暗指奥维德的"但事物会变化（variat）并采用一个新的形状"。但最重要的是，尽管有这一切的变化，马基雅维利断言"世界仍然是同一个世界"，这强烈地呼应着奥维德的"万物的总和则始终不变"。

但是还有一段，处在毕达哥拉斯演说的较为靠后的位置（第420—435行），奥维德将形状的易变性学说和国家与帝国的兴衰联系了起来，正是这个在奥维德和马基雅维利作品中都存在的将两个主题合在一起的做法表明，极有可能马基雅维利真的将奥维德写入了《李维史论》第二卷的前言。在毕达哥拉斯看来，人民和国家都处于[344]和万事万物同样进行的变入新形状的过程中（第419—420行："所有的……都在变成新的"）：

> 于是我们发现时代在变：
> 有的国家强盛了，有的却沦落到
> 湮没无闻。当初特洛伊的人力物力何等强大，
> 十年流血战争都支持住了：
> 如今它化为尘土，只留下一片残迹，
> 祖先的荒冢就是它全部的财富了。
> 斯巴达当年也是威名赫赫的城邦，迈锡尼的伟大城市也曾兴旺发达
> 安菲翁和刻克罗普斯的城堡也都曾繁盛一时。
> 但今天斯巴达已经是一片不毛之地，骄傲的迈锡尼也灭亡了，

> 底比斯除了俄狄浦斯之城的名字还有什么呢?
> 潘狄翁的雅典除了空名又有什么呢?
> 如今,听说特洛伊人所奠定的罗马城一天天兴盛了,
> 就在那起源于亚平宁山的台伯河边上,
> 它崛起于能够支撑起巨大构造的根基之上。
> 这座城市也在随着它的生长改变着形状,终有一天
> 会成为整个世界的首都!①

关键的观念都在这一段开头,毕达哥拉斯谈到时代的变化与国家的兴衰,以及在末尾他预测罗马在壮大中参与到这一无尽的[345]改变进程中。(读到这几句话时马基雅维利一定会想到弗朗切斯科·韦托里在1513年8月的话:"我现在仍未找到任何补救之法,希望时势送来一个吧。当一个共和国还在初期时,它是统一的,而当它成长起来以后,情况就不一样了,这种事情屡屡发生。")毕达哥拉斯关于那些湮没无闻的城邦的反问——"除了名字还剩下什么?"——也在《李维史论》第二卷第五章末得到了呼应,马基雅维利提到古代托斯卡纳的时候说,它一度"很强大,充满宗教信仰和德能,有自己的风俗习惯和语言;这一切全都被罗马的强权消灭干净。……关于她只留下了其名声的记载"。②

马基雅维利借用了总体不变的世界里存在着变化的理论,作为一个潜在的可能来解决如何评判通常是赞美古代的评论的问题。这一观点看起来或至少在修辞上能够为"真实的"历史论述提供一套客观标准。但是,这一"解决方案"的问题是显然的。如果所有的形状都在变化,如果没有任何东西会保持它的状况或形状,如果简而言之,一切都是变动不居的,那么我们从哪里找到一

---

① 英尼斯译文(pp. 345-346),仍旧重新编排以对应奥维德文本的句子。*Metamorphoses* 15. 420-435, in the Loeb edition, 2:394。

② *Opere*, p. 155a。

个观察位置,能够去评判什么是上升什么又是下降呢?如果史家们像马基雅维利在前言的第一段里所说的那么不可靠,那么我们从哪里得到关于那些古代国家及其变化的可信"情况"(notizia)呢?并且,根据这一理论我们还能够从这些变化中看到好和坏在不同地区的移动。

能否以德能转移理论找到真实且可信的关于过去的判断的最大障碍出现在下一段。"回到我们的讨论上来",正如在前言的开头所认为的,马基雅维利现在断言,"在判断现时代和古时代哪一个更好的时候,人们的判断会出现偏差",这在根本上是因为人们从来都不可能完全了解古代。但是,马基雅维利说,如果缺乏足够了解就是这种偏差判断的理由,那么有人就会想,既然人们对于他们年轻时代和现在都有经验和了解,那么人们就应该能够评判和比较这两个时代,而没有出现类似的偏差的危险。"这种事可能会是真的",马基雅维利说:

> 如果人们在其生命的所有时期,都具有那种相同的洞察力并具有那些相同的欲望的话。[346]但是,由于那些欲望发生了变化,即使时代没有变,它们[应该指的是时代]在人们看来也不可能是相同的;因为人们在年老时具有和年轻时不同的欲望、兴趣和关切。

这里的确出现了韦托里的观点:他一直都在提醒非理性("欲望""兴趣")会扭曲、扰乱甚至产生论述和判断。马基雅维利关于欲望及其对判断的影响提出了两点看法。第一点,因为"欲望"随年龄增长而变,判断也会发生类似的变化,不是因为事物必然会变,而是人变了。当人变老了,他们会失去力量获得判断力和智慧,于是,"他们在年轻时认为可以忍受的好的事物,后来在他们变老时就变成不可以忍受的坏的事物。虽然对此他们应指责他们自己的判断,而他们却指责时代"。①

马基雅维利的第二点类似于某种关于欲望的一般病理学。

> 人的欲望是不可满足的,因为,人们出于天性有能力也有意愿得到所有事物,而人们出于机运,有能力实现欲望但却只能够获得很少[他们所欲求的东西],由此导致在人们的思想中不断地产生失望以及对所拥有的事物的不满足。这使人指责现今的时代,而赞美过去的时代,并憧憬未来的时代,即使人们这样做没有任何理由或原因。②

于是,马基雅维利声称他不知道(Non so, adunque)自己是不是应该被归入那些自我欺骗的人之列,如果"我的这些论述过分地赞美古罗马时代而贬责我们这个时代"的话。判断的难题仍然悬而未决,但是,由于古代之优越性似乎"是如此的清楚,以致众所周

---

① 这里马基雅维利似乎是在呼应卢克莱修《物性论》第二卷最后一节(第1164—1171句),其中"高龄的农夫……对比今夕……会抱怨过去的时代,那时人们守旧老派、惧怕神明、仅凭他们的小农庄就能活命。……老迈的农夫和枯萎的葡萄树会以同样抑郁的情绪谴责时代的趋向,咒骂上天"(英译文见 R. Latham in Lucretius, *The Nature of the Universe*, pp. 94-95)。萨索(Gennaro Sasso, *Machiavelli e gli antichi*, I:213-214)探究了这一段和《李维史论》第二卷第五章之间可能的联系,但他的结论是,卢克莱修关于世界的时间限度的哲学信念,使得他的这些或别的诗句不可能成为《李维史论》第二卷第五章的主要来源或者灵感来源,萨索认为《李维史论》第二卷第五章接受的是世界的永恒性。但是,在一个哲学上不太严格但更为诗意的心理学层面上,马基雅维利在第二卷前言中讨论的年岁增长对有关过去的判断的影响,或许真的部分地受到了农夫的感叹的启发。

② *Opere*, p. 145b. 马基雅维利在《李维史论》第一卷第三十七章中关于欲望说了许多同样的东西,只是在那里他将欲望及其挫败归咎于自然:"自然创造了人类,使其能够欲求一切,却不能实现所有他们所欲求的;如此一来,由于欲求总是大于实现欲望的能力,结果是对现在所拥有的不满意,从中得不到什么满足感。"他也将欲望的挫败作为敌意乃至战争的根源:"由此导致他们机运的不同,因为,一方面有些人欲求拥有更多,另一方面有些人害怕失去他们已经获得的一切,仇恨和战争由此产生。"

知(sì manifesta che ciascuno la vede),我就勇于清楚地说出我所理解的古今"。①

最终,马基雅维利靠诉诸"每个人"(ciascuno)看待事物的方式、诉诸他在前言开篇详细阐述过的具有弱点和错误的普遍观点来论证他"说的话"(parlare)。在第一卷前言里提到的、成为他走进"一条还没有人走过的道路"的"自然的欲望",以一种不太严密却更为社会化的形式在第二卷前言的末尾重现了。他将自己当作众多欲望与获得之间不均衡的人之一,这产生了一种"不满",令他和别人一样"指责现今的时代,而赞美过去的时代,并憧憬[值得憧憬的]未来的时代"。马基雅维利宣布,他要毫不犹豫地说出他的想法,"从而使那些可能阅读我这些著述的青年人,在机运可能给予他们机会的时候,能够在精神上摆脱这些[当前的时代],准备好模仿那些[过去的时代]"。这里并没有提出什么"知识"(scienza);他的文本诞生于古代文本带来的欲望之中,而他的文本也将像那些古代文本一样产生新的欲望,或者他希望如此。由此观之,这样一个处于这篇前言核心的理论,它近乎声称能够了解文明的兴衰以及好和坏从一个地区到另一个地区[348]的变化是如何发生的,也声称了解如何判断过去和当前时代,却带有一种诗歌插曲的性质:这是诗人为了带来快乐而喜欢创造的某种"想象"(fantasia)或"臆想"(castelluccio),哪怕像奥维德关于毕达哥拉斯明确指出的(第十五章第73—74行),他是"第一个张开智慧的嘴皮子的人,但没有人真的相信他的话"。②

---

① *Opere*, pp. 145b-146a. 曼斯菲尔德给出了一种对于这篇前言和这里讨论的某些议题的的敏锐而重要的解读(Harvey C. Mansfield, Jr., *Machiavelli's New Modes and Orders*, pp. 185-189)。

② The Loeb Ovid, *Metamorphoses*, 2: 368-369. 关于奥维德笔下的毕达哥拉斯是一个搞笑人物("奥维德笔下一连串不可靠和搞笑人物的极致"),参见 Sara Mack, *Ovid*, New Haven, Conn.: Yale University Press, 1988, pp. 142-143。 (转下页)

~ * * * ~

下面还有两条附录,第一份来自《金驴记》,第二份来自圭多·马基雅维利1527年4月写给他父亲尼科洛的信。

> 我孤零零地待在这小房间,
> 从床上起来,就想稍稍减轻
> 我胸中燃起的那股熊熊烈火。
> 因为我是刚刚才与她分手,
> 心里充满了千万思绪的箭镞
> 正是她治愈了我所中的箭伤。
> 我就像是一个心中在怀疑
> 种种事物的人,自己糊里糊涂,
> 想要得到并未期待的好东西。
> 因为念头一个接着又一个
> 脑子里跑过种种过去的事情,
> 都是时间尚未向我们来隐匿;
> 思绪一会到东一会又到西
> 何以古代的民族,高贵又著名,
> 机运女神却时而抚摸时而啃噬;
> 而让我感到如此之神奇的是,
> 我竟乐意自己去思考那种原因

(接上页注②)也有阐释在这首诗的框架内更为严肃地对待毕达哥拉斯的观点,但也强调指出"毕达哥拉斯不能被简单地等同于诗人本人"(Leonard Barkan, *The Gods Made Flesh: Metamorphosis and the Pursuit of Paganism*, New Haven, Conn.: Yale University Press, 1986, pp. 86-88)。

有关人世间事物的更替与变易。①

(《金驴记》第五章第 19-36 行)

佛罗伦萨,1527 年 4 月 17 日

圭多·马基雅维利写给他的敬爱的父亲"尼科洛·马基雅维利,于弗利"

我们全都安好。……至于拉丁文,我今天在学习分词。[我的老师]卢卡先生已几乎向我讲完了奥维德《变形记》第一卷的全文。我打算您一回来就背给您听。②

---

① 英译文采自 Allan Gilbert in *Chief Works*, 2:762,我这里也重新编排了译文以反映原诗句的编排方式。*Opere*, pp. 965-966。
② *Opere*, p. 1251a-b; *Lettere*, pp. 630-631。

索引 1 马基雅维利著作

（索引中的页码均为原书页码）

Asino《金驴记》,38,250,348-349

Belfagor《贝尔法哥》,6n,275n

Capitolo dell'ambizione《论野心》,69

Clizia《克莉齐娅》,6,290n

Decennale《十年纪》: first《十年纪·第一》,59n; second《十年纪·第二》, 264n

Discorso o dialogo intorno alla nostra lingua?《关于我们语言的论述或对话》（疑似）,275n

Discourses on Livy《李维史论》,5,37,159n,181,251-252,324,335-348

Discursus florentinarum rerum《论佛罗伦萨的政务》,179,181-182

Ghiribizzi to Giovan Battista Soderini 写给焦万·巴蒂斯塔·索德里尼的"奇思妙想"信,132-133,202n,203n,205,269

Istorie fiorentine《佛罗伦萨史》,275n,312

Mandragola《曼陀罗》,6,37,265n,275n

Prince, The《君主论》,x-xi,4-5,8,10,64,91n,131-132,148,157n,159n, 162,166,168-169,174n,176-215,218-219,221,223-224,226,230,235-236,238-241,244-246,250n,251-252,254,257-258,262-266,268-269,272,278n,279,281-287,292-293,297,304,309n,329,331-333, 335-336,339

Rapporto delle cose della Magna《德意志事务报告》,78n,80-81

Ricordo ai Palleschi《致美第奇派》,91-92

索引 2 人名、地名、术语

在索引中,缩写"NM"指尼科洛·马基雅维利,"FV"指弗朗切斯科·韦托里。

(索引中的页码均为原书页码)

A

Abelard 阿贝拉,34
Accolti,Benedetto 阿科尔蒂,贝内代托,24
Achaeans 亚该亚人,38-39,172-173
address,forms of 称呼方式,82n,222
Aeneas 埃涅阿斯,106,210,309
Aesop's fables 伊索寓言,168-169,232n
Aetolians 埃托利亚人,172-173
Ageno,Franca,321n 阿杰诺,弗兰卡
Agli,Niccolò degli 阿利,尼科洛·德利,100
Agnadello,battle of 阿尼亚戴洛战役,71n,83,172
Alamanni,Lodovico 阿拉曼尼,洛多维科,326n
Alberti,Leon Battista 阿尔贝蒂,莱昂·巴蒂斯塔,235n
Albizzi family 阿尔比齐家族,76n;Antonfrancesco 安东弗朗切斯科,87;Lorenzo 洛伦佐,87
Alexander VI(pope)亚历山大六世(教宗),67,157n,200-201,217-218,283
Alexander of Macedon 马其顿的亚历山大,173,176
Altoviti family 阿尔托维蒂家族,76n
Alvisi,Edoardo 阿尔维西,爱德华多,14
Ammianus Marcellinus 阿米亚努斯·马塞利努斯,217n
Anselmi,Gian Mario 安塞尔米,詹·马里奥,6
Antony and Cleopatra 安东尼与克莱奥帕特拉,38
Apollo(Phoebus)阿波罗(福玻斯),322-325,327
Apollonius 阿波罗尼奥斯,52
Appian 阿庇安,217n
Apuleius 阿普列乌斯,250
Ardinghelli,Piero 阿尔丁盖利,皮耶罗,216,239,241,297,311,313,321

Ariadne 阿里亚德妮,38
Ariosto 阿里奥斯托,326n
Aristotle 亚里士多德,44n,49,166–167,172
Arno 阿尔诺河,86,118n,273
ars dictaminis 写信的技艺,23–24,46n
Artemon 阿达蒙,49–50
Assyrians 亚述人,173
Asti 阿斯蒂,298
Athens (and Athenians) 雅典以及雅典人,173,180,207,226,237,257n,344
Augustus (emperor) 奥古斯都皇帝,260,266,294
Aulus Gellius 奥卢斯·盖利乌斯,250
Avesani,Rino 阿韦萨尼,里诺,232n
Avignon 阿维尼翁,304

B

Barbaro,Ermolao 巴尔巴罗,埃尔莫劳,168,169n
Barbaro,Francesco 巴尔巴罗,弗朗切斯科,31
Bárberi Squarotti,Giorgio 巴尔贝里·斯夸罗蒂,乔治,7,108n,236–237n
Bardazzi,Giovanni 巴尔达齐,乔瓦尼,187n,274n,276n
Barkan Leonard 巴坎·伦纳德,348n
Barnard,Mary E. 巴纳德,玛丽,324–325
Baron,Hans 巴龙,汉斯,26n,184–185n,336n

Barzizza,Gasparino 巴尔齐扎,加斯帕里诺,31,44–45,52
Basile,Bruno 巴西莱,布鲁诺,6n,70n
Bausi,Francesco 包西,弗朗切斯科,335n
Beaumont,Charles de 博蒙,查理·德,161
Bec,Christian 贝克,克里斯蒂安,19,235n
Becchi,Ricciardo 贝基,里恰尔多,33,40–41
Bembo,Pietro 本博,彼得罗,298n,329n
Bergamo 贝加莫,120
Bernardino of Siena 锡耶纳的贝尔纳迪诺,235n
Bertelli,Sergio 贝尔泰利,塞尔焦,12,14,59n,60n
Best,Myra 贝斯特,迈拉,70n
Bibbiena,Cardinal (Bernardo Dovizi) 比比埃纳,枢机主教（贝尔纳多·多维齐）,219–220,311
Billanovich,Giuseppe 彼拉诺维奇,朱塞佩,26
Boccaccio 薄伽丘,38,225,235n,253,275,315–316
Bologna 博洛尼亚,83
Borgia,Cesare (Duke Valentino) 博尔贾,切萨雷（瓦伦蒂诺公爵）,134,157n,172,176,185n,186,190,199–201,204,283,285,332–334;
NM's legations to 马基雅维利的出使,61n,62,63n,66–68

Borsellino, Nino 博尔塞利诺, 尼诺, 222n

Boscoli, Pietropaolo: conspiracy of 博斯科利, 彼得罗保罗: 博斯科利阴谋, 94, 99

Bossi, Donato 博西, 多纳托, 259

Braccesi, Alessandro 布拉奇, 亚历山德罗, 40-42

Brancacci, Giuliano 布兰卡奇, 朱利亚诺, 99-100, 112, 141, 164, 217, 246-248, 254-56, 258-259, 261-268, 271-274, 276, 294; Brancaccino 布兰卡奇诺, 100; Brancaccio 布兰卡乔, 141

Brescia 布雷西亚, 120, 154

Briçonnet, Cardinal 布里索内枢机主教, 85

Brown, Alison 布朗, 艾莉森, 118n

Leonardo, Leonardo 布鲁尼, 莱奥纳尔多, 24, 31, 52, 118n

Brutus, Lucius Junius 布鲁图斯, 卢修斯·尤尼乌斯 106

Buonaccorsi, Biagio 博纳科尔西, 比亚焦, 62, 76, 86, 92, 148, 321n

Burchiello 布尔基耶洛, 225, 257n

Butters, H. C. 巴特斯, 179n, 278n

C

Caesar, Julius 恺撒, 尤利乌斯, 106, 266

Campano, Giovanni Antonio 坎帕诺, 乔瓦尼·安东尼奥, 52

Capponi family 卡波尼家族, 75, 76n; Agostino 阿戈斯蒂诺, 94; Gino 吉诺, 87; Maddalena (wife of FV) 马达莱娜 (弗朗切斯科·韦托里的妻子), 74, 87; Neri 内里, 85; Niccolò 尼科洛, 74

Cardona, Ramón de 卡尔多纳, 雷蒙·德, 86-87, 89, 284-285

Carrara, Francesco da, 卡拉拉, 弗朗切斯科·达, 31n

Carrington, J. Laurel 卡林顿, J. 劳雷尔, 56n

Casavecchia, Filippo 卡萨韦基亚, 菲利波, 8, 14, 82, 99-100, 111-112, 151, 164, 176, 215, 218, 238, 242-248, 254-256, 258-259, 261-268, 271, 274, 276, 280-281

Castile 卡斯蒂里亚, 120, 149, 158, 283

Cavalcanti, Giovanni 卡瓦尔坎蒂, 乔瓦尼, 99

Cederni, Bartolommeo 切德尔尼, 巴尔托洛梅奥, 21-22

Cestello 切斯泰洛修道院, 118

Chabod, Federico 沙博, 费代里科, 4, 174n

chancery, Florentine 佛罗伦萨秘书厅, xi, 18, 23-24, 40-41, 58, 61, 71, 91-92

Charles VIII (king of France) 查理八世 (法国国王), 283

Charles of Ghent (Habsburg) 根特的查理 (哈布斯堡), 280

Charles the Bold (duke of Burgundy) 大胆查理 (勃艮第公爵), 160

Chiappelli, Fredi 基亚佩利, 弗雷迪,

61n
Church: states of the 教会、教皇国, 146-148, 176, 199-201, 218, 279-280, 197, 304-305, 312
Cicero 西塞罗, xi, 12, 23, 25-27, 29-33, 42-49, 51-55, 123, 168
Circe 喀耳刻, 38
Cleanthes 克莱安西斯, 220n, 308
Clough, Cecil H. 克拉夫, 塞西尔. H, 31-32n, 44, 312n, 331n
Colonna, Marcantonio 科隆纳, 马尔坎托尼奥, 83
Compagni, Dino 孔帕尼, 迪诺, 19
Conrad of Hirsau 希尔绍的康拉德, 232n
Consalvo (Gonzalo de Córdoba) 孔萨尔沃(贡萨洛·德·科多巴), 308-309
Conti, Pandolfo de' 孔蒂, 潘多尔福·德, 93n
correspondence 通信, See letters of NM to FV 参见马基雅维利给韦托里的信; letters of FV to NM 韦托里给马基雅维利的信; letter writing 书信写作
Corydon 科里东, 317-319, 329-330
credit, credibility 信任, 可信度 243-244, 244-245n, 247
Crema 克雷马, 120
Crinito, Pietro 克里尼托, 彼得罗, 74, 250
Croce, Benedetto 克罗齐, 贝内代托, 72
Culler, Jonathan 卡勒, 乔纳森, 189n
Cupid (Amor, Love) 丘比特(爱神), 266, 268-269, 288-290, 314-316, 321, 324, 326-327
Cyrus 居鲁士, 173, 176, 180n, 181, 199, 207

D

Dante 但丁, 23, 99, 103-107, 231-232, 235, 314, 323-324, 338-339
Daphne 达佛涅, 322-325, 327-328
Dati, Agostino 达蒂, 阿戈斯蒂诺, 43
Datini, Francesco di Marco 达蒂尼, 弗朗切斯科·迪·马可, 19-23
Datini, Margherita 玛格丽塔夫人, 20
de Alvarez, Leo Paul S. 德·阿尔瓦热兹, 利奥·保罗, 189n
Decembrio, Pier Candido 德琴布里奥, 皮耶尔·坎迪多, 31
de Grazia, Sebastian 德·格拉齐亚, 塞巴斯蒂安, 333n
Deiphobus 得伊福玻斯, 38
Del Bene, Tommaso 德尔·贝内, 托罗马索, 98, 111, 230-231
Del Corno, Donato 德尔·科尔诺, 多纳托, 98, 111, 111-112n, 167n, 241-242, 244, 247, 270, 289, 310, 313, 322-223
Demetrius Phalereus 德米特里·法勒鲁姆, 30, 48-51
Demosthenes 德摩斯梯尼, 255
Derrida, Jacques 德里达, 雅克, 189n
Desire 欲望, 105-107, 113, 125, 135, 145, 257-258, 313-330, 337-341, 345-349; cyclical recurrence of 欲望的轮回, 295, 313-

316; and dependence 欲望与依赖, 70-71; as lust 性欲, 69-70, 317-18; otherness of 欲望的对立性, 290-293; paradoxes of 欲望的矛盾, 262-271, 273, 275-276, 278, 333; and poetry 欲望与诗歌, 321-328; and princes 欲望与君主, 285, 333

Devonshire Jones, Rosemary 琼斯, 罗斯玛丽, 73-74, 77-79, 88, 178

Dido, Queen 迪多女王, 38, 210

Dieci di balia. See Ten, the 十人委员会(意大利文), 参见十人委员会(英文)

Diet, imperial: 帝国议会 of Constance 康斯坦茨帝国议会, 80; of Ulm 乌尔姆帝国议会, 80

Dionisotti, Carlo 迪奥尼索蒂, 卡洛, 59n

discourse, political (*discorso, discorsi, discorrere*), 政治论述 97, 102-103, 107-109, 114, 118, 124-127, 130, 140, 144-146, 149, 156, 170, 176-177, 185-191, 193-197, 202-203, 208-209, 259, 348-349

dispatches (*avvisi*) and diplomatic letters 快报和外交信函, 18-19, 23-24, 121-122, 126, 261-262, 275; written by NM 由马基雅维利书写的, xi, 61-69; written jointly by NM and FV 由马基雅维利和韦托里联合书写的, 77-80

Donati, Alamanno 多纳蒂, 阿拉曼诺, 40

Donatus 多纳图斯, 36

Dotti, Ugo 多蒂, 乌戈, 4, 132n, 154n, 159n, 174n, 211n

E

Eighty, Council of 八十人大会, 76n, 93

Empoli 恩波利, 170

England (and the English) 英国以及英国人, 85, 138-139, 151-152, 165-166, 175, 300-301

Epicureanism 伊壁鸠鲁学派, 190n

Epicurus 伊壁鸠鲁, 27

Erasmus 伊拉斯谟, xi, 42-43, 51-56, 260

examples (and exemplarity) 事例(和典范), 251-254, 257, 268, 338-341. 也参见模仿

F

Facio, Bartolomeo 法西奥, 巴尔托洛梅奥, 31

Fasano Guarini, Elena, 法萨诺·瓜里尼, 埃莱娜 336n

Fates 命运, 220-221, 223, 307-310, 319

Ferdinand of Aragon (king of Spain) 阿拉贡的斐迪南(西班牙国王), 5, 11, 83, 117-118, 122, 137-140, 142, 146, 149-152, 156-158, 163, 165-166, 169-171, 175-176, 180, 197, 238, 248, 287, 297-298, 300, 302, 304-305, 308-309; NM's inter-

索引2 人名、地名、术语　　443

pretations of 马基雅维利对他的分析,127-135,278-281;FV's interpretations of 韦托里对他的分析,113-115,120-121,281-286
Ferdinand of Habsburg(archduke)哈布斯堡的斐迪南大公爵,280,282,285
Ferrara 费拉拉,331
Ferroni, Giulio 费罗尼,朱利奥,6,7n,8n,224,254n,258n
Ficino, Marsilio 费奇诺,31,329n
Filelfo, Francesco 菲莱尔福,弗朗切斯科,31,52
Filelfo, GiovanniMario 菲莱尔福,乔瓦尼·马里奥,44-45,51-52
Firenzuola 菲伦佐拉,86
Foix, Gaston de 富瓦,加斯东·德,85,154
Forlì, countess of 弗利伯爵夫人,200
fortune 机运,4,97-98,101-102,107-108,111,139-140,155,162,201-207,214,263,268-269,290,310-311,323n,346-349;personified as a woman by NM 马基雅维利将机运人格化为一个女人,206-207,212,223;FV's notion of 韦托里对机运的看法,308-310
France(and the French)法国(和法国人),71,83-86,114-115,120,142,153-158,161,164-166,169,174n,175,180n,182-184,199-200,279-280,282-284,299-301,303-308,309n,312
Francesco da Montepulciano 弗朗切斯科·达·蒙泰普尔恰诺,243-244,247
Frederick II (Hohenstaufen)(emperor)腓特烈二世皇帝(霍亨斯陶芬王朝),23
Frederick III(emperor)腓特烈三世皇帝,34
Frederick of Aragon(king of Naples)阿拉贡的费德里戈(那不勒斯国王),151
Freud, Sigmund 弗洛伊德,西格蒙德,317n
Friendship 友谊,21-23,27-28,34,47-48,55,248;of NM and FV 马基雅维利和韦托里的友谊,9,82-94,118-119,222-223,306-307
Fubini, Riccardo 富比尼,里卡尔多,45n

G

Gaeta, Franco 加埃塔,佛朗哥,14-16,321n,326n
Gaspare da Verona 加斯帕雷·达·维罗纳,45
Genoa 热那亚,83,284,298,300
Gerlo, A. 杰洛,52
Germany(and the Germans)德国以及德国人,40n,82,151,157,171,183,251;NM's and FV's mission to 马基雅维利和韦托里出使德国,77-80
Geta 盖塔,225-230,232-233,237,

239-241,273,276,295,325

Geta e Birria《盖塔与比利亚》,225-230,257n

Getans 盖塔人,232,294-295

Gilbert,Allan 吉尔伯特,阿兰,16-17,272

Gilbert,Felix 吉尔伯特,费利克斯,73n,338n

Ginori,Filippo 吉诺里,菲利波,230

Giovanni di ser Antonio 乔瓦尼·迪·安东尼奥,99-100,112

Girard,René 吉拉德,勒内,292n

Girolami,Giovanni 吉罗拉米,乔瓦尼,217

Girolamo del Guanto 吉罗拉莫·德尔·关托,111

Gramsci,Antonio 葛兰西,安东尼奥,174n

Grazzini,Filippo 格拉齐尼,菲利波,16n

Great Council(*Consiglio maggiore*)大议会,71,75,86,90

Greeks, ancient 古希腊,106,137n. *See also* Athens 也参见雅典

Guarino da Verona 格里诺·达·维罗纳,169n

Guicciardini family 圭恰尔迪尼家族,21n,74;Antonio 安东尼奥,230;Battista 巴蒂斯塔,230-231;Francesco 弗朗切斯科,13n,16,92,93n,95n,114n,137n,231n,279n,298n;Iacopo,93n,231n;Luigi 路易吉,68-70,127;Piero 皮耶罗,92

Guillemain,Bernard 吉耶曼,贝尔纳,335n

H

Hampton,Timothy 汉普顿,蒂莫西,252n

Hannibal 汉尼拔,173,176

Harth,Helene 哈思,海伦妮,33

Hebrews(and ancient Israel)希伯来人(和古代以色列人),180,207

Hecuba 赫卡柏,293-294

Helen 海伦,37-38

Heloise 爱洛漪丝,34

Henry VIII(king of England)亨利八世(英国国王),120,130,142,149,156-158,165-166,170-171,298-300

Herodian 希罗狄安,217n

historians 历史学家,217,251-253,339-341

Holy League 神圣同盟,84-87,89,114,120,128-129,131,134,137,151,284,300-302

Homer 荷马,105

Horace 贺拉斯,35,105,250,295-296

Hulliung,Mark 胡里翁,马克,7n,211n

I

imitation 模仿,23,25-26,30,33,35-39,51-52,255-258,337-340,347. *See also* examples 也参见事例

Index(and Congregation of)禁书审定院,11,13

Inglese, Giorgio 因格莱塞, 乔治, 16, 110-111n, 152n, 157n, 174n, 238n, 246n, 264n, 278n, 299n, 326n

Isabella d'Este 伊莎贝拉·埃斯特, 89n

J

Jerome 圣哲罗姆, 23

Jews: expulsion of, from Spain 被西班牙驱逐的犹太人, 283

Julius II (pope) 尤利乌斯二世(教宗), 67-68, 83-86, 93, 101, 128, 130, 146, 154, 157n, 175-176, 206, 217-218, 284-285, 304, 312

Jupiter (Jove) 朱庇特, 210, 226-228, 266-267

Juvenal 尤维纳利斯, 36

K

Kahn, Victoria 卡恩, 309n

Kauffman, Linda S. 考夫曼, 琳达, 316n

Kent, Dale 肯特, 戴尔, 19-20, 22n

Kent, F. W. 肯特, 21-22

Kristeller, Paul Oskar 克里斯特勒, 保罗·奥斯卡 57

L

Lacedaemonians (Spartans) 拉栖第梦人(斯巴达人), 173, 176, 199, 344

Lampridius, Aelius 兰普里狄乌斯, 艾利乌斯, 217n

Landino, Cristofaro 兰迪诺, 克里斯托法罗, 44

Lanfredini, Bartolomeo 兰弗雷迪尼, 巴尔托洛梅奥, 73n

Larivaille, Paul 拉里瓦耶, 保罗, 335n

Latini, Brunetto 拉蒂尼, 布鲁内托, 23

Latinus (king of Latium) 拉提努斯(拉丁姆王), 106

legations (diplomatic missions) 外交出使任务, 19, 126; of NM to Cesare Borgia and Rome 马基雅维利对切萨雷·博尔贾和罗马的出使, 60-68; of FV and NM to the imperial court 马基雅维利和韦托里对帝国宫廷的出使, 77-81, 115, 141, 201, 217

Leo X (pope) 利奥十世(教宗), 5, 93, 95-96, 99-101, 110, 113, 116, 118, 120-121, 140-143, 154, 156-158, 165, 169-171, 173, 176, 180, 184n, 185n, 197, 200-201, 216-219, 221, 238, 242, 261, 278n, 282, 285-286, 297-299, 310-312, 314, 321; NM's advice to, 137-140, 301-306; FV's opinion of, 146-152. See also Medici family: Giovanni 参见美第奇家族: 乔瓦尼

letters of NM to FV 马基雅维利给韦托里的信: [13 March 1513] 1513年3月13日, 95-96; [18 March 1513] 1513年3月18日, 97-99, 101; [9 April 1513]

1513年4月9日,4-5,65,103-112,114,123,202,233,238,259,263,291;[16 April 1513] 1513年4月16日,110-111n,111-113,116,222,231;[29 April 1513] 1513年4月29日,5n,10n,15n,122-136,138,140-141,157,159,176,196,279,282;[20 June 1513] 1513年6月20日,136-141,159,263;[10 August 1513] 1513年8月10日,152-165,169,174n,182,186,222,263,301,303,306-307;[25 August 1513] 1513年8月25日,167n;[26 August 1513] 1513年8月26日,159,167-175,180-182,184,186,196,204,207,216,301,303;[10 December 1513] 1513年12月10日,ix,xi,4-5,14,81-82,184,218,221-241,244,246,251,257n,258,273,294-295,297,314;[19 December 1513] 1513年12月19日,241-244,244-245n,247;[5 January 1514] 1514年1月5日,222,254-259;[4 February 1514] 1514年2月4日,222,264-270;[25 February 1514] 1514年2月25日,271-276,280,294;[16 April 1514] 1514年4月16日,15n,16n,277-282,294;[10 June 1514] 1514年6月10日,82n,286-289,294-295;[3 August 1514] 1514

年8月3日,82n,281,290-293,325;[4 December 1514] 1514年12月4日,293-295,307;[10 December 1514] 1514年12月10日,10n,12n,15n,16n,299-306,311-312;[20 December 1514(1)] 1514年12月20日第一封,305-307,311,336;[20 December 1514(2)] 1514年12月20日第二封,11n,310-311;[31 January 1515] 1515年1月31日,319-334,337-338

letters of FV to NM 韦托里给马基雅维利的信:[3 August 1510] 1510年8月3日,ix,82-84;[15 March 1513] 1513年3月15日,96-99;[30 March 1513] 1513年3月30日,100-104,107,109;[19 April 1513] 1513年4月19日,113-117,127;[21 April 1513] 1513年4月21日,117-122,127;[27 June 1513] 1513年6月27日,140-143,159;[12 July 1513] 1513年7月12日,140-141,143-150,185-186,191,194,197,263;[5 August 1513] 1513年8月5日,12n,140,149-152,216;[20 August 1513] 1513年8月20日,153-156,164-167,345;[23 November 1513] 1513年11月23日,215-221,223-224,308;[24 December 1513] 1513年12月24日,215,245-

248;[18 January 1514]1514年1月18日, 245, 258–265;[9 February 1514]1514年2月9日, 270–271;[16 May 1514]1514年5月16日, 13, 281–288, 290;[27 July 1514]1514年7月27日, 289;[3 December 1514]1514年12月3日, 293, 295–299;[15 December 1514]1514年12月15日, 307–310;[30 December 1514]1514年12月30日, 311–317;[16 January 1515]1515年1月16日, 76, 317–319

letter to a "gentildonna"(of NM)马基雅维利给一位"贵妇"的信, 89–91, 277–278n

letter writing 书信写作: diplomatic 外交书信写作, xi, 18–19, 23–24; humanist 人文主义书信写作, 18–19, 25–57; manuals on 书信写作指南, 42–45, 51–52; purposes of 书信写作目的, 28–30, 46–49, 53–56; style in 书信写作风格, 12, 24–30, 42–44, 46–56; theory of 书信写作理论, x-xi, 46–57; vernacular 方言书信写作, 18–23. See also dispatches 也参见快报

Libanius 里巴尼乌斯, 43–46

Linacre, Thomas 利纳克尔, 托马斯, 54–55

Livy, Titus 李维, 提图斯, 217, 336, 339–340

Lorini, Pellegrino 洛里尼, 佩莱格里诺, 161, 166, 173

Lorqua, Ramiro de 洛德瓜, 雷米罗·德, 332–334

Louis XII(king of France)路易十二(法国国王), 11, 60, 83–85, 127–130, 132, 142, 151–154, 156–159, 165–166, 170–172, 176, 248, 278–280, 282–286, 297–302, 304–305; his "bad luck" according to FV 韦托里认为他"运气不佳", 149–150, 197, 216; and the truce of April 1513 路易十二与1513年4月的停战协议, 113–115, 117, 120–121, 137–139, 146–147

love 爱, x, 34, 36–39, 275, 281, 319–320, 340–341; letters on 谈论爱的书信, x, 5–7, 242–276, 290–293, 313–334; NM and 马基雅维利与爱, 255–258, 263, 268–269, 271, 290–292, 321–328; and power, 209–214, 266–269, 326–327, 332–334; and princes 爱与君主, 209–214, 285, 332–334; and resistance 爱与抗拒, 263, 270–271; FV on 韦托里谈论爱, 262–264, 270–271, 313–319

Lucan 卢坎, 105

Lucretia 卢克雷蒂娅, 37, 106

Lucretius 卢克莱修, 58, 190, 239, 337–338, 342, 346n

Lucumnians(Etruscans)埃特鲁里亚人, 172

Lyons, John D. 莱昂斯, 约翰, 252n

M

McCanles, Michael 麦坎利斯, 迈克尔, 64, 202-203n, 208-209n

Macedonians 马其顿人, 173

Machiavelli family 马基雅维利家族, 75-76; Bernardo 贝尔纳多, 24, 74-76, 118n; Filippo 菲利波, 92, 230; Giovanni 乔瓦尼, 92, 230, 242-243; Guido 圭多, 348-349; Lorenzo 洛伦佐, 76; Niccolò di Alessandro 尼科洛·迪·亚历山德罗, 76; Piero di messer Francesco 皮耶罗·迪·弗朗切斯科, 76n; Totto 托托, 74, 96, 100, 106

Mack, Sara 麦克, 萨拉, 348n

Macrobius 马克罗比乌斯, 250

Maecenas 梅塞纳斯, 295-296

Mansfield, Harvey C., Jr. 曼斯菲尔德, 哈维, 189n, 340n, 347n

Mantua 曼托瓦, 120

Marchand, J.-J. 马尔尚, 299n, 312n

Marcus Aurelius 马尔库斯·奥勒利乌斯, 266

Marignano, battle of 马里尼亚诺战役, 182, 184, 185n, 280

Mars 马尔斯, 275

Marsuppini, Carlo 马苏匹尼, 卡洛, 24

Martelli, Mario 马尔泰利, 马里奥, 15-16, 59n, 91n, 174n, 177-182, 185n, 240n, 245n, 326n, 329n

Martial 马提亚尔, 36

Maximilian (emperor) 马克西米利安皇帝, 60, 77-80, 83, 115, 120-121, 130, 139, 158, 166, 176, 201, 280, 282-283, 297-298, 300, 302, 304; NM on 马基雅维利对他的论述, 170-171, 194-196; FV's opinion of 韦托里对他的评价, 142, 148-149

Mazzei, Lapo 马泽伊, 拉波, 22-23

Medea 美狄亚, 38

Medes 米底人, 207

Medici family 美第奇家族, 9, 14, 19-21, 71-73, 76n, 86-94, 96-100, 113, 115, 119, 147-148, 167n, 170, 176-178, 182, 184n, 185n, 197, 218-219, 221, 227, 239-242, 244 245, 277-278n, 287, 289, 292-293, 295, 301-302, 310-313, 321; their ambition for a principate in Florence 他们在佛罗伦萨建立君主国（僭主统治）的野心, 71-73, 177-179, 184; Clarice 克拉丽丝, 74; Cosimo 科西莫, 20; Giovanni (cardinal) 乔瓦尼（枢机主教）, 85, 93, 95, 98, 102, 284-285; Giuliano 朱利亚诺, 89, 91, 94, 98, 113, 118, 146, 167n, 175-178, 185n, 187n, 216, 218, 221, 232-233, 238-242, 244-246, 264, 277-278n, 286-287, 298, 311, 312n, 313, 320-321, 330-333; Giulio (cardinal) 朱利奥（枢机主教）, 216, 218-219, 221, 297, 299, 307, 311-312,

314, 321; Lonnzo di Pierfrancesco, 洛伦佐·迪·皮耶尔弗朗切斯科 40, 118n; Lorenzo the Magnificent "宽宏者" 洛伦佐, 18, 40, 73-75, 91, 269n, 277n; Lorenzo the younger (duke of Urbino from 1516) 小洛伦佐 (自1516年起为乌尔比诺公爵), 10n, 73n, 75, 91n, 146, 176-179, 184, 185n, 277-278n, 313; Piero 皮耶罗, 75

Menéndez Pidal, Ramón 梅嫩德斯·皮达尔, 拉蒙, 132n

Menniken, Charles (Charles Viruli) 门尼肯, 查尔斯 (查尔斯·维吕利), 43, 52

Mercury (Archas) 墨丘利 (阿拉卡斯), 56, 226, 228

metamorphosis 变形记/变形学, 229, 232, 272, 276, 319-330

Michelozzi, Niccolò 米凯洛齐, 尼科洛, 41n, 92

Milan 米兰, 114, 120-121, 130, 142, 146-147, 149, 151-152, 155-159, 161-162, 166, 171, 173, 279n, 280, 282-283, 285-286, 297-298, 300-302, 307, 331

militia, Florentine 佛罗伦萨国民军, 59-60, 82, 86-87, 90, 92, 134, 163, 312n

Modena 摩德纳, 312n, 330-331

Molho, Anthony 莫尔霍, 安东尼, 20, 22n

Moors 摩尔人, 283

More, Thomas 莫尔, 托马斯, 260

Morelli, Giovanni 莫雷利, 乔瓦尼, 235n

Moses 摩西, 181, 199, 207

Muhammad 穆罕默德, 320

N

Nabis 纳比斯, 199

Naples, kingdom of 那不勒斯王国, 120, 133, 142, 149, 151-152, 281, 283-286, 298, 300, 308

Nasi family 纳西家族: Alessandro 亚历山德罗, 261; Giovan Battista 焦万·巴蒂斯塔, 217

Navarre 纳瓦尔, 120, 300

Negri, Francesco 涅格里, 弗朗切斯科, 43-47, 51-52

Nero (emperor) 尼禄皇帝, 216, 266

Niccoli, Niccolò 尼科利, 尼科洛, 32-33, 118n

Niccolini, Enrico 尼科利尼, 恩里科, 73, 93n, 248n

Niklas von Wyle 尼克拉斯·冯·怀尔, 40n

Ninus 尼奴斯, 173

Normandy 诺曼底, 149

Novara, battle of 诺瓦拉战役, 137, 142, 152

Nove dell'Ordinanza (the Nine) 国民军九人军事委员会, 59, 61, 92

novella 故事, 34-39, 42, 57, 271-276

Numa 努马, 342-343

O

Origo, Iris 奥里戈, 艾丽丝, 20

ottimati, Florentine 佛罗伦萨权贵,

60,71-72,74-77,84,86-87, 89-92,94,116,154-155,302

Otto di guardia e balia (magistracy on internal security 公安八人委员会,76,93,117

Ovid 奥维德,34-35,38-40,45,56, 105,292n,308,310,316,316-317n,348-349;NM's reading of 马基雅维利对奥维德的阅读（借鉴）,231-232,239,267, 274-275,288-289n,290,293-295,322-325,327-328,337-338,342-345;FV's invocation of 韦托里向奥维德的求助, 313-316

P

Pamplona 潘普洛纳,120

Panormita 潘诺米塔,31

Panzano,Frosino da 潘扎诺,弗罗西诺·达,215,230

Paolo Sasso da Ronciglione, ser 保罗·萨索·达·龙奇廖内先生,74,250

Parlement 高等法院,200

Parma 帕尔马,146-147,312n,330-331

passion(*passione*)激情,37-39,106-107,152-155,163,169,213-214,233,251-253,263-264, 271,291,314,317-318,325,341

Passy,Louis 帕西,路易,72

Perotti,Niccolò 佩罗蒂,尼科洛,44, 51

Persians 波斯人,173,180-181,207

Pesman Cooper, Roslyn 普雷斯曼·库珀,罗斯林,59n

Petrarch 彼特拉克,xi,24-32,49,52, 231-232,235n,260,314; quoted by NM 马基雅维利对彼特拉克的引用,112-113,180,222, 266;quoted by FV 韦托里对彼特拉克的引用,270

Phaedrus 菲德若,232n

Phyllis 菲莉丝,38,316n

Piacenza 皮亚琴察,146-147,312n, 330-331

Piccolomini, Aeneas Sylvius 皮科洛米尼,埃内亚·西尔维奥,31, 33-42,45,52

Pico,Giovanni 皮科,乔瓦尼,31

Piejus, Marie-Françoise 皮尤斯,玛丽-弗朗索瓦丝,39n

Pier della Vigna 皮耶尔·德拉·维尼亚,23

Pincin,Carlo 平钦,卡洛,338n

Pisa:Council of 比萨大公会议,84-85,149,154;reconquest of 再次夺取比萨,60,82,161

Pitkin, Hanna Fenichel 皮特金,汉娜·费尼切尔,8n,168,197, 202n,211n

Pitti family 皮蒂家族,76n

Plato 柏拉图,188,191,228-229, 260n

Plautus 普劳图斯,36,225

Pliny 普林尼,52,250

Plutarch 普鲁塔克,217

Pocock,J. G. A.波考克,336n

poetry 诗歌, 30, 35–39, 41, 74, 348–349; and the *Discourses* 诗歌与《李伟史论》, 337–338, 340n, 343–348; and letter writing 诗歌与书信写作, 46, 54, 57; NM's reading of 马基雅维利对诗歌的阅读, 59, 103–106, 112, 210, 225–230, 231–233, 257n, 293–295, 320, 322–325, 327; NM's writing of 马基雅维利写的诗歌, 58, 91, 94, 232–233, 320–322, 325–327; and political discourse 诗歌与政治论述, 328–329, 347–348; and FV 诗歌与韦托里, 242–243, 250, 253, 295–296, 313–315

Poggio Bracciolini 波焦·布拉乔利尼, 24, 31–33, 44–45, 187n, 225

Poliziano, Angelo 波利齐亚诺, 安杰洛, xi, 31, 44, 48–52, 250, 329n

Polybius 波利比乌斯, 341

Pontano, Giovanni Gioviano 蓬塔诺, 乔瓦尼·焦维亚诺, 250, 308–310

Pontico Virunio 蓬蒂科·韦鲁尼奥, 43n, 46

Pontus 本都, 294–295

power 权力(力量): of fortune 机运的权力(支配作用), 201–206; and knowledge 权力与知识, 162, 208–209, 227–230, 237–238; and language 权力与语言, 64–65, 162–163, 193–197, 240, 260, 276; and love 权力与爱, 209–214, 266–269, 326–327, 332–334; NM's search for 马基雅维利对权力(力量)的寻找, 175, 213–214; personification of 人格化的权力(力量), 173–175; of princes 君主的权力, 131–135, 188, 192–193, 197–200, 208–209, 213–214, 332–334; of Swiss 瑞士人的权力(力量), 160–163, 172

Prato, sack of 普拉托的陷落, 85–86, 89, 134, 231, 284

Prester John 祭司王约翰, 254

princes 君主: advice to 对君主的建议, 189, 193–196; autonomy and security of, in *The Prince* 《君主论》中对君主的自主和安全的论述, 186–201; and love 君主与爱, 209–214; secrets of 君主的秘密, 66, 71n, 145–146, 186–187; FV on writing about 韦托里谈论对君主的写作, 150, 215–216; FV's opinions of 韦托里对君主的观点, 145–152, 185, 215–218, 284–286; and *virtù* 君主与德能, 173–175, 180–183, 207–208. See also power 也参见权力(力量)

priorate (*Signoria*) 执政团, 75n, 82, 88–89, 92

Procopius 普罗科皮乌斯, 217n

Propertius 普罗佩提乌斯, 314

Pulci, Luigi 普尔奇, 路易吉, 187n, 246n, 257n, 320, 323

Pyrrhus 皮洛士, 173

Pythagoras 毕达哥拉斯, 338, 342–

345,348

Q

Quintilian 昆体良,49,232n

R

ragione(ragionamenti, ragionare) 理性,101–103,108–109,114,122–123,128–130,140,143–146,149,155–156,162–163,167,172,175,180,234–236,247–248,282,285,292,348–349

Raimondi,Ezio 雷蒙迪,埃西奥,6,8n,239,248n,265n,275n

Ravenna,battle of 拉韦纳战役,85,128,183,284

Rebhorn,Wayne 瑞布霍恩,韦恩,70n,211n,229n,309

Reggio(in Emilia)艾米利亚地区的雷焦,312n,330–331

Ricci,Giuliano de' 里奇,朱利亚诺·德,11–13,242n,277n,281;his Apografo《里奇抄本》,11–15,277n,299n

Riccia,la 里恰小姐,243,270–271,323

Riccio,il 里乔,112n,242–243,245

Ridolfi,Roberto 里多尔菲,罗伯托,3,8n,14,72,78n,82n,222n,225,243n,245n,277–278n,290–291n,299n,312n,335n,338n

Ridolfi di Piazza family 里多尔菲·迪·皮亚扎家族,76n

Rizzoni,Benedetto 里佐尼,贝内代托,33

Rome:ancient Rome and Romans 罗马:古罗马以及罗马人,24,37,105–106,137n,161–163,165–167,172–176,182,198,210,217–218,266,323,342–345,347;contemporary Rome 同时代的罗马,83,93–94,96–97,99–100,113,116–119,126,141,148,157,223,233,238,241,286–287,308;FV's life in 韦托里在罗马的生活,216–220,224,246–247,281,290,308,310

Romulus 罗穆卢斯,199

Rossi,Roberto 罗西,罗伯托,118n

Ruccllai family 鲁切拉伊家族,74–75,76n,94;Bernardo 贝尔纳多,74,217;Giovanni 乔瓦尼,217

S

Sacchetti,Franco 萨凯蒂,佛朗哥,225,315–316

Sallust 撒路斯提乌斯,217

Salutati,Coluccio 萨卢塔蒂,科卢乔,24,30–31,118n

Salviati family 萨尔维亚蒂家族:Alamanno 阿拉曼诺,321n;Jacopo 亚科波,113,141

Sano,ser 萨诺君,217,247,254–255,257,259–260

Sant'Andrea in Percussina 佩尔库西纳的圣安德里亚,287,294–295;NM's life at 马基雅维利在

该地的生活, 223-225, 230-234
Sappho 萨福, 38, 322
Sasso, Gennaro 萨索, 真纳罗, 4, 5n, 59n, 73n, 108n, 110n, 172n, 174n, 179–181, 202n, 331n, 335n, 342-343, 346n
Savonarola, Girolamo 萨沃纳罗拉, 吉罗拉莫, 40, 72, 90, 134, 170, 198, 245n
Scala, Bartolomeo 斯卡拉, 巴尔托洛梅奥, 24, 40-41, 118n
Scarperia 斯卡尔佩里亚, 86
Schlick, Kaspar 施利克, 卡什帕, 37
Segni, Lorenzo 塞尼, 洛伦佐, 74
Seneca 塞涅卡, 25–27, 30, 32, 36, 220, 308, 310
Sextus Tarquinius 塞克斯图斯·塔克文, 37
Seyssel, Claude de 塞塞勒, 克劳德·德, 157n
Siena 锡耶纳, 34-35, 37-38, 41, 88-89, 92, 314-315
Sigismund (emperor) 西吉斯蒙德皇帝, 35, 37, 39, 41
Sisyphus, myth of 西西弗斯的神话, 239
Skinner, Quentin 斯金纳, 昆廷, 336n
Socrates 苏格拉底, 228
Soderini family 索德里尼家族, 41, 241; Francesco (cardinal) 弗朗切斯科（枢机主教）, 110, 113–116, 118, 155, 175, 217; Giovan Battista 焦万·巴蒂斯塔, 132, 202n, 205; Giovan, Vittorio 焦万·维托里奥, 41; Piero 皮耶罗, 15n, 41, 59–60, 63, 68–69, 77, 84–90, 92–94, 105, 115–116, 119, 148, 154–155, 217, 238
Sofi, land of the 萨菲的土地, 254
Sozzini, Mariano 索齐尼, 马里亚诺, 34, 36-37
Spain (and Spaniards) 西班牙以及西班牙人, 115, 120–121, 138, 182-84, 283, 286, 301, 303
Spartianus, Aelianus 斯帕尔提安, 艾利乌斯, 217n
speech 说话, 260; and letter writing 说话（谈话、对话）与书信写作, xi, 21–22, 27, 32, 36–37, 46–51, 53–57, 64, 123, 126, 235; and NM's Prince 说话（言论）与马基雅维利的君主, 191-197
Statius 斯塔提乌斯, 44, 48
Stephens, John N. 斯蒂芬斯, 20n, 179n, 278n
Stoic philosophy 斯多葛哲学, 25, 309
Strozzi family 斯特罗齐家族, 74–75, 76n, 94; Alessandra Macinghi negli 亚历山德拉·马钦吉·内利, 20n; Filippo 菲利波, 74–75, 178; Francesco di messer Palla 弗朗切斯科·迪·帕拉, 232n; Matteo 马泰奥, 113
Suetonius 苏埃托尼乌斯, 217
Sulpizio, Giovanni 苏尔皮齐奥, 乔瓦尼, 44, 51
Swiss, the 瑞士人, 3, 5, 85, 120-121, 128, 137–139, 147, 149, 168–

169, 176, 186, 197, 238, 248, 262, 279–280, 282, 284, 286, 298, 305; NM's interpretations of 马基雅维利对瑞士人的分析, 157–165, 170–175, 180, 182–184, 204, 207, 300–304, 312; FV's views on 韦托里对瑞士人的看法, 141–143, 151–152, 156, 166–167

Symmachus 西姆马库斯, 52

T

Tacitus 塔西佗, 217

Tafani, Niccolò 塔法尼, 尼科洛, 293, 307

Tarquinius Superbus 高傲者塔克文, 106

Tartars 鞑靼人, 143

Ten, the (*Dieci di balia*) (foreign policy committee) 外交政策十人委员会, 24, 58, 61–69, 76n, 78–81, 84–88, 92, 94, 126, 217–218, 231, 261–262

Terence 泰伦提乌斯, 35, 38–40, 239, 267

Thebes 底比斯, 344

Thérouanne 特鲁昂, 170

Theseus 忒修斯, 181, 199, 207

Tibullus 提布卢斯, 231, 314

Tommasini, Oreste 托马西尼, 奥雷斯特, 3, 14

Traversari, Ambrogio 特拉韦尔萨里, 安布罗焦, 31

Trexler, Richard 特雷克斯勒, 理查德, 21–22

Troilus and Cressida 特洛伊罗斯与克瑞西达, 38

Troy (*Pergama*) and Trojans 特洛伊以及特洛伊人, 34, 38, 106, 210, 293–294, 310, 316, 344

Turks, Ottoman 奥斯曼土耳其人, 143, 151, 176; sultan of 土耳其苏丹, 200

Turpilius 图皮里乌斯, 47, 53

Twelve, advisory college of 十二人委员会的顾问团, 76

U

Ulysse, Georges 于利斯, 乔治, 6n, 275n

V

Valla, Lorenzo 瓦拉, 洛伦佐, 33, 42–43, 46–47, 168, 169n

Valori, Bartolomeo 瓦洛里, 巴尔托洛梅奥, 87

Varchi, Benedetto 瓦尔基, 136n

Venice (and the Venetians) 威尼斯以及威尼斯人, 67–68, 71n, 80, 83, 120–121, 139, 142, 149, 151, 165, 172, 280, 283–284, 297–298, 300, 302, 305

Venus 维纳斯, 275, 290, 292, 314

Vernacci, Giovanni 韦尔纳奇, 乔瓦尼, 13n, 76

Vettori family 韦托里家族, 75–76n; Elisabetta 伊莉莎贝塔, 87; Paolo 保罗, 14, 74, 87–90, 93–95, 98, 116–117, 119, 156, 185n, 307, 311, 312n, 321, 330–334; Piero

皮耶罗,73-74,76

Viaggio in Alamagna (of FV)《日耳曼之旅》(韦托里著),6, 73, 247-253, 256, 259, 275n, 276, 308-309, 341

Villari, Pasquale 维拉里,帕斯夸莱, 3, 14, 93n

Virgil 维吉尔, 35, 103-106, 210, 309-310, 317-318

Virtù 德能, 299, 302; of the ancients 古代的德能, 339, 342-345; and fortune 德能与机运, 204, 206, 263, 266; and Italy 德能与意大利, 178, 180-182, 286; and princes 德能与君主, 173-175, 207-208, 331; of the Swiss 瑞士人的德能, 161-163, 303; *translatio* of 德能的转移, 342-345

Vitale de Blois 维塔莱·德·布洛伊斯, 225, 232n

Vulcan 伏尔甘, 275

W

Walker, Leslie J. 沃克尔, 340n, 341-342

Walter Anglicus 沃尔特·安格理克斯, 232n

writing: 写作(作品) and desire 写作(作品)与欲望, 265-267, 271-276, 278, 341; FV on 韦托里论写作(作品), 249-253, 259-262

译后记

对马基雅维利稍有了解的人恐怕都读过他 1513 年 12 月 10 日那封著名的写给朋友弗朗切斯科·韦托里的信。信中那个在夜里卸下白天俗务纷扰躲进与古人神交之中,"记录"与古人的"对话"而写成《君主论》的马基雅维利令人印象深刻,而这封信不仅是重要的政治思想史材料,也是一件难得的文学佳品。

翻开《马基雅维利全集》,我们会发现,书信是其作品的重要部分。正如本书第一章所揭示的,对于文艺复兴时期的人来说,书信其实是他们打理日常生活、商业活动的重要工具,也是文人学者表达其思想、哲学的独特体裁。马基雅维利自然也不例外。书信不仅是他与朋友插科打诨、发泄解闷的途径,更是他吃饭的家伙之一。作为一个敏锐的政治观察家和外交家,马基雅维利以考究、精准的语言将搜集来的情报和在此基础之上形成的推断写成一封封"快报"寄送回佛罗伦萨的上级手中。而这些快报中的事件与推断自然也会成为其日后政治著作中的事例与论述。于是,这些书信除了被传记作家们当作确定马基雅维利人生轨迹的重要参照,也成为政治思想史家探寻其政治思想演变发展的重要依据。

本书作者慧眼独具,选取马基雅维利和韦托里 1513—1515 年间的书信作为研究对象,令人信服地展示了两人关于政治论述的不同基本预设之间的冲突对马基雅维利的政治写作产生了何种决定性的影响,并且细致地梳理了那些潜藏在看似闲笔之中的文学和历史典故是如何在这场纸上交锋中发挥其独特的暗示和推动作用的。尤其是第六章中对 1513 年 12 月 10 日那封经典书信的剖析和解读,相信会让读者对这封信有一个全新的理解。

这本书本应提前一年乃至两年出版,全因我的惰怠而拖延至今,实在惭愧。本书的翻译工作依赖中文版《马基雅维利全集》(吉林出版集团有限责任公司,2011—2013 年版),书中对马基雅维利书信和著作的引文多采自全集,并根据本书有所调整或修订。刘训练老师在翻译过程中帮我解决了很多疑难,又审阅了全文。本书第六章曾请我的同学吕梓健译过一个初稿;索引的整理工作则是请我的另一位同学王田帮忙完成的。在此一并致谢。

受我的专业知识和语言能力所限,译文中难免有错,欢迎读者的批评指正,我的电子邮箱是 liuxuehao@gmail.com,期待您的来信。

刘学浩
2020 年 3 月 15 日

图书在版编目(CIP)数据

权力与欲望：马基雅维利与韦托里1513-1515年通信研究／(美)约翰·纳杰米著；刘学浩译. --上海：华东师范大学出版社, 2020
　ISBN 978-7-5760-0468-7

Ⅰ.①权… Ⅱ.①约… ②刘… Ⅲ.①马基雅维利, N.(1469~1527)-书信集 Ⅳ.①K835.467=331

中国版本图书馆CIP数据核字(2020)第085310号

华东师范大学出版社六点分社
企划人　倪为国

本书著作权、版式和装帧设计受世界版权公约和中华人民共和国著作权法保护

经典与解释·马基雅维利集
权力与欲望——马基雅维利与韦托里1513-1515年通信研究

著　　者　[美]约翰·纳杰米
译　　者　刘学浩
责任编辑　彭文曼
责任校对　王寅军
封面设计　吴元瑛

出版发行　华东师范大学出版社
社　　址　上海市中山北路3663号　邮编　200062
网　　址　www.ecnupress.com.cn
电　　话　021-60821666　行政传真　021-62572105
客服电话　021-62865537　门市(邮购)电话　021-62869887
地　　址　上海市中山北路3663号华东师范大学校内先锋路口
网　　店　http://hdsdcbs.tmall.com

印 刷 者　上海景条印刷有限公司
开　　本　890×1240　1/32
插　　页　2
印　　张　14.75
字　　数　385千字
版　　次　2020年7月第1版
印　　次　2020年7月第1次
书　　号　ISBN 978-7-5760-0468-7
定　　价　88.00元

出 版 人　王　焰
(如发现本版图书有印订质量问题，请寄回本社客服中心调换或电话021-62865537联系)

Between Friends: Discourses of Power and Desire in the Machiavelli-Vettori Letters of 1513—1515
by John M. Najemy
Copyright © 1993 by Princeton University Press
Published by arrangement with Princeton University Press through Bardon-Chinese Media Agency.
All rights reserved. No part of this book may be reproduced or transmitted in any form or by any means, electronic or mechanical, including photocopying, recording or by any information storage and retrieval system, without permission in writing from the Publisher.
Simplified Chinese Translation Copyright © 2020 by East China Normal University Press Ltd.
All rights reserved.

上海市版权局著作权合同登记 图字：09-2014-917 号